DAS NEUE CHINA DES MAO TSE-TUNG

Emile Guikovaty

Vorwort von Simon Leys

S. Fischer

**Aus dem Französischen von Joachim A. Frank (Lauftext)
und Michael Glaser (Einführung, Bildlegenden, erklärende Texte)**

**Graphische Konzeption: Andréa Bureau unter Mitarbeit von Denis Bortot
und Claude Roumet
Die Ikonographie wurde zusammengestellt von René Viénet und Francis Deron
vom Centre de recherches asiatiques an der Universität Paris-7.**

© 1976 by Editions Robert Laffont S.A. and Groupe Express S.A. Paris
Die französische Ausgabe erschien 1976 unter dem Titel »Mao – réalités d'une légende«
Deutsche Ausgabe:
© S. Fischer Verlag GmbH, Frankfurt am Main 1977
Umschlagentwurf: Atelier Rambow, Lienemeyer, van de Sand
Satz: Otto Gutfreund & Sohn, Darmstadt
Gesamtherstellung: Officine Grafiche Arnoldo Mondadori, Verona
Printed in Italy 1977
ISBN 3 10 028201 9

INHALT

Zeittafel

8 DAS ZEITALTER MAO TSE-TUNGS

Vorwort von Simon Leys

10 MAO UND DIE
GESCHICHTE CHINAS

Einleitung

14 DEN MOND UMARMEN

28 EIN SOHN SHAOSHANS

56 DAS GRAB DES KONFUZIUS

80 DIE HERBSTERNTE

122 EIN ROTER BANDIT

156 DER LANGE MARSCH

188 DIE SPIELREGELN DER MACHT

216 MAO UND STALIN

258 DER GÄRTNER
DER HUNDERT BLUMEN

288 DAS ENDE DER HERRSCHAFT

Karten

38 CHINA ZUR ZEIT DES LANGEN MARSCHES

131 DER LANGE MARSCH

HINWEIS

Über Mao Tse-tung läßt sich kaum schreiben, ohne die Arbeit der Sinologen zu würdigen, die seit einem Vierteljahrhundert versuchen, die Hieroglyphen der »Gedanken Mao Tse-tungs« zu entziffern.

Die Arbeiten von Jacques Guillermaz sind ein unentbehrlicher Führer für jeden, der die Windungen dieses unterirdischen Flusses erforschen will.

Die beiden Grundlagenwerke für Maos Biographie sind nach wie vor jene von Jerome Chen und Stuart S. Schram.

Der Aufbau dieses Buches machte es unmöglich, Fußnoten zu benützen und so sämtliche benutzten Quellen zu zitieren. Die meisten stammen aus Werken amerikanischer Sinologen (John Fairbanks, Benjamin Schwartz, John Rue, Franz Schurman usw.) und aus der britischen Zeitschrift »China Quarterly«. Geschöpft haben wir auch aus den Erinnerungen von Chang Kuo-tao und Otto Braun, dem einzigen westlichen Kommunisten, der den Langen Marsch miterlebte. Ebenso aus den zahlreichen unveröffentlichten Schriften Maos (»Mao Papers«), die nach der Kulturrevolution von 1966–1969 im Westen veröffentlicht wurden.

Für die letzte Zeit, vor allem für die Kulturrevolution, folgten wir vor allem der außergewöhnlichen Arbeit des amerikanischen Journalisten Stanley Karnow (»Mao and China«) sowie den Analysen von Simon Leys und Pierre Illiez.

E.G.

DANKSAGUNG

Die Verantwortlichen für die Illustration dieses Bandes bedanken sich bei allen, die ihnen äußerst wertvolle Unterstützung gewährt haben:

Jean-Marc Gutton, *Editions Robert Laffont, Paris*
André Barret – Jack Belden – Dick Bernstein, *Time Magazine, New York* – Professor Chan Hing-ho, *C. N. R. S.* – Geneviève Chevaleyre, *Centre de recherches asiatiques* – Professor Chin Hung, *Taipei* – André Depouilly – Hubert Durt – Patrice Fava – Charles-Henri Favrod – Loren Fessler, *A. U. F. S.* – Anne-Marie Fiel, *l'Express* – Boris Goiremberg, *Saint-Fargeau* – Maria Hunink, *Internationales Institut für Sozialgeschichte, Amsterdam* – Roberts Jackson, *Culver Pictures, New York* – Robert Jobez – Professor Kawasaki Shunji, *Universität Osaka* – Isabelle Landry, *Université Paris-7* – Lau Po-shin, *Maryflower Studio, Hong Kong* – Joan Liftin, *Magnum, New York* – Sidney Lin, *Newsweek, Hong Kong* – Anna Obolinski und Steve Etlinger, *Magnum, Paris* – Jacques Pimpaneau, *Centre de recherches asiatiques* – Barbara Richert, *Editions Robert Laffont, New York* – Pierre Ryckmans, *Centre de recherches asiatiques* – Professor Donald Smith, *New York* – André Travert – Pascale und Sophie Vacher, *Tours* – Nym Wales (Helen Foster-Snow) – Wu Xingming – Françoise Zylberberg, *Université Paris-7* – Mitarbeiter der *Time-Life Picture Library, New York:* Mary Jane McGonegal, George Karas, Suzan Kismaric, Cathy Mather, Doris C. O'Neil, Herb Orth.

Seite 1: (European);
Seite 2/3: Umgebung Pekings 1958
(Henri Cartier-Bresson – Magnum)

für Jacqueline

DAS ZEITALTER MAO TSE-TUNGS

1893 — Mao Tse-tung wird am 26. Dezember in Shaoshan in der Provinz Hunan geboren.

1900 — Boxer-Aufstand.

1905 — Der Nationalistenführer Sun Yat-sen veröffentlicht sein Manifest für eine demokratische Revolution in drei Phasen.

1910 — Mao verläßt Shaoshan, um in Hsianghsiang seine Schulbildung zu beenden.

1911 — Die Meuterei der Garnison von Wuchang (Wuhan) bezeichnet den Beginn der Revolution.

1912 — Ende der Ching-Dynastie (Mandschu).
Yüan Shih-kai Präsident der Republik.
Sun Yat-sen gründet die Kuomintang (Nationalistische Partei)

1913 — Mao beginnt seine Studien an der Lehrerakademie von Changsha.

1915 — Ch'en Tu-hsiu gründet die Monatszeitschrift »Die Jugend« für eine Kulturrevolution in China.

1916 — Yüan Shih-kai stirbt. Die Militärbefehlshaber – die Kriegsherren – beginnen sich zu spalten.

1917 — Sun Yat-sen macht Kanton zur Hauptstadt der Nationalisten.

1918 — Mao als Hilfsbibliothekar an der Universität Peking.

1919 — Patriotische Bewegung vom 4. Mai.
Mao als Lehrer und Journalist in Changsha.

1921 — Mao nimmt am 1. Parteitag der Kommunistischen Partei in Shanghai teil. Mao heiratet Yang Kai-hui, die Tochter eines seiner Professoren.

1922 — Mao wird zum Vorsitzenden der Vereinigung der Arbeitergewerkschaften von Hunan gewählt und gibt seine Arbeit als Lehrer auf.

1923 — Sun Yat-sen unterzeichnet mit dem sowjetischen Diplomaten Adolphe Joffe ein Abkommen, das den Kommunisten den Eintritt in die Kuomintang ermöglicht.
Mao nimmt am 3. Parteitag der KPCh in Kanton teil. Er wird ins Politbüro gewählt.

1924 — Auf dem 1. Parteitag der Kuomintang wird Mao als stellvertretendes Mitglied des Exekutivkomitees gewählt.
Chiang Kai-shek wird Leiter der Militärakademie der Kuomintang in Whampoa (Kanton).

1925 — Mao wird aus dem Politbüro der KPCh ausgeschlossen. Er kehrt nach Shaoshan zurück und beschäftigt sich mit der Entwicklung der Bauernbewegung in Hunan.
In Kanton wird Mao Leiter des Bauerninstituts der Kuomintang.

1926 — »Staatsstreich« Chiang Kai-sheks, der die Kommunisten aus ihren führenden Stellungen innerhalb der Kuomintang vertreibt, bis auf Mao, der die Leitung des Bauerninstituts behält.
Chiang Kai-shek beginnt die Nordexpedition: Die Armee der Kuomintang dringt bis zum Blauen Fluß vor.

1927 — Harte Niederschlagung der kommunistischen Aufstände Mao führt den Aufstand der Herbsternte.
Mao flieht in die Ching-Kang-Berge an der Grenze zwischen Hunan und Kiangsi.

1928 — In den Ching-Kang-Bergen erhält Mao die Verstärkung kommunistischer Truppen unter dem Kommando von Chu Teh, Lin Piao und P'eng Teh-huai.
Mao heiratet Ho Tzu-chen.

1929 — Mao und Chu Teh verlassen die Ching-Kang-Berge und bauen in Kiangsi einen neuen »revolutionären Stützpunkt« auf.

1930 — Li Li-san, Führer der Shanghaier KP im Untergrund, befiehlt den kommunistischen »Stützpunkten«, Wuhan, Changsha und Nanchang anzugreifen.
Mao, der mit Li Li-sans Befehl nicht einverstanden ist, scheitert vor Nanchang und Changsha.
Yang Kai-hui, Maos erste Frau, und Mao Tse-hung, Maos Adoptivschwester, werden in Changsha hingerichtet.
Li Li-san wird nach Moskau zurückgerufen.

1931 — Mao wird zum Vorsitzenden der Regierung der kommunistischen Stützpunkte gewählt.
Die Führung der chinesischen KP wird von einer Gruppe von Studenten übernommen, die gerade aus Moskau zurückgekehrt sind; an ihrer Spitze: Wang Ming und Po Ku.

1932 — Mao verliert die tatsächliche Leitung des Stützpunktes Kiangsi an Po Ku und Chou En-lai.

1934 — Chiang Kai-shek umzingelt den Stützpunkt Kiangsi, der geräumt werden muß.
Im Oktober beginnt der Lange Marsch.

1935 — Konferenz von Tsunyi im Januar: Mao wird zum Vorsitzenden der Militärkommission der Partei und zum Mitglied des Politbüros gewählt; er übernimmt die eigentliche Führung der Partei.
Treffen zwischen Mao und Chang Kuo-tao in Szechwan. Der Lange Marsch geht im Oktober in Shensi zu Ende.

1936 — Mao baut in Shensi wieder eine Armee auf.
Chiang Kai-shek wird in Sian, Hauptstadt der Provinz Shensi, verhaftet, als er gerade zu einer neuen Offensive gegen die Kommunisten ansetzt. Ein zweites Abkommen zwischen Kuomintang und Kommunistischer Partei wird vorbereitet, um der japanischen Bedrohung entgegenzutreten.
Mao läßt sich in Yenan, nördlich von Sian, nieder.

1937 — Japan erobert auf seiner Offensive in rascher Folge Peking, Shanghai, Nankin, Wuhan, Kanton.
Die kommunistische Armee in Shensi, die sich jetzt 8. Feldarmee nennt, ist an dem Sieg von Pinghsingkuan über die Japaner beteiligt.

1938 — Mao verfaßt mehrere Werke über Militärstrategie. Er entwickelt die Idee, daß der Krieg lange dauern wird, und verteidigt das neue Bündnis mit der Kuomintang. In Yenan trifft Mao die Schauspielerin Lan Ping (Chiang Ch'ing), die seine dritte Frau wird.

1940 — Trotz des Krieges gegen die Japaner schwere Zusammenstöße zwischen Truppen der Kuomintang und der Kommunisten.

1941 — Pearl Harbour: Kriegseintritt der Amerikaner.

1944 — In Yenan empfängt Mao eine amerikanische Militärmission und dann den amerikanischen Botschafter, Patrick Hurley.

1945 — Mao bietet an, nach Washington zu reisen, um Roosevelt zu treffen.
Kapitulation Japans.
Mao betont, die Kapitulation Japans sei auf den Kriegseintritt der Sowjetunion zurückzuführen.
Mao in Chungking zu einem Treffen mit Chiang Kai-shek.
General Marshall wird mit einer Vermittlungsaktion beauftragt, um den Bürgerkrieg zwischen der Kuomintang und den Kommunisten zu verhindern.

1946 — Chiang Kai-shek errichtet seine Hauptstadt wieder in Nankin.
Beginn des Bürgerkriegs.

1949 — Die Kommunisten erobern Peking.
Am 1. Oktober verkündet Mao die Gründung der Volksrepublik.
Im Dezember trifft Mao Stalin in Moskau.

1950 — Im Februar Unterzeichnung eines Bündnis- und Freundschaftsvertrages zwischen China und der Sowjetunion in Gegenwart von Mao und Stalin.
Im Juni Beginn des Korea-Kriegs.
Landreform, Aufteilung der Ländereien der Grundbesitzer und reichen Bauern.
Im Oktober Eingreifen der chinesischen Truppen in Korea.
Im Oktober besetzt die chinesische Armee Tibet.

1951 — Beginn der Unterdrückung der »Konterrevolutionäre« und der Massenprozesse.

1953 — Aufbau von Produktionsgenossenschaften, der ersten Form der Kollektivierung des Bodens.
Beginn des ersten Fünfjahresplans nach sowjetischem Muster.
Stalins Tod.
Ende des Korea-Kriegs.

1954 — Mao wird zum Präsidenten der Volksrepublik gewählt.

1955 — Jahr der »Koexistenz«: China und Jugoslawien nehmen diplomatische Beziehungen auf. Chou En-lai auf der afro-asiatischen Konferenz in Bandung. Beschleunigung der Kollektivierung der Landwirtschaft.

1956 — Nikita Chruschtschow hält seinen Geheimbericht auf dem 20. Parteitag der KPdSU und klagt den »Personenkult« an.
Mao formuliert als Gegenstück zum sowjetischen »Tauwetter« die Idee »Laßt hundert Blumen blühen«.
Der 8. Parteitag der Kommunistischen Partei Chinas streicht die Erwähnung der »Gedanken Mao Tse-tungs« aus den Parteistatuten.
Aufstände in Polen und Ungarn.

1957 — Wiederbelebung der »Hundert Blumen« durch Mao.
Die Kampagne der Hundert Blumen führt zu heftiger Kritik von Intellektuellen und Studenten an der Regierung.
An die Stelle der Hundert Blumen tritt die Unterdrückung der Opposition und eine Kampagne »gegen die Rechten«.
Die in Moskau zusammengetretenen Kommunistischen Parteien verurteilen den »Revisionismus«.
Nach den sowjetischen Weltraumerfolgen betont Mao: »Der Ostwind besiegt den Westwind«.

1958 — Mao formuliert die Idee eines Großen Sprungs nach vorn: »Wir müssen mehr, schneller, besser und sparsamer produzieren«.
Beginn der Volkskommunen.

1959 — Marschall P'eng Teh-huai, Verteidigungsminister und Mitglied des Politbüros, übt heftige Kritik am Großen Sprung und dessen verheerenden Auswirkungen auf Landwirtschaft und Industrie.
P'eng Teh-huai wird auf der Konferenz von Lushan entlassen und an der Spitze des Verteidigungsministeriums durch Lin Piao ersetzt.

1961 — Änderung der Ziele des Großen Sprungs.
Liu Shao-ch'i, der 1959 Maos Amt des Staatspräsidenten übernommen hat, tritt als »Kronprinz« auf.

1963 — Beginn des Konflikts zwischen Mao und den Spitzen des Parteiapparats: Liu Shao-ch'i, P'eng Chen.

1964 — In Maos Namen beginnt Lin Piao die Kampagne: »Das ganze Land muß von der Nationalen Befreiungsarmee lernen«.
Verstärkung des Mao-Kults.

1965 — Die USA verstärken ihr Eingreifen in Vietnam.
Krise innerhalb der Armee: Gegensatz zwischen Lin Piao und Generalstabschef Lo Jui-ch'ing, der abgesetzt wird.
Beginn des offenen Konflikts zwischen Mao und P'eng Chen, dem Bürgermeister von Peking.
Das Schlagwort von der Kulturrevolution taucht auf.

1966 — Absetzung P'eng Chens.
Beginn der Kulturrevolution an der Universität Peking (Peita).
Entstehung und erste Demonstration der Roten Garden am 18. 8. auf dem Platz Tien An Men in Peking.
Die Unordnung breitet sich aus. Liu Shao-ch'i und Teng Hsiao-p'ing werden angegriffen.

1969 — April. Der 9. Parteitag der KPCh bestätigt die verstärkte Rolle der Armee: Lin Piao wird in den Statuten als Maos »nächster Waffengefährte« und Nachfolger bezeichnet.

1970 — Wiederherstellung der Ordnung unter der Führung Chou En-lais.
Rückkehr der während der Kulturrevolution kritisierten Kader.
Auf der Konferenz in Lushan (August/September) steht nur noch eine Minderheit zu Lin Piao.

1971 — Lin Piao verschwindet.

1972 — US-Präsident Nixon in Peking.

1973 — Die Rückkehr der Kader verstärkt sich: Teng Hsiao-p'ing taucht wieder auf.

1974 — Auf dem 10. Parteitag formuliert Chou En-lai die Idee der »vier Modernisierungen«.
Teng Hsiao-p'ing nimmt den dritten Platz in der Hierarchie ein.

1976 — 8. Januar: Tod Chou En-lais.
5. April: Gewalttätige Demonstration auf dem Platz Tien An Men; Teng Hsiao-p'ing wird von all seinen Funktionen entbunden.
Machtübernahme des Sicherheitsministers Hua Kuo-feng.
Juli: Tod Chu Tehs.
9. September: Tod Mao Tse-tungs.

Vorwort von Simon Leys

Die Probleme, die Chinas augenblickliche Lage stellt, beruhen natürlich auf der Wirtschaft, der Politik und der Kultur, aber man kann diese Kategorien nicht einzeln betrachten, denn dazu sind sie zu eng miteinander verbunden. Ich selbst halte die kulturellen Probleme für die grundlegenden Probleme, das gilt für China wie für die Menschheit. Könnten sie gelöst werden, so nähme ich ohne allzu großen Widerwillen jedes politische oder wirtschaftliche System in Kauf, das dafür Sorge trüge.

Bertrand Russell, *The Problem of China* (1922).

MAO UND DIE GESCHICHTE CHINAS

Mao war gewiß ein außergewöhnlicher Mann – ein Genie, wie der verstorbene Lin Piao sagte. Wir würden uns niemals anheischig machen, Verdienste anzuzweifeln, die von einer breiten Palette hervorragender Kenner einmütig anerkannt werden: von den Herren Nixon und Kissinger, von Seiner Hoheit, dem Schah von Iran, von der europäischen Intelligentsia. Diese Leute müssen schließlich wissen, wovon sie reden.

Um ihre Größe voll zu entfalten, benötigen außergewöhnliche Männer außergewöhnliche Umstände. Da sie sich inmitten von Katastrophen glänzend bewähren, streben sie diese auch an. Einer Delegation der Sozialistischen Partei Japans, die bei einem Besuch Chinas 1964 ihr Bedauern über das Leid ausdrückte, das Japan China während des Krieges zugefügt hatte, antwortete Mao mit hellsichtigem Zynismus, daß keinerlei Anlaß bestehe, diese Ereignisse zu bedauern, denn ohne sie hätte er nie die Macht erobern können.[1] Der Vorteil der demokratischen Systeme besteht in der Möglichkeit, die Männer der Vorsehung nach dem Sturm abzusetzen (Churchill, de Gaulle etc.); in einer normalen alltäglichen Situation, wenn »seine Adlerflügel ihn am Laufen hindern«, neigt jeder grandiose Führer, der diesen Titel verdient hat, heftig dazu, künstliche Unwetter heraufzubeschwören, die seinem Höhenflug neuen Auftrieb geben. Dann kann er zum Hindernis werden, und die Völker, die sich seiner nicht entledigen können, bezahlen manchmal einen hohen Preis für den Vorzug, von einem Genie geführt zu werden.

Mao hatte in verzweifelten Situationen nie einen Rivalen, und als er Herr über China geworden war, setzte er sein Genie bald dazu ein, neue Katastrophen zu schaffen, sobald die endlich geeinte chinesische Nation sich anschickte, den Frieden und die gerade gewonnene Ordnung auszunutzen, um das Land wieder aufzubauen, den materiellen Reichtum und die Wiederauferstehung ihrer Kultur zu festigen.

Durch drei geniale Katastrophen – die Hundert Blumen, den Großen Sprung nach vorn, die Kulturrevolution – gelang es Mao in relativ schneller Folge, die intellektuelle Kreativität zu ersticken, indem er eine gebildete Elite an den Pranger stellte, die durchaus bereit war, ihm loyal zu dienen, den Aufschwung der Wirtschaft und den Enthusiasmus der Massen zu lähmen, indem er die Provinzen in Hungersnöte und die Industrie in ein heilloses Durcheinander trieb, und schließlich das ganze Land in ein blutiges Chaos zu stürzen,

[1] »Warum wollen wir der japanischen Armee danken? Nun, die japanische Intervention hat uns Gelegenheit gegeben, wieder mit Chiang Kai-shek zusammenzugehen, um gegen die Armee der Japaner zu kämpfen. In acht Kriegsjahren sind unsere Truppen von 25 000 auf 1 200 000 Soldaten angewachsen; die roten Gebiete unter unserer Kontrolle zählten 100 Millionen Einwohner. Verdient das nach Ihrer Ansicht keinen Dank?«

das Millionen Unbeteiligte in Mitleidenschaft zog und die spärlichen Reste des kulturellen Lebens zerstörte.

Wäre Mao vor der Mitte der 50er Jahre gestorben, hätte er ohne Zweifel seinen Platz unter den wichtigsten Reformern der chinesischen Geschichte einnehmen können. Unglücklicherweise gab seine bemerkenswerte Lebensdauer ihm die Möglichkeit, nicht nur einen Teil seines eigenen Werkes wieder zu vernichten und die Entwicklung einer Revolution zu verhindern, die er vorher gerettet und zum Sieg geführt hatte, sondern sein hohes Alter brachte ihn schließlich auch dazu, selbst den Maoismus zu überleben – denn die Kampagne »Verurteilt Konfuzius« war nichts anderes als das letzte pathetische Rückzugsgefecht einer Ideologie, die noch im Todeskampf das Unvermeidliche hinausschieben will.

Mao verschwand im Stil der großen Kaiser: zwischen einem Erdbeben und einer Sonnenfinsternis, Zeichen, die das Ende einer Dynastie ankündigen. Diese Anspielungen auf vergangene Traditionen mögen leichtfertig oder gar geschmacklos scheinen. Sie liegen jedoch nahe – nicht nur weil die politische Kultur Chinas wie in keinem anderen Land der Welt von historischem Bewußtsein durchdrungen ist (brisante Auseinandersetzungen unserer Tage werden in Begriffen formuliert, die zweitausend Jahre alten philosophischen Debatten entlehnt sind), sondern vor allem weil die Maoisten sich selbst auf eine antike Tyrannis berufen haben, als sie sich zu den politischen Erben Ch'in Shih-huangs (259–210 v. Chr.) erklärten, des ersten Kaisers, der das Land vereinigt hatte.

Über die Jahrhunderte hinweg ist Ch'ins Herrschaft wegen ihres unerbittlichen und erfolgreichen Terrors berüchtigt geblieben. Entschlossen, die unterschiedlichen Staaten und Völker Chinas zu einer Einheit zu verschmelzen, machte er Tabula rasa mit der Vergangenheit – eine Politik, die ihren beispielhaften Ausdruck in der »Vernichtung der Bücher« fand. Um seine Kontrolle über die Bevölkerung zu verstärken und ihren Gehorsam zu gewährleisten, hielt er sie in einem Zustand systematischer Unwissenheit und Isolation; ihre einzigen Informationsquellen waren die Indoktrinierungsschriften des Staates. Der berühmte Erlaß seines bekanntesten Ministers Li Ssu legt fest: »Das Volk soll keine anderen Lehrer haben als die Politiker, die es regieren.« Das Wissen wurde ein exklusives Monopol des Regimes, das seine Untertanen nur insoweit daran teilhaben ließ, als dies zur ideologischen Mobilisierung oder zur Ankurbelung der Wirtschaft notwendig war. Rigoros unterdrückt wurden hingegen alle Kenntnisse, die geeignet schienen, kritisches Urteilsvermögen zu fördern und die Entwicklung unabhängigen Denkens zu ermöglichen.[2] Das Regime erhob die Staatsraison und den Willen des Fürsten zum kategorischen Imperativ und verurteilte so die Intellektuellen zum Schweigen, wobei es besonders gegen die konfuzianischen Gelehrten vorging. Denn in Anwendung der Gebote Hsün-tzus – »Der Staatsmann schuldet moralischen Grundsätzen Gehorsam, nicht dem Souverän« – verstanden sich diese als ständige Kritiker der bestehenden Macht. Und ein Herrschaftssystem, das seine vollständige Kontrolle auf die Gesamtheit der menschlichen Lebensbereiche auszudehnen gedachte, konnte selbstverständlich keinerlei Toleranz zeigen für die konfuzianischen Vorstellungen von einer moralischen Autorität über der zeitgebundenen Autorität, von einer ethischen Ordnung, der die staatliche Ordnung stets untergeordnet bleiben muß, von Kriterien der Gerechtigkeit und der Menschlichkeit, in deren Namen die politische Praxis beurteilt werden kann und muß. Nach der legalistischen Philosophie, die Ch'in sein ideologisches Herrschaftsinstrument lieferte, gingen dagegen die abstrakte Ebene der Wahrheit und die konkrete Ebene der Regierungsautorität ineinander über: daher konnte man nicht die letztgenannte im Namen der erstgenannten in Frage stellen; das Denken des Führers, ständig wechselnd und doch stets unfehlbar, war identisch mit dem Tao; wer die oberste Macht innehat, beherrscht also auch per definitionem das Denken, er ist die politische Verkörperung des Absoluten. Unter Berufung auf moralische Grundsätze die Machthaber tadeln (wie die Konfuzianer es taten) bedeutete daher eine Verirrung, denn es hieß: das Tao im Namen des Tao kritisieren, »die rote Fahne erheben, um die Rote Fahne zu bekämpfen«.

[2] Han Fei-tzu, der wichtigste Theoretiker des Legalismus, der Ch'in die Regierungsanleitungen lieferte, formulierte in seinem Aufsatz über »Die fünf Arten Ungeziefer«: »Der kluge Herrscher duldet keine Schriften; in seinem Staat ist das Gesetz die einzige Theorie; es kommt nicht mehr in Frage, die Lehren der alten Herrscher zu erhalten, der Rahmen des Staates ist der einzige Vordenker des Volkes... Im ganzen Land wird sich das Volk in seiner Rede nicht von der richtigen Linie des Denkens entfernen, die aktiven Menschen werden ihre Initiativen ausschließlich in den Dienst des Staates stellen, die Tapferen ihren Mut ausschließlich in den Dienst der Armee.« Im »Traktat über den Herrn von Shang« liest man ebenso: »Das Volk soll sich nicht mit dem Wissen beschäftigen, denn dann vernachlässigt es nur die Landwirtschaft. Ein Volk, welches das Wissen verachtet, bleibt unwissend, und im Zustand des Unwissens bleibt es unempfänglich für fremde Einflüsse, und das gereicht der Staatssicherheit stets zum Vorteil. In dieser Situation – wenn die nationale Sicherheit gewährleistet ist und das Volk sich ausschließlich mit der Landwirtschaft beschäftigt – kann sich das Land entwickeln.« Diese antiken Handbücher des Totalitarismus sind in China vor kurzem in modernen Neuausgaben erschienen, und ihr Einfluß ist auf dem besten Weg, den der Klassiker des Marxismus zurückzudrängen.

Um ein Exempel zu statuieren, ließ Ch'in Shih-huang 460 Gelehrte der Hauptstadt, die in seinen Augen allein in ihrer Eigenschaft als Intellektuelle subversiv waren, lebendig begraben. In diesem Zusammenhang sei an Maos plastischen Kommentar erinnert: »Was war denn so außergewöhnlich an Ch'in Shih-huang? Er hat nur 460 Gelehrte hingerichtet. Wir haben 46000 davon hingerichtet! Dazu habe ich schon gewissen Demokraten entgegengehalten: Ihr glaubt, ihr könntet uns beleidigen, wenn ihr uns als Ch'in Shih-huang bezeichnet, aber ihr irrt, wir haben Ch'in Shih-huang hundertfach übertroffen! Ihr bezeichnet uns als Ch'in Shih-huang, ihr bezeichnet uns als Despoten – wir bekennen uns gern zu diesen Eigenschaften, wir bedauern nur, daß ihr derart hinter der Wahrheit zurückbleibt, daß wir eure Vorwürfe ergänzen müssen!« (Lachen im Publikum).[3]

[3] *Mao Tse-tung ssu-hsiang wan-sui,* Peking 1969, S. 195.

Diese Rede, die 1958 vor einer internen Parteikonferenz gehalten worden war, sollte ursprünglich nicht veröffentlicht werden. Denn 2000 Jahre lang war die Herrschaft Ch'ins in China Gegenstand des allgemeinen Abscheus geblieben; 1958 war die Öffentlichkeit noch nicht bereit, diesen bestürzenden Schritt einer offiziellen Rehabilitierung eines der unbarmherzigsten Tyrannen der Geschichte mitzuvollziehen. Frühere Ansätze in dieser Richtung waren stets das Werk extremistischer Minderheiten gewesen: auf der Linken forderten einige paradoxe Geister in bestimmten radikalen Bewegungen der 20er Jahre einen Rückgriff auf Ch'ins ikonoklastische Methoden, um den rückwärtsgerichteten Widerstand der Tradition zu beseitigen. Aber in der Folge kamen die Anhänger des eisernen Besens nach Ch'ings Vorbild vor allem von der extremen Rechten – so entwickelten auf seiten der Kuomintang die unseligen faschistischen Phalangen der »Blauhemden« (deren Ideologie und Methoden in vielerlei Hinsicht ein Vorgriff auf jene der Roten Garden waren) einen Ch'in Shih-huang-Kult. Dabei handelte es sich jedoch jeweils nur um Randerscheinungen. Um der verblüfften Nation die Gestalt Ch'in Shih-huangs und die Lehren der legalistischen Philosophie (zweifellos die brillanteste theoretische Formulierung des Totalitarismus, die das menschliche Denken je hervorgebracht hat) systematisch als Beispiel vorzuhalten, mußte die Bevölkerung zunächst durch das Walzwerk der »Kulturrevolution« geschickt werden. Und erst nach dieser Gehirnanästhesie durch systematische Gewaltanwendung konnte Mao sich stolz zu diesem von der Geschichte verurteilten Vorgänger bekennen.

Bis zu welchem Grad hat diese gewagte und provozierende Apologie des Totalitarismus (die Kampagne begann im Oktober 1973 mit einem Artikel in der »Volkszeitung«, der Ch'in Shih-huang dafür pries, daß er »die Bücher verbrannt und die Gelehrten lebendig begraben hat«) ein mehr als 2000 Jahre altes Urteil aufzuheben vermocht? Die deutlichste Antwort auf diese Frage erteilten die chinesischen Massen am 5. April 1976 in Peking: In einer Polizeibürokratie, in der sich meistens nicht einmal zwei Menschen zu einer politischen Initiative zusammenschließen können, führte ein spontaner Ausbruch von Schmerz und Wut trotz der Wachsamkeit der Sicherheitsbehörden in kurzer Zeit eine Menge von 100000 Demonstranten zusammen (diese Zahl wird auch von der »Agentur Neues China« zugegeben), die gemeinsam den »neuen Ch'in Shih-huang« anklagten.

Als Ch'in Shih-huang starb, wagten seine unvorbereitet betroffenen Minister und Eunuchen nicht, die Neuigkeit sogleich bekanntzugeben; im Schutz seines gefürchteten Namens mußten sie erst Vorkehrungen treffen, um sich die Kontrolle über die Situation zu sichern; da sie jedoch fürchteten, der Geruch des verwesenden Körpers könne Außenstehende aufmerksam machen, umgaben sie ihn mit einer Ladung gesalzener Fische, um den Geruchssinn der Neugierigen irrezuleiten. Ohne Zweifel mußten Chiang Ch'ing und ihre Genossen nicht auf solche Mittel zurückgreifen, und wir haben keinen Grund, die Richtigkeit des Bulletins anzuzweifeln, nach dem Mao in einer bestimmten Septembernacht des Jahres 1976 gestorben ist. Gewiß ist jedoch, daß der *Maoismus* schon sechs Monate vorher gestorben ist, während jener alles umwälzenden Apriltage, als das chinesische Volk aus eigenem Antrieb auf die Straße ging, um ihm eine Absage zu erteilen – und im Grunde interessiert uns kaum, wie lange genau der Greis diese Ablehnung überlebt hat.

In der chinesischen Geschichte gibt es gewisse wiederkehrende Rhythmen, die seit jeher die Aufmerksamkeit spekulativer Geister erregt haben. Eine dieser Konstanten besteht im Auftreten unerbittlicher, kurzer Tyranneien am Ende langer Perioden der Desintegration, die eine machtvolle, wenn auch sterile Ordnung an die Stelle des vorausgegangenen Chaos setzen. Das unmenschliche, auf Unterdrückung beruhende Wesen dieser Diktaturen, ihre frenetische Mobilisierung der Bevölkerung, die Härte ihrer Gesetze verurteilen sie zu nur kurzer Lebensdauer (Ch'in überlebte seinen Begründer kaum, Sui dauerte keine 30 Jahre). Aber diese extremen Zwischenspiele bereiteten jedesmal den Weg für eine bedeutende Entwicklung der chinesischen Kultur: Auf Ch'in folgten die vier Jahrhunderte der Han-Dynastie, auf Sui die 300 Jahre der T'ang – zwei der großartigsten Zeitalter in der Geschichte der Menschheit.

Welche Irrtümer und Verbrechen er auch begangen haben mag, Mao Tsetung hat China zur Wiederherstellung der Ordnung, der Einheit und des Ruhms geführt. Wenn das bewundernswerte Potential des chinesischen Volkes an Fähigkeiten und Kreativität sich wieder entfalten und China einen seiner Vergangenheit würdigen Rang in der Welt zurückgewinnen soll, so müßte es jetzt genügen, die ideologischen Fesseln, die Mao seinem Land zum Schluß angelegt hat, zu sprengen. Sein Werk wird fruchtbar werden, wenn es zurückzutreten versteht, und unter dieser Bedingung wird es nicht umsonst gewesen sein.

Simon Leys

Einleitung

DEN MOND UMARMEN

Die Chinesen haben einen bildhaften Ausdruck, um anzudeuten, daß eine Unternehmung lächerlich ist. Sie sagen, das sei, als wollte man eine Schildkröte in einem Bottich fangen. Es ist zu leicht. Und es ist um so lächerlicher, als die Schildkröte selbst in der Sprache des Volkes als Sinnbild des Mittelmäßigen gilt. Im Jahre 1965, ein Jahr vor dem Ausbruch der Großen Proletarischen Kulturrevolution, beschrieb Mao Tse-tung in einem Gedicht die Wahl, die sich dem Manne der Tat bietet:

Zum neunten Himmel emporsteigen, um den Mond zu umarmen,
oder auf den Grund des Ozeans tauchen, um eine Schildkröte zu fangen.

Zwischen Mond und Schildkröte, zwischen hoch oben und tief unten, maß Mao schon früh seinen eigenen Ehrgeiz aus. *Ich bin ein höherer Mensch und zugleich der bescheidenste,* schrieb er einst als sehr junger Mann an den Rand einer Buchseite. Diese Anmerkung ist in einem dialektischen Sinne zu verstehen. Für den Mann, der berufen war, über achthundert Millionen Chinesen zu herrschen, war die Bescheidenheit immer nur eine andere Art, seine Macht zu behaupten.

Der begeisterte Patriot und Erfinder eines Kommunismus chinesischer Machart konnte sein Schicksal immer nur groß wie die Naturgewalten sehen. Als Dichter spricht er nur von reißenden Strömen, Gewittern und Schneestürmen, Bergen, die in den Himmel ragen, und einem China, das wie die Sonne leuchtet. Er will sich im Mittelpunkt des Universums sehen und die Mondgöttin für sich tanzen lassen.

Unten auf der Erde ist dagegen alles fraglich. Mao schwankt zwischen Begeisterung und Melancholie. Verschlossen und einsam, fragt er 1937 eines Tages die amerikanische Journalistin Agnes Smedley, ob sie je einen Mann geliebt habe und warum. »Was ist die Liebe?« will er von ihr wissen. Sie findet ihn »sonderbar, beinahe feminin in seiner empfindsamen, intuitiven Art und doch ganz männlich durch sein Selbstvertrauen und seine Entschlossenheit«. Diesem zwiespältigen Mann sollte es nie gelingen, seine inneren Gegensätze miteinander in Einklang zu bringen.

Eine verwirrende Persönlichkeit. Spannung. Ruhe. Spannung. Ruhe. Das ist der Rhythmus, an den er seine Partei, seine Armee, sein Land gewöhnt. Als wollte er seine Politik der ständig wechselnden Wirklichkeit seiner Stimmungen anpassen. Eines Tages spricht er von Rebellion. »Bombardiert die Generalstäbe!« ruft er. Am nächsten Tag vernichtet er die Rebellen und lobt die »Kader«. Die naiven Touristen, die China besuchen, nehmen zwei verschiedene Bilder mit nach Hause. Die einen geraten mitten hinein in die Kulturrevolution und sehen China im Wahnsinn untergehen. Die anderen kommen fünf Jahre später und sind begeistert von der Ordnung und dem Frieden, die in China zu herrschen scheinen.

Mao war wie China, und er war unsicher wie China. Es ist ihm nie gelungen, das wahre Geheimnis der chinesischen Revolution zu enträtseln, und doch hat sich keiner so sehr bemüht, sie zu erläutern. China muß, wenn es seinen vergangenen Glanz wiedergewinnen will, den Westen und die Sowjetunion einholen. Dieses China ist einer eisernen Disziplin unterworfen, einer strengen Verwaltung. Disziplin und Verwaltung beschränken sich aber bald nicht mehr auf die Landwirtschaft und die Industrie; sie wollen das Denken »ummodeln«. Die Gehirne verlieren nicht nur ihre Selbständigkeit, sondern auch jeglichen schöpferischen Willen. Sehr bald macht sich eine neue Gefahr bemerkbar. Der Kommunismus stützt sich, um herrschen zu können, auf einen gigantischen bürokratischen Apparat. Und dieser Apparat nimmt sich der »Diktatur des Proletariats« und der Rechtgläubigkeit an. Er verkalkt, er manövriert, um sich seine Privilegien zu sichern, er schreckt nicht vor Korruption zurück. *Heute,* stellt Mao 1964 fest, *kann man einen Parteizellensekretär für ein paar Päckchen Zigaretten kaufen oder indem man ihm ein Mädchen zur Frau gibt.*

Mit diesem Dilemma muß Mao fertigwerden wie vor ihm Stalin. Sein Regime stützt sich auf die Bürokratie, aber die Bürokratie ist verdorben. Stalin unterwirft sie sich durch den Terror. Mao weiß mit dem Terror umzugehen, aber er hat nie geglaubt, daß er genügt.

(Forman-Frontier Film)

15

Mai 1938. (Charles-Henri Favrod)

Die vom Regime errichteten Institutionen leiden zudem an einer grundsätzlichen Schwäche. Keine gestattet es, einen echten Dialog zwischen Führern und Geführten herzustellen. Mao nimmt zu einer Methode Zuflucht, die sich im Revolutionskampf bewährt und die er »Massenlinie« getauft hat. Sein Argument ist sehr einfach. Wenn die Massen die »Linie«, seine »Linie«, akzeptieren, so heißt das, daß sie gut ist, daß er das Richtige gewollt hat. Eine Konfrontation der Ideen ist daher überflüssig.

So wird China hin und her gerissen zwischen einer »Kampagne« und der nächsten. Was geschieht aber, wenn sich die Massen weigern, die »Linie« anzuwenden (wie bei den »Exzessen« des »Großen Sprungs nach vorn«), oder wenn sie sie falsch anwenden (wie in der Kulturrevolution)? Dann bleibt Mao nichts anderes übrig, als den Rückzug anzutreten und es Chou En-lai, diesem geduldigen, tüchtigen Mandarin, zu überlassen, die »Linie« zu berichtigen und zu erklären, daß alles vollkommen gelungen sei.

Die zwiespältige Persönlichkeit Maos tritt am klarsten in seinen privaten Gesprächen hervor. Die Roten Garden der Kulturrevolution lieferten uns zwei in dieser Hinsicht außergewöhnliche Dokumente: die Stenogramme zweier Gespräche Maos aus dem Jahre 1964. Das eine hatte er mit seiner Nichte Wang Hai-jung, das andere einige Monate später mit seinem Neffen Mao Yüan-hsin. Der Nichte gegenüber spielt Mao den guten, ein wenig eigensinnigen Onkel, der einer etwas scheinheiligen, bigotten jungen Frau widersprechen muß. Als sie sich darüber entrüstet, daß ein Student am Fremdspracheninstitut in Peking lieber schläft oder Romane liest, als die Vorlesungen besucht, weist Mao sie zurecht.

Dieser Student, sagt er, *hat vielleicht in der Zukunft eine Rolle zu spielen. Er darf es sich daher erlauben, die Samstagsversammlungen* (die der politischen Schulung dienen) *zu versäumen und am Sonntag spät nach Hause zu kommen.* Kurz: ein individualistischer Rebell. Ebenso tadelt Mao seine Nichte, als sie einen »konterrevolutionären« Studenten anklagt, der es gewagt hatte, in englischer Sprache auf eine Tafel zu schreiben: »Es lebe Chiang Kai-shek«, und hinzufügt: »Ich glaube, man wird ihn von der Schule weisen, um ihn durch Arbeit umzuerziehen.« Mao fährt auf: *Solange er niemanden umbringt, hat man nicht das Recht, ihn aus dem Institut zu weisen oder zur Umerziehung durch Arbeit zu schicken.*

Das Gespräch mit dem Neffen: Hier geht es nicht mehr darum, daß jemand »Romane liest oder während der Vorlesungen schläft«. Mao gebärdet sich als unerbittlich strenger Onkel. *Du bist in Watte großgezogen worden,* sagt er. Er will, daß Yüan-hsin alles auf einmal macht: Er soll seinen Marxismus-Leninismus vervollkommnen, arbeiten wie ein Bauer, schwimmen lernen, reiten. Mao wirft ihm vor, nicht »wachsam« genug zu sein: *Die Konterrevolutionäre sind überall... So gut es ihnen auch gelingt, sich zu verbergen, man muß sie aufspüren und säubern.* Auch wenn sie »niemanden umbringen«?

Es gibt also zwei Maos. Einen Mao mit anarchistischen Anwandlungen, der jedoch will, daß sich die Jugend unter seinem Banner erhebt. Und einen autokratischen Mao, der überall Komplotte wittert und zu seinen Parteigenossen sagt: »Flüstert doch nicht immer hinter meinem Rücken.« Die beiden Maos können trotz ihrer Befürchtungen und trotz ihrer verschiedenen Antriebe in einer Person zusammenleben: sie sind sich einig in der gemeinsamen Bewunderung für Mao. Die Egozentrik dieses Mannes hat etwas Faszinierendes. Er selbst ist der Gegenstand seiner Reden, seiner Gespräche und Plaudereien, der Schöpfer seiner Legende. Geht es um die Wirtschaft? Er spricht von Mao. Um Philosophie? Er spricht von Mao. Um Außenpolitik, Poesie, Schwimmen, Pädagogik, Militärwissenschaften? Er spricht von Mao.

Dieser »maoistische« Mao tritt erstmals 1936 in Erscheinung, als er sich dem amerikanischen Journalisten Edgar Snow (»Roter Stern über China«) anvertraut. Snow, dem es gelungen ist, nach Yenan durchzukommen, fragt ihn, ob er bereit sei, einige seinen Lebenslauf betreffende Fragen zu beantworten. Mao erwidert entgegenkommend, er würde seine Lebensbeschreibung lieber selbst verfassen. Snow ist begeistert und schreibt nieder, was ihm Mao diktiert. Dieser mehr oder minder genaue, aber immer kunstvoll aufgebaute Bericht, das »Leben eines berühmten Mannes«, von ihm selbst erzählt, bildet die Grundlage für diesen Mythos von Mao dem Rebellen, Mao dem Unfehlbaren, der sich schließlich der Partei und dem ganzen chinesischen Volk aufdrängt.

Später wiederholt Mao dieses Erlebnis mit anderen. Und als er keine amerikanischen Journalisten mehr zur Hand hat, begnügt er sich mit der geschlossenen Gesellschaft der Partei. Das Wesentliche ist, daß er von Mao sprechen und einen Kult fördern kann, der zu einem Werkzeug seiner Politik geworden ist.

Ein frappierendes Beispiel: seine Plauderei über die Philosophie im August 1964 vor den von hohen Würdenträgern der Partei umgebenen Intellektuellen. Was für ein Vergnügen, was für ein kindliches Vergnügen bereitet es ihm, seine Gelehrsamkeit zur Schau zu stellen!

Er versucht von Anfang an zu zeigen, daß er seinen Zuhörern überlegen ist. Sie haben ihre Philosophie aus Büchern gelernt, sie sind zum großen Teil Produkte der westlichen Kultur. Er nicht. *Ich bin ein einheimischer Philosoph, ihr seid ausländische Philosophen.* Er hat aus der Erfahrung gelernt, er ist ein »Diplomierter der grünen Wälder« (eine Anspielung auf seine Laufbahn als politischer und militärischer Führer der Widerstandskämpfer in Kiangsi Anfang der dreißiger Jahre). Er spricht verächtlich von dem Unterricht, den er am Lehrerseminar von Changsha genossen hat, das er in seinen Gesprächen mit Snow »eine gute Schule« genannt hatte. Nichtsdestoweniger läßt er sich über Konfuzius und die klassischen Dichter aus. *Ich habe den »Traum der Roten Kammer«* (einen berühmten chinesischen Roman des 18. Jahrhunderts) *fünfmal gelesen,* sagt er naiv. Tatsächlich ist der Grundgedanke seines ganzen Geplauders nicht eben erhebend: *Die Philosophen würden gut daran tun, die Felder zu bestellen, um zu lernen, was Klassenkampf ist.* Und sarkastisch fügt er hinzu: *Es gibt welche, die sagen, sie seien zu schwach dazu. Das wird sie abhärten. Wenn sich euer Gesundheitszustand verschlechtert, könnt ihr ja wieder zurückkommen. Ihr braucht euch nicht gleich zu Tode zu schuften.*

Ein andermal, 1959, hält er eine Rede vor Offizieren der Volksbefreiungsarmee und Beamten des Außenministeriums. Eine ausgezeichnete Gelegenheit, wieder einmal von sich selbst zu sprechen, um so mehr, als er gerade zur Zielscheibe heftiger Kritik geworden ist: Viele schieben ihm die Schuld an dem Chaos zu, das durch den »Großen Sprung nach vorn« entstanden ist. Er gibt sich ganz bescheiden: *Es gibt so vieles, was ich noch nicht studiert habe. Ich habe viele Wissenslücken. Ich bin weit davon entfernt, vollkommen zu sein. Ich habe mich schon oft selbst nicht mehr ausstehen können.* Und er zählt seine Lücken auf: Er spricht keine Fremdsprache »gut«; er beginnt eben erst, sich mit dem Studium der Wirtschaft zu befassen (nachdem er versprochen hat, die chinesische Wirtschaft durch den »Großen Sprung« zu revolutionieren!); er beherrscht noch nicht alle Gebiete des Marxismus, er versteht noch nicht viel von den Naturwissenschaften (was ihn aber nicht davon abhält, ein wenig später in schulmeisterlichem Ton die Gesetze der Evolution zu erklären).

Stolz oder Bescheidenheit – Mao macht immer eine gute Figur. Als Snow 1936 Yenan besuchte, entdeckte er bei den Kommunisten noch keine Spur von Vergötterung ihres Führers. Sie war jedoch schon im Keimen und schoß danach rasch in die Höhe.

Die Entstehung des Kults ist leicht zu begreifen. Von allen militärischen Führern, die im Oktober 1934 die Zufluchtstätte in Kiangsi in panischer Flucht verlassen, ist Mao am ehesten imstande, seine Kaltblütigkeit wiederzugewinnen und seinen Optimismus zu verkünden. Besser als die anderen erkennt er die Beziehungen zwischen bewaffnetem Kampf und politischem Spiel. Die Kommandeure von Kiangsi, die soeben eine vernichtende Niederlage von den Truppen General Chiang Kai-sheks, des Führers der nationalistischen Partei (Kuomintang), einstecken mußten, fügen sich darein, Mao zu folgen. Er versteht es, das Gesicht zu wahren: An dem Zusammenbruch der »roten« Enklave Kiangsi, des ersten kommunistischen Staates auf chinesischem Boden, sind einzig und allein die Fehler der »legalen« politischen Führer der Partei schuld, der Männer, die ihre Direktiven aus Moskau oder von den Vertretern Moskaus empfangen.

Die »Republik Kiangsi« war aus einer ersten katastrophalen Niederlage geboren worden, aus dem Scheitern der revolutionären Aufstände von 1927 in Shanghai, Wuhan und Kanton. Es war dies die erste Phase gewesen, die »proletarische«, städtische Phase der kommunistischen Erhebung. Die Partei war besiegt, zerstückelt, in alle Winde zerstreut. Einige »Desperados«, unter ihnen Mao Tse-tung, suchten Zuflucht in den öden Bergen Mittelchinas und stellten dort eine Armee zusammen. Mao wurde der »Präsident« dieses Miniaturstaates, aber kurz darauf wurde er von seinen Genossen angefeindet und in die Isolation gedrängt. Sie warfen ihm bald seine »Bauernmentalität« vor, die ihn nach ihrer Meinung nach »rechts« abweichen ließ, bald seine allzu große Vorsicht in militärischen Dingen. Später erinnerte sich Mao voll Bitterkeit dieser Zeit, in der er trotz seines hochtrabenden Titels keine wirkliche Macht besaß. *In diesem Augenblick,* sagte er 1964 zu japanischen Sozialisten, *war ich allein und verlassen. Es hatte anfangs einen allmächtigen Buddha gegeben, aber man warf ihn in die Jauchengrube, und er begann, abscheulich zu stinken. Später, auf dem Langen Marsch, beriefen wir eine Konferenz ein, die berühmte Konferenz von Tsunyi. Und ich, der stinkende Buddha, begann wieder Wohlgeruch anzunehmen.*

Tsunyi. Eine kleine Stadt in Kueichou. Die Kiangsi-Armee legt dort auf ihrer Flucht nach Westen eine Rastpause ein. Sie hat wieder schwere Rückschläge erlitten. Sie ist erschöpft. Sie braucht elf Tage, bis sie wieder aufbrechen kann. In diesen elf Tagen ändert sich alles. Die Demoralisierung der Partei hat ihren Tiefpunkt erreicht. In den großen städtischen Zentren des Landes zählt sie nur noch einige Hundert Mitglieder, die sich verstecken müssen. Sie hatte sich darauf verlassen, daß es in

Kiangsi möglich sein werde, wieder die Initiative zu ergreifen, und diese Hoffnung ist nun zunichte. Aber Mao öffnet ihr einen Notausgang. Er ruft in aller Eile einige militärische und politische Führer zusammen, erläßt einen Aufruf zum »patriotischen Krieg« gegen Japan und übernimmt den Oberbefehl. Wenn er ihn so sehr wünscht, soll er ihn haben, denken die anderen. Scheitert er, ist es immer noch Zeit, sich seiner zu entledigen. Aber Mao scheitert nicht nur nicht: er geht aus der Prüfung noch stärker hervor. Er wird in Wirklichkeit dort geboren: in Tsunyi, im Januar 1935.

Diese Versammlung in Tsunyi, die Maos Erhöhung brachte, ging so überstürzt vor sich, daß die Partei nicht einmal daran dachte, ihr die nötige Propaganda zu sichern. Der »Staatsstreich« wurde kaum beachtet. Ein einziger begriff seine Bedeutung: Otto Braun, ein deutscher Agent der Kommunistischen Internationale (Komintern), der mit dem Titel eines »militärischen Beraters« zur chinesischen Roten Armee entsandt worden war. Braun, der einzige Europäer, der den chinesischen Kommunisten auf dem Langen Marsch folgte, sah nicht ohne Besorgnis, wie Mao eine immer größere Rolle an sich riß.

Für den Mann des Apparats, den strengen Stalinisten Otto Braun, war Mao ein Mann, der sich jeder Klassifizierung entzog. Er ähnelte keinem der Genossen, die er in der Kommunistischen Internationale oder auch in China selbst kennengelernt hatte. Er zitierte nie Marx, Lenin oder Stalin – er hatte sie nicht oder kaum gelesen. Dafür konnte er sein Bauern- und Soldatenpublikum durch die Klarheit seiner Darlegungen und seinen unerschöpflichen Vorrat an Zitaten und Anekdoten aus der chinesischen Geschichte »hypnotisieren« (der Ausdruck stammt von Braun selbst).

Mao mochte zwar »ein gebildeter junger Mann« sein – er hatte sich dennoch von dem Bauernhof seiner Eltern nicht sehr weit entfernt. Er hatte in der Stadt gelebt, in Changsha, Peking, Shanghai, aber sein Geschmack und seine Neigungen waren in mancher Hinsicht die eines Landbewohners geblieben. Braun mußte es zu seinem Leidwesen feststellen. Mao und seine Männer zogen zum Beispiel der raffinierteren Küche von Peking oder Kanton die stark gewürzten Gerichte ihrer Heimat Hunan vor. Und als sich der Deutsche Braun über diese zu scharfe Kost beklagte, belehrte ihn Mao: *Der rote Pfeffer ist die Speise des echten Revolutionärs.*

Was Braun beunruhigt, sind aber nicht die Spötteleien Maos und seine unmäßige Vorliebe für den Pfeffer. Es kommt so weit, daß er Mao erklärt, es sei die Pflicht eines guten Kommunisten, die Verteidigung der Sowjetunion, des »Bollwerks des Sozialismus«, über alles andere zu stellen. Mao fragt mit gespielter Naivität: »Und China?« Und Braun versichert, Mao habe von dieser Zeit an nur an die Interessen Chinas gedacht, auch auf die Gefahr hin, die Sowjetunion in einen verfrühten Krieg gegen Japan oder eine sinnlose Auseinandersetzung mit Chiang Kai-shek und der Kuomintang zu stürzen.

Braun, der bis zu seinem Tode in Moskau und in der DDR lebte, ließ seiner Phantasie die Zügel schießen. Es war für Mao 1935 schlechterdings unmöglich, die Vormachtstellung der Sowjetunion und Stalins in der internationalen kommunistischen Bewegung nicht anzuerkennen. Einmal weil Moskau noch von dem Prestige der Oktoberrevolution zehrte, und zum anderen weil er, Mao, immer noch auf jede, wenn auch noch so geringe Hilfe bauen mußte, die er von der Sowjetunion bekommen konnte. Wahr ist dagegen, daß Mao von diesem Zeitpunkt an imstande war, sich eine rein »chinesische« Strategie und Taktik des Revolutionskrieges vorzustellen. Und daß er zweifellos die Lektionen ablehnte, die ihm der arme Braun erteilen wollte.

Braun machte sich daher mit Recht Gedanken über die Persönlichkeit dieses Kommunisten, der soviel selbständiger war als die anderen. Denn die Umstände kamen außerdem noch Mao zu Hilfe. Der Lange Marsch hatte als kopflose Flucht begonnen. Er verwandelte sich in ein phantastisches Epos. Die Überreste der Roten Armee waren nach einem 370 Tage dauernden Marsch von 10000 km kaum in Nord-Shensi angekommen, als der Marktflecken Yenan auch schon zum Wallfahrtsort wurde. Studenten, Intellektuelle kamen aus Peking und Shanghai, um ihre Dienste anzubieten. Entgegen den Erwartungen Chiang Kai-sheks und der anderen Kuomintang-Führer konnten die Kommunisten, die mehrere Zehntausend Mann verloren hatten, einen ungeheuren Prestigegewinn verbuchen. Der Lange Marsch, von dem man in ganz China sprach und der zur Legende erhoben wurde, hatte aus Mao einen Volkshelden gemacht.

Mit dem Langen Marsch erwarb sich Mao sein »Mandat«. Ein junger Kommunistenführer, P'eng P'ai, hatte schon 1922, lange vor seinen Genossen und vor Mao selbst, die bedeutende Rolle erkannt, die in der chinesischen Revolution die Bauernschaft spielen konnte – wenn es gelang, sie zu organisieren. P'eng P'ai, der Sohn eines reichen Grundbesitzers, der aus Idealismus Volksschullehrer geworden war, reiste kreuz und quer durch die Provinz Kuangtung. Um sich bei den Bauern Gehör zu verschaffen, hatte er ein Grammophon bei sich, einen »magischen Gegenstand«,

November 1931 (Edgar Show)

und er scheute sich nicht, notfalls zu allerlei Zauberkunststückchen Zuflucht zu nehmen. Er hatte jedoch nur selten Erfolg. Ein anderer Kommunist, Chang Kuo-t'ao, stellte ebenfalls fest: »Die Bauern interessieren sich nicht für die Politik. Das ist auf der ganzen Welt so, besonders aber in China, wo die meisten kleine Grundbesitzer sind. Das einzige, was sie interessiert, wäre, von einem echten Sohn des Himmels regiert zu werden und in Wohlstand und Frieden zu leben.«

Mao verstand diesen Traum sehr gut. Und man kann darin ohne Zweifel einen der Gründe sehen, welche die chinesischen Kommunisten dazu bewogen, ihn mit einem Kult zu umgeben, der eines Himmelssohnes würdig gewesen wäre. Bald war er mit allen Tugenden ausgestattet, von der Tapferkeit bis zur Weisheit, Großherzigkeit und Genügsamkeit. Nach und nach gewöhnten sich die chinesischen Bauern daran, in ihm den »Träger des Mandats« zu sehen. Mao scherzte darüber oft und bisweilen recht grausam.

Der letzte Kaiser der Ts'ing (der Mandschu-Dynastie) war Hsuan T'ung gewesen. Er hatte schon als Kind durch die Revolution von 1911 seinen Thron verloren, aber die Japaner hatten ihn nach ihrem Einfall im Nordosten Chinas zu Beginn der dreißiger Jahre zum Marionettenkaiser des Staates Mandschukuo gemacht. Der unglückliche Mann war dann von den Kommunisten gefangengenommen worden, die sich damit amüsierten, ihn »umzuerziehen« und als Gärtner zu beschäftigen. In den sechziger Jahren war P'u Yi, wie er nun genannt wurde, sogar »Abgeordneter« einer beratenden Versammlung. Als solcher wurde er 1964 Mao vorgestellt. *Man muß korrekte Beziehungen zum Kaiser Hsuan T'ung unterhalten,* sagte Mao. *Kuang Hsu (der Vater Hsuan T'ungs) und Hsuan T'ung sind meine beiden direkten Vorgänger.*

Das war gewiß spöttisch gemeint. Aber die kaiserliche Abstammung Maos war schon bald nichts mehr, worüber man noch scherzen konnte. Man begann ganz allgemein, Mao mit den großen Herrschern Chinas zu vergleichen. Waren nicht mehrere von ihnen anfangs ebenfalls rebellische Bauern gewesen? Mao fand sogar ein sadistisches Vergnügen daran, sich mit dem berühmten Ts'in Shih Huang-ti, dem Gründer und Einiger des Reiches im 3. vorchristlichen Jahrhundert, zu identifizieren. Dieser Ts'in Shih Huang-ti war von den Historikern streng verurteilt worden, unter anderem, weil er »die Bücher verbrennen und die konfuzianischen Gelehrten lebendig begraben ließ«. Mao meinte dazu: *Er hat sich damit begnügt, 460 Gelehrte zu begraben. Wir haben ihrer 46000 begraben.*

Ende 1974 und Anfang 1975 mußte dann jedoch die Gestalt des ersten Kaisers zu einer Allegorie anderer Art herhalten. Die chinesische Presse erinnerte sich nämlich mit einemmal daran, daß das Ts'in-Reich, kaum daß man den Herrscher begraben hatte, durch Verrat im Innern und durch Bündnisse der kleinen Lehnsherren mit dem äußeren Feind, den »hunnischen Sklavenhaltern«, zusammengebrochen war.

Diese Artikel waren sehr durchsichtig. Sie spiegelten die Befürchtungen Maos gegen Ende seines Lebens wider, die Verachtung, die er für die kleinen Prinzen der Partei und der Armee empfand, und die Angst, daß Kompromißler wie Chou En-lai oder Teng Hsiao-p'ing – *die Männer, denen die Knie schlotterten,* wie er sagte – sie nicht mehr im Zaum halten könnten oder wollten.

Diese Angst, diese Befürchtungen reichten weit zurück. Mao empfand sie seit 1956, dem Jahr, das wie 1935 und Tsunyi einen Wendepunkt in seinem Leben darstellte. Tsunyi war der eigentliche Ausgangspunkt seines triumphalen Aufstiegs gewesen. Alles was vorausgegangen war, war nur eine Lehrzeit gewesen. Aber das Jahr 1956, in dem Nikita Chruschtschow den Stalin-Mythos zerschlug und den »Personenkult« verdammte, zwang Mao, um eine Macht zu kämpfen, die ihm zu entgleiten drohte.

Der 20. Kongreß der Kommunistischen Partei der Sowjetunion war für Mao ein Signal. Die Aufstände in Polen und Ungarn, der »Knüppelhieb«, den Chruschtschow Stalin versetzte, das Anwachsen einer intellektuellen Dissidentenschaft in der UdSSR selbst – all das zwang ihn plötzlich, sich zu fragen, ob die Revolution wirklich nicht mehr rückgängig gemacht werden konnte, ob der Kult, der ihn umgab, nicht bedroht war, ob Warschau und Budapest nicht eine Wiederholung in Peking finden konnten.

Von 1956 an versuchte Mao vorzubeugen. Ein verzweifelter Kampf, der ihn noch größer machte, aber auch seine Grenzen erkennen ließ. Er beging einen Irrtum nach dem anderen, und jeder war schwerer als der vorausgegangene. Mit den »Hundert Blumen« (1956–1957) versuchte er, die Intellektuellen, die zu murren begonnen hatten, an das Regime zu fesseln. Er öffnete einer Protestbewegung die Schleusen, die jedoch solche Ausmaße annahm, daß sie rasch und heftig wieder unterdrückt werden mußte. Mit dem »Großen Sprung nach vorn« (1958) versuchte er, die Massen zu mobilisieren, indem er ihnen eine radikale Beschleunigung des Aufbaus des Landes versprach. Es entstand ein solches Chaos, daß Mao sich gezwungen sah, von seinem Amt als Präsident der Republik zurückzutreten und sich als Vorsitzender der Partei auf eine »zweite Linie« zurückzuziehen. Mit der Großen Proletarischen

Kulturrevolution (1966) setzte er die Jugend zum Angriff auf seine eigene Partei an. Dabei verfolgte er zwei Ziele: Er wollte eine Beamtenschaft, die ihm trotzte, unterwerfen und eine Autorität, die ihm entglitt, zurückgewinnen. Wieder mußte er eine Niederlage einstecken, und diesmal zweifellos die entscheidende. Er mußte zuletzt die Säuberung auf einige besondere Fälle beschränken und zulassen, daß die angeklagten und geschmähten »Kader« nach und nach wieder ihren Platz an der Spitze des Systems einnahmen.

Bei all dem scheint Mao nur eine Unternehmung wirklich geglückt zu sein: der Bruch mit der Sowjetunion. Er sah in den Nachfolgern Stalins eine größere Gefahr für seine eigene Person und China als im Imperialismus. Mit ihnen kam der Wurm in die Frucht, sie ließen einen kritischen Geist aufkommen, den sie nicht immer in den Schranken zu halten verstanden. Schlimmer noch: War Stalin das Opfer einer Mentalität der Abgeschlossenheit, einer Mentalität des »Eisernen Vorhangs« gewesen, so eröffneten Chruschtschow und Leonid Breschnjew über die Köpfe ihrer Satelliten hinweg eine Art Dialog mit dem Westen, und sie versuchten, ihr »Reich« zu modernisieren. Innerhalb des sozialistischen Blocks konnten Mao und China hoffen, eine bedeutende Rolle zu spielen, vor allem nach dem Tode Stalins. In der neuen Gruppierung dagegen hatte Mao das Gefühl, daß er nur ein Trumpf mehr im Blatt Moskaus war. Seither versuchte er unaufhörlich, sein Land und seine Macht gegen die Sowjets abzusichern. So schlug er zwei Fliegen mit einer Klappe: Er rettete sein Ansehen in China und fand seine Bewegungsfreiheit auf diplomatischem Gebiet wieder. Er ging sogar so weit, 1972 Präsident Nixon zu empfangen.

Doch selbst in dieser Hinsicht muß man sich fragen, ob er einen echten Erfolg erringen konnte. Denn Mao wußte nur zu gut, was alles er der Sowjetunion verdankte. Die Sowjetunion ist nicht nur das Rückgrat der Regimes in Osteuropa; sie erfüllt dieselbe Aufgabe auch für das chinesische Regime. In den letzten Jahren war es Mao selbst, der nicht müde wurde zu verkünden, daß die Volksrepublik China die Gefahr einer »kapitalistischen Restauration« noch nicht gebannt habe. Tatsächlich zeigten alle Ereignisse seit 1956, daß das Regime mit tiefen inneren Spaltungen zu kämpfen hatte, und daß Unzufriedenheit in der Beamtenschaft, in der Arbeiterklasse, unter den Bauern und der Jugend zu einer offenen Revolte führen konnte. Gegen diese Unzufriedenheit fiel Mao nichts Besseres ein, als ihr dadurch zuvorzukommen, daß er Umstürze über die Bühne gehen ließ, die er mehr oder weniger unter seiner Kontrolle hatte. Aber was werden seine Erben tun? Werden sie genug Autorität und Ansehen besitzen, um zu so gefährlichen Mitteln greifen zu dürfen? Werden sie sich nicht versucht fühlen, auf einen Staat hinzuarbeiten, der allein durch seine Macht imstande ist, eine Ordnung aufrechtzuerhalten, die ihre eigene Existenz garantiert? Mit anderen Worten: werden die chinesischen Kommunisten nicht ihrerseits das System der »Normalisierung« übernehmen wollen? Die Zahl derer, die dafür sein werden, ist groß, aber werden sie auch imstande sein, ihr Ziel zu erreichen?

Nichts ist in China geregelt. Seit dem 1. Oktober 1949, an dem Mao vor dem Tor des Himmlischen Friedens in Peking die Geburt der Volksrepublik verkündete, hat das Land einen erstaunlichen Aufschwung erlebt. Es hat seine Landwirtschaft und seine Industrie entwickelt und seinen Stolz und seine Unabhängigkeit wiedergefunden. Aber es ist noch immer außerstande, seiner Jugend etwas anderes zu bieten als eine mühselige Zukunft, seinen Intellektuellen etwas anderes als eine entmutigende Orthodoxie, seinem Volk etwas anderes als ein erdrückendes Regime. Seine Erfolge selbst stellen die größte Gefahr für den chinesischen Kommunismus dar. Wer sich abmüht, will belohnt werden. Wer sich abmüht, will denken. Ein System, das so totalitär sein will wie das Pekings, wird nicht nur keine Ausnahme von der Regel sein, sondern zuletzt seinen Gegnern keinen anderen Ausweg als die Revolte oder die Verzweiflung lassen.

Im Alter haben Mao und die anderen chinesischen Führer *die für die Nachfolger der Revolution des Proletariats nötigen Eigenschaften* schriftlich niedergelegt und kodifiziert. Aber Mao zeigte durch seine Worte und seine Taten, daß er nicht das geringste Vertrauen zu den jüngeren Männern hatte, die sich anschickten, in der Partei emporzusteigen. Immer häufiger drückte der Sohn des Himmels seine Resignation und Bitterkeit aus, und er dachte nur noch an seinen Tod oder, wie er mit traurigem Humor sagte, an seine »Begegnung mit Marx«. *Ich habe keine Nachkommen,* sagte er einmal. *Einer meiner Söhne ist im Koreakrieg gefallen, der andere ist wahnsinnig geworden.* Aber das Schicksal hat ihm nicht nur die Söhne genommen. Es hat ihm auch die Erben vorenthalten. Seine Nachfolger werden ihm ebensowenig ähneln, wie er dem Kaiser Hsuan T'ung ähnelte. Und ein noch traurigeres Schicksal droht: Sie werden sich vielleicht gegenseitig verschlingen.

(Centre de recherches asiatiques, C. R. A.)

EIN SOHN
SHAOSHANS

Mao Tse-tung wurde am 26. Dezember 1893 in Shaoshan, einem Dorf der Provinz Hunan, geboren, in der Dämmerung eines Jahrhunderts, das eine Gesellschaft, eine Tradition von zwei Jahrtausenden erschüttert hatte.

Die Unordnung war zum Dauerzustand geworden: Aufstände, Verschwörungen, Zerfall der Autorität, Banditenunwesen. Einige britische Fregatten und 15 000 Matrosen und Füsiliere hatten genügt, um China 1840 in diese Wirren zu stürzen. Von dieser Zeit an schienen die Mandschus, diese Krieger von der sibirischen Grenze, die China um die Mitte des 17. Jahrhunderts erobert und seither teils durch Grausamkeit, teils durch väterliche Bevormundung beherrscht hatten, jegliche Energie verloren zu haben. Sie haßten die Fremden, die ihr Reich zerstückelten und ausplünderten, aber es fiel ihnen nichts Besseres ein, als lächerliche Paraden abzuhalten. Ihre Ohnmacht war zuzeiten so groß, daß ein kleiner amerikanischer Abenteurer wie Henry Burgevine, ein Söldner in ihrem Dienst, gegen 1860 auf die Idee kommen konnte, sich um Peking herum ein »Reich« aufzubauen, und daß ein britischer Beamter wie Robert Hart fünfzehn Jahre lang im Schoße der chinesischen Verwaltung eine autokratische Macht genießen konnte.

Noch heute ist es nicht leicht zu begreifen, wie eine so glänzende Zivilisation in so kurzer Zeit so weit zerfallen konnte. Als Großbritannien seine Kanonen sprechen ließ, glaubte Karl Marx, China mit einem »lebenden Fossil« vergleichen zu dürfen. Angesichts eines Denkens, das in seiner Isolation weder die Entwicklung der Naturwissenschaften noch die der Technik mitgemacht hatte, gehörten die Briten mit ihren Dampfern, ihrer technischen Ausrüstung, ihrer Vitalität von Industrie- und Geldmenschen einem unerklärlichen Universum an, einer Welt der *Science Fiction*. Die gesamte chinesische Intelligenz sollte sich fortan bemühen, dieses Phänomen zu ergründen, sich ihm anzupassen und eine Antwort darauf zu finden.

Die Antwort war um so schwerer auszudenken, als das chinesische Erbe schwer auf dem Lande lastete und die Berührungspunkte mit dem so andersartigen und ständig wechselnden europäischen Denken selten und oft trügerisch waren. Der erste Versuch – jener der Taiping – endete mit einer Katastrophe, die in der Geschichte der Menschheit nicht ihresgleichen hat. Er zeigt deutlicher als alles andere die kulturelle Kluft, welche die Welt Chinas von der Welt des Westens trennt.

Die Taiping-Bewegung entstand in ebendem Augenblick, in dem die besiegten Mandschus 1842 den Vertrag von Nanking mit den Engländern unterzeichneten. China öffnete dem internationalen Handel fünf Häfen, es trat Hongkong ab und zahlte eine beträchtliche Entschädigung an die britische Staatskasse. Das indische Opium überschwemmte ungehindert ein Land, das bis dahin kaum der Verlockung des Rauschgifts erlegen war.

Der moralische Schock machte sich augenblicklich heftig bemerkbar, zumindest in den Küstenprovinzen, welche die Macht der »Barbaren« und die Lähmung der Mandschus unmittelbar zu spüren bekamen. Er breitete sich in einer Bevölkerung aus, die bereits gegen die Dynastie murrte. Das rasche Anwachsen der Bevölkerung (von weniger als 150 Millionen auf annähernd 400 Millionen Einwohner in 200 Jahren), der immer größere Mangel an anbaufähigem Land, der Ruin des Handwerks durch die Konkurrenz Manchesters, die üble Korruption des Hofes und der Beamtenschaft, die hohen Steuern, unter denen die ärmsten Schichten stöhnten – all das trug, abgesehen vom Eindringen der Fremden, dazu bei, die Monarchie zu schwächen und die Unruhe unter den Bauern zu schüren. Der Boden war bereitet für Männer, die sich von ihren alten Bindungen lösen konnten, für einen Armeeführer, der eine ganz persönliche Vorstellung vom Schicksal Chinas hatte.

Hung Hsiu-chüan, der Sohn eines Bauern aus Kuangtung, der Küstenprovinz, durch welche die Briten eingedrungen waren, war von seiner Familie und seiner Sippe zum fleißigen Studium der Klassiker angehalten worden. Er sollte die kaiserlichen Prüfungen bestehen, die den Zugang zu den Pfründen des Mandarinentums öffneten. Trotz vielversprechender Anfänge scheiterte Hung aber beim ersten Versuch. Scham und Enttäuschung trieben ihn in tiefe Depressionen. Damals segelten im Kielwasser der Matrosen und Kaufleute die protestantischen Missionare nach China. Hung las, kaum genesen, eine Bibel, die ein Chinese in Malakka übersetzt hatte. Seine Visionen kehrten zurück. Er verkündete seinem bestürzten und wütenden Vater, er sei in Wirklichkeit der Sohn des Gottes der Bibel, der jüngere Bruder Jesu, auf die Erde gesandt, um ein zweites Mal zu versuchen, die Welt zu retten.

Man schrieb das Jahr 1843. Hung war 29 Jahre alt. Gott, sagte er, habe ihm den Titel eines »Himmlischen Herrschers des Allgemeinen Friedens« (*tai p'ing*) verliehen. Als Wanderprediger eiferte er gegen alle Arten von Irrglauben, gegen den Buddhismus, den Taoismus, den Katholizismus (ein Fauxpas, den ihm die französischen Missionare nie verziehen) und den Konfuzianismus. Er behauptete, bei einem Aufenthalt im Himmel gesehen zu haben, wie »Gott in seiner Gegenwart Konfuzius züchtigen ließ, weil er sein Volk getäuscht und sich einen Namen gemacht hatte, der größer war als der Gottes«.

Das Pseudochristentum Hungs erwies sich in zweifacher Hinsicht als fruchtbar. Einerseits gestattete es heruntergekommenen Intellektuellen seines Schlages, sich schmerzlos von der Tradition zu befreien, andererseits stellte es China auf dieselbe Stufe wie seine britischen Eroberer. Behaupteten die Engländer nicht, der Geist, dem sie ihre Einrichtungen, ihre Wissenschaft, ihre Technik verdankten, komme von Gott? Gut. Aber nun wurde die göttliche Hilfe China zuteil. Mit einem Schlage erteilte Hung durch diesen Kunstgriff China den Auftrag, die Dämonen, die Mandschus, zu vertreiben, aber auch über alle Länder zu herrschen, um den vollkommenen Frieden herbeizuführen. Die kommunistischen chinesischen Historiker versuchen seit Jahren, Hung als einen Vorläufer Maos hinzustellen, freilich ohne auf die peinlichen Einzelheiten einzugehen.

Man muß zweifellos auf das Elend, die ethnische und soziale Revolte gegen die Mandschus und auf das durch die Erniedrigung Chinas entstandene Trauma hinweisen, wenn man die Predigten Hungs und ihren relativ großen Erfolg erklären will. Doch das genügt noch nicht. Bei all seiner geistigen Verwirrung bewies Hung immer wieder, daß er auch ein guter Rechner und ein gewitzter Opportunist war. Er scharte Vettern, Freunde und Bandenführer um sich, umgab sie mit einem Heiligenschein und gründete unter dem Deckmantel der Religion eine politische Bewegung, eine Armee, eine Dynastie, das »Himmlische Reich des Allgemeinen Friedens« (*Tai p'ing T'ien kuo*).

Die politische Bewegung hatte weder eine Ideologie noch ein festes soziales Programm. Der Sturz der Mandschus war ihre einzige Rechtfertigung, die Einsetzung der Taiping auf dem Drachenthron ihr einziges Ziel. Die Armee war zunächst nur sehr klein: sie bestand aus dreitausend Männern und Frauen, die allerdings zum großen Teil unter den Hakka der an Kuangtung grenzenden Provinz Kuangsi rekrutiert worden waren, einem Volksstamm, der im 11. und 12. Jahrhundert aus dem Norden eingewandert war und sich durch Ausdauer, Tapferkeit und Unabhängigkeitsgeist auszeichnete. Von ihren Getreuen verlangten Hung und seine Gefährten strenge Disziplin, Selbstverleugnung und Genügsamkeit. Sie mußten auf ihren persönlichen Besitz verzichten, alles aufgeben, alles zugunsten der gemeinsamen Kasse verkaufen. Als der Kreuzzug im Januar 1851 begann, zündeten sie die Dörfer an, die sie verließen, um ihren Willen zu bekunden, nicht mehr zurückzukehren. Ehebruch, Prostitution und Opiumgenuß wurden ebenso mit dem Tode bestraft wie Vergewaltigung und Plünderung. Der Armee gehörten Männer und Frauen an, aber sie lebten und kämpften nicht zusammen in denselben Einheiten. Sogar die Ehepaare wurden getrennt und sollten es bis zum endgültigen Sieg bleiben.

Der Kreuzzug begann somit unter dem Zeichen des äußersten Puritanismus. Seine auf Selbstlosigkeit und gemeinsamen Besitz gegründete Moral war einzigartig in einem Land, in dem das Fehlen eines echten Nationalbewußtseins den Horizont des einzelnen auf die Befriedigung seiner eigenen Interessen oder der seiner Familie einschränkte. Eine Art kommunistischer Hoffnung erfüllte anfangs die Taiping.

Sobald sie ein Dorf oder eine kleine Stadt besetzt hatten, verbrannten sie öffentlich alle Besitzurkunden und Hypothekenbriefe. Sie enthaupteten die Reichen, die Mandarine. Nach und nach schlossen sich der Armee all die Elenden an, die nichts zu verlieren hatten, indem sie ihr folgten. Der Kreuzzug nahm die Form einer unwiderstehlichen Erhebung an. Den 100 000 Kämpfern, die zu Beginn des Jahres 1853 am Jangtsekiang ankamen und sich bald Nankings, der ersten Hauptstadt der Ming, bemächtigten, folgte eine ungeheure Menschenmenge: eine Million Männer, Frauen und Kinder.

Erstaunlich schnell vergaßen die Taiping, kaum daß sie sich in Nanking eingerichtet hatten, ihre Grundsätze, ihre Moral, ihre Agrarreformpläne, ihre vagen Versprechungen, die Modernisierung des Landes voranzutreiben. Während der Bürgerkrieg grausam und unerbittlich weitergeführt wurde, nahmen die Anführer Paläste in Besitz, legten sich haarsträubende Adelstitel zu, umgaben sich mit Würdenträgern und Konkubinen. Ihr Ehrgeiz trieb sie zu Machtkämpfen, alle strebten nach einem Platz an der Seite Hungs, des »Himmlischen Herrschers«. Am 2. September 1856 ermordeten mehrere Taiping-Führer Yang Hsiu-ching, den »Prinzen des Ostens«, einen alten Arbeiter, einen beinahe analphabetischen Kuli, der jedoch ein geborener Organisator und Agitator gewesen war und das »linke« Element der Rebellion repräsentiert hatte. Zusammen mit ihm mußten zwanzig- oder dreißigtausend seiner Anhänger sterben. Diese Bartholomäusnacht war für die Bewegung der Anfang vom Ende. Die Taiping, die nicht mehr imstande waren, weiter nach Norden oder Westen vorzurücken, erlagen der neuorganisierten kaiserlichen Armee sowie britischen und französischen Einheiten mit einer überlegenen Bewaffnung. Im Juni 1864 starb Hung unter ungeklärten Umständen. Im folgenden Monat wurde Nanking von den kaiserlichen Truppen besetzt, die sich daraufhin gegen andere Aufständische, die Nien und die Moslems, wenden konnten. Der Friede, ein unsicherer, von Unruhen erfüllter Friede, konnte erst 1873 (in Sinkiang erst

Huang Hsiu-chüan. der Kaiser der Taiping. (Archiv E. R. L.)

Der chinesisch-japanische Krieg 1894:
die japanische Armee erobert Port Arthur.
(B. N. Paris, Klischee E. R. L.)

1878) wiederhergestellt werden. Der Bürgerkrieg hatte mehrere Zehnmillionen Menschenleben gefordert. Städte und ganze Regionen waren entvölkert und zerstört. Das alte China war in Blut getaucht.

Es war deshalb noch nicht verschwunden. Es lebte noch – den Taiping und dem ausländischen Druck zum Trotz. Mit der Unterstützung der Franzosen, welche die Halbinsel Indochina besetzten, profitierten die Briten vom Bürgerkrieg, um sich weitere Konzessionen zu sichern, unter anderem in den Häfen am Jangtsekiang. Im Norden hatte das zaristische Rußland einen seiner Träume verwirklichen können. Es war auf der Krim von den Franzosen und Briten besiegt worden und rächte sich im Osten Sibiriens, wo es die gesamte Mandschurei nördlich des Amur eroberte und seinem Reich einverleibte. Damit war die Zerstückelung Chinas noch nicht beendet. Die Deutschen und die Japaner beteiligten sich bald ebenfalls an dem Festmahl, während die Amerikaner von den territorialen Gewinnen der anderen Mächte profitierten, indem sie ihre Leute und ihr Kapital einsetzten. Am Ende des 19. Jahrhunderts war China auf den Status einer »Halbkolonie« reduziert. Es suchte noch einen Weg zur Verjüngung. Es überlebte. Es tastete sich vorwärts.

Die Initiative ging zunächst von Beamten aus, denen die unzulängliche Bewaffnung Chinas Sorge bereitete. Einige Arsenale wurden errichtet, und man kaufte im Ausland Kanonenboote und Geschütze. Studenten begannen, sich mit Fremdsprachen und mit der Technik der Fremden zu beschäftigen. Eine hohe Persönlichkeit des Reiches, Chang Chih-tung, formulierte diese Politik so: »Wir müssen die Wissenschaft des Westens gebrauchen, um unsere Macht zu stärken, aber die chinesischen Lehren, die unsere Moral und unsere Lebensweise bestimmen, bleiben die Grundlage unserer Erziehung.«

Am Grundsätzlichen sollte nichts geändert werden. Chang bat die Gebildeten und die Gelehrten (die »Schüler des Konfuzius«), der Technik des Westens einige Aufmerksamkeit zu widmen, aber nur um eine Macht am Leben zu erhalten, die auf Isolierung und kulturelle Abschließung nicht verzichten konnte.

Zwei neue Kriege, gegen die Franzosen (1884–85) und die Japaner (1894–95) ließen die ganze Hinfälligkeit dieses Konzepts erkennen. Waffen zu kaufen nützte nicht viel, wenn sie dann Greisenhänden anvertraut wurden. Eine kulturelle Revolution war das Gebot der Stunde. Was die Taiping mit ihrem »sinisierten« Christentum nicht hatten erreichen können, wollten nun andere versuchen.

Die Aufgabe ruhte ganz auf den Schultern der Intellektuellen. Es sollte ihnen um so schwerer fallen, ihr gerecht zu werden, als sie von keinem hinlänglich starken und organisierten Bürgertum oder Proletariat unterstützt wurden. Schlimmer noch: diese Aufgabe erwuchs ihnen aus der Notwendigkeit, sich Fremden gegenüber zu behaupten, die man zugleich verabscheute und bewunderte. Aus diesem Umstand ergaben sich alle Unklarheiten, Zweideutigkeiten und Undurchsichtigkeiten, die fortan die Beziehungen zwischen China und den anderen Staaten kennzeichnen sollten, das China Maos in unseren Tagen nicht ausgenommen.

Seit damals hat in China die »Kulturrevolution« gewissermaßen nie aufgehört. Sie verkörperte sich zunächst in Bewegungen, die zwar verschiedene Ziele verfolgten, aber doch viele Punkte gemeinsam hatten. Alle wollten sie den Beamten-Gelehrten, den allmächtigen Mandarin, durch den gut ausgebildeten, dem Staat ergebenen Beamten ersetzen. Alle wollten sie die Industrialisierung des Landes, die Übernahme der Naturwissenschaften und der Technologie. Und alle waren schließlich von einem neuen Gefühl beseelt: vom Patriotismus, vom Nationalismus.

Marionettentheater
gegen Ende des 19. Jahrhunderts:
Propagandastück der Boxer gegen ausländische Missionare.
Im Mittelpunkt der Szene ein Missionar, dargestellt von einem Schwein. (B. N. Paris)

Der Nationalismus im modernen Sinne und der Begriff des Nationalstaates waren dem chinesischen Denken fremd. Es bedurfte der Umwälzungen des 19. Jahrhunderts und der Konfrontation mit mächtigen Rivalen, damit die chinesischen Intellektuellen den Begriff der chinesischen Zivilisation zugunsten des Begriffs des chinesischen Volkes aufgaben, damit sie begriffen, daß die Auseinandersetzung nicht zwischen der chinesischen Zivilisation und der westlichen Zivilisation stattfand, sondern zwischen China und den Nationalstaaten des Westens.

»Der Patriotismus«, schreibt Joseph Levenson, »hätte (in China) nur schwer gedeihen können, solange die Welt nur aus China und seinen Tributpflichtigen bestand, nur aus Chinesen und Barbaren, die, wenn sie gewitzt genug waren oder die Gelegenheit dazu fanden, nur danach strebten, Chinesen zu werden.« Man konnte China mit Rom vergleichen, wo es auch kaum darauf ankam, ob der Kaiser römischer oder barbarischer Herkunft war, solange er nur die römische Kultur und Zivilisation schützte.

Am Ende des 19. Jahrhunderts konnte das nicht mehr zutreffen. Alles mußte nun dem Interesse und dem Wohlergehen der Nation untergeordnet werden, selbst wenn man dabei gewisse Traditionen oder gewisse Aspekte der Lebensweise aufgeben mußte. Nicht der Thron, sondern die Nation mußte nunmehr für die Chinesen im Mittelpunkt des Denkens stehen.

Diese Verwandlung hielten die »Rebellen« für notwendig, ja unvermeidlich, aber sie gelangten nicht immer zu den gleichen Schlußfolgerungen.

Eine erste Gruppe, die sich von einem berühmten Gelehrten, Kang Yu-wei, inspirieren ließ, war besonders beeindruckt von den Veränderungen, die gegen Ende des 17. Jahrhunderts unter Peter dem Großen in Rußland und von 1867 an unter dem Kaiser Meiji in Japan stattgefunden hatten. Die »Reformatoren« oder, wie man sie später nannte, die »Konstitutionellen« umgaben den jungen Kaiser Kuang-hsü und überredeten ihn dazu, die Verwestlichung Chinas voranzutreiben: das Unterrichtswesen, die Armee, die Industrie, die Verwaltung – alles mußte überprüft und verbessert werden.

Von Juni bis September 1898, während der »Hundert-Tage-Reform«, stand die Macht auf Messers Schneide. Kang Yu-wei, Liang Chi-chao und andere Reformato-

Die diplomatischen Beziehungen zwischen China und Europa in den Augen der Zeitschrift »Punch, or the London Charivari« (vom 24. April 1901).

Der Himmelstempel
in Peking. (Roger Pic)

Die große Mauer.
(René Burri – Magnum)

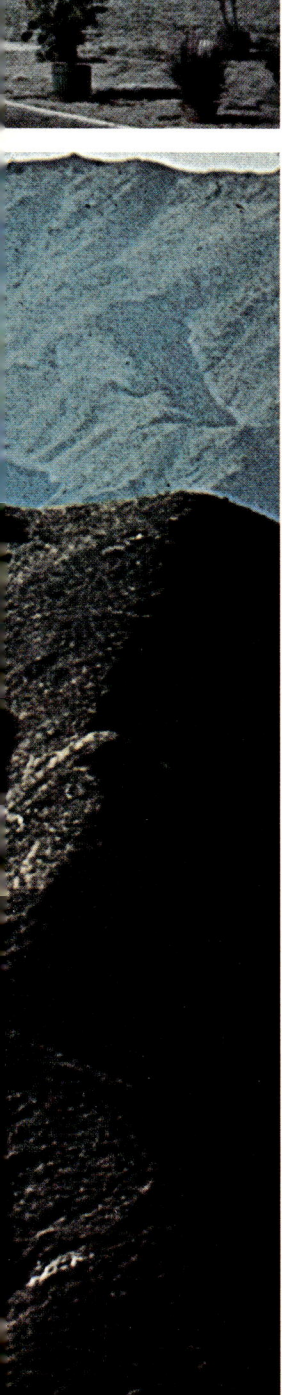

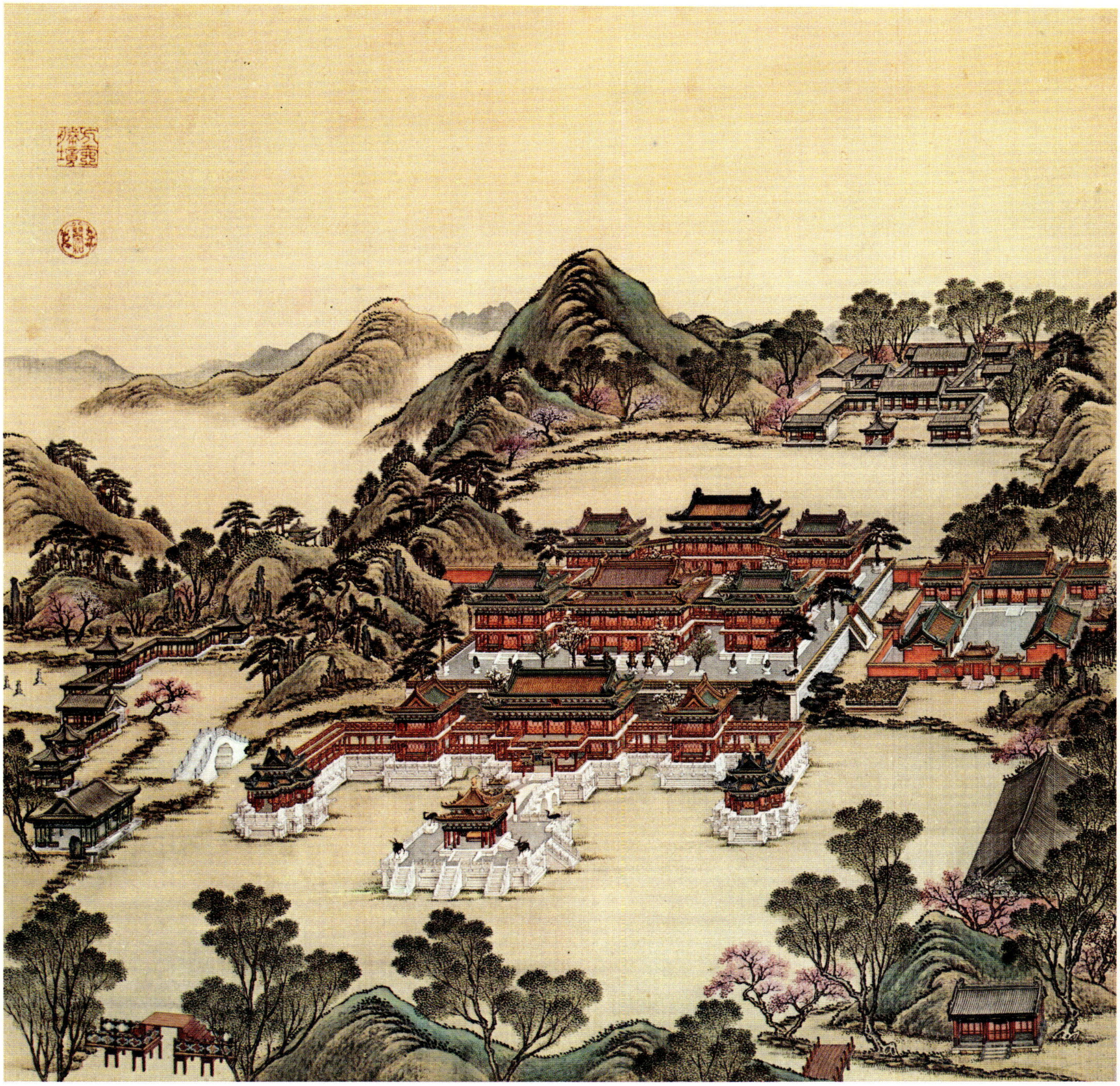

Eines der Gebäude des Sommerpalastes in Peking, der 1860 von
den französischen Truppen
zerstört wurde.
(B. N. Paris, Klischee E. R. L.)

Westliche Darstellung der
Eroberung des Sommerpalastes
durch die Franzosen 1860.
(B. N. Paris, Klischee E. R. L.)

ren wurden allabendlich vom Kaiser empfangen, der ihnen zuliebe Riten und Zeremonien im Stich ließ. Die in ihren materiellen und politischen Interessen bedrohten Mandarine vereinigten sich jedoch um die furchterregende Kaiserinwitwe, Tzu-hsi. Sie schob Kuang-hsü beiseite und befahl die Verhaftung und Hinrichtung seiner »Komplicen«. Der junge Tan Ssu-tung lieferte sich freiwillig seinen Henkern aus. Zu seinem Freund Liang, der ihn drängte, mit ihm nach Japan zu fliehen, sagte er: »Das neue China kann nur geboren werden, wenn Chinesen dafür sterben.«

Sun Yat-sen war von völlig anderer Art und Herkunft als Kang und Liang. Sie waren Gelehrte. In einem rein chinesischen Milieu aufgewachsen, glaubten sie imstande zu sein, die Reformen von oben her durchzuführen. Sun war Arzt. Er hatte China mit 13 Jahren verlassen und seine Studien in Hawaii begonnen und in Hongkong abgeschlossen. Außerdem war er zum Christentum übergetreten, was ihn allerdings nicht daran hinderte, enge Beziehungen zu den traditionalistischen Geheimgesellschaften zu unterhalten. Er war stark beeinflußt von dem Denken der Chinesen in Übersee, die – in Großbritannien, in den Vereinigten Staaten, in Japan und in Singapur – längst die technische Überlegenheit der industrialisierten Länder erkannt hatten und ihr Land der neuen Welt anpassen wollten. Kurz, er hatte das Rüstzeug und die Haltung eines Revolutionärs. Er wollte den Sturz der Mandschus, die Errichtung einer Republik, eine Agrarreform. Er organisierte mehrere Aufstände. Im Jahre 1897 lockten ihn Agenten der Kaiserin Tzu-hsi in die chinesische Gesandtschaft in London und versuchten, ihn zu entführen. Er entkam ihnen und wurde zum Helden der intellektuellen Jugend. Sein Schicksal war und blieb jedoch einzigartig. Als am 10. Oktober 1911 die Revolution ausbrach, war sie nicht sein Werk, sondern das junger Offiziere und Soldaten der Garnison von Wuchang (das zusammen mit Hankou und Hanyang die Stadt Wuhan an beiden Ufern des Jangtsekiang bildet). Und nicht er, sondern der General Yüan Shih-kai, ein alter Diener der Mandschus, wurde dazu berufen, die Republik zu regieren.

Bei der Geburt Maos steckte die chinesische Welt also mitten in der Krise. Das alte Reich näherte sich langsam dem endgültigen Zerfall. Mao war noch keine dreizehn Jahre alt, als seine Heimatprovinz von den ersten Stößen der nationalistischen Erhebung gegen die Mandschus erschüttert wurde, als ihm die Hungersnot, die in Hunan herrschte, das Elend der Bauern zu Bewußtsein brachte, und als er von den Umtrieben der Ko Lao Hui hörte, einer Geheimgesellschaft, die großen Anteil an den Ereignissen der revolutionären Periode haben sollte.

Mao stellte sich selbst dar als ein jähzorniges, streitsüchtiges Kind, das sich gegen die Autorität seines Vaters auflehnte, aber schon sehr früh die Nützlichkeit der List und des Kompromisses erkannte. Unter anderen Umständen hätte er sich vielleicht damit abgefunden, daß er Bauer war, aber die raschen Veränderungen, die er in seiner Umgebung beobachten konnte, und das immer größere Ansehen, das die moderne Wissenschaft genoß, eröffneten ihm einen weiteren Horizont. Nachdem er jahrelang über sein Schicksal nachgegrübelt hatte, brach er schließlich mit der Welt seiner Kindheit.

Dieser Bruch dürfte ihn nicht viel gekostet haben. Er machte sich später zwar zum glühenden Propagandisten der Landarbeit, aber der junge Mao brachte für die Arbeit des Bauern und für die körperliche Arbeit im allgemeinen nur eine laue Begeisterung auf. Edgar Snow erzählte er, daß er während der sehr kurzen Zeit, die er 1911 in der regulären Armee diente, lieber Wasserträger bezahlte, als daß er selbst Wasser holte.

Dieser erste Bruch entzweite Mao jedoch mit seinem Vater. Mao Shun-sheng war ein Bauernsohn, der mit sechzehn Jahren zur Armee gehen mußte, um sein Leben zu fristen. Seine Eltern hatten den größten Teil ihres Landes verkaufen müssen. Dank seiner Sparsamkeit und Umsichtigkeit konnte er aber nach der Entlassung aus dem Militärdienst nach Shaoshan zurückkehren, Land kaufen und es mit Erfolg bebauen.

Mao Shun-sheng begnügte sich nicht mit den Einkünften aus der Landwirtschaft. Er wurde Korn- und Schweinehändler sowie Geldverleiher. Mao Tse-tung sagte später, er habe dem Stand der »reichen Bauern« angehört. Diese Definition muß an der chinesischen Wirklichkeit gemessen werden. Im Westen könnte ein Bauer, der anderthalb oder zwei Hektar Land und einige bescheidene Ersparnisse besitzt, schwerlich als »reich« gelten, aber in einem Land, in dem es, wie Sun Yat-sen sagte, »nur Arme und noch Ärmere« gibt, zählte Mao Shun-sheng sicherlich zu den weniger Armen. Dieser magere, kleine, aber kräftige und zähe Mann gab sich rauh und streng. Für seine Mutter empfand Mao Tse-tung eine etwas spöttische Zärtlichkeit. Schon früh lernte er, sich ihrer als Bundesgenossin zu bedienen. Aber so großherzig und mitfühlend sie war, so hart und gewinnsüchtig war der Vater, der keine Barmherzigkeit kannte. Zumindest wenn man Mao Glauben schenken darf. *Er gab mir nie Geld.* Bei Tisch gab es nur Reis und Gemüse. Mao, der vom Alter von sechs Jahren an seinem Vater bei der Arbeit half, mußte 13 Jahre alt werden, bis er das Recht auf zweimal Fleisch und Fisch im Monat erwarb. Er mußte Tadel und Kränkungen vor fremden Leuten hinnehmen: sein Vater konnte sich als echtes chinesisches Familienoberhaupt gebärden. *Ich lernte ihn zu hassen.* Noch mit 43 Jahren, nach Jahren erbitterter Kämpfe, nach den Leiden des Langen Marsches, gab Mao gegenüber Edgar Snow diesen Haß zu erkennen.

Als Siebzigjähriger und Herr über China konnte er es sich nicht versagen, noch einmal davon zu sprechen. *In meiner Jugend,* erzählte er seinen Parteigenossen, *hatte ich einen Freund, der schwere Zeiten durchmachen mußte. Eines Tages bat er mich, ihm einen (chinesischen) Dollar zu leihen. Ich gab ihm drei und sagte ihm, er brauche sie mir nicht zurückzugeben. Damals war es schwer, eine so selbstlose Hilfe zu finden. Mein Vater meinte, ein Mann, der nicht imstande sei, sich selbst zu helfen, könne nur die Strafe des Himmels und der Erde hinnehmen. Meine Mutter kritisierte ihn. Als mein Vater starb, kamen nur wenige Menschen zu seiner Beerdigung. Als dagegen meine Mutter starb, kamen viele.*

Mao begnügte sich nicht damit, den Vater in den düstersten Farben zu malen, er fügte dem Bild auch noch lächerliche Züge hinzu. Edgar Snow berichtete er von der Bekehrung seines Vaters zum Buddhismus. Sein Vater, sagte er, war so skeptisch, wie seine Mutter fromm war. Eines Tages jedoch stand Mao Shun-sheng auf einem einsamen Weg plötzlich einem Tiger gegenüber. Vor Schreck gelähmt, wartete er. Der Tiger entfernte sich. Von diesem Augenblick an verfiel Mao Shun-sheng extremer Frömmigkeit. Und Mao Tse-tung erzählte, er seinerseits sei in die entgegengesetzte Richtung gedrängt worden: In Shaoshan bauten die Behörden eine moderne Schule an einer Stelle, an der früher einmal ein Tempel gewesen war. Damit hatten die Götter in Maos Augen jeden Wert verloren.

Sein Vater hatte ihn in die Dorfschule geschickt, damit er dort die Grundelemente der Schriftsprache erlerne und in die Klassiker eingeführt werde. Mao widmete sich vor allem der Lektüre der in China so beliebten Räuberpistolen wie »Der Roman von den drei Königreichen« oder »Am Rande des Wassers« – Erzählungen voller Lärm und Leidenschaft, Helden und Verrätern, schlauen Listen und verwegenen Hinterhalten. Mao machte nie ein Hehl daraus, daß er aus solchen Büchern manche seiner militärischen Theorien geschöpft hatte.

Mit diesem leichten geistigen Gepäck versehen, mußte Mao seinem Vater die Bücher führen, eine Aufgabe, die – obwohl er das bestritt – ganz nach seinem Geschmack gewesen sein dürfte, denn er war stets imstande, genau Rechenschaft abzulegen über seine Einnahmen und Ausgaben, über alles, was er borgte oder verschenkte, und über den Preis jeder Ware, die er kaufte.

Er war 13 Jahre alt, als seine Eltern nach alter Sitte seine Heirat arrangierten. Seine Braut war sechs Jahre älter als er. Mao zufolge wurde die Ehe nicht vollzogen. Eine tragikomische Szene: Der Halbwüchsige weigert sich, mit seiner Frau das Bett zu teilen, und droht – das ist seine Lieblingstaktik – zu fliehen, wenn man ihn dazu zwingt. Fand er den Gedanken, eine Frau zu lieben, die sein Vater für ihn ausgesucht hatte, besonders widerwärtig? War das Mädchen besonders häßlich? Man weiß es nicht. Ebenso unmöglich ist es zu erfahren, ob Mao die Wahrheit gesagt hat. Er hätte schwerlich zugeben können, daß er sich – wenn auch in früher Jugend – mit einer arrangierten Heirat abgefunden hatte, er, der 1919 einer der bekanntesten Journalisten Hunans wurde, weil er eine Artikelserie gegen dieses »schändliche System« und für die »Freiheit der Ehe und der Liebe« geschrieben hatte.

Mit 17 Jahren, im Herbst 1910, ging Mao in die Welt hinaus. Er beendete seine Schulzeit in Hsiang-hsiang, der kleinen Stadt, aus der seine Mutter stammte. Er studierte die Klassiker, wie es sich gehörte, beschäftigte sich daneben aber auch mit anderen Fächern. Vor allem fesselte ihn die Geschichte. Er verschlang die ersten in China erschienenen Werke über die politischen und militärischen Größen der Länder des Westens: Washington, Napoleon, Wellington. Eine Flugschrift fiel ihm in die Hände, die mit den Worten begann: »Weh uns! China wird unterjocht werden…« Er war erschüttert. »China wartet auf seinen Washington«, sagte er zu seinen Mitschülern. Die Helden hatten es ihm angetan. Im folgenden Jahr ging er nach Changsha, der Hauptstadt der Provinz Hunan, um dort eine Oberschule zu besuchen. Der junge »Rebell« aus Shaoshan hatte bereits das Gefühl, weit vom Familienhof entfernt zu sein. »Die Familie durch das Vaterland ersetzen, das ist wahre Kühnheit«, schrieb er später. Endlich erlebte er auch eine siegreiche Rebellion. Die Revolution von 1911 begann.

UdSSR

Ulan-Bator

MONGOLEI

SUIYUA

Suiyuan

Urumchi

SINKIANG

NINGSIA

KANSU

Tai

Ningsia

Paoan

Sining

SH

TSINGHAI

Yenan

Lanchou

SHENSI

Sienyang

Lo

Paocheng Sian

TIBET

SIKANG

SZECHUAN

HU

Lhasa

Tatsienlu

Chengtu

INDIEN

Chungking

HUN

BIRMA

Tsunyi

Chan
Shaosha

KUEICHOU

C

CHINA
zur Zeit des
»Langen Marsches«

Kueiyang

Kunming

YÜNNAN

KUANGSI

Nanning

INDOCHINA
(FRANZ.)

SIAM

HAINAN

Indischer Ozean

Seit der Zeit des Langen Marsches hat die Landkarte Chinas bedeutende Veränderungen erfahren. Die Provinzen im Nordosten (Mandschurei) wurden neu aufgeteilt, die autonome Region Tibet wurde in den chinesischen Bereich eingegliedert: Die Provinz Si-kang ist jetzt ein Teil von Tibet, Szechuan reicht bis zum Blauen Fluß. Ebenso verschwanden Provinzen wie Jehol, Chahar, Suiyan und Ningsia. Sie sind nun in der autonomen Region Mongolei zusammengefaßt, deren Existenz daran erinnert, daß China die Unabhängigkeit der (prosowjetischen) Republik Mongolei nie wirklich akzeptiert hat.

HEILUNGKIANG

Harbin

KIRIN

Changchun (Hsinking)

Kirin

LIAONING

HAHAR

JEHOL

Mukden (Shenyang)

Chengteh

Chinchou

hangchiachou

Japanisches Meer

Peking

Tientsin

Dairen

KOREA

Seoul

HOPEH

SI

JAPAN

Tsinan

Tsingtao

SHANTUNG

Gelbes Meer

Kaifeng

KIANGSU

ONAN

Nanking

Shanghai

ANHUEI

Wuhan

Kiukiang

CHEKIANG

Ostchinesisches Meer

Nanchang

KIANGSI

-kang-shan

Foochou

Juichin

FUKIEN

Amoy

TAIWAN

UANGTUNG

on

ao

Hong Kong (Brit.)

Pazifischer Ozean

PHILIPPINEN

39

... Sein Leben lang trug Mao die geschlossene Welt von Shaoshan in sich...

Mao Tse-tungs Kindheit war gespalten zwischen der Monotonie des Familienlebens und dem Widerhall eines China, in dem die Rebellion alltäglich geworden war. Das eigenwillige und phantasiebegabte Kind ergriff die erstbeste Gelegenheit, seinem Dorf Shaoshan zu entkommen und sein Glück zu versuchen.

Oft hat sich Mao über die Herzenskälte seines Vaters beklagt, der ihn zu den widerlichsten Arbeiten zwang, ohne ihm dafür jemals die geringste Belohnung, die kleinste Zärtlichkeit zu gewähren. Das hinderte später den Kommunistenführer Mao nicht, der chinesischen Jugend solche Vorträge zu halten, wie er sie bei seinem Vater gehaßt hatte: *Je mehr Bücher man liest, desto stumpfer wird man. Die wirklichen Universitäten sind die Fabriken und Dörfer...*

Siao-yüa, ein Jugendfreund Maos, erzählt, Mao habe sich als Junge in den Schatten eines Baumes hinter einem alten Grab gesetzt, wenn er an den beiden Enden seines Tragejochs mehrere Eimer Mist geschleppt hatte; dann verbrachte er Stunden mit der Lektüre seiner Lieblingsbücher, »Shui Hu« (Am Ufer des Wassers) und »San Kuo Chih Yen I« (Roman der drei Königreiche). Diese beiden Romane waren Maos einziger Lesestoff bis zu seinem 17. Lebensjahr. Der Wunsch zu lernen führte zu seiner Abreise in eine Stadt, wo er eine Schule besuchen wollte. Unterwegs traf er einen Nachbarn, den alten Wang. »Ich gehe zur Schule«, sagte Mao zu ihm. »Du willst also ein Gelehrter werden?« Der alte Wang lachte, bis ihm die Tränen kamen. »Und welche Schule hast du gewählt?« Maos Antwort empörte den alten Mann. Es war eine »moderne« Schule, und dieses Wort ließ ihn sofort an »das Fremde« denken, an die weißen Uniformen, welche die Schüler dieser Schulen im Sommer trugen. Weiß ist in China die Farbe der Trauer. »Du wirst ein ausländischer Schüler werden«, klagte der alte Wang. »Du wirst dich kleiden wie jemand, der Trauer trägt. Deine Eltern leben doch, soweit ich weiß? Läßt dein Vater das alles zu? Er verliert den Verstand. Ich weiß wirklich nicht, was aus unserem Land wird... Zur Schule gehen!« Der alte Wang hatte unrecht, sich so zu beunruhigen. Sein Leben lang trug Mao die geschlossene Welt von Shaoshan in sich. Und sein Mißtrauen gegenüber dem »Fremden«.

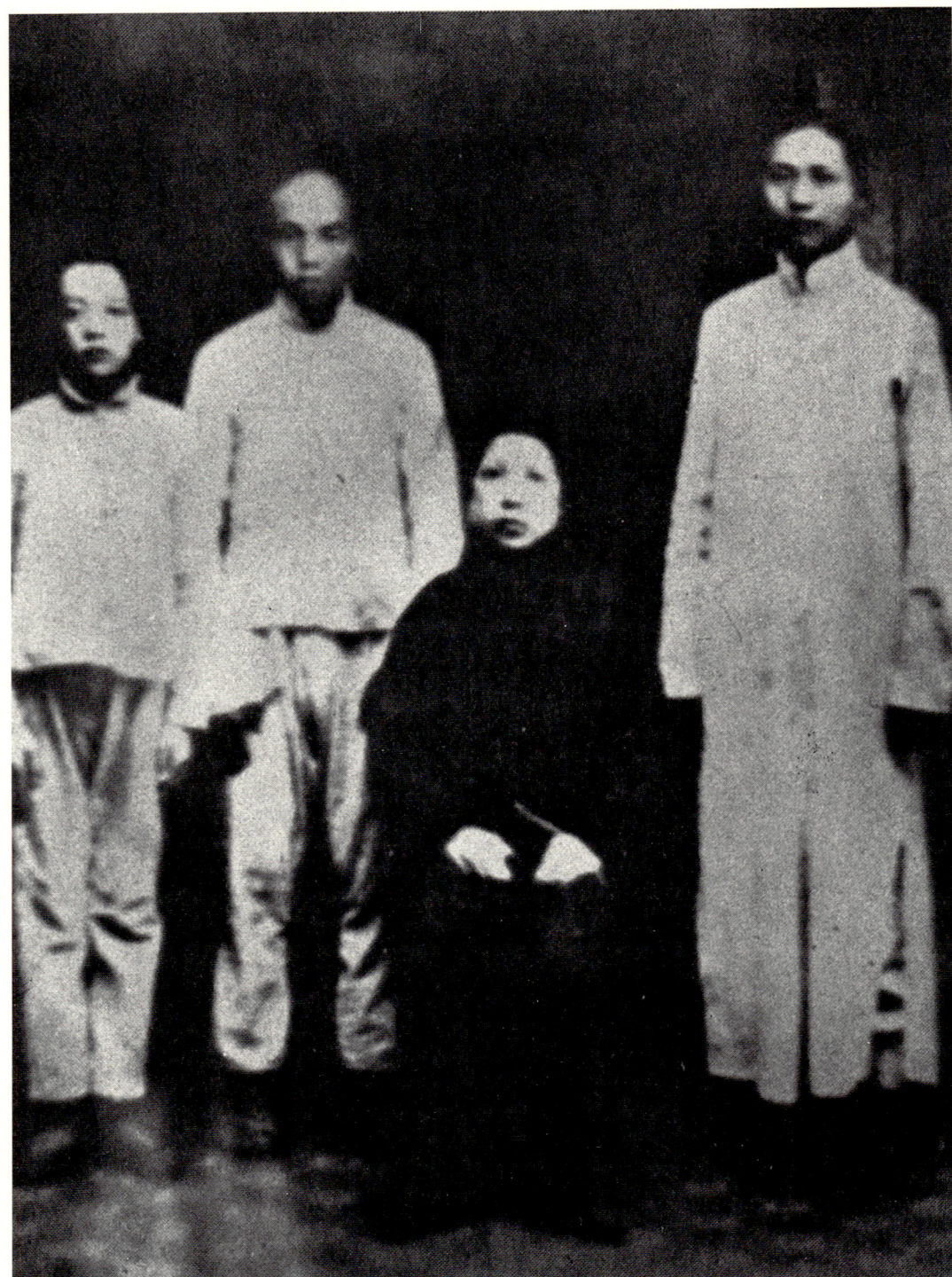

Das Familienphoto:
Mao (rechts) mit seiner Mutter und seinen Brüdern Mao Tse-min (Mitte) und Mao Tse-tan; die Adoptivschwester Mao Tse-hung wurde vergessen.
(C. R. A.)

Die Welt der Kindheit:
der väterliche Bauernhof mit dem Lotusteich in Shaoshan in den Bergen Hunans.
(Marc Riboud – Magnum)

Hungersnot in Changsha, der Hauptstadt der Provinz Hunan, 1910.
(Archiv E. R. L.)

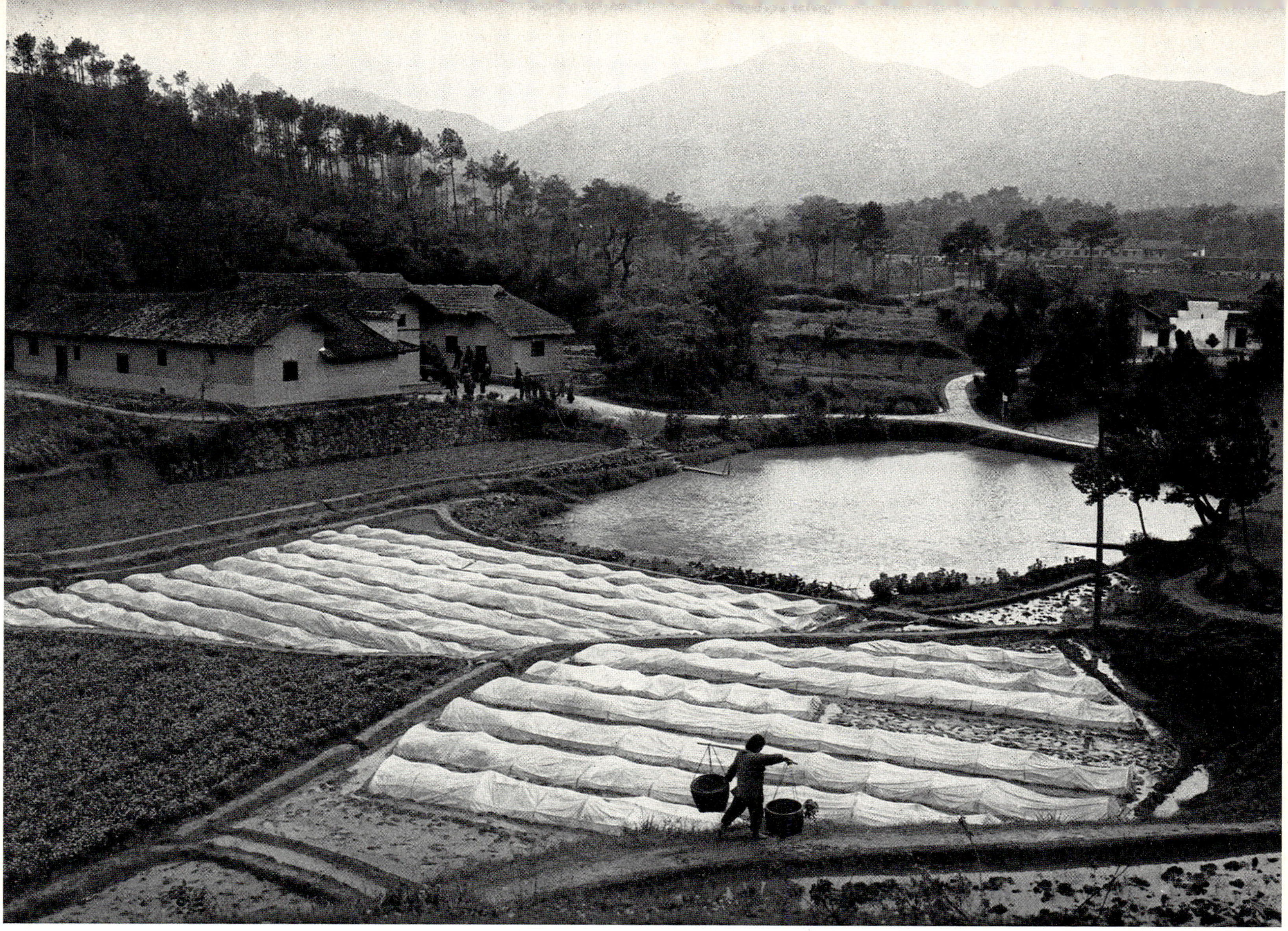

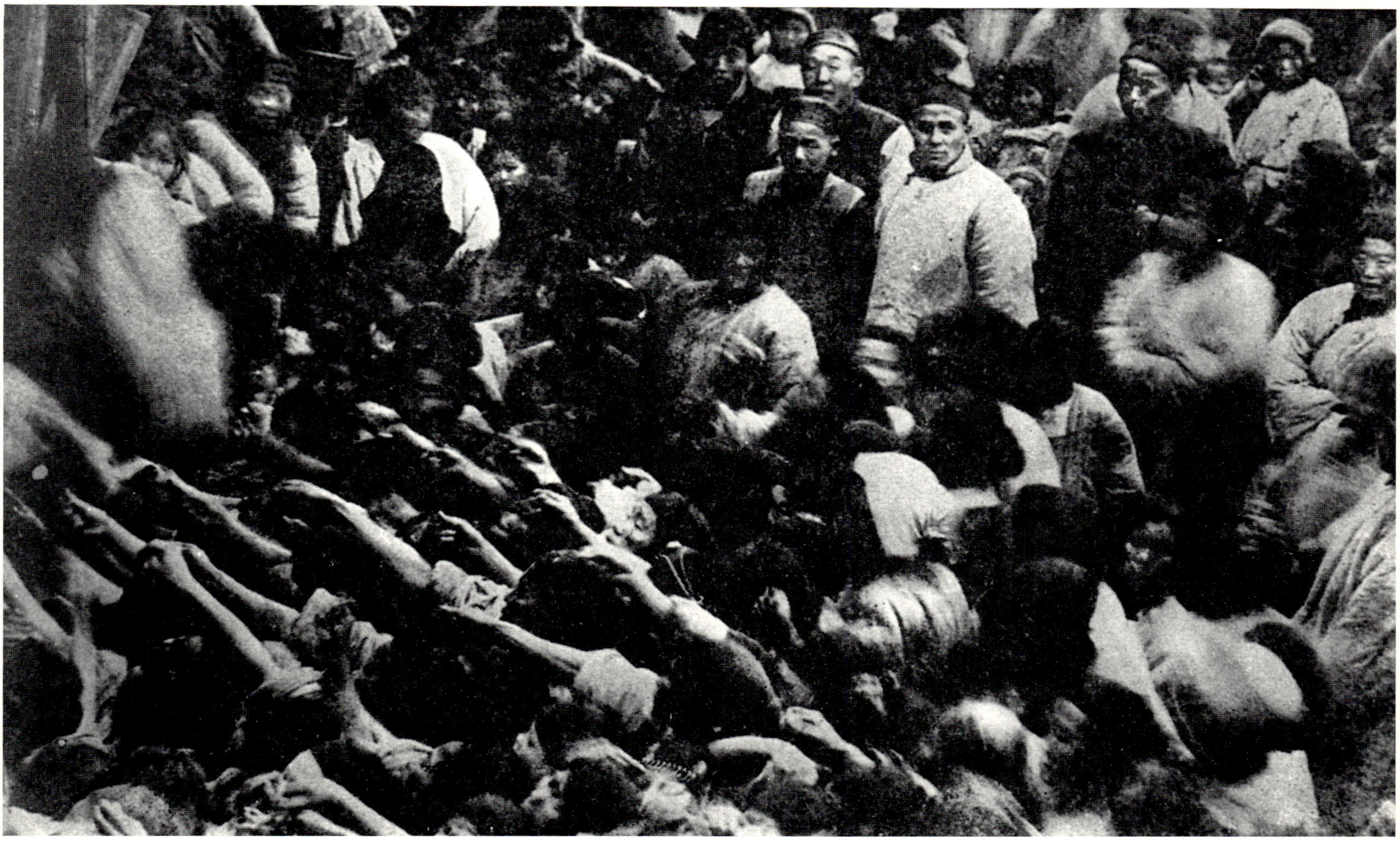

Mao ist das Spiegelbild eines vom Neuen angezogenen, aber im Alten verwurzelten China

In seiner Persönlichkeit wie in seinen Handlungen war Mao das Spiegelbild eines vom Neuen angezogenen, aber im Alten verwurzelten China.

Es ist schwierig für ein Land, auf seine Vergangenheit zu verzichten, wenn diese Vergangenheit Bilder des Ruhms und des Glanzes hervorruft – ebenso wie solche der Armut und der Unterwerfung. Das ist der Fall Chinas. Noch im 18. Jahrhundert galt es als Reich aus der Fabelwelt, mit unermeßlichen Reichtümern und einer Weisheit, um welche die Welt – von Voltaire bis Thomas Jefferson – es beneidete.

Was sich auch gegen den Konfuzianismus und die von ihm symbolisierte Blockierung der kulturellen Entwicklung sagen mag, so hat er China doch einige seiner besten Köpfe gegeben und ein kulturelles Erbe, das zu den Höhepunkten des menschlichen Denkens gehört. Im übrigen ist zu fragen, ob das China Mao Tse-tungs mit seinen Ritualen, seiner Vorliebe für Zeremonien und seinem Kult des Großen Erziehers wirklich so weit entfernt ist vom China Chien-lungs, dem letzten der großen Mandschu-Kaiser.

Das Denken des Konfuzius hat die Entwicklung Chinas sicher gebremst, aber vor allem deshalb, weil es als eine Reihe von Vorschriften aufgefaßt wurde und nicht als ein Weltbild. Gewiß verlangte es Gehorsam gegenüber dem Herrscher und den Alten. Aber es empfahl auch Toleranz und Gerechtigkeit. Und es verpflichtete den guten Schriftgelehrten, sich mutig dem Fürsten zu widersetzen, wenn er dies als dem Wohl des Landes zuträglich erachtete.

Das Unglück hat es so gewollt, daß China sich im 19. Jahrhundert unter dem Druck ausländischen Eindringens entwickeln mußte, statt diese Entwicklung auf Grund eigener Überlegungen und nach seinem eigenen Rhythmus vornehmen zu können. In der chinesischen Vorstellung waren die neuen Ideen jetzt nicht mehr loszulösen von den Bildern der Eroberungen und der Gewalttätigkeiten, die sie begleitet hatten. Um so länger wurde ihre Anpassung an die chinesische Wirklichkeit hinausgeschoben.

Konfuzius: Held der französischen Philosophen des 18. Jahrhunderts, die in ihm den Propheten eines Staates sahen, der auf Weisheit und Gelehrsamkeit basiert.
Zeitgenössischer exotischer Stich. (B. N. Paris)

In Saint-Martin-le-Beau, im Wald von Amboise, steht die Pagode von Chanteloup, die vom Herzog von Cho seul gebaut wurde und immer noch steht, obwohl das Schloß verschwunden ist. (B. N. Paris)

Der Ch'ing Kaiser Ch'ien-lung aus Pariser Sicht (man beachte die Lilie). (B. N. Paris)

Bevor die westlichen Gesandten vom Kaiser empfangen wurden, mußten sie sich in der Audienzhalle dreimal zu Boden werfen. Französischer Stich, Anfang des 18. Jahrhunderts. (B. N. Paris)

Im Jahr 1785 soll der Kaiser Ch'ien-lung (1736–1795) 3000 alte Leute, die dieser Ehrung würdig waren, mit einem Festmahl bewirtet haben. »Der Kaiser Ch'ien-lung, der sich an einem Familienmahl mit der ganzen Nation erfreut, die hier durch die Elite dieser alten Leute repräsentiert ist«. Stich aus »Mémoires concernant les Chinois« von R. P. Amiot und Bourgeois. (B. N. Paris)

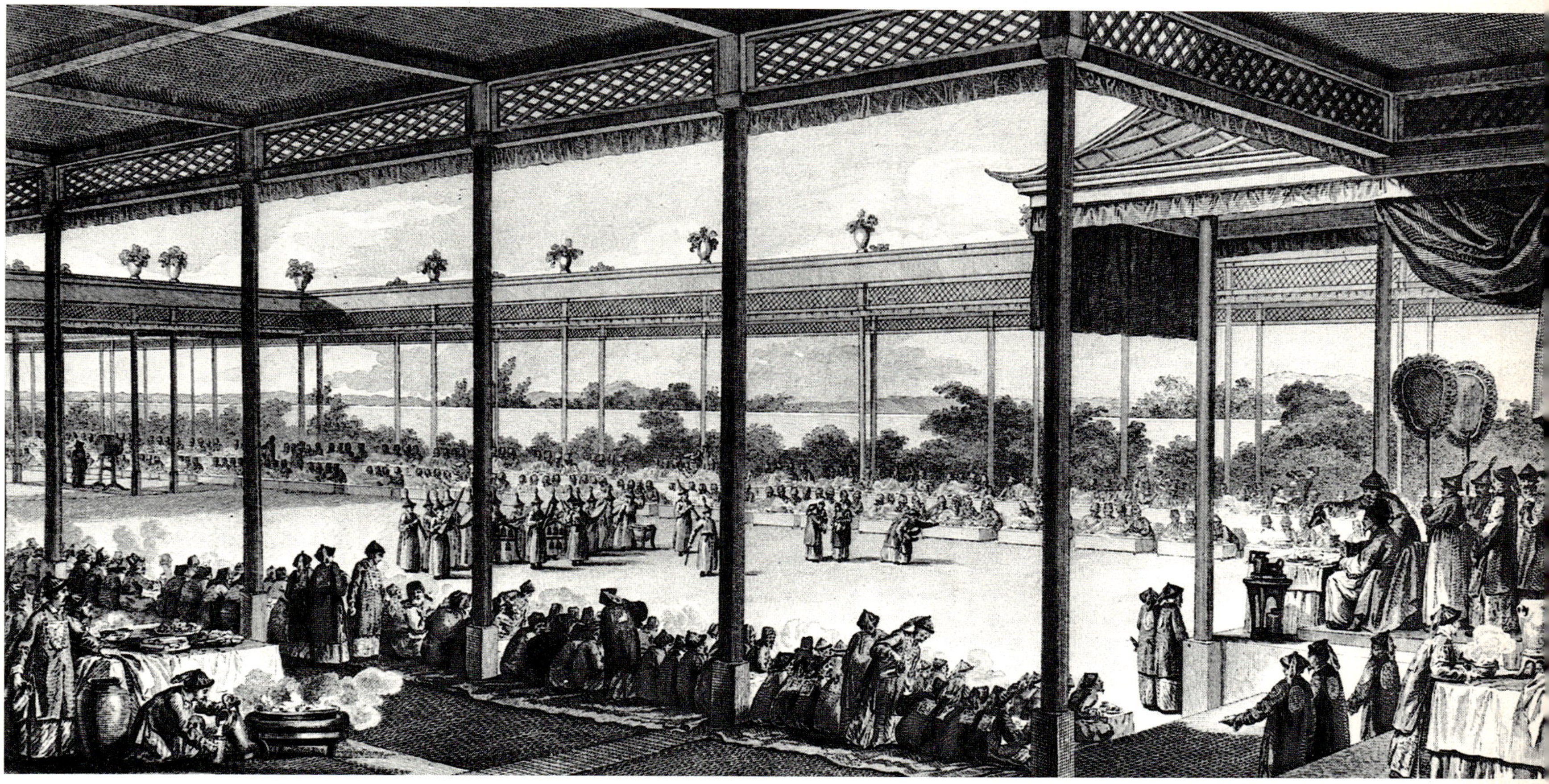

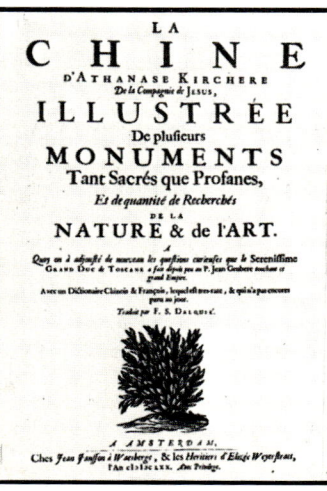

Titelseite eines Werkes über China von dem Jesuiten Athanasius Kirchere, Amsterdam, Anfang des 18. Jahrhunderts. (B. N. Paris)

Traditionelle Schule in Hongkong am Anfang dieses Jahrhunderts. (Archiv E. R. L.)

43

越事行成

Die Einnahme der Festungen von Pei-ho
am 21. August 1860 durch das französisch-
englische Expeditionskorps.
(Roger-Viollet)

Vertragsunterzeichnung in Tientsin zwischen
Li Hung-chang, damals im Rang eines Außenministers,
und dem Franzosen Fournier;
dieser Stich von Wu You-ju hat den Titel
»Verhandlungen über die vietnamesische Sache«.
(Roger-Viollet)

Westlicher Stich von der Einnahme
Kantons im Jahr 1857 durch die
französisch-englischen Truppen.
(Roger-Viollett)

Westliche Zeichnung einer Opiumraucherei.
(B. N. Paris)

Gefangene, die den tragbaren
Schandpfahl tragen.
(Sammlung Ringart)

Im vorindustriellen China:
dieses Photo zeigt wahrscheinlich
eine Vorrichtung für die Gewinnung
von Steinsalz. (Sammlung Ringart)

Eingang zu einem Gymnasium,
wahrscheinlich in Kunming.
Die Inschrift über dem Portal weist auf
einen technischen Zweig für Textil-
industrie und Färberei hin. Das Photo
wurde während einer Ausstellung
aufgenommen. (Roger-Viollet)

Das pittoreske China zur Verwendung für die zeitgenössische
westliche Presse. (F. P. G.)

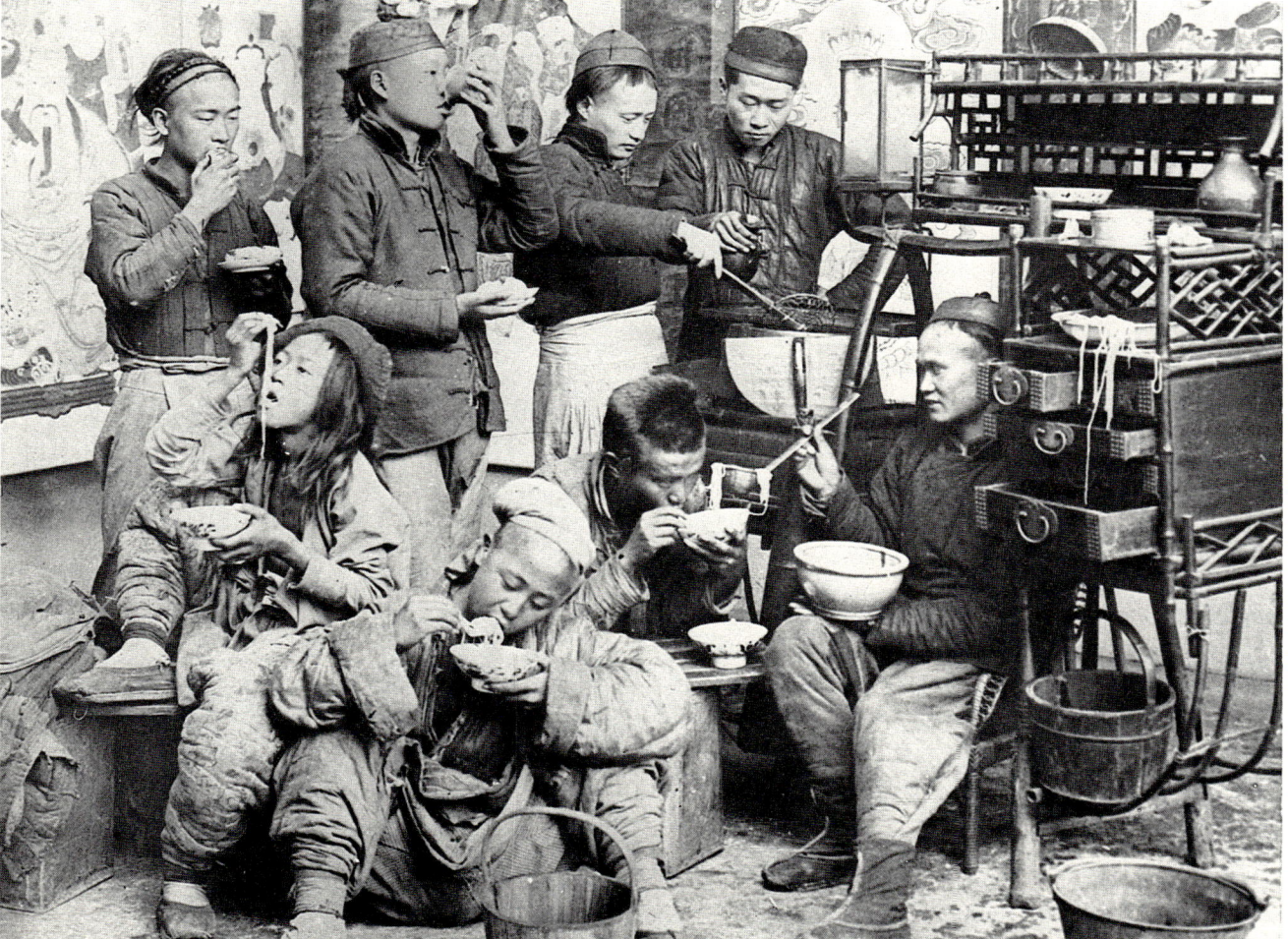

Dieses Transportmittel
des alten China wurde
während der Zeit des
»Großen Sprung nach vorn«
1958 wieder gebraucht.
(F. P. G.)

Eine für den westlichen
Photographen gestellte
Restaurant-Szene
vor einem Tempel.
(F. P. G.)

47

Taiping und Boxer: China sucht seine Identität, China rebelliert

Die Taiping, Führer eines Aufstands, der Chinas Boden zwischen 1851 und 1864 mit Blut getränkt und das Land ruiniert hat, begingen den verhängnisvollen Irrtum, die meisten Gelehrten am Mandschu-Thron zu erschrecken und abzuweisen.

Bedeutende Militärs und Beamte wie Li Hung-chang und Tseng Kuo-fan wurden die Totengräber der Rebellion, aber auch die Urheber von Ansätzen zu einer Kurskorrektur, die bei modernen Historikern als Schwanengesang des Alten China gilt.

Die »Tung-chih-Restauration« (1862–74), benannt nach dem damals herrschenden Kaiser, ist ein großartiges Zeugnis der Lebensfähigkeit eines Volkes und seiner Kultur. In wenigen Jahren richtete sich das verwüstete Land wieder auf, seine Wirtschaft kam wieder in Ordnung. Gleichzeitig erwies China sich jedoch als unfähig, seine Furcht vor ausländischen Neuerungen zu überwinden. Die »Tung-chih-Restauration« führte so nur zu neuen militärischen Katastrophen und einem verstärkten Eindringen der ausländischen Mächte. Li Hung-chang mußte dann mit Frankreich (1885) und später mit Japan (1895) die demütigenden Verträge von Tientsin und Shimonoseki unterzeichnen.

Die Erhebung der Geheimgesellschaft Yi Ho Tuan – in Europa als »Boxer« bekannt, da ihre Mitglieder die Kriegskünste des Alten China ausübten – war das Ergebnis einer Welle von Fremdenhaß im Gefolge der zunehmenden Verarmung der Bauern in den Nordprovinzen. Der Aufstand begann in Peking mit der Ermordung eines deutschen Diplomaten, des Barons von Ketteler.

Die Kaiserin Tzu-hsi war zunächst gegen die Boxer, verbündete sich aber später mit ihnen gegen die »Weiße Gefahr«. Daraufhin schloß sich Europa zusammen und bildete gemeinsam mit den USA und Japan eine Armee aus acht Nationen (von europäischer Seite: Deutschland, Frankreich, Großbritannien, Italien, Rußland und Österreich-Ungarn). Die Boxer wurden vernichtet, das Botschaftsviertel von Peking, das 55 Tage lang belagert worden war, befreit.

Der Boxeraufstand unterstrich die Ohnmacht der Dynastie und ebnete so den Weg zu ihrem Sturz im Jahre 1911. In den sogenannten »entwickelten« Ländern verstärkte er Unkenntnis und Unverständnis der chinesischen Wirklichkeit. Nur wenige glaubten jetzt noch daran, daß China in der Lage sein werde, seine Würde und seine Unabhängigkeit zurückzuerobern.

George Gordon, genannt »der Chinese«, wurde als britischer Offizier den Mandschus zur Verfügung gestellt, um die Taiping-Rebellion zu unterdrücken. (C. R. A.)

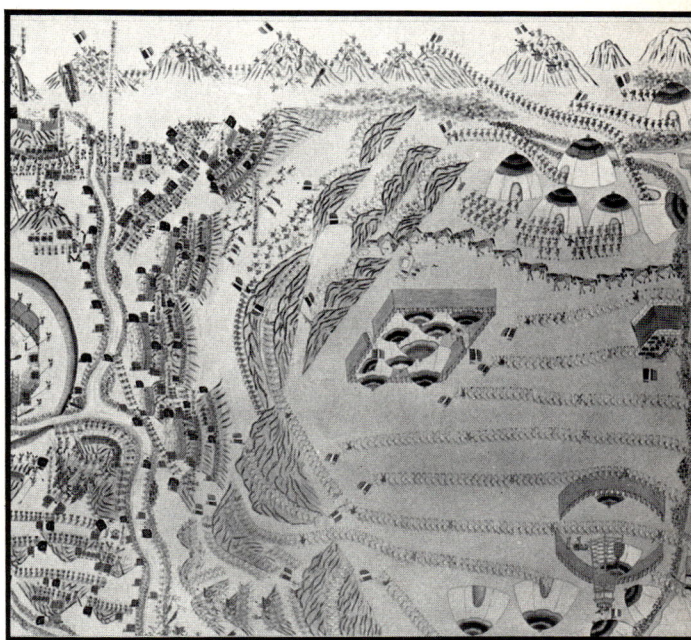

Li Hung-chang und der britische Premier
Gladstone 1896 in London.
(Time-Life Bildagentur)

Die französischen Landungstruppen in Langson.
(Museum für afrikanische und ozeanische Kunst)

Gegenangriff der kaiserlichen Truppen gegen
die Taiping in Nanking 1864. Auf der Mauer die Anführer
des Aufstandes, Yang Hsiu-ch'ing und Hung Hsiu-ch'üan.
(Roger-Viollet)

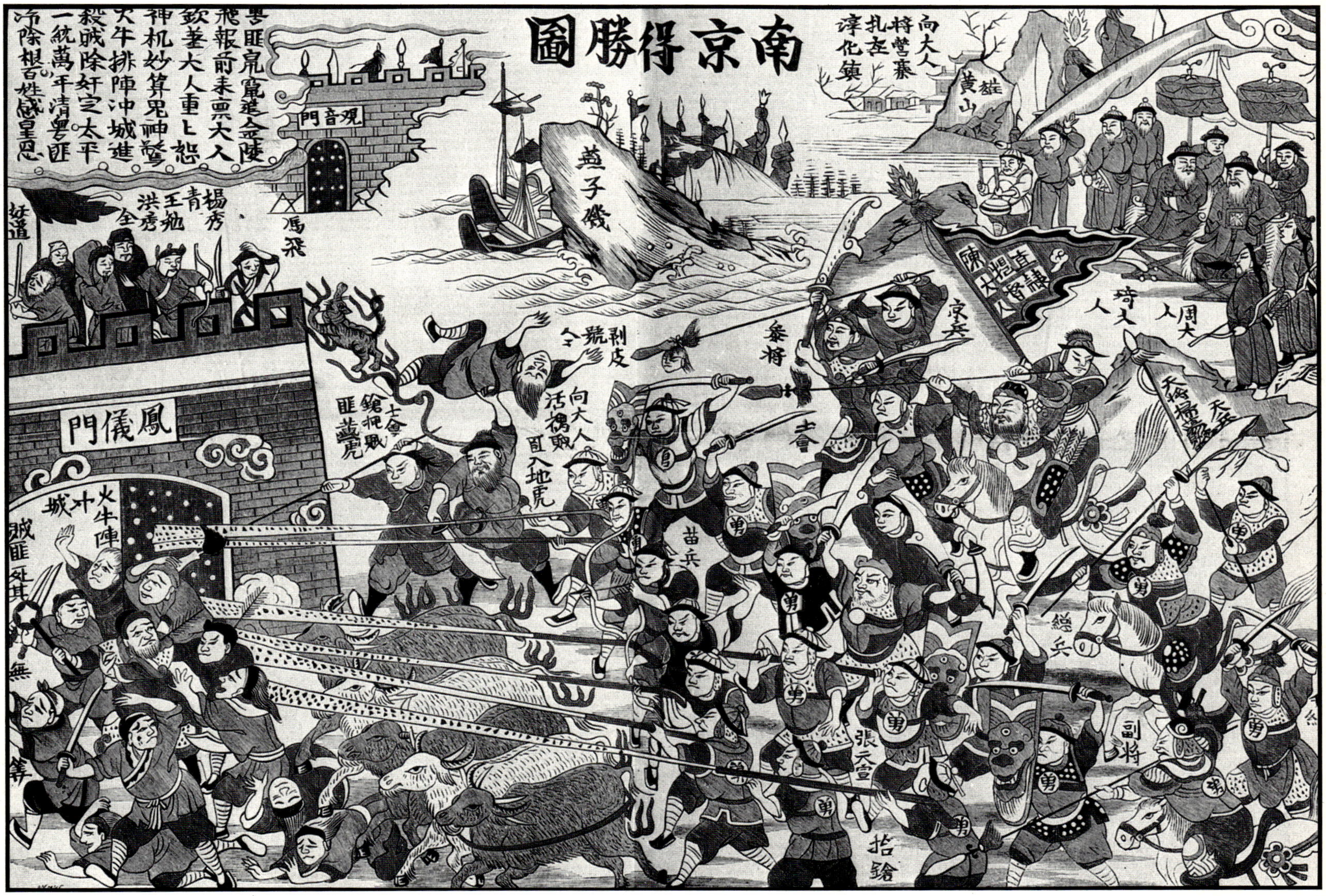

Die Kaiserin Tzu-Hsi
mit den Hofdamen.
(Durazzo-Magnum)

Liang Ch'i-ch'ao (1873–1923),
der erste große Verkünder
neuer Ideen in China
(C. R. A.)

K'ang Yu-wei (1858–1927),
der Initiator der
»Hundert-Tage-Reform«
von 1898
(C. R. A.)

Ausländische Würdenträger
zu Besuch im Sommerpalast in der
Verbotenen Stadt von Peking,
Anfang des Jahrhunderts. (C. H.)

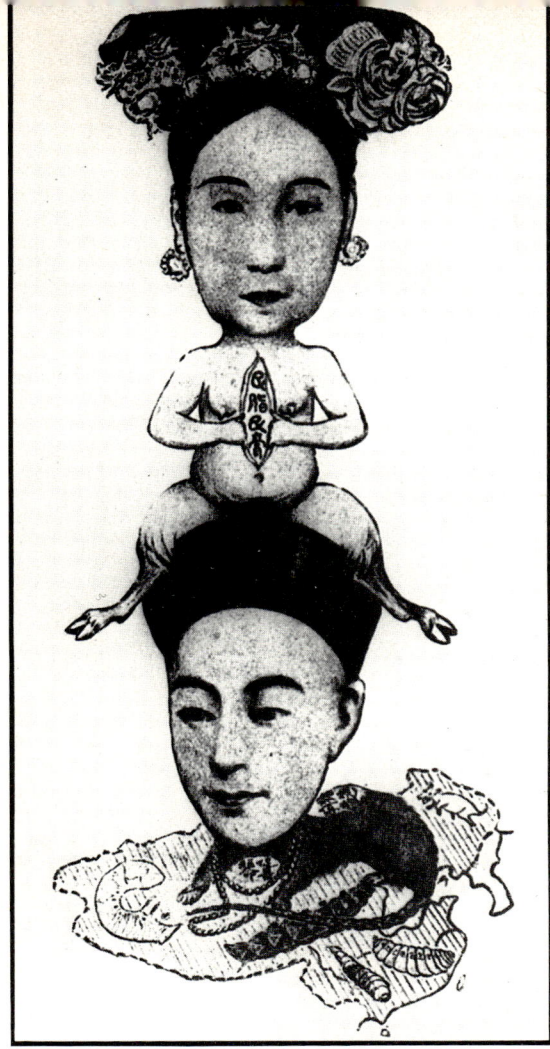

»Die Königin der Huren – Tzu-hsi – und der
Kaiser der Ratten – Kuang-hsu –«, gezeichnet von
chinesischen Anarchisten in Paris in der Zeitschrift
›Le siècle nouveau‹ 1908. (C. R. A.)

Zug zur Halle des Himmelstempels
anläßlich des jährlichen Empfangs des Kaisers.
(Roger-Viollet)

Ausländische Botschafter, denen anläßlich des
Geburtstages der kaiserlichen Witwe zum
erstenmal erlaubt wurde, dem Kaiser ihre
Aufwartung zu machen. (Archiv E. R. L.)

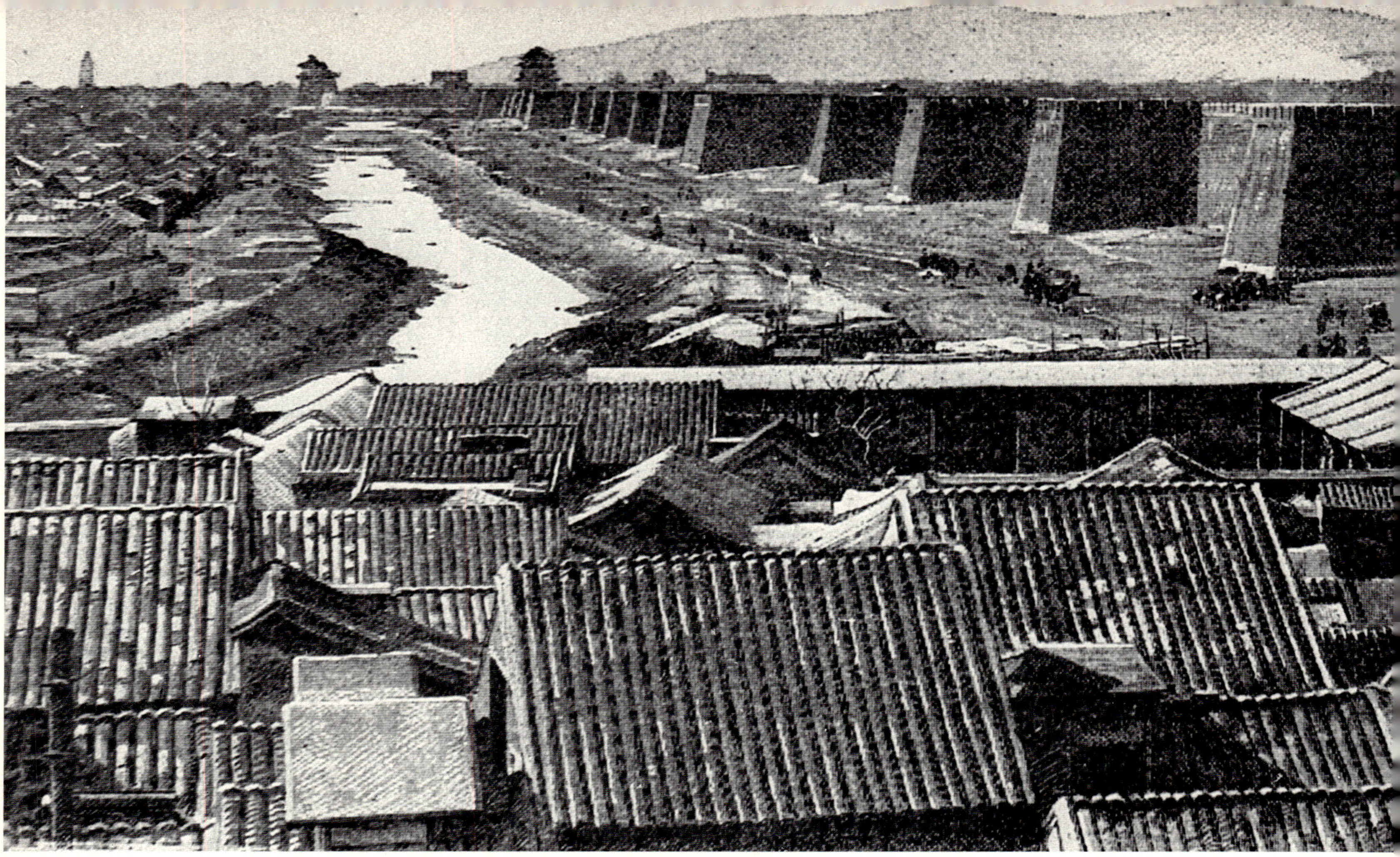

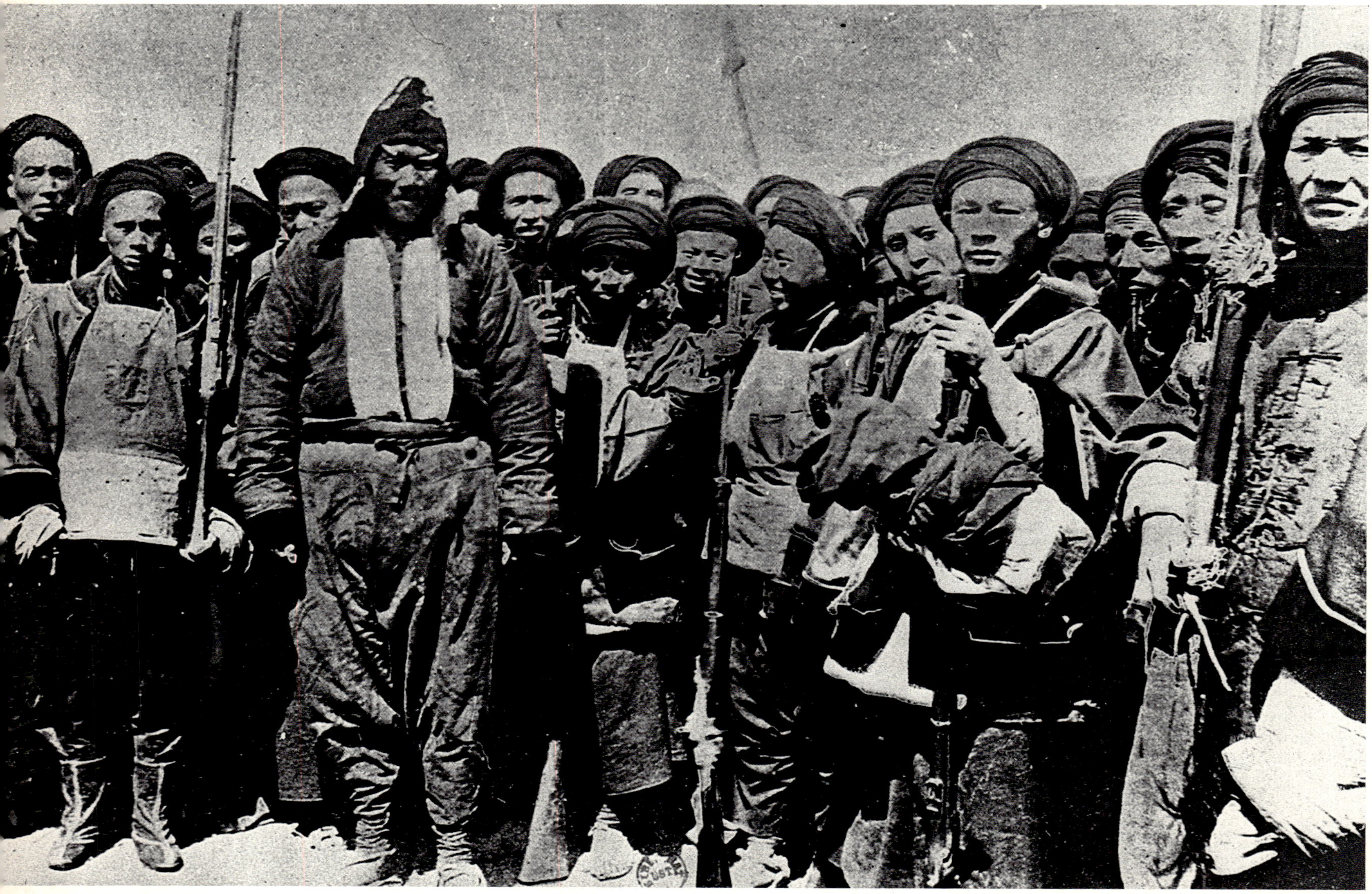

Die Mauer von Peking zur Zeit der Boxer. (Archiv E. R. L.)

Eine Gruppe Boxer. (C. R. A.)

Vor den Augen der deutschen Soldaten wird
der Mörder von Kettelers hingerichtet.
(Sammlung Ringart)

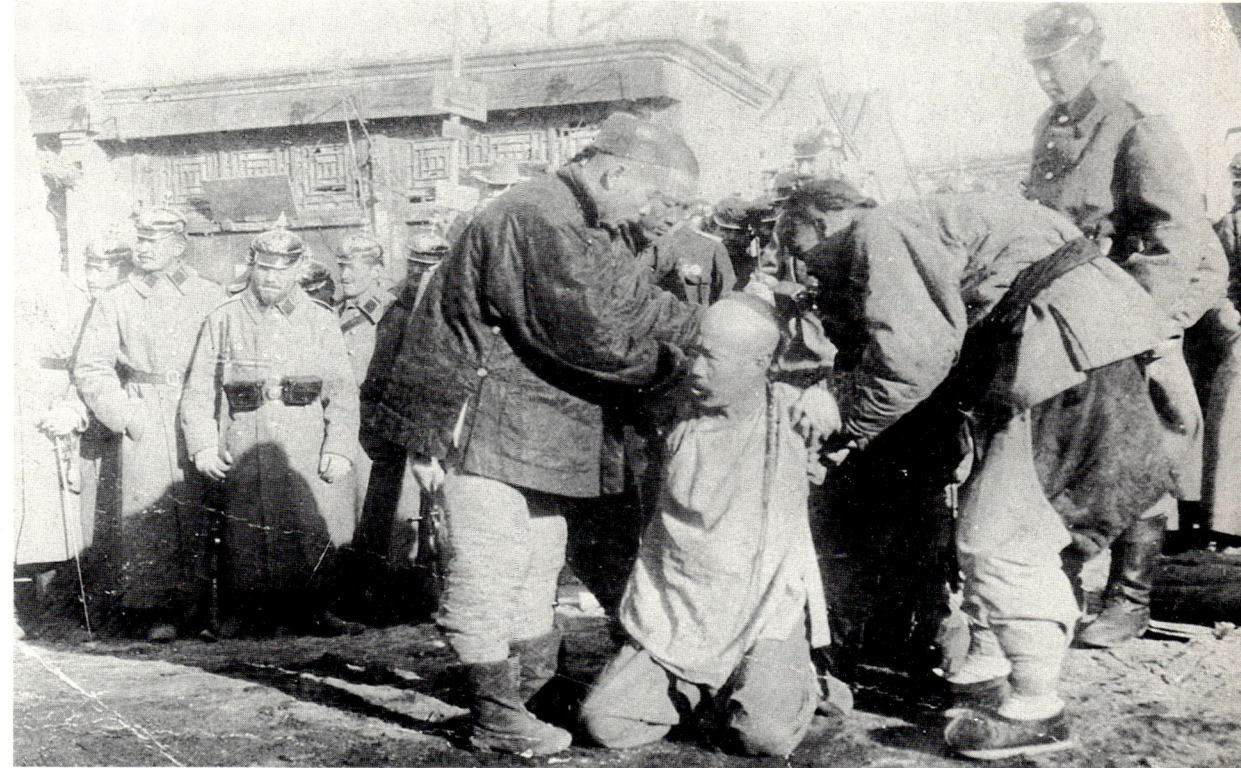

Baron von Ketteler,
deutscher Gesandter in China.
(B. N. Paris – Klischee E. R. L.)

Russiche Truppen, die an der
Unterdrückung des Boxer-Aufstands
teilnehmen. (C. R. A.)

Ein Boxer, der nach der Unterwerfung für einen Photographen der amerikanischen Truppe posiert.
(National Archives)

Der amerikanische Hauptmann Riley, der im Kampf gegen die Boxer gefallen ist, wird von seinen Leuten bewacht.
(Culver Pictures)

»Die französisch-englische Infanterie im Kampf gegen die Boxer«, zeitgenössischer Stich. (Britisches Museum)

Die französische Botschaft wird zur Zeit der Angriffe durch eine Barrikade aus Baumwollballen geschützt. (C. H.)

Die Rache der Westmächte nach der Plünderung der Botschaften: der französische Gesandte und sein spanischer Kollege posieren in der Verbotenen Stadt. Matignon, »Crimes, misères et châtiments en Chine«. (Archiv E. R. L.)

Von den Boxern in Brand gesteckte Kirche. (Bibl. arts. déco., photo Charmet)

DAS GRAB
DES KONFUZIUS

In dem Augenblick, da der junge Mao Tse-tung im August 1911 sein Dorf verließ und in Changsha eintraf, war ganz China von politischen und militärischen Unruhen zerrissen, die schließlich das Mandschu-Reich zerstörten.

Eine wild bewegte Periode, in der das alte und das neue China einander bekämpften, nebeneinander existierten, miteinander verschmolzen und sich wieder bekämpften, ohne in all diesen Umstürzen je den Weg zur Einheit und Stabilität zu finden.

Zunächst ging die Zentralregierung in andere Hände über. Die Mandschus, die ihr Ansehen im Laufe des ganzen vorausgegangenen Jahrhunderts vergeudet hatten, verloren es endgültig durch Reformen, die zu spät kamen und nur noch die Revolutionäre ermutigten. Die Unterrichtsreform und die Abschaffung der kaiserlichen Examen im Jahre 1906 demoralisierten die alte, allmächtige Klasse der Beamten-Gelehrten, der Mandarine. Die Studenten, die eine Bildung nach westlichem Muster in China selbst, in Japan, in den Vereinigten Staaten oder in Europa genossen hatten, stellten eines der aktivsten revolutionären Fermente dar. Die Armee, die zum Teil nach den in Industrieländern geltenden Regeln reorganisiert wurde, griff nach der politischen Macht, aber es gelang ihr nicht, sich einen echten Führer zu geben. Die Revolution von 1911 löste einen Bürgerkrieg aus, der, mit dem Krieg gegen den äußeren Feind verflochten, bis 1949 nur kurze Atempausen kennen sollte.

Der Bürgerkrieg begann am 10. Oktober 1911 mit der Meuterei eines Pionierbataillons in der Garnison der »Dreierstadt« Wuhan (Wuchang, Hankou, Hanyang). Diese Meuterei war schlecht vorbereitet, und sie brach durch einen Unfall vorzeitig aus: Die Aufständischen, die in einem in der russischen Konzession Hankou gelegenen Gebäude Bomben herstellten, ließen einen der Sprengkörper aus Unachtsamkeit explodieren. Damit war die Polizei alarmiert. Einige der Anführer wurden verhaftet und auf der Stelle erschossen. Den anderen blieb, wenn sie nicht dasselbe Schicksal erleiden wollten, nichts anderes übrig, als rund 40 Mann des 8. Pionierbataillons zu versammeln und ein Waffenlager zu stürmen. Das Seltsamste an dieser Geschichte ist, daß es ihnen trotz allem tatsächlich gelang, die Stadt in wenigen Stunden in ihre Hand zu bringen.

In die Tragödie mischte sich sogleich die Farce. Am Morgen des 11. Oktober wurde den Meuterern – Offizieren und Mannschaften – bewußt, daß keinerlei Vorbereitungen für die Einsetzung einer neuen Regierung getroffen worden waren. Sun Yat-sen, der unermüdliche Verschwörer und Führer der Revolutionären Liga, befand sich in den Vereinigten Staaten, wo er Gelder für seine Bewegung aufzutreiben versuchte. Man schickte ihm ein chiffriertes Telegramm, aber er konnte es erst zwei Wochen später entschlüsseln: er hatte den Code zu Hause gelassen. Da sie keinerlei Anweisungen erhielten, beschlossen die Aufständischen, den militärischen Oberbefehl einem hohen Offizier, dem General Li Yüan-hung, anzuvertrauen. Der Unglückliche, der nicht an das Gelingen der Revolution glaubte, lehnte die Ehre ab, die man ihm da erwies. Man drohte ihm. Er blieb fest. Die Soldaten schnitten ihm den Zopf ab, diesen Zopf, der seit beinahe zwei Jahrhunderten den Gehorsam des chinesischen Volkes gegenüber der Mandschu-Dynastie versinnbildlicht hatte. Er weinte. Man sperrte ihn ein und gab Befehle in seinem Namen aus. Auf diese Weise kompromittiert, gab er nach einigen Tagen schließlich nach. »Und ein solches Individuum konnte der Gründer der chinesischen Republik werden!« klagt der kommunistische Historiker Wu Yu-chang.

Noch war jedoch durch die Meuterei von Wuhan nichts geregelt. Die Revolutionäre, die fühlten, daß die Bewegung auf andere Regionen übergreifen mußte, meinten, es sei an der Zeit, eine der wichtigsten Persönlichkeiten der kaiserlichen Regierung, Yüan Shih-kai, für ihre Sache zu gewinnen. Yüan hatte eine melodramatische Karriere hinter sich. Er hatte schon so ziemlich jedermann verraten. Im Jahre 1898 liebäugelte er mit den Reformatoren, aber in der Stunde der Gefahr ließ er sie im Stich. Immer wieder war er ein eifriger Diener der Mandschus gewesen. Er hatte für sie die Fragmente einer neuen Armee geschaffen, aber stets zu erkennen gegeben, daß er sich vor allem von seinem persönlichen Ehrgeiz leiten ließ. Nun spürte er, daß es mit der Dynastie zu Ende ging und daß seine Stunde kommen sollte. Diesen Augenblick wählte er, um »in die Reserve« zu gehen. Er zog sich auf seinen Besitz in Changteh in der Provinz Honan zurück. Der Abgesandte der Revolutionäre traf ihn an einem Flußufer an, wo er, in einem Baumwollgewand und mit einem großen Strohhut auf dem Kopf, angelte.

Yüan begriff rasch die Bedeutung der Ereignisse. Er kehrte nach Peking zurück, aber entgegen den Erwartungen der Revolutionäre setzte er sich an die Spitze der kaiserlichen Regierung und der Armee. Unverzüglich unternahm er eine Offensive gegen Wuhan. Er eroberte Hankou und Hanyang und nahm Wuchang unter Artilleriebeschuß. Er dachte nicht daran, sich für den Kaiser, ein Kind von vier Jahren, zu schlagen: er wollte vielmehr aus einer Position der Stärke heraus mit der neuen Regierung verhandeln können. Als Sun Yat-sen im Dezember nach China zurückkehrte und am 1. Januar 1912 in Nanking eine provisorische republikanische Regierung bildete, mußte er sich mit den Tatsachen abfinden: Entweder führte er einen Krieg, der mit einer Katastrophe enden konnte, gegen das kaiserliche Regime, oder er verhandelte mit Yüan, der die wahre Macht verkörperte. Er entschied sich für die zweite Lösung. Yüan brauchte nur noch die Abdankung des Kindes zu erreichen und dann Sun Yat-sen vom Amt des Präsidenten der Republik zu »entlasten«, das er am 12. Februar sich selbst verleihen ließ.

Alle diese Machenschaften wären nur von rein historischem Interesse, wenn sie nicht Übel vorausgekündigt hätten, die das Neue China heimsuchen sollten. Tatsächlich wußte niemand, was man an die Stelle des Alten setzen sollte. Die Tradition war zu stark, der Konfuzianismus sollte nur sterben, um in anderer Gestalt wiedergeboren zu werden, und er sollte eine ernsthafte Auseinandersetzung mit der Frage der Beteiligung der Nation am politischen Leben vereiteln. Dieses Phänomen – die Angst vor einem jähen Bruch mit den aus der Vergangenheit ererbten »Tugenden«, dem Gehorsam gegenüber dem Herrscher, der Unterwerfung unter die elterliche Autorität – spiegelt eine Gesellschaft wider, die dem Druck rascher und tiefgehender Veränderungen unterlag, wobei jedoch diese Veränderungen weder rasch noch tiefgehend genug waren, um eine unwiderstehliche Dynamik zu schaffen.

In den großen städtischen Zentren entstand eine moderne Bourgeoisie, aber sie war so klein und so sehr an den Grundbesitz und das »imperialistische« Kapital gebunden, daß sich ihr politischer Einfluß oft nur im Sinne des Konservatismus und der Angst ausdrückte.

Obwohl sie nationalistisch und manchmal fremdenfeindlich eingestellt war, mußte sie sich angesichts der Bauernaufstände und Arbeiterrevolten unter den Schutz der Kanonenboote und der Marineinfanterie der fremden Mächte stellen. Diese betrachteten den Aufbau der chinesischen Industrie als ihr Monopol und ließen der Bourgeoisie, von einigen seltenen Fällen abgesehen, keinen anderen Weg der Bereicherung als die Korruption, Vermittlergeschäfte, den Opiumhandel oder die Spekulation. Die Bürger hatten den im übrigen nur vagen Projekten Sun Yatsens im Hinblick auf eine Agrarreform zwar zugestimmt, aber sie widmeten ihnen nur eine zerstreute Aufmerksamkeit. Für sie war und blieb der Bauer der Unglückliche, der eben gut genug war, die Felder zu bestellen und die Steuern oder das Pachtgeld zu zahlen.

Wenn solche Männer revolutionäre Verschwörungen finanzierten und ermutigten, nahmen sie das Risiko nur auf sich, weil sie hofften, von der neuen Macht profitieren zu können, niemals aber mit der Absicht, das politische Leben zu fördern. Sie hatten die natürliche Neigung, der Militärkaste zu schmeicheln und die Gunstbezeigungen des erstbesten Generals entgegenzunehmen, selbst wenn sie diese um einen horrenden Preis erkaufen mußten.

Auf dem Land sah es nicht anders aus. Der Grundbesitzer beobachtete eine für ihn schmerzhafte Entwicklung. Seine Vorrechte schwanden. Seine patriarchalische Herrschaft über das Dorf oder den Distrikt zerfiel. Millionen enteigneter oder ruinierter Bauern flohen in die Städte, wo sie die Reihen der Arbeiter und Kulis anschwellen ließen. Die Gebildeten, die ehedem seine natürlichen Stützen gewesen waren, schlugen, angezogen durch die Entstehung von Schulen, Universitäten und Büroposten, ebenfalls den Weg in die Stadt ein.

Kurz, der Grundbesitzer mußte sich wie der Bürger in der Stadt, mit dem ihn oft verwandtschaftliche oder freundschaftliche Beziehungen verbanden, mit der Unterdrückung durch das Militär, diese neue herrschende Kaste, abfinden, sofern er nicht selbst nach Shanghai oder Kanton ging, wenn die Übergriffe vollends unerträglich wurden. Die Wahrung seiner Rechte und Interessen wurde zu seiner Hauptsorge, und nicht selten umgab er sich mit Leibwächtern, einer privaten Miliz von fürchtenswerter Brutalität.

Wie hätte dieses China den Elan beibehalten sollen, der es, gegen seinen Willen, einer demokratischen Öffnung und der sozialen Erneuerung entgegentrug? Es zerbröckelte, anstatt sich zu einigen. Seine Schwächung nahm nach und nach die Form einer unheilbaren Krankheit an. Als vom August 1914 an Europäer und Amerikaner einander auf den Schlachtfeldern Frankreichs, Italiens, Ostpreußens und Rußlands niedermetzelten, überließen sie China einer jungen, aggressiven, nach Raum und Bodenschätzen gierenden Macht: Japan. Und Japan sollte für das China des 20. Jahrhunderts werden, was England für das China des 19. Jahrhunderts gewesen war: eine revolutionäre Triebkraft, die stärker war als alle inneren Kräfte des Landes zusammen.

Mao Tse-tung, der Zeuge dieser Geschehnisse war und schon in seiner Jugend in einen Strudel gerissen wurde, in dem sich die traditionellen Ideen und die Ideen der Veränderung, die instinktive Revolte der Massen und die brutale Unterdrückung durch die Herrschenden mischten, konnte wie Zehntausende andere junge Chinesen aus all dem nur einen ungeheuren Respekt vor der Gewalt ableiten.

Kaum in Changsha angekommen, erlebte er auch schon den Regimewechsel mit. Er schnitt sich den Zopf ab und trat in die aufständische Armee ein. Zu seinem Unglück fiel der Sieg den Aufständischen buchstäblich in den Schoß. Im Oktober 1911 war er Soldat geworden, im Februar 1912 wurde er schon wieder entlassen. Er sah sich nach einem Beruf um. Dieser Abschnitt seines Lebens ist zweifellos der farbigste. Er dachte nacheinander daran, eine Schule zu besuchen, in der die Seifenherstellung gelehrt wurde (Mao als Parfumeur!), dann eine Schule, in der Polizeikader ausgebildet wurden (Mao als Polizist!), und eine Schule, die juristische Kenntnisse vermittelte (Mao als Rechtsanwalt!). Er geriet schließlich an eine Handelsschule, mußte aber feststellen, daß dort gute Englischkenntnisse verlangt wurden. Seine Sprachbegabung war jedoch eher bescheiden. Er wurde also weder Parfumeur noch Polizeikommissar noch Advokat noch Buchhalter.

Lehrer wollte er nun werden. Zumindest beschloß er, um Aufnahme als Stipendiat in das Lehrerseminar von Changsha nachzusuchen. Das Institut hatte zwar nicht den Rang einer Hochschule, genoß aber noch immer einen ausgezeichneten Ruf. Zwei der bedeutendsten Führer der Kommunistischen Partei Chinas, Mao und sein zukünftiger Gegner während der Kulturrevolution, Liu Shao-ch'i, wurden dort ausgebildet. Mao trat im Frühjahr 1913 ein, und er verließ das Seminar erst im Frühjahr 1918 wieder, nachdem er sein Diplom erworben hatte.

Er mochte später behaupten, er sei nur ein Student der »grünen Wälder«; tatsächlich fand er am Seminar von Changsha Lehrer, die fähig waren, ihn durch das Gestrüpp der neuen Ideen zu führen. Von heute auf morgen sah sich der Dörfler aus Shaoshan mit Ideen und Autoren konfrontiert, mit Wirklichkeiten und Denkweisen, die von der chinesischen Wirklichkeit und Denkweise so weit wie nur möglich entfernt waren. Montesquieu, Rousseau, Darwin, Thomas Huxley, Herbert Spencer, Adam Smith, John Stuart Mill, Leo Tolstoi – Mao las begierig alles. Was behielt er davon? Schwer zu sagen. Er sprach sich nie darüber aus, und man sah ihn immer wieder zu Konfuzius und seinen Schülern, zu den chinesischen Dichtern und Romanciers zurückkehren. Im September 1917, zum Beispiel, bedauerte er in einem Gespräch mit Studienkameraden, daß China keinen Tolstoi hervorbringen könne, »um unsere philosophischen und ethischen Anschauungen zu revolutionieren«. Im gleichen oder beinahe gleichen Augenblick nahm er in einem anderen Gespräch zunächst eine negative Haltung ein, als seine Kameraden sich fragten, was sie tun könnten, um »das Land zu retten«. Sich politisch betätigen? Dazu braucht man Geld und Beziehungen. Unterrichten? Die Wirkung des Unterrichts macht sich erst im Laufe von Generationen bemerkbar. Das dauert zu lange. Was soll man also tun? fragte man ihn. Dem Beispiel der Helden des Romans »Am Rande des Wassers« folgen, antwortete Mao. Einen Schlupfwinkel in den Bergen suchen und von dort aus gegen alle kämpfen, die dafür verantwortlich sind, daß Ungerechtigkeit und Unordnung herrschen... Tolstoi hatte ihn offenbar nicht allzu sehr beeindruckt.

Es gibt aus dieser Zeit einen Artikel Maos für die Zeitschrift »Neue Jugend«, bei der ihn sein Philosophieprofessor, Yang Ch'ang-chi eingeführt hatte, ein »Modernist«, der beträchtlichen Einfluß auf ihn ausübte. In diesem Artikel, einer »Studie über die körperliche Ertüchtigung«, vertrat Mao die Idee, daß *der Körper das Wissen enthält wie ein Karren; die Sittlichkeit wohnt darin wie in einem Haus. Daher muß der Körper gekräftigt werden durch sportliche Übungen wie Judo in Japan und Fechten in Deutschland.* (Zweifellos hatte er von den Mensuren der Heidelberger Studenten gehört!)

Für einen jungen Mann dieses Schlages konnte die Philosophie keine metaphysische Reflexion sein, sondern nur eine »Anleitung zum Handeln« oder, wie Mao damals (als er noch nicht mit dem Marxismus in Berührung gekommen war) sagte, »eine Anleitung für den Ehrgeiz«.

Und an Ehrgeiz fehlte es Mao nicht. Mit seinen zwei besten Studienfreunden bildete er ein unzertrennliches Trio. »Die drei Helden«, tauften sie sich selbst, und Mao war zugleich d'Artagnan und Athos. Das Seminar von Changsha mochte zwar eine Insel des Friedens mitten in einer Provinz sein, die den blutigen Kämpfen der Generale, der »Kriegsherren«, ausgeliefert war: er wurde mit hineingezogen in die Auseinandersetzungen, und damals bewies Mao, daß er Führereigenschaften besaß.

Er zeigte seinen Kameraden, wie man sich verteidigt: Man nimmt einen jungen Bambusschaft, spitzt ihn an und zielt damit auf das Auge des Feindes; eine Technik, die, wie es schien, den Bauern Hunans gut bekannt war. Mao war auch ein Meister der Kriegslist. Als sich eines Tages Soldaten einer zurückweichenden Armee in den Klassenzimmern des Lehrerseminars einquartieren wollten, rekrutierte Mao einige junge Männer, und bei Einbruch der Nacht stürzte er mit seiner Truppe in das Gebäude und schrie: »Der Feind kommt! Der Feind kommt!« Die Soldaten machten sich aus dem Staube, ohne Fragen zu stellen, was, nebenbei bemerkt, einiges über die Qualität dieser Kuli-Söldner aussagt, die von den »Kriegsherren« ausgehoben wurden.

In diesem brodelnden Tumult der Ideen und Empfindungen fühlte sich Mao wohl. Er las, machte sich Notizen, unternahm mit seinen Kameraden tagelange Märsche (*Wenn es regnete, zogen wir unsere Hemden aus und nannten dies ein Regenbad. Wenn es heiß war, zogen wir uns ebenfalls aus und nannten dies ein Sonnenbad*), und er schwamm im kalten Wasser des Hsiang-Flusses.

Er beteiligte sich an den Versammlungen einer Philosophischen Gesellschaft und an der Gründung eines politischen Diskussionsklubs, der sich zu einer Brutstätte junger Revolutionäre entwickelte. Nie schien er sich auszuruhen. Einer seiner alten Studienkameraden aus Changsha erinnerte sich, gesehen zu haben, wie er die Fußballmannschaft des Lehrerseminars anfeuerte, die gegen die Elf eines amerikanischen Colleges für chinesische Studenten spielte: »Zermalmt die Sklaven des Auslands!« schrie Mao.

Mao, der Nationalist und begeisterte Parteigänger des Neuen, das er jedoch aus Instinkt in das Gewand des Alten kleidete, unterschied sich damals durch nichts von so vielen jungen Chinesen seiner Zeit. Das wirklich Außergewöhnliche an ihm war dieser unbefriedigte und unersättliche Charakter, der nicht zulassen wollte, daß ein Mann »in seinem stillen Hof« spazieren ging, statt »dem Wind, der weht, und den Wogen, die sich überstürzen«, die Stirn zu bieten.

Was die »sich überstürzenden Wogen« anbetraf, bot China ihm Stürme genug. Zu allererst jenen, der Hunderte und bald Tausende von Intellektuellen und Arbeitern in Peking, Shanghai, Wuhan und Kanton vom verzweifeltsten Nationalismus zu dem neuen Banner des Kommunismus hintrug.

Mao begann seinen ungewöhnlichen Schicksalsweg nach Beendigung seiner Studien in Changsha im Jahre 1918. Anstatt sich unverzüglich nach einem Posten als Lehrer umzusehen oder nach Shaoshan zurückzukehren, ließ er sich von begeisterten Kameraden dazu überreden, mit ihnen nach Peking zu fahren. Sie wollten dort Französisch lernen, um sich dann in Shanghai nach Marseille einzuschiffen. Die Regierungen Frankreichs und Chinas waren übereingekommen, chinesischen Studenten Zutritt zu den französischen Universitäten zu gewähren unter der Bedingung, daß sie die Reise selbst bezahlten und in Frankreich für ihren Lebensunterhalt arbeiteten. Das war der Beginn des Experiments der chinesischen Werkstudenten in Frankreich, das der kommunistischen Partei so viele wertvolle Elemente zuführen sollte, von Chou En-lai bis Teng Hsiao-p'ing und anderen. Die Provinzen Hunan und Szechuan stellten das Gros des Kontingents.

Mao war bereit, seinen Kameraden nach Peking zu folgen, aber nach Frankreich wollte er sie nicht begleiten. Die Fremdsprachen stießen ihn ab. (Er sprach nicht einmal Peking-Chinesisch, sondern einen der Dialekte Hunans.) Die Beschaffung des Reisegeldes war ein Problem. (Sein Vater hatte ihn während seiner Studienzeit in Changsha unterstützt, wenn auch nur sehr knauserig. *Während meiner Jahre am*

Mitglieder der Pariser Sektion
der Kuomintang 1924. (Roger-Viollet)

»Der Sieg wird in mehreren Etappen errungen«.
Mao erklärt den Bauern von Hunan 1928
die Regeln der Disziplin. (C. R. A.)

Chinas Land:
Darum wurde in der Revolution gekämpft.
(Marc Riboud - Magnum)

Lehrerseminar, erzählte Mao später Edgar Snow, *... hatte ich alles in allem nur 160 Dollar... ausgegeben! Von dieser Summe muß ich ein Drittel für Zeitungen verbraucht haben... Mein Vater verfluchte mich wegen dieser Extravaganzen. Er nannte es verschwendetes Geld für verschwendetes Papier.*)

Seine einzige Hoffnung war, daß ihm Yang Ch'ang-chi, sein Philosophieprofessor, der mittlerweile außerordentlicher Professor an der Universität Peking geworden war, eine Stelle verschaffen konnte.

Professor Yang brachte unseren Julien Sorel tatsächlich als Hilfsbibliothekar an der Universität Peking unter. Der Titel war pompöser als die Wirklichkeit. Mao führte die Leserkartei. Diese Beschäftigung war so uninteressant und so wenig angesehen, daß er grausame Enttäuschung empfand. Und obendrein wurde er schlecht bezahlt. Der Hungerlohn zwang ihn, sich zusammen mit sieben ebenso armen Studenten ein Zimmer im Stadtviertel Drei-Augen-Brunnen zu nehmen. Zum Schlafen gab es nur ein einziges *k'ang* (eine Liegestatt aus Ziegeln, die in Nordchina oft mehreren Personen als Bett dient). *Ich mußte gewöhnlich die Schläfer auf beiden Seiten warnen, wenn ich mich umdrehen wollte.*

Er sollte noch Schlimmeres erleben. Mao sah die Männer an sich vorübergehen, die er am meisten zu bewundern gelernt hatte, die Männer, die für die Wiedergeburt Chinas arbeiteten, aber keiner sprach ein Wort mit ihm. Ch'en Tu-hsiu, der Herausgeber der Zeitschrift »Neue Jugend«, Dekan der philosophischen Fakultät und unverbesserlicher Bilderstürmer, zukünftiger Generalsekretär der KPCh, Li Ta-chao, Professor für Nationalökonomie, ein Mann, den der Glanz der russischen Revolution schon sehr früh angezogen hatte, Hu Shih, der Gelehrte, der zusammen mit Ch'en für die allgemeine Einführung der Volkssprache kämpfte, und so viele andere: sie alle gingen vorbei, ohne den jungen Mann aus Hunan zu beachten. *Sie waren sehr beschäftigte Leute,* sagte Mao später voll Bitterkeit zu Edgar Snow. *Sie hatten keine Zeit, einem Hilfsbibliothekar mit südlichem Dialekt zuzuhören.*

Trost fand er nur in der winterlichen Schönheit der alten Hauptstadt, welche die Kommunisten mit ihrer fanatischen Sucht nach dem »Neuen« damals noch nicht hatten verschandeln können, und vor allem in der Schönheit, der Intelligenz und dem ungewöhnlichen Charme von Yang K'ai-hui.

Yang K'ai-hui war die Tochter Professor Yangs. Wir besitzen nur ein einziges Foto von der Frau, die Maos erste große Liebe war, aber es genügt, um die große Zuneigung zu erklären, die er ihr entgegenbrachte. Gebildet, mutig und frei von Vorurteilen, war sie die Verkörperung eines von modernistischen Strömungen bewegten Chinas. Und die Emanzipation der Frau war eines der wichtigsten Diskussionsthemen der studentischen Jugend, die in dieser Frage den Westen ohne Vorbehalt um seine relativ große Freiheit beneidete.

Die Freunde sagten von Mao und K'ai-hui, die im Oktober 1921 heirateten, sie seien das »ideale Paar« der neuen Zeit. Die junge Frau fand ein grausames Ende. Als sie 1930 in Shaoshan von den Soldaten eines »Kriegsherrn« verhaftet wurde, weigerte sie sich, sich von ihrem Mann und ihren Idealen loszusagen. Sie wurde zugleich mit der Adoptivschwester Maos hingerichtet. Zwanzig Jahre später wurde ihr Sohn Mao An-ying im Koreakrieg von einer amerikanischen Bombe getötet. Im Jahre 1957 schrieb Mao im Gedenken an Yang K'ai-hui das romantischste und erstaunlichste seiner Gedichte, »Die Unsterblichen«: »Ich habe dich verloren, meine stolze Pappel...« Er hatte bis dahin allerdings noch zweimal geheiratet.

Zu Beginn des Jahres 1919 konnte aber auch die schöne Yang Mao nicht davon abhalten, seinem Wandertrieb nachzugeben. Drei seiner Freunde aus Hunan hatten ihren Aufenthalt in Peking beendet. Mao wollte ihnen in Shanghai Lebwohl sagen, wo sie sich nach Frankreich einschifften. Er hatte kein Geld, aber ein Student lieh ihm so viel, wie er brauchte, um bis Pu-kou, einer Stadt südlich Nankings fahren zu können.

Diese Reise verdient eine genauere Betrachtung. Einmal weil sie recht gut erkennen läßt, welche Gedanken Mao damals bewegten, und zum andern weil sie noch deutlicher zeigt, wie Mao, als er 1936 darüber berichtete – damals war er schon Führer der KPCh –, seine Verbundenheit mit der chinesischen Tradition betonte, um die zögernden Intellektuellen für seine Sache zu gewinnen.

Auf der Fahrt nach Nanking und Pu-kou machte Mao in Chu Fou, in der Provinz Shantung, halt, um das Grab des Konfuzius zu besuchen. *Ich sah,* erzählte er Edgar Snow, *den kleinen Fluß, in dem die Jünger des Konfuzius ihre Füße badeten, und die kleine Stadt, wo der Weise seine Kindheit verbrachte. Er soll einen berühmten Baum in der Nähe des ihm geweihten historischen Tempels gepflanzt haben; ich sah ihn mir an. Ich machte auch an dem Fluß halt, wo Yen Hui, einer der berühmten Schüler des Konfuzius, einst gelebt hatte, und ich ging zum Geburtsort des Menzius. Während dieser Fahrt kletterte ich auf den T'ai Shan, den heiligen Berg Shantungs, auf den sich General Feng Yu-hsiang zurückzog und seine berühmten Schriftrollen schrieb. Und als hätte das alles noch nicht genügt, besuchte er auch noch die Mauer von Nanking*

Das Schiff, auf dem sich die Delegierten des Ersten Parteitages der KPCh zurückzogen, um vor der Polizei der französischen Konzession Shanghais zu flüchten. (C. R. A.)

(die auch geschichtliche Berühmtheit erlangt hat) und die von Hsuchou, von der in »Von den drei Königreichen« die Rede ist.

Das alles ist recht beachtlich für einen Mann, der später Konfuzius mit heiligem Haß verfolgen und die Bewunderer des Alten und der Klassiker verdammen sollte.

Als Mao nach diesen Pilgerfahrten in Pu-kou ankam, hatte er kein Geld – und keine Schuhe mehr. Ein Dieb hatte sie mitgehen lassen. Die Rettung erschien dem Reisenden in Gestalt eines »alten Freundes aus Hunan«, der ihm Geld für neue Schuhe und eine Fahrkarte nach Shanghai gab. Und von Shanghai aus kehrte Mao, nachdem er seinen Freunden auf Wiedersehen gesagt hatte (»studiert fleißig in Frankreich, um dem Lande zu dienen«), nach Changsha zurück.

Mao, der seine Erzählung unterbrach, um Edgar Snow ein bezauberndes Bild von Peking und seinen »unzähligen Bäumen« zu entwerfen, sagte kein Wort über Shanghai, diese Stadt, die immerhin die größte Chinas war, häßlich zwar, aber voller Leben und Energie. Mit seiner sich rasch entwickelnden Industrie sollte Shanghai zusammen mit Kanton und Wuhan Schauplatz der bedeutendsten revolutionären Kämpfe der zwanziger Jahre werden. Warum also dieses Schweigen? Der Grund ist zweifellos darin zu sehen, daß Shanghai trotz seines Platzes in der Zukunft Chinas Mao nichts zu bieten hatte, was er lieben konnte. Vor allem war die Stadt das lebendige Sinnbild der »ungleichen Verträge« des 19. Jahrhunderts. Die Briten hatten diesen ehedem kleinen Fischerhafen zu ihrem bedeutendsten Stützpunkt gemacht. Mao erinnerte sich zweifellos daran, daß er 1924 in einem schäbigen chinesischen Gewand auf einer Straße Shanghais einen Studenten traf, der aus Frankreich zurückgekehrt war. Dieser Student trug einen Anzug von westlichem Schnitt. »Es hat keinen Zweck, daß du dich so kleidest«, sagte Mao voll Verachtung zu ihm, und er zeigte auf ein Schild, das »Chinesen und Hunden« den Zutritt zum Stadtpark verbot.

Das war für Mao Shanghai. Das andere Shanghai, den Zugangsweg für Ideen, die China »revolutionierten«, die Stadt, in der die soziale und menschliche Vielfalt und Verschiedenartigkeit eine Atmosphäre der Freiheit schuf, die weit stärker fühlbar war als in Peking, dieses Shanghai kannte Mao nicht – oder er gab jedenfalls vor, es nicht zu kennen. Shanghai, das Zentrum des chinesischen Kapitalismus und des chinesischen Proletariats, spielte in seinem Leben – vom Jahre 1966 abgesehen – nur eine sekundäre Rolle.

Als Mao 1919 in Changsha ankam, erlitt China eben einen neuen Fieberanfall.

Im Jahre 1917 hatte China dem Druck der Entente und Japans nachgegeben und war an ihrer Seite in den Krieg gegen Deutschland eingetreten. Es hatte lange gezögert, aber die Japaner waren so hartnäckig gewesen und die Alliierten hatten so verlockende Angebote gemacht, daß es schließlich der Koalition beigetreten war. Die Enttäuschung war um so größer, als in Versailles entgegen allen Versprechungen die deutschen Konzessionen in Shantung und vor allem der Hafen Tsingtao den Japanern zugesprochen wurden.

Pekinger Studenten halten während der Bewegung des 4. Mai 1919 Ansprachen an die Passanten. (C. R. A.)

Die Proteste der chinesischen Regierung waren eine reine Formsache, die der Studenten dagegen nahmen heftige Formen an. Am 4. Mai 1919 versammelten sich 5000 Studenten auf den Straßen Pekings, und sie belästigten Persönlichkeiten, denen man Einverständnis mit den Japanern vorwarf. Die Demonstration wurde energisch unterdrückt. Trotzdem breitete sich die Bewegung auf andere Universitäten aus, sie griff auf die Kaufleute über, die ihre Läden schlossen, und sogar auf die Arbeitergewerkschaften, die sich zu organisieren begonnen hatten. Die japanischen Waren wurden boykottiert. Das ganze Land war in Aufruhr.

Die »Bewegung vom 4. Mai« hinterließ tiefe Spuren. Es wäre übertrieben zu behaupten, daß sie zu einem Bruch mit dem Westen geführt habe, wenn das auch in einigen Fällen zutreffen mag. Aber es steht fest, daß nun auch durchaus prowestlich eingestellte Chinesen das Gefühl hatten, daß man klar unterscheiden müsse zwischen dem dynamischen, modernisierenden westlichen Denken und den von Sonderinteressen inspirierten politischen Realitäten.

Eine weitere Folge des 4. Mai war die, daß sich die chinesischen Studenten und ihre geistigen Führer mehr für Rußland und die Dinge, die sich dort abspielten, zu interessieren begannen.

Seit etwa 50 Jahren hatte sich das Interesse Chinas für den Westen im wesentlichen auf die Philosophie und die Entwicklung der Natur- und Sozialwissenschaften bezogen. Andererseits bestand aber auch ein lebhaftes Interesse an der russischen Literatur. Tolstoi, Tschechow und später Gorkij sollten die beliebtesten Vorbilder der chinesischen Schriftsteller werden, die neue Formen suchten. Der Marxismus war den Intellektuellen zunächst völlig gleichgültig – er schien ihnen nur auf die Industrienationen anwendbar zu sein. Tolstoi und Tschechow dagegen übten mit ihrer sehnsüchtigen Erinnerung an eine sterbende agrarische Welt echte Faszination aus.

Doch dann änderte sich all dies von heute auf morgen. Aus dem Lande Tolstois und Tschechows wurde auch das Land Lenins. Li Ta-chao, einer der Professoren der Universität Peking, welche die größte Anhängerschaft hatten, war der erste, der die Bedeutung der bolschewistischen Revolution erkannte. Schon 1918 widmete er ihr einen Artikel in der »Neuen Jugend«, und er gründete einen Kreis zum Studium des Marxismus. Dieses Interesse wurde durch zwei Initiativen der Sowjets gefördert. Im Jahre 1918 erklärte G. W. Tschitscherin und im Juli 1919 noch einmal Leo M. Karachan – ersterer Volkskommissar, letzterer stellvertretender Volkskommissar des Äußeren der UdSSR –, daß die Sowjetregierung auf alle territorialen und juridischen Privilegien verzichtete, die Rußland in China genossen hatte.

Diese Erklärungen schufen zumindest eine für das Studium der russischen Revolution günstige Atmosphäre. Sie erklären zweifellos auch die Schnelligkeit, mit der sich Intellektuelle, die eben noch in Kategorien gedacht hatten, die dem Marxismus völlig fremd und sogar entgegengesetzt waren, zum Marxismus Leninscher Prägung bekehrten.

Die erstaunlichste Bekehrung ist zweifellos die des berühmten Herausgebers der »Neuen Jugend«, Ch'en Tu-hsiu. Während des ganzen Jahres 1919 sah man ihn noch mit dem amerikanischen Philosophen John Dewey sympathisieren, der bei seinen Vorträgen in China ein Demokratiemodell vorschlug, das eine zunehmende Beteiligung der Bevölkerung an politischen und sozialen Angelegenheiten vorsah. Ch'en hatte diesem Modell zugestimmt. Und plötzlich warf er das Steuer herum und sprach sich 1920 ohne Vorbehalt für die Ideen der Oktoberrevolution aus.

Der Artikel, in dem Ch'en Tu-hsiu seinen Gesinnungswandel erläuterte, ist noch heute berühmt. »Die alten Methoden des Kapitalismus«, schrieb er im Dezember 1920, »mögen ihre Wirksamkeit bei der Entwicklung des Bildungswesens und der Industrie in Europa, Amerika und Japan erwiesen haben. Aber wir müssen feststellen, daß der Kapitalismus die europäische, amerikanische und japanische Gesellschaft auch engherzig, geizig, betrügerisch und skrupellos gemacht hat. Der Weltkrieg und die wirtschaftlichen Revolutionen sind die Früchte des Kapitalismus. Dessen sind wir uns vollkommen bewußt. Zum Glück beginnen wir uns in China zu einem Zeitpunkt zu industrialisieren und zu bilden, in dem sich der Kapitalismus noch nicht entwickelt hat. Wir können daher die Methoden des Sozialismus anwenden, um unser Bildungswesen und unsere Industrialisierung zu entwickeln, und auf diese Weise die Irrtümer Europas, Amerikas und Japans vermeiden.«

Der Kapitalismus ist also unmoralisch, der Sozialismus moralisch. Man beginnt, bei Ch'en in diesem Sinne eine Art Rückkehr zu einem traditionellen ethischen Anliegen zu erkennen. Der amerikanische Sinologe Benjamin Schwartz glaubt seine plötzliche Bekehrung allerdings durch andere Faktoren erklären zu können. Seiner Meinung nach wäre Ch'en sicherlich den Ideen Deweys treu geblieben, wenn sie das Versprechen einer raschen Umwandlung Chinas beinhaltet hätten. Aber Dewey schlug eine langwierige Arbeit vor, die geduldige Erlernung der Demokratie mit Hilfe grundlegender demokratischer Institutionen – eine Aufgabe, die um so schwieriger erscheinen mußte, als das republikanische Regime seit der Revolution von 1911 die Macht immer nur Marionetten anvertraut hatte, die von den »Kriegsherren« beherrscht wurden. In den Versprechungen des Leninismus dagegen sah Ch'en die Möglichkeiten einer viel rascheren Wiedergeburt, und er begeisterte sich bei dem Gedanken an die führende Rolle, die dabei die revolutionäre geistige Elite spielen könnte. Und dieser Gedanke an eine Elite, eine Führerpartei, ist wiederum nicht weit entfernt von der alten konfuzianischen Vorstellung von dem wohltätigen Wirken der Gebildeten.

Von Agenten der Kommunistischen Internationale (Komintern) mit Rat und Tat unterstützt, entstand in China tatsächlich eine kommunistische Partei. An dieser Stelle muß hervorgehoben werden, daß in einem Lande, das nie Parteien im westlichen Sinne des Wortes gekannt hatte, die *beiden* Parteien, die um diese Zeit gegründet wurden und hernach eine so bedeutende Rolle spielen sollten, nämlich die nationalistische »Staatsvolkspartei« (Kuomintang) ebenso wie die Kommunistische Partei Chinas (KPCh), das bolschewistische Modell nachahmten, denn auch Sun Yat-sen und seine Freunde interessierten sich für die russische Revolution und die Leninschen Methoden. Und ebenso wichtig ist die Feststellung, daß sich die beiden Parteien gleichzeitig, wenn auch in unterschiedlichen Richtungen, auf ein militärisches Konzept der Machtergreifung zuentwickelten.

Von allen kommunistischen Parteien der Welt hat zweifellos keine eine so verworrene, komplexe Geschichte wie die KPCh. Das ist nicht weiter verwunderlich. Weder die KPCh selbst noch ihre sowjetischen Berater waren zu irgendeinem Zeitpunkt imstande, die Ziele der chinesischen Revolution exakt zu definieren. Von welcher Form der Revolution wollte man sprechen in einem Land, in dem Bourgeoisie und Proletariat nur einen sehr kleinen Teil der Bevölkerung ausmachten und in dem sich die kapitalistische Produktionsweise noch im embryonalen Stadium befand? Die Revolution von 1911 mußte nach dem marxistischen Schema eine »bürgerliche, demokratische Revolution« sein. Sie hatte diese Aufgabe nur auf einem Gebiet erfüllt, nämlich insofern, als sie die Dynastie stürzte. Aber auf allen anderen Gebieten – das heißt hinsichtlich der nationalen Unabhängigkeit, der Bodenreform, der Einsetzung eines konstitutionellen Regimes – war sie kläglich gescheitert.

Von Anfang an stand die KPCh vor dieser Schwierigkeit: War es nötig, diese »bürgerliche« Etappe durchzumachen? War es möglich, sie zu überspringen nach dem Vorbild der bolschewistischen Partei, die direkt vom Zarentum zur proletarischen Revolution geschritten war? Das Leben, nicht die Partei, gab Antwort auf diese Fragen. Und diese unerwartete Antwort, die Antwort Maos, entsprach in keiner Hinsicht den Streitigkeiten, welche die Partei in ihren ersten Jahren gespalten hatten.

Sun Yat-sen: Eine demokratische Revolution in drei Etappen

Unter den großen politischen Führern des 20. Jahrhunderts ist Sun Yat-sen (1866 bis 1925) bestimmt einer der am meisten verkannten. Dabei war er in China der erste, der begriff, daß die Wiedergeburt seines Landes eine tiefgreifende politische und soziale Umwälzung, eine Neuverteilung des Bodens zur Voraussetzung hatte.

Da es in der chinesischen Geschichte keine Erfahrungen mit demokratischer Herrschaft im westlichen Sinne gegeben hatte, stellte er sich eine von einer »sehr tugendhaften« Armee kontrollierte Revolution vor. Diese sollte die Aufgabe haben, das chinesische Volk darauf vorzubereiten, selbst die Macht auszuüben.

Die Revolution sollte in drei Phasen verlaufen. In der ersten würde China unter reiner Militärherrschaft stehen. Der Armee stünden drei Jahre zur Verfügung, um regionale und kommunale Institutionen zu schaffen, die Korruption ebenso zu beseitigen wie die Steuertyrannei, die fortschrittsfeindlichen Traditionen – etwa die gebundenen Füße der Frauen – und den Opiumhandel.

Die zweite Phase sollte länger dauern – sechs Jahre. Von der Militärregierung würde China zu einer vorläufigen verfassungsmäßigen Regierung übergehen. Die Armee würde weiterhin das Schicksal des Landes bestimmen, aber im Rahmen festgelegter Gesetze. Die lokalen Institutionen gerieten allmählich unter die Kontrolle des Volkes.

Nach diesen neun Lehrjahren in Demokratie wäre es Zeit, in die dritte Phase der Revolution einzutreten, bei der ein Präsident und ein freies Parlament gewählt werden sollten.

Diese Vorstellung von einer durch das Militär verwirklichten und kontrollierten Revolution erklärt, warum Sun Yat-sen sein Leben lang allzu großes Vertrauen zu verschiedenen Armeeführern hatte. Bis zum Schluß blieb er überzeugt, ein patriotischer General werde sich erheben und ihm helfen, seinen Auftrag zu erfüllen. Selbst die Rückschläge und die chaotische Entwicklung der Revolution von 1911 konnten seine Begeisterung und seinen Glauben nicht erschüttern.

Hankou brennt, die Revolution von 1911 hat begonnen. (Board of Missions of Methodist Church)

Die Hinrichtung der Revolutionäre, die angeklagt waren, Flugblätter verteilt zu haben. (Roger-Viollet)

Der junge Sun Yat-sen. (Eastfoto)

Sun Yat-sen im Dezember 1905 in Singapur,
anläßlich des Jahrestages der Gründung
einer Gruppe der revolutionären Liga. (C. R. A.)

Die kaiserliche
Kavallerie in der
Nähe von Wuchang.
(Paul Thomson, F. P. G.)

Die Gruppe der Liga
in Hupeh begrüßt
Sun Yat-sen (C. R. A.)

»Und wie läßt man sich zum Präsidenten wählen?« fragte Mao

Die Revolution von 1911 war von brutalen Ereignissen begleitet, aber sie erweckte innerhalb weniger Monate ungeheuere Hoffnungen. Die Gründung politischer Parteien und die Wahl eines Parlaments schufen die Illusion, das Land werde sich rasch zu einer Demokratie entwickeln.

Kurz vor seinem 18. Geburtstag kam Mao im Frühherbst 1911 in Changsha an. Eine revolutionäre Zeitung, »Die Macht des Volkes«, fiel ihm in die Hände. Diese Lektüre beeindruckte ihn so stark, daß er gleich ein handgeschriebenes Plakat mit großen Schriftzeichen (Ta tzu pao) verfaßte und an die Mauer einer Schule heftete. Maos erste Wandzeitung forderte die Einsetzung einer republikanischen Regierung mit Sun Yat-sen als Präsidenten.

Seine »Forderung« wurde nicht befolgt. Die Revolutionäre, Sun Yat-sen allen voran, appellierten an General Yüan Shih-kai, der die Revolution und die Republik verabscheute, an die Spitze der neuen Regierung zu treten.

Zuerst versuchte Yüan, die Monarchie zu retten. Erst als er die Resonanz und die Macht der revolutionären Bewegung erkannt hatte, erklärte er sich bereit, »seinen Zopf abzuschneiden« (der Zopf war das Symbol der Unterwerfung unter die Mandschus). Sun Yat-sen und seine Freunde gingen ihrerseits davon aus, daß der alte Mandarin wegen seines militärischen Prestiges als einziger in der Lage sei, die Abdankung der Monarchie zu erreichen, ohne die nationale Einheit zu gefährden oder feindselige Reaktionen der ausländischen Mächte zu provozieren.

Dem jungen Mao erteilte die Revolution von 1911 eine erste Lektion in der Wissenschaft von der Politik. In den Straßen von Changsha traf er eines Tages drei Freunde, die seine Begeisterung für die Veränderungen teilten. »Jetzt kann jeder Chinese Präsident werden«, sagte einer von ihnen. »Und wie soll man sich nach deiner Meinung wählen lassen?« fragte Mao ihn. »Das wird ganz einfach sein«, antwortete der andere. »Man muß nur seine Ideen verbreiten, seine Anhänger sammeln und eine politische Partei gründen.« Zehn Jahre später beteiligte Mao sich tatsächlich an der Gründung einer Partei. Aber nie mehr kam ihm die Idee, sich zum Präsidenten wählen zu lassen.

Der Zopf, den die Chinesen während der Mandschu-Epoche als Zeichen der Unterdrückung tragen mußten, wird abgeschnitten. (Sammlung Ringart)

Eine der ersten chinesischen Eisenbahnen, 1905. (Roger-Viollet)

Le Petit Journal

ADMINISTRATION   5 CENT.   SUPPLÉMENT ILLUSTRÉ   5 CENT.   ABONNEMENTS
61, RUE LAFAYETTE, 61
On s'abonne sans frais   23ᵐᵉ Année   Numéro 1.111
dans tous les bureaux de poste   DIMANCHE 9 MARS 1912

YUAN-SHI-KAI FAIT COUPER SA NATTE

29. März 1911.
Kantonesische Rebellen vor ihrer Hinrichtung.
(Time-Life Picture Agency)

Eine Hinrichtung in einer Straße von Kanton, 1911.
(Roger-Viollet)

21. November 1911:
Die Delegierten des
ersten chinesischen
Parlaments
haben sich in Shanghai
versammelt.
(Paul Thomson, F. P. G.)

1. Januar 1912.
Sun Yat-sen (Mitte)
und die Minister
seines Kabinetts.
(Radio-Times)

Nach dem Ausbruch der
Revolution 1911 kommt
Sun Yat-sen auf der Rückkehr
aus den Vereinigten Staaten
in Hongkong an. (Eastfoto)

Das erste chinesische Parlament.
(Paul Thomson, F. P. G.)

Kadetten der Militär-
schule in Hsinan,
die sich bereit halten,
ihren Befehl von den
republikanischen
Truppen zu erhalten.
(Paul Thomson, F. P. G.)

73

Straße in Shanghai
in den 20er Jahren.
(F. P. G.)

Pariser Gruppe der Kuomintang,
wahrscheinlich 1924.
(Roger-Viollet)

Eine Nummer der
anarchistischen chinesischen
Zeitschrift in Paris,
Hsin-shih-chi
(Das neue Zeitalter),
datiert vom
27. Juni 1908. (C. R. A.)

Erdnuß- und Süßwarenverkäufer
vor dem Eingang zum
Himmelstempel. (F. P. G.)

Republikanische Artillerie im Jahr 1911.
(Sammlung Ringart)

Peking am Anfang des Jahrhunderts.
(F. P. G.)

Chen Tu-hsiu und die Gründung der Kommunistischen Partei Chinas (1921)

Es besteht kein Zweifel, daß Chen Tu-hsiu in den ersten Jahren der Gründer und Motor der Kommunistischen Partei Chinas war. Ohne seine intellektuelle Ausstrahlung wäre der Aufbau der Partei später eingetreten und schwieriger gewesen.

Er war 1880 geboren und fühlte sich zunächst von der westlichen Kultur angezogen. Seine Monatszeitschrift »Die Jugend« (der Titel wurde auf chinesisch und französisch gedruckt) übte seit 1915 beträchtlichen Einfluß aus. Die Auflage betrug bis zu 200000 verkauften Exemplaren. Begierig wurde sie an den Schulen und Universitäten gelesen, auch in Changsha, wo Mao studierte.

Sein »Aufruf an die chinesische Jugend« von 1915 liest sich wie eine lange Klage über die Unfähigkeit der chinesischen Jugend, zu rebellieren, die »stinkende, ranzige Luft« zu verscheuchen, die der chinesischen Gesellschaft das Atmen unmöglich macht, den erzieherischen Wert der Erfahrung zu begreifen. Alle Themen, die Mao 1966 während der Kulturrevolution benützte, waren in diesem historischen Aufruf bereits enthalten.

Als sich Chen – nach einem anderen bekannten Intellektuellen, Li Ta-chao – zum Marxismus bekannte, bedeutete dies einen Aufschwung, der für die Gründung einer revolutionären Partei notwendig war.

Hin und her gerissen von den aufreibenden Ereignissen der 20er Jahre, konnte Chen sich als politischer Führer nie behaupten. Zu stark unterwarf er sich den Direktiven aus Moskau und konnte so nie eine eigene Linie durchsetzen. Seine Verantwortung für die Niederlagen von 1927 steht außerhalb jedes Zweifels. Aber zu jener Zeit gab es auch nur wenige, die klarer sahen als er. Als er von den Stalinisten verfemt und aus der Partei ausgeschlossen wurde, schloß er sich zeitweilig dem Trotzkismus an. 1938 unternahm er einen letzten Versuch, wieder in die Partei aufgenommen zu werden, aber seine Freundschaft zu Leo Trotzki, die als schlimmste aller »Abweichungen« galt, machte dies unmöglich. Gebrochen, verzweifelt und einsam starb er 1942 in einem Dorf Szechuans.

Ch'en Tu-hsiu (rechts).
(Internationales Institut für Sozialgeschichte)

Das Gebäude der französischen Konzession in Shanghai, wo der Erste Parteitag der KPCh abgehalten wurde (die folgenden wurden auf einem Schiff abgehalten, um der Polizei zu entgehen). (C. R. A.)

新青年

LA JEUNESSE

第六卷第五號

上海群益書社印行

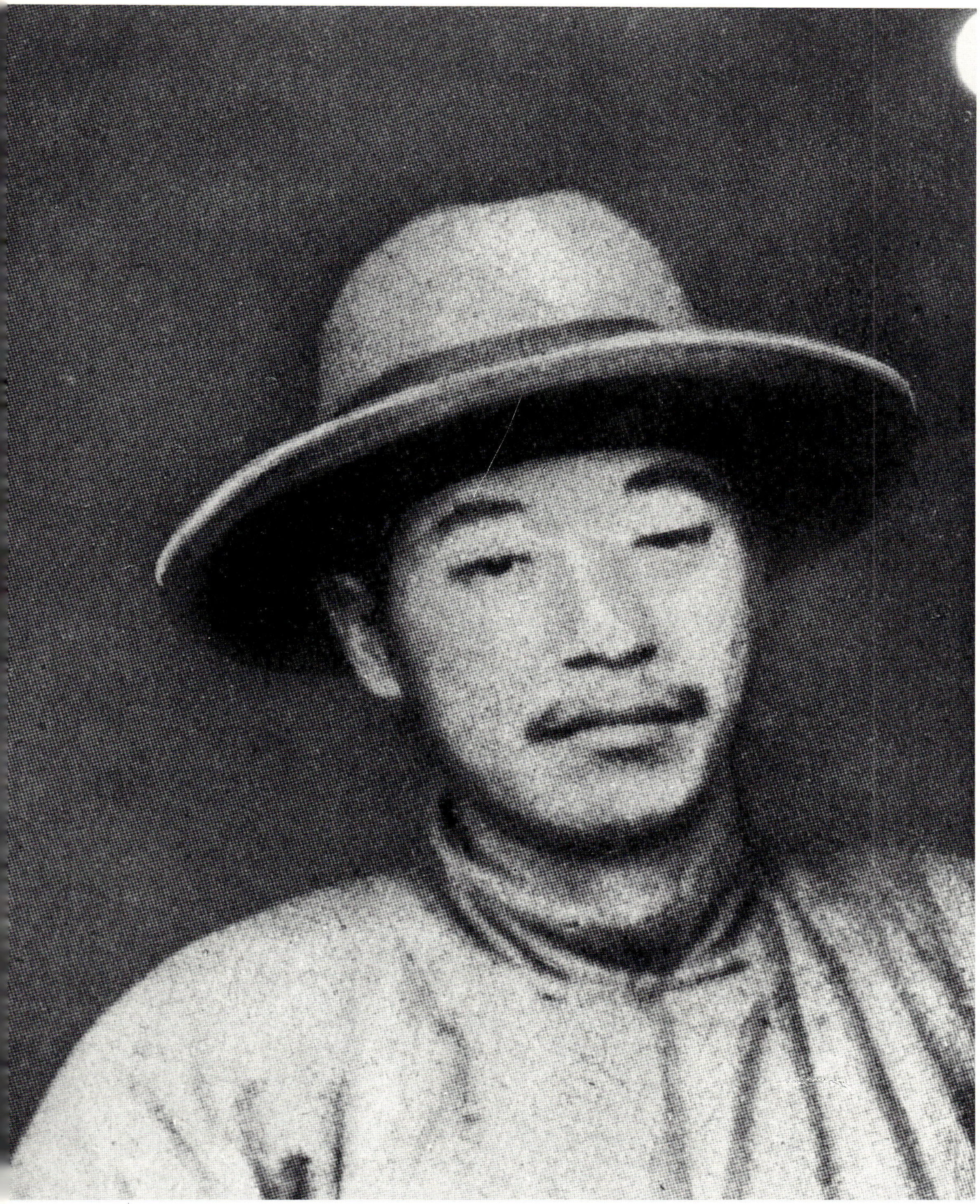

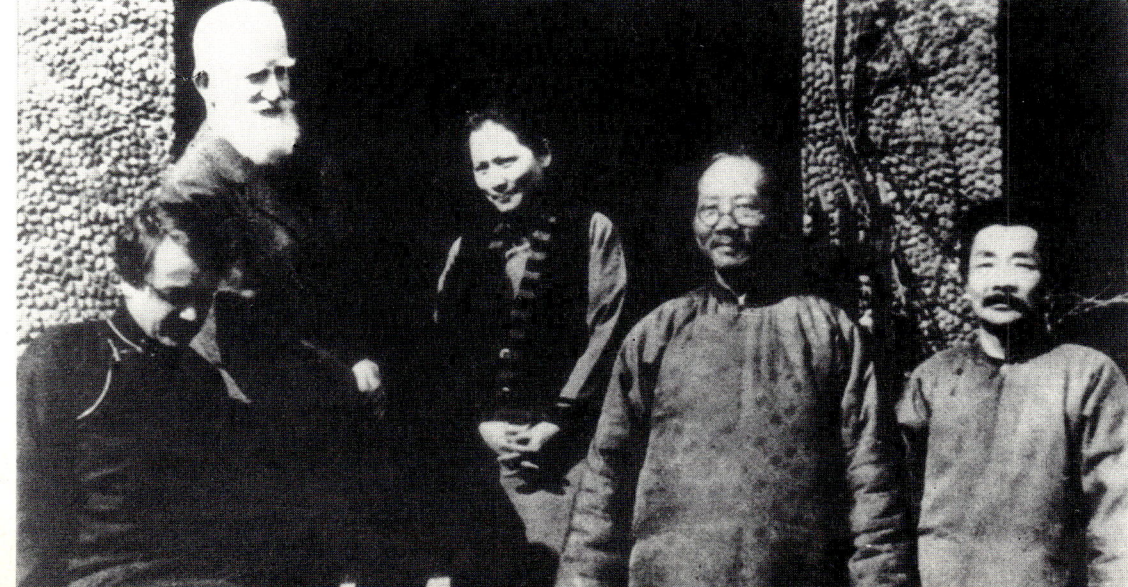

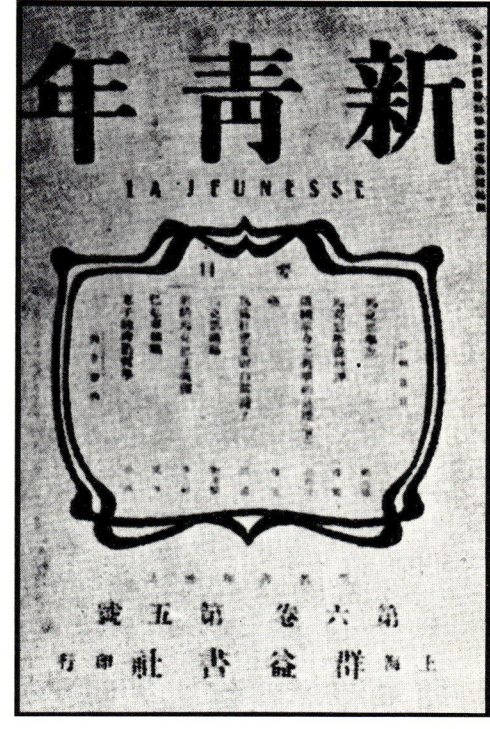

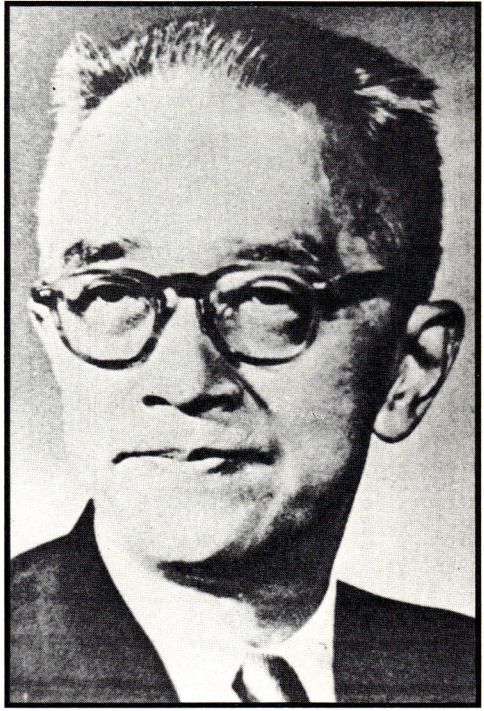

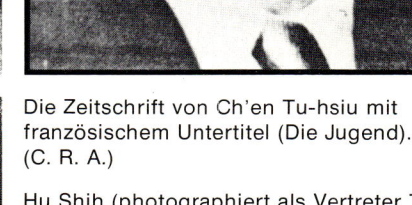

Die Zeitschrift von Ch'en Tu-hsiu mit französischem Untertitel (Die Jugend). (C. R. A.)

Hu Shih (photographiert als Vertreter Taiwans in der UNO) war mit Ch'en Tu-hsiu einer der Anreger der Kulturrevolution vom 4. Mai 1919. (C. R. A.)

Von links nach rechts: Agnes Smedley, Bernard Shaw, Soong Ch'ing-ling (die Witwe Sun Yat-sens), Ts'ai Yuan-pei (der Erneuerer des Schulwesens in China) und Lu Hsün, 1933. (Eastfoto)

Von links nach rechts: Wang Ching-mei (Delegierter aus Tsinan),
Chen Tan-chiu (Delegierter aus Wuhan),
Teng En-ming (Delegierter aus Tsinan),
Tung Pi-wu (Delegierter aus Wuhan),
Ho Shu-heng (Delegierter aus Hunan),
fünf Teilnehmer des ersten Parteitags 1921. (C. R. A.)

Maoistische Zeichnung von einer
der ersten Versammlungen der KPCh.
(Patrice Fava)

Mitglieder des Exekutivkomitees
der Kuomintang-Gruppe in Frankreich,
photographiert 1924 in Paris.
Sitzend, links: Chou En-lai.
Stehend, rechts: Li Fu-chun.
(Time Life Picture Agency)

DIE HERBSTERNTE

Wer die Gewehre hat, hat die Macht. Diese Lehre verkündeten die »Kriegsherren« nach dem Tode Yüan Shih-kais im Jahre 1916 immer wieder. Das Hinscheiden des alten kaiserlichen Mandarins, der Präsident einer Republik geworden war, die er am liebsten hinweggefegt hätte, stürzte seine Nachfolger in Kriege, die keinen Anfang und kein Ende zu haben schienen.

Man erlebte nun den Zerfall der administrativen und gesellschaftlichen Pyramide des alten Chinas. Die einzelnen Provinzen wurden nur noch zusammengehalten von den Militärgouverneuren, den *tuchun,* die ihre Truppen vergrößerten und in persönliche Machtwerkzeuge verwandelten. China dachte wieder in lokalen und regionalen Begriffen. In demselben Augenblick, in dem die nationalistische Woge ihren Höhepunkt erreichte, zerfiel das Land wieder in eine Unzahl militärischer Lehen. Autonomistische Bewegungen, die von einem Wiederaufbau Chinas in föderalistischer Form sprachen, erschienen in Kuangtung und Hunan, wo sich auch Mao, damals Führer einer kleinen Studentengruppe, für kurze Zeit dieser Idee anschloß.

Der »Kriegsherr«, wie man den *tuchun* verächtlich nannte, leitete eine neue Periode der chinesischen Geschichte ein. Mehr als ein Jahrzehnt lang, von 1916 bis 1928, ähnelte die chinesische Innenpolitik einem weiträumigen Konflikt zwischen Mächten, die um die Herrschaft über einen Kontinent kämpften.

Keiner der »Kriegsherren« erlangte sie. Im Gegenteil, ihre Rivalitäten und Intrigen schwächten das Land so sehr, daß sie zum Scheitern des Einigungsversuchs der nationalistischen Partei des Dr. Sun Yat-sen und danach des Generals Chiang Kai-shek beitrugen und der japanischen Invasion den Weg bereiteten.

Das politische Phänomen, das die »Kriegsherren« darstellten, wird noch heute nicht klar erkannt und verstanden. Das Eingreifen der Armee in das Leben der Völker ist seit dem Ersten Weltkrieg etwas durchaus Übliches geworden. Aber die Armee versuchte dabei stets, ihre Autorität auf eine nationale Einheit zu stützen. Überall, nur nicht in China.

Das ist schwer zu erklären. Manche heben die Tatsache hervor, daß China in verschiedene ausländische Einflußzonen unterteilt war. Die Japaner, die Briten, die Franzosen und in einem gewissen Maße auch die Russen und die Amerikaner sollen die Armeeführer manipuliert und durch Hilfsgelder und Waffenlieferungen ermutigt haben, einander zu bekämpfen.

Doch wenn es auch zutrifft, daß die ausländischen Mächte in dieser Hinsicht eine unheilvolle Rolle spielten, kann man sie doch nicht für den Beginn dieser Periode verantwortlich machen. Sie förderten lediglich Spaltungen, die bereits vollzogen waren, und ihre Intervention zielte nur darauf ab, ökonomische oder politische Positionen zu halten oder zu stärken. Sie trugen wesentlich zur Verwirrung und Korruption bei, aber es ist nicht ganz einzusehen, wie sie die chinesischen Militärs hätten hindern können, sich zu verständigen und zu versöhnen, wenn sie dies gewollt oder gekonnt hätten.

Die Geschichte Chinas nach der Revolution von 1911 zeigt, daß sich jedenfalls die zentrifugalen Tendenzen der chinesischen Gesellschaft von dem Augenblick an intensivierten, in dem die »himmlische Bürokratie« ihre traditionellen Funktionen nicht mehr ausüben konnte. Diese Tendenzen waren schon um die Mitte des 19. Jahrhunderts sichtbar geworden, als die Mandschus, um die Taiping standzuhalten, einen Teil ihrer Autorität an Provinzbeamte abtreten mußten, die den Auftrag hatten, lokale Armeen gegen die Rebellendynastie aufzustellen. Sie fanden neuen Auftrieb am Ende des 19. Jahrhunderts, als nach der Niederlage im japanisch-chinesischen Krieg von 1894/95 der Thron den damals 37 Jahre alten Yüan Shih-kai beauftragte, in Hsiao-chan bei Tientsin eine neue Armee aufzustellen, die von deutschen Offizieren ausgebildet werden sollte. Im Jahre 1905 hatte die Armee Yüan Shih-kais eine Stärke von sechs Divisionen zu je 12 500 Mann, und sie verfügte über eine Militärakademie für höhere Offiziere und Unteroffiziersschulen. In diesen Jahren begünstigte die kaiserliche Regierung die Aufstellung eigener Truppenverbände durch die Zivilgouverneure der Provinzen, die in manchen Regionen nur sehr lose von der Zentralregierung abhingen.

In dem Maße, in dem diese Regierung ihr Ansehen verlor und sich auflöste, erfüllten die *tuchun,* die »Kriegsherren« – meist sehr schlecht – die administrativen Aufgaben (öffentliche Arbeiten, Steuerwesen etc.). Sie waren vor allem darauf bedacht, sich dem Lager anzuschließen, das ihrer Ansicht nach die besten Aussichten hatte, das »Mandat des Himmels« zu erlangen und damit ihre Karriere zu sichern.

Es wäre jedoch ein Irrtum, ausnahmslos allen schmutzige Berechnung zu unterstellen. »Militärs wie Chang Hsün, Wu Pei-fu, Chen Chiung-ming, Li Tsung-jen, Feng Yü-hsiang und Yen Hsi-shan identifizierten sich mit gewissen Ideen oder Programmen. Ihre Ideologien waren sehr unterschiedlich. Sie reichten von der Treue Chang Hsüns zur Mandschu-Dynastie und der Verehrung der kaiserlichen Tradition bis zu einer Mischung zahlreicher Glaubensvorstellungen moralischer, politischer und religiöser Natur bei Feng Yü-hsiang und Yen Hsi-shan.« (Hsi-Sheng Chi).

Chen Chiung-ming, der die Provinz Kuangtung regierte und kurze Zeit Dr. Sun Yat-sen unterstützte, hatte einen erstaunlichen Lebenslauf. Dieser Sohn eines Grundbesitzers hatte ernsthaft Rechtswissenschaft studiert und sich für die Kriegskunst nur interessiert, um sich am Sturz der Monarchie in seiner Provinz beteiligen zu können. In seiner Jugend schloß er sich einer anarchistischen Bewegung an, und als er Militärgouverneur von Kuangtung geworden war, wollte er daraus eine Musterprovinz machen. Er rief einen Kommunisten wie Ch'en Tu-hsiu zu sich, um das Unterrichtswesen zu reformieren, und wollte das Los der Bauern bessern (er verbündete sich mit dem Kommunistenführer P'eng P'ai, bevor er sich gegen ihn wandte), aber zuletzt waren sein Provinzialismus und seine Bindungen zur gesellschaftlichen Elite doch stärker als alle diese Anwandlungen; er wurde schließlich ein typischer »Kriegsherr« und mußte besiegt ins Exil gehen.

Fälle dieser Art waren dennoch sehr selten. Viele Militärs kannten keinen anderen Ehrgeiz, als in ihrer Provinz oder Region an der Macht zu bleiben und ein riesiges Vermögen durch Einbehaltung der Steuern oder Rauschgifthandel anzusammeln. Andere, die aufrichtige Nationalisten waren, wurden Opfer oder Spielbälle einer Situation, deren Ausgang sie nicht vorauszusehen vermochten.

Da sie nicht genug Geld hatten, um ihre Soldaten zu erhalten, mußten die »Kriegsherren« sie zu Raub und Plünderung ermutigen. Der chinesische Bauer, der schon immer mit dem Existenzminimum hatte auskommen müssen, der es gewohnt war, hohe Steuern, Pachtgelder und Wucherzinsen zu zahlen und mit Naturkatastrophen fertigzuwerden, sah sich nun dieser neuen Geißel ausgeliefert. In den alten Sagen hatten sich die Räuberbanden immer an den Reichen vergriffen. Nun war auch der Ärmste bedroht. In manchen Provinzen flüchteten die Einwohner ganzer Dörfer in die Berge, um der Soldateska zu entrinnen. Die reichsten Familien machten es sich zur Gewohnheit, Leibwächter anzustellen, die sie nicht nur vor den Angehörigen der »regulären« Truppen schützten, sondern auch vor den Bauern, als die Stunde der ersten Bauernaufstände kam. Selbst die großen Städte entgingen diesen Wirren nicht: Peking, Shanghai und Kanton wurden von den »Kriegsherren« ebenso geplündert wie die kleinen Städte und Dörfer. Andererseits schützten die Militärs alle, die ihnen Lösegeld zahlten, gegen die Streiks und Aufstände der Arbeiter.

Für die Revolutionäre der zwanziger Jahre, die Nationalisten wie die Kommunisten, war daher die vordringlichste politische Aufgabe die Wiedervereinigung des Landes. Nicht nur die unerträgliche Anwesenheit der Ausländer mußte beendet werden, sondern ebenso der »Militarismus«, und es galt, wieder eine zivile Regierung einzusetzen.

Für die Dauer einiger Jahre fiel diese Aufgabe Dr. Sun Yat-sen und seiner Partei, der Kuomintang, zu. Die 1921 gegründete Kommunistische Partei Chinas war zunächst nur eine sehr kleine Gruppe, und der Einfluß, den sie unter Industriearbeiten, Bergleuten, Seeleuten und Kulis gewinnen konnte, reichte nicht aus, um ihr in der ganzen Nation Gehör zu verschaffen.

Die Kuomintang war dagegen eine große Bewegung, die Elemente aus allen Gesellschaftsschichten umfaßte – vom Grundbesitzer, Kapitalisten und militärischen Führer bis zum Intellektuellen, Arbeiter und armen Bauern, der irgendeiner Geheimgesellschaft angehörte. Die russischen Marxisten versuchten sie in den zwanziger und dreißiger Jahren bald als die »Partei der vier Klassen« (Bourgeoisie, Bauernschaft, Kleinbürgertum und Arbeiterklasse), bald als eine »bürgerlich nationalistische Partei«, ja »reaktionäre Partei« zu definieren. Zwischen den Sonderinteressen ihrer Mitglieder, ihren widersprüchlichen Ideologien und den Launen ihrer Führer zerrieben, war sie außerstande, die chinesische Ohnmacht zu überwinden und einen konsequenten Modernisierungsplan zu entwickeln.

Dabei fehlte es ihr keineswegs an einem großen Führer. Trotz seines naiven Optimismus und seiner Unschlüssigkeit, die ihn dazu treiben konnten, binnen weniger Monate diametral entgegengesetzte Standpunkte zu beziehen, besaß Sun Yat-sen viele Eigenschaften, mit denen sich ein politischer Führer Respekt und Gehör verschaffen kann. Er hatte 1912 seine Selbstlosigkeit bewiesen, indem er Yüan Shih-kai den Vortritt ließ. Danach entwickelte er einen großartigen Plan für den Bau eines Eisenbahnnetzes von mehr als 100 000 Kilometern Gesamtlänge, das er im Hinblick auf die Industrialisierung des Landes für unerläßlich hielt. Bald mußte er allerdings feststellen, daß die ausländischen Bankiers, vor allem die japanischen, weder die Absicht noch die Möglichkeit hatten, ihm die für diese Arbeiten nötige Finanzierung zu bieten. Statt dessen gewährten sie Yüan Shih-kai 1913 eine Anleihe, welche die hoffnungslose Verschuldung Chinas besiegelte.

Von 1913 an mußte Sun schmerzerfüllt zusehen, wie das republikanische Experiment scheiterte. Von den Hoffnungen, die in diesem Jahr die Wahlen zum ersten chinesischen Parlament geweckt hatten, und von dem sehr großen Erfolg, den dabei die Kuomintang erringen konnte, blieb bald nur noch die Asche übrig. Da die Ab-

Ch'en Chiung-ming.
(C. R. A.)

Die Kinder Sun Yat-sens (aus erster Ehe),
bei der Ankunft in San Francisco 1910.
Von links nach rechts: Sun On, Sun Yen,
Sun Fo und seine Frau.
(F. P. G.)

General Tsai Ao,
Schüler von Liang Chi-chao,
republikanischer Militärgouverneur von Yünnan,
der sich als erster gegen Yüan Shih-kai
auflehnte, als dieser versuchte,
sich zum Kaiser ausrufen zu lassen.
(Roger-Viollet)

geordneten der Kuomintang die »Anleihe für den Neuaufbau« nicht billigten, jagte Präsident Yüan Shih-kai sie aus der Versammlung. Sun Yat-sen glaubte eine Zeitlang, Japan, das er bewunderte und in dem er einen natürlichen Verbündeten Chinas sah, könnte ihm helfen, die Macht wiederzugewinnen. Aber er mußte seine Hoffnungen bald aufgeben. Wie die anderen fremden Mächte war Japan vor allem darauf bedacht, seine Stützpunkte auszubauen.

Im Jahre 1915 versuchte Yüan Shih-kai, die Monarchie zu seinem eigenen Vorteil wiederherzustellen, und er ließ sich zum Kaiser proklamieren. Eine im höchsten Grade unglückliche Unternehmung, die nur dazu diente, die Spaltung des Landes zu vertiefen und den Gebrauch der Gewalt zu rechtfertigen. Die »Konstitutionellen« und die Anhänger der Kuomintang boten gegen Yüan Shih-kai die Musterarmee der Provinz Yünnan auf; sie marschierten in Szechuan ein und bedrohten das Zentrum Chinas. Yüan starb kurz darauf.

Für Sun Yat-sen hatte sich die Lage damit keineswegs gebessert. Die Nachfolger Yüans bildeten rivalisierende Cliquen, die nacheinander die Regierung in Peking in die Hand nahmen.

Sun gelang es nie, die Ereignisse, die den Untergang der Republik besiegelten, ganz zu begreifen. Er erklärte ihn vor allem mit psychologischen Ursachen: »Der politische Verstand der Chinesen von 1911 ist schwächer als jener der Franzosen von 1789.« Und als man ihm entgegenhielt, daß unter diesen Umständen keine Rede davon sein könne, ein modernisiertes, demokratisches China aufzubauen, antwortete er, man müsse zuversichtlich vorwärtsschreiten. Schließlich hätten die europäischen Staaten begonnen, sich zu modernisieren und mit Hilfe der Wissenschaft und Technik auszurüsten, bevor sie die Erziehung ihrer Völker in Angriff nahmen. Diese beiden Aufgaben könnten zugleich gelöst werden.

Diese Idee war es, die ihn davor bewahrte aufzugeben. Er kehrte 1921, nachdem er mehrere Jahre in Japan und in der französischen Konzession von Shanghai verbracht hatte, nach Kanton zurück, in seine Heimatprovinz Kuangtung, die der General Chen Chiung-ming, einer seiner Bewunderer, beherrschte. Die nach Kanton geflohenen Kuomintang-Abgeordneten des Parlaments von 1913 wählten Sun Yat-sen zum »Präsidenten der Republik China«. Bald machten sich aber Meinungsverschiedenheiten zwischen General Chen und Sun Yat-sen bemerkbar. Dieser wollte seinen Verbündeten für eine Reihe von militärischen Operationen gegen die »Kriegsherren« gewinnen. Chen willigte zunächst ein, aber nach einigen Mißerfolgen wandte er sich gegen den Nationalistenführer, der von einer »Expedition« gegen die »Kriegsherren« des Nordens träumte, ja er befahl sogar seine Verhaftung. Sun mußte auf ein Kanonenboot und weiter nach Shanghai fliehen. Er wurde begleitet von einem treuen jungen Offizier namens Chiang Kai-shek, der noch von sich reden machen sollte.

Damals begann Sun Yat-sen mit weit größerer Aufmerksamkeit auf die verlockenden Vorschläge zu hören, die ihm ein Neuankömmling in dem komplizierten Spiel der fremden Mächte in China machte: die Sowjetunion.

Für die Rückkehr der Russen in das chinesische Durcheinander gibt es verschiedene Erklärungen. Seit ihrer Machtergreifung im November 1917 hatten die bolschewistischen Führer auf dem Gebiet der internationalen Politik eine zwiefache Haltung eingenommen. Lenin hatte die russische Revolution als den ersten Akt einer umfassenden gesellschaftlichen Verwandlung aufgefaßt, die sich auf das übrige Europa ausdehnen sollte; dann aber hatte er sich angesichts des militärischen Drucks der Deutschen gezwungen gesehen, eine realistische Haltung einzunehmen, und daher mit dem Kaiser den Frieden von Brest-Litowsk geschlossen.

Diese zwiefache Haltung – revolutionäre und diplomatische Aktion nebeneinander – behielt Lenin mehrere Jahre lang bei. Der neue sowjetische Staat konnte auf diese Weise die Kommunistische Internationale (Komintern) organisieren und schützen, ohne dabei auf die »Normalisierung« seiner diplomatischen und kommerziellen Beziehungen verzichten zu müssen. Bald fiel es schwer, zwischen der einen und der anderen Politik zu unterscheiden, denn die subversive politische Aktion stützte die diplomatische und umgekehrt. Letztere gewann schließlich die Oberhand. Für die Parteigänger des Kommunismus in aller Welt wurde es zum obersten Gebot, die Interessen der Sowjetunion zu schützen – auch zum Nachteil ihrer eigenen revolutionären Interessen.

Als Rußland 1918 feierlich erklärte, daß es auf die egoistischen Interessen des zaristischen Rußlands in China verzichtete, anerkannte es damit lediglich die bestehenden Tatsachen. In der Situation, in der sich Rußland zu diesem Zeitpunkt befand (Bürgerkrieg und totaler Zusammenbruch der Wirtschaft), wäre es ihm schwergefallen, den chinesischen Forderungen Widerstand zu leisten. Doch wie dem auch sei: ein Teil der Jugend und der Intelligenzschicht Chinas sah in den Erklärungen der Sowjets die Ankündigung einer »Diplomatie der Großherzigkeit«, die vielleicht auch auf die anderen fremden Mächte übergreifen konnte.

Die Leninsche Diplomatie mag vom Ideal der Revolution inspiriert gewesen sein, aber sie zielte vor allem darauf ab, Konflikte an den Ostgrenzen zu vermeiden, und suchte in China einen Verbündeten in einem Teil der Welt, in dem die bolschewistischen Führer mit zwei Großmächten – Großbritannien und Japan – rechnen mußten.

Von diesem Augenblick an trieben die Russen ihr politisches Doppelspiel. Sie versuchten, mit den »Kriegsherren« Kontakt aufzunehmen, die den Norden Chinas beherrschten, aber als sie erkannten, daß deren Einfluß beschränkt war (die Japaner, die Briten, die Franzosen und die Amerikaner hatten die überzeugenderen Argumente), knüpften sie durch ihre Diplomaten und Agenten der Komintern Beziehungen zu den revolutionären Elementen an.

Unter diesen Agenten spielten zwischen 1919 und 1923 zwei Männer eine erstrangige Rolle: der Russe Grigorij Wojtinskij und der Holländer Henricus Sneevliet, der in China unter dem Namen Maring bekannt war. Die beiden überredeten einerseits hochangesehene Intellektuelle wie Li Ta-chao und Ch'en Tu-hsiu dazu, sich dem Aufbau einer chinesischen kommunistischen Partei zu widmen. Andererseits aber wurden sie bei Dr. Sun Yat-sen vorstellig, um ihn für die Idee einer Zusammenarbeit zwischen der nationalistischen Bewegung und der Sowjetunion zu gewinnen.

Sun Yat-sen hatte das Experiment Lenins und seiner Genossen seit 1918 mit Sympathie verfolgt. Wie viele chinesische Intellektuelle verabscheute er den Gedanken, daß China in das Räderwerk des Kapitalismus geraten sollte. Was er in Europa und Japan gesehen hatte, ließ in ihm die Vorstellung reifen, daß seinem Lande die Laster der industriellen Revolution erspart bleiben könnten durch die Initiative des Staates im Namen eines Sozialismus, der sich auf die Großzügigkeit und die sittlichen Überlieferungen seines Volkes gründete.

Als Sneevliet-Maring im Dezember 1921 mit Sun Yat-sen zusammentraf, hatte Lenin in Rußland den brutalen Kommunismus der ersten Jahre durch seine »Neue Ökonomische Politik« (NEP) ersetzt, die geschmeidiger auf die Bedürfnisse der Bauern, des Handels, der Handwerker und der Kleinindustrie einging. Sun stellte viele Fragen in bezug auf diese Politik und zeigte Interesse an der Unterhaltung mit dem holländischen Kommunisten, aber er verpflichtete sich zu nichts.

Vom europäischen Proletariat enttäuscht, wurden sich die Russen im Laufe der Jahre der Bedeutung bewußt, die China für sie hatte. Die tragischen Lebensbedingungen der Bauern und Arbeiter Chinas bildeten ein ideales Terrain für die revolutionäre Agitation. Das Vorhandensein einer großen nationalistischen Bewegung ermöglichte es, alle neuen Kräfte unter den »anti-imperialistischen« Parolen der Einigung und Unabhängigkeit des Landes zusammenzufassen. Schließlich konnten die Bolschewisten, und das war nicht das Unwichtigste in einem Land, in dem zahllose Armeen einander gegenüberstanden, ihre Dienste auf einem Spezialgebiet anbieten, auf dem ihre Erfahrungen noch ganz frisch waren: auf dem Gebiet des Bürgerkriegs.

Dr. Sun Yat-sen kam Ende 1922 in Shanghai an, und wieder einmal waren seine nationalen Bestrebungen gescheitert. Einige Wochen später suchte ihn ein Russe, ein erprobter Diplomat, auf: Adolph Joffe. Und Joffe gelang es, ihn endgültig davon zu überzeugen, daß die Sowjetunion die einzige Macht sei, auf deren Freundschaft und Unterstützung er sich verlassen dürfe. In dem Dokument, das diese Begegnung besiegelte, ging Joffe sogar so weit zuzugeben, daß China noch nicht reif für den Kommunismus sei.

Dr. Sun Yat-sen ergriff also die Hand, die man ihm entgegenstreckte. Die Russen versprachen, Waffen, Munition und politische und militärische Berater zu schicken, die er brauchen würde, um in Kanton die Armee für die Expedition gegen die »Kriegsherren« im Norden auszurüsten und auszubilden.

Der einzige Punkt, in dem Dr. Sun zu keinem Kompromiß bereit war, war die »Einheitsfront« der Kuomintang mit der jungen kommunistischen Partei. Er machte im Laufe seiner Gespräche mit Sneevliet-Maring geltend, daß die beiden Bewegungen allein schon größenmäßig nicht miteinander verglichen werden könnten, und erklärte, er sei nicht gesonnen, die Führung des nationalistischen Kampfes mit irgend jemandem zu teilen. Dagegen sei er bereit, einzelne kommunistische Parteimitglieder in die Kuomintang aufzunehmen, ja sie seien sogar willkommen.

Das Abkommen zwischen Sun und Joffe wurde am 26. Januar 1923 unterzeichnet. Sechs Monate später wurde in Kanton ein Kongreß der KPCh (der dritte) einberufen, der die Folgen dieses historischen Dokuments prüfen sollte.

Seit ihrer Gründung im Juli 1921 hatte die KPCh Zeit gehabt, ihre politische Lehrzeit zu absolvieren – eine bisweilen sogar blutige Lehrzeit. Zu Beginn hatte sie etwa 50 Mitglieder gezählt, nun waren es nicht ganz 400. Sie übte jedoch einen starken Einfluß in der Gewerkschaftsbewegung aus, die zwischen 1919 und 1922 einen beachtlichen Aufschwung erlebt hatte. Unter den Bauern war sie dagegen nicht wei-

Der Student Li Ta-chao im Jahre 1905.
(C. R. A.)

ter vorgedrungen als bis in die Region Haifeng-Lufeng im Osten Kantons, wo P'eng P'ai Verbände organisierte, die als Muster dienen sollten, wenn die Partei einmal aus dem riesigen revolutionären Reservoir der Landbevölkerung zu schöpfen versuchte.

Unter diesen Bedingungen war es nur natürlich, daß sich die Debatten des 3. Parteitages der KPCh in Kanton auf die Arbeiterbewegung und nicht auf die Bauernbewegung konzentrierten. Mehrere junge Parteiführer, Chang Kuo-t'ao, Li Li-san und Mao Tse-tung, hatten sich mit Eifer in die Gewerkschaftsarbeit gestürzt. Mao hatte seine Bemühungen auf Hunan beschränkt, aber Chang Kuo-t'ao und Li Li-san hatten umfassendere Erfahrungen gesammelt. Im Februar 1923 war dann jedoch der Aufstieg der chinesischen Gewerkschaftsbewegung jäh unterbrochen worden durch die brutale Unterdrückung eines Eisenbahnerstreiks im Norden Chinas, auf der Strecke Peking–Hankou.

Chang Kuo-t'ao, der der gewerkschaftlichen Organisation der Eisenbahner mehrere Jahre harter Arbeit gewidmet hatte, bemerkte auf dem Kongreß, daß diese Niederlage Maring und Ch'en Tu-hsiu (der seit 1921 Generalsekretär der Partei war) in ihrer Überzeugung bestärkt hatte, daß die Entwicklung der KPCh an eine enge Zusammenarbeit mit der Kuomintang gebunden sei. Die chinesische Arbei-

Der englische Kommunist Tom Man 1922 in Hankou.
(Internationales Institut für Sozialgeschichte)

terklasse ist zu schwach, sagten Maring und Ch'en. Wir müssen zuerst den Erfolg der anti-imperialistischen Bewegung sicherstellen, die keine sozialen Schranken kennt.

Wenn man Chang Kuo-t'ao glauben will, verlief die Debatte trotz der kleinen Anzahl der Delegierten stürmisch. (Ganze 17 hatten sich in einer bescheidenen kleinen Villa versammelt.) Alle Teilnehmer begriffen, daß es um die Zukunft der kommunistischen Bewegung ging. Alle diese jungen Intellektuellen (Ch'en Tu-hsiu war unter ihnen mit seinen 44 Jahren geradezu ein Patriarch) waren über Marings Argumente um so mehr entrüstet, als sie erst vor wenigen Jahren zum Marxismus gestoßen waren. Sie hatten beschlossen, ihr Leben dem Sieg des Proletariats zu weihen, und nun wollte man sie dazu zwingen, mit Bourgeois und Militaristen zu paktieren, von denen überdies noch viele an den alten konfuzianischen Überlieferungen hingen!

Somit standen einander 1923 zwei Konzepte gegenüber. Das erste Konzept war das Chang Kuo-t'aos und seiner Anhänger, die wollten, daß die KPCh ihre Unabhängigkeit behielt, und zwar an der Seite der Kuomintang für die Einigung und Unabhängigkeit des Landes kämpfte, dabei aber nicht aufhörte, die Arbeiterkämpfe zu organisieren. Das zweite Konzept, das Marings und der Komintern, sah vor, daß die KPCh die Kuomintang von innen her durchdrang und mit den Nationalistenführern auf allen Gebieten zusammenarbeitete, die Gewerkschaftsarbeit nicht ausgenommen.

Allen Vorbehalten zum Trotz wurde dieses zweite Konzept von den chinesischen Kommunisten angenommen. Als Neulinge in der politischen Arena neigten sie nur allzu leicht dazu, sich als »Schüler« der Russen zu betrachten. Außerdem wurde die Linie Marings als eine Taktik dargestellt, die dazu bestimmt war, den Kommunisten eine Position der Stärke in der nationalen Revolution zu sichern. Was Maring und die chinesischen Kommunisten 1923 nicht voraussehen konnten, war, daß die Doppeldeutigkeit dieser Taktik und dazu die Vielschichtigkeit der auf dem Spiel stehenden Interessen der Partei die Hände binden und ihre Mitglieder einem tragischen Schicksal ausliefern mußten.

Ch'en Tu-hsiu hatte sich vor dem Kongreß von Kanton trotz seiner Befürchtungen hinsichtlich der Kuomintang, die er als weit weniger revolutionär beurteilte, als Maring sie gern gesehen hätte, dem Standpunkt des Holländers angeschlossen. Im Augenblick der Abstimmung am Ende der Debatten erhielt er jedoch nur eine Mehrheit von einer Stimme. Die ohnehin schwache Partei war damit in zwei Teile gespalten, und die Ausführung der Direktiven Marings war bedroht. In diesem Augenblick geschah etwas, was tiefe Spuren in der Geschichte der Partei hinterlassen sollte. Mao Tse-tung, der bis dahin Chang Kuo-t'ao unterstützt und in seinem Sinne gestimmt hatte, besann sich und erklärte ruhig, er schlage seine Stimme zu denen der Mehrheit.

Alles weist darauf hin, daß sich Mao aus rein persönlichen Gründen im letzten Augenblick Maring und Ch'en Tu-hsiu anschloß. Da es sich um einen Charakterzug handelt, den wir im Laufe seiner Karriere ständig wiederfinden werden – nämlich den, sich nicht nur von den Umständen leiten zu lassen, sondern auch von der hohen Meinung, die er selbst von seinem politischen Spürsinn hatte –, lohnt es sich, die Ereignisse seines Lebens zwischen 1919 und 1923 näher zu betrachten.

Als er Anfang 1919 nach Changsha zurückgekehrt war, fand Mao eine Stelle als Volksschullehrer. Seine politische Leidenschaft war jedoch stärker als seine Freude am Unterrichten. Er wurde Herausgeber einer lokalen Wochenschrift und unterzeichnete Petitionen. Am Tage hielt er seinen Unterricht, nachts schrieb er Artikel. Wer ihn in diesem Jahr kennenlernte, erinnerte sich später an einen schlecht gekleideten, schlecht ernährten, ungepflegten jungen Mann. Als seine Wochenschrift vom Militärgouverneur von Hunan verboten wurde, lieh Mao seine subversive Feder einer Zeitschrift, der ihre Gründer neuen Auftrieb zu geben hofften. Daneben schrieb er auch für eine Tageszeitung. In dieser Zeitung veröffentlichte er seine berühmten Artikel über den Selbstmord eines gewissen Fräulein Chao, eines jungen Mädchens aus Changsha, das sich an seinem Hochzeitstag die Kehle durchgeschnitten hatte, um nicht den Mann heiraten zu müssen, den seine Eltern ausgesucht hatten. Mao, der Vorkämpfer für die freie Liebe, begann die Intellektuellen auf sich aufmerksam zu machen, die für die »Erneuerung« kämpften. Unglücklicherweise erregte er auch die Aufmerksamkeit der Militärregierung, als die Studenten von Changsha in der Begeisterung der Bewegung vom 4. Mai zu streiken beschlossen und auf die Straße gingen. Im Dezember mußte Mao Changsha verlassen, denn ihm drohte die Verhaftung, und Verhaftung bedeutete in jenen Jahren oft den Tod. In Peking traf er mit Li Ta-chao zusammen, der die ersten marxistischen Diskussionsgruppen organisierte. In Shanghai, wo er im April 1920 eintraf, unterhielt er sich mit Ch'en Tu-hsiu.

Um diese Zeit nahm sich auch der Abgesandte der Komintern, Grigorij Wojtinskij, der revolutionären Intellektuellen an, um ihren Übertritt ins kommunistische Lager zu beschleunigen. Ch'en Tu-hsiu, der bereits in diese Richtung drängte, konnte allem Anschein nach Mao überzeugen. Mao hatte zwar, wie seine Artikel und Briefe aus dieser Zeit beweisen, nur eine verschwommene Vorstellung vom Marxismus und von der Natur und Dynamik der Gesellschaftsklassen, aber Ch'ens Ansehen war groß, und zweifellos ließ sich Mao von ihm beeindrucken. Außerdem bot der Kommunismus in seinen Augen einen beträchtlichen Vorteil: zum erstenmal öffnete sich in China eine politische Bewegung einem jungen Mann, der kein Geld, keine Beziehungen und kein Universitätsdiplom hatte.

Unter dem Einfluß Wojtinskijs begann Ch'en, an die Gründung einer kommunistischen Partei zu denken, und daher empfand er die Notwendigkeit, sich möglichst viele Anhänger zu sichern. Er wußte wohl, daß sich die aus der Bewegung vom 4. Mai entstandene Begeisterung für den Sozialismus der intellektuellen Jugend bemächtigt hatte, aber er wußte auch, daß die Kandidaten für das Opfer, das die Zugehörigkeit zu einer revolutionären Partei bedeutete, nicht eben in Mengen herbeiströmen würden. Mao kam also gerade zur rechten Zeit. Ch'en kannte seine Tätigkeit als Journalist und Agitator in Changsha und betrachtete ihn daher als einen ausgezeichneten Rekruten. Dennoch scheint Ch'en, der sonst Studenten und Freunde mit großer Herzlichkeit in seiner kleinen Wohnung nahe der Avenue Joffre in der französischen Konzession von Shanghai empfing, zu dem jungen Mann aus Hunan keine persönlichen Beziehungen aufgenommen zu haben. Er sah in Mao lange nur einen hitzigen, oft allzu hitzigen Parteigenossen aus der Provinz.

Maring.
(Intern. Institut für Sozialgeschichte, Amsterdam).

Mao blieb mehrere Monate in Shanghai. Er mußte in einer Wäscherei arbeiten, um sich seinen Lebensunterhalt zu verdienen. Unter anderem hatte er die fertige Wäsche auszuliefern. Den größten Teil seines ohnehin elenden Lohns gab er für Straßenbahnfahrscheine aus. Dann wurde einer seiner ehemaligen Professoren am Lehrerseminar von Changsha nach einem jener Machtwechsel, die sich aus den Konflikten der »Kriegsherren« so oft ergaben, zum Leiter des Erziehungswesens der Provinz Hunan berufen. Er bot Mao die Leitung der dem Lehrerseminar angeschlossenen Grundschule an. Mao sagte seiner Wäscherei ade und fuhr nach Changsha.

Er hatte nun ein ausreichendes Gehalt (das es ihm 1921 ermöglichte, Yang K'ai-hui zu heiraten) und eine Stellung, die ihm genug freie Zeit für seine politische Betätigung ließ. Er leitete nicht nur die Arbeit der ersten marxistischen Gruppen, sondern auch eine Petitionskampagne zur Unterstützung des neuen Militärgouverneurs, des Generals Tan Yen-kai. Tan hatte an der Revolution von 1911 teilgenommen und damals in Hunan die Macht an sich gerissen. Nachdem er mehrere Male von anderen Militärcliquen gestürzt worden war, hatte er sich für eine autonome Regierung für seine von Bürgerkriegen zerrissene Provinz ausgesprochen. Mao unterstützte ihn mit seiner Feder und durch seine Autorität in den Studentengruppen.

Dafür nahm Tan die subversiven Tätigkeiten Maos nicht zur Kenntnis. Der Journalismus und die Studiengruppen genügten Mao aber bald nicht mehr. Er wurde auch Buchhändler – um marxistische und prosowjetische Schriften verkaufen zu können – und gründete eine neue Studentengruppe, die ins Ausland gehen sollte, diesmal aber nicht mehr nach Paris, sondern nach Moskau. Die Zeiten hatten sich geändert.

Im Juli 1921 fuhr Mao heimlich nach Shanghai, wo eine Konferenz stattfinden sollte, die die Aufgabe hatte, das Fundament der Kommunistischen Partei Chinas zu legen. Chang Kuo-t'ao, der Mao in diesem Abschnitt seines Lebens gut kannte, beschrieb humorvoll den jungen Mann in seinem langen chinesischen Gewand: »Seine Manieren waren noch die eines Bauern. Sein Gesicht hatte dagegen die Blässe, die einem Intellektuellen ansteht. Er erinnerte an einen taoistischen Priester aus irgendeinem Dorf. Seine Allgemeinbildung war umfassend, aber vom Marxismus schien er nicht viel zu verstehen. Er besaß eine echte Begabung für das Gespräch und diskutierte gern, und das größte Vergnügen fand er daran, seine Gegner durch Wortspiele in die Falle zu locken, bis sie sich selbst widersprachen. Er verhehlte seine Freude nicht und lachte laut, wenn ihm das gelungen war. Seine Haltung, wenn er ging, und die Art, wie er die Schultern zuckte oder seine Verachtung ausdrückte, wenn er sprach, ließen an einen Schauspieler denken, der in einem traditionellen Stück die Rolle des klassischen Strategen spielt.«

Der Schauspieler-Stratege kehrte nach Beendigung der Konferenz (die als 1. Parteitag der KPCh gilt) nach Hunan zurück. Ch'en Tu-hsiu (der an den Debatten nicht teilgenommen hatte) war zum Generalsekretär, Chang Kuo-t'ao zum Organisationssekretär ernannt worden. Mao hatte die Aufgabe übernommen, in seiner Heimatprovinz die ersten Zellen der Partei und der Jugendbewegung zu organisieren.

Die Partei tat ihre ersten Schritte in einer Verwirrung, die das allgemeine Chaos im Lande widerspiegelte. In Peking stellte Li Ta-chao kommunistische Gruppen zusammen, ohne deshalb seine ausgezeichneten Beziehungen zur »bürgerlichen« Intelligenzschicht, zu anarchistischen Elementen und einigen Persönlichkeiten aufzugeben, die General Wu Pei-fu nahestanden, einem der mächtigsten »Kriegsherren« dieser Periode. In Kanton half Ch'en Tu-hsiu dem General Chen Chiung-ming, aus Kuangtung eine »Musterprovinz« zu machen, was ihn aber nicht davon abhielt, Mitglieder um sich zu versammeln, die in einer Region von erstrangiger Bedeutung den Kern der Partei bilden sollten. Und in Hunan, wo die permanente Unbeständigkeit der politischen Macht zahllose junge Menschen der revolutionären Bewegung in die Arme trieb, sah sich Mao ebenfalls genötigt, im Namen des kleineren Übels eine militaristische Gruppe gegen ihre Feinde zu verteidigen.

In diesem Durcheinander war nur eine Idee eindeutig klar: »Da die kommunistische Partei eine Partei der Arbeiter sein sollte«, schrieb Chang Kuo-t'ao, »konnte sie sich ohne diese nicht entwickeln.« Die Gewerkschaftsbewegung machte Fortschritte dank der Tätigkeit der nationalistischen (mit der Kuomintang liierten), anarchistischen und kommunistischen Führer. Unter den letzteren verfielen Chang Kuo-t'ao und Li Li-san, um die strengen Gesetze der »Kriegsherren« zu umgehen und den Arbeitern die Angst zu nehmen, darauf, die Gewerkschaften unter der Bezeichnung »Klubs« zu tarnen und ihnen Schulen für Kinder und Erwachsene anzuschließen. Mao folgte ihrem Beispiel und wandte die gleiche Taktik bei den Bergleuten von Anyüan an.

Im Jahre 1922 änderten sich die Verhältnisse in Hunan. Mao bekam es unversehens mit einem »Kriegsherrn« zu tun, der weit weniger liberal war als Tan Yen-kai.

General Chao Heng-ti mußte im Januar 1922 einen Streik in den Baumwollspinnereien von Changsha niederschlagen. Der Streik war von zwei Anarchisten angeführt worden, die festgenommen und unverzüglich hingerichtet wurden.

Mao wurde vielleicht aus Treue zu General Tan, mit dem er später in Kanton wieder zusammentraf, gewiß aber aus Opposition gegen die brutalen Methoden des Generals Chao Heng-ti ein Gegner des neuen Militärgouverneurs, und er forderte die führenden Organe der Partei in Shanghai auf, einen nationalen Feldzug gegen Chao anzuführen. Die Partei hörte offensichtlich nicht auf ihn. In Peking riet Li Ta-chao seinen Genossen, General Wu Pei-fu zu schonen, der seine Toleranz gegenüber den politischen Bewegungen und den Gewerkschaften beweisen wollte. General Chao war aber ein guter Freund Wu Pei-fus. Aus diesem Grunde, und um Li Ta-chaos Position in Peking nicht zu gefährden, riet die Partei Mao, Chao Heng-ti zu »vergessen« und sich auf seine Aufgaben als politischer Organisator und Gewerkschafter zu konzentrieren. Mao fuhr im Juli 1922 verärgert nach Shanghai, um am 2. Parteikongreß teilzunehmen, beschloß aber zuletzt, ihm fernzubleiben. »Ich hatte die Adresse vergessen, wo die Versammlung stattfand«, erklärte er 1936 Edgar Snow. Eine sonderbare Entschuldigung für einen Mann, der nicht leicht etwas vergaß. Die Beziehungen zwischen Mao und der KPCh standen seit damals stets unter dem Zeichen ambivalenter Gefühle. Mao zeigte seit seiner frühesten Zeit als KP-Mitglied, daß die Parteidisziplin gut für die anderen war und daß *er* nötigenfalls immer eine Ausrede – und sei sie noch so fadenscheinig – finden konnte, um sich ihr zu entziehen.

Gegen 1923 mußte sich Mao einige Fragen hinsichtlich seines politischen Engagements stellen. Er stand an der Spitze des Gewerkschaftsverbandes von Hunan, aber sein Titel war eher hohl. Die nur schwach industrialisierte Provinz Hunan bot ein begrenztes Feld für Streiks und Lohnforderungen. Dazu kam, daß sich die Auseinandersetzungen zwischen Mao und General Chao verschärften. Im April verließ Mao, dem die Verhaftung drohte, in aller Eile Changsha, um zunächst nach Shanghai und dann nach Kanton zu fahren, wo er zum 3. Kongreß der KPCh erwartet wurde.

Man begreift nach all dem besser, was Mao dazu bewog, sich auf diesem Kongreß von den Männern loszusagen, die wie Chang Kuo-t'ao davon sprachen, die nationalistische Bewegung »von außen« zu beeinflussen, und sich Maring und Ch'en Tu-hsiu anzuschließen, die sie »von innen her« beeinflussen wollten. Er sah in dieser Taktik der Arbeit »von innen her« eine Politik, die besser als die der »Sektierer« dem entsprach, was er als die chinesische Wirklichkeit erahnte. Und die »Sektierer« hatten obendrein einfach insofern unrecht, als sie sich in der Minderheit befanden. Durch die Unterstützung Marings wollte Mao außerdem die Differenzen vergessen machen, die ihn im vorausgegangenen Jahr mit der Parteiführung entzweit hatten.

Er ging noch weiter. Maring hatte ihm gegenüber zweifellos eine unlängst ergangene Direktive der Komintern erwähnt, derzufolge die KPCh die Bauernschaft als ein »zentrales Problem« zu betrachten hatte.

Niemand sprach davon oder schien auch nur daran interessiert zu sein. P'eng P'ai nahm nicht an der Debatte teil. Mao, der bis dahin der »Agrarfrage« nicht die geringste Aufmerksamkeit entgegengebracht hatte, ergriff die Gelegenheit, um ihre Bedeutung zu unterstreichen. Damit kam er Maring noch einen Schritt näher, der sich verzweifelt bemühte, seiner kleinen Gruppe von Intellektuellen die Wege der großen Politik klarzumachen.

Maring belohnte seinen neuen Schützling. Mao wurde zum erstenmal in das Zentralkomitee der KPCh gewählt. Er trat als Organisationssekretär an die Stelle Chang Kuo-t'aos. Und er wurde in die kommunistische Delegation zum 1. Kongreß der Kuomintang aufgenommen, der für Januar 1924 angesetzt war.

Damit war Mao unversehens ein gutes Stück weitergekommen. Er betätigte sich nun auf nationaler Ebene. Er beteiligte sich an den Vorbereitungen zum Kuomintang-Kongreß und arbeitete in Shanghai mit zwei der angesehensten Führer der nationalistischen Partei, Wang Ching-wei und Hu Han-min, zusammen. Seine Sorgen waren deshalb jedoch noch nicht vorüber.

Auf dem Kuomintang-Kongreß, der vom 20. bis 30. Januar 1924 stattfand, mußte er sich trotz zahlreicher Wortmeldungen, bei denen er für die Ideen Sun Yat-sens eintrat, mit einer Nebenrolle begnügen. Unter den Kommunisten, die an den Sitzungen teilnahmen, war Li Ta-chao, dessen Ruf bereits fest begründet war, der Star. Im übrigen tat sich der Litauer Michail Grusenberg, genannt Borodin, hervor, den die Sowjetregierung als persönlichen Berater zu Sun Yat-sen entsandt hatte.

Mao wußte nicht, daß er die schlechtest mögliche Karte ausspielte, indem er Maring unterstützte. Maring war der Mann einer Komintern, die noch von Lenin und Trotzki beherrscht worden war. Seit Anfang 1923 nahm der schwerkranke Lenin (er starb am 21. Januar 1924) schon nicht mehr an den Tätigkeiten der bolschewisti-

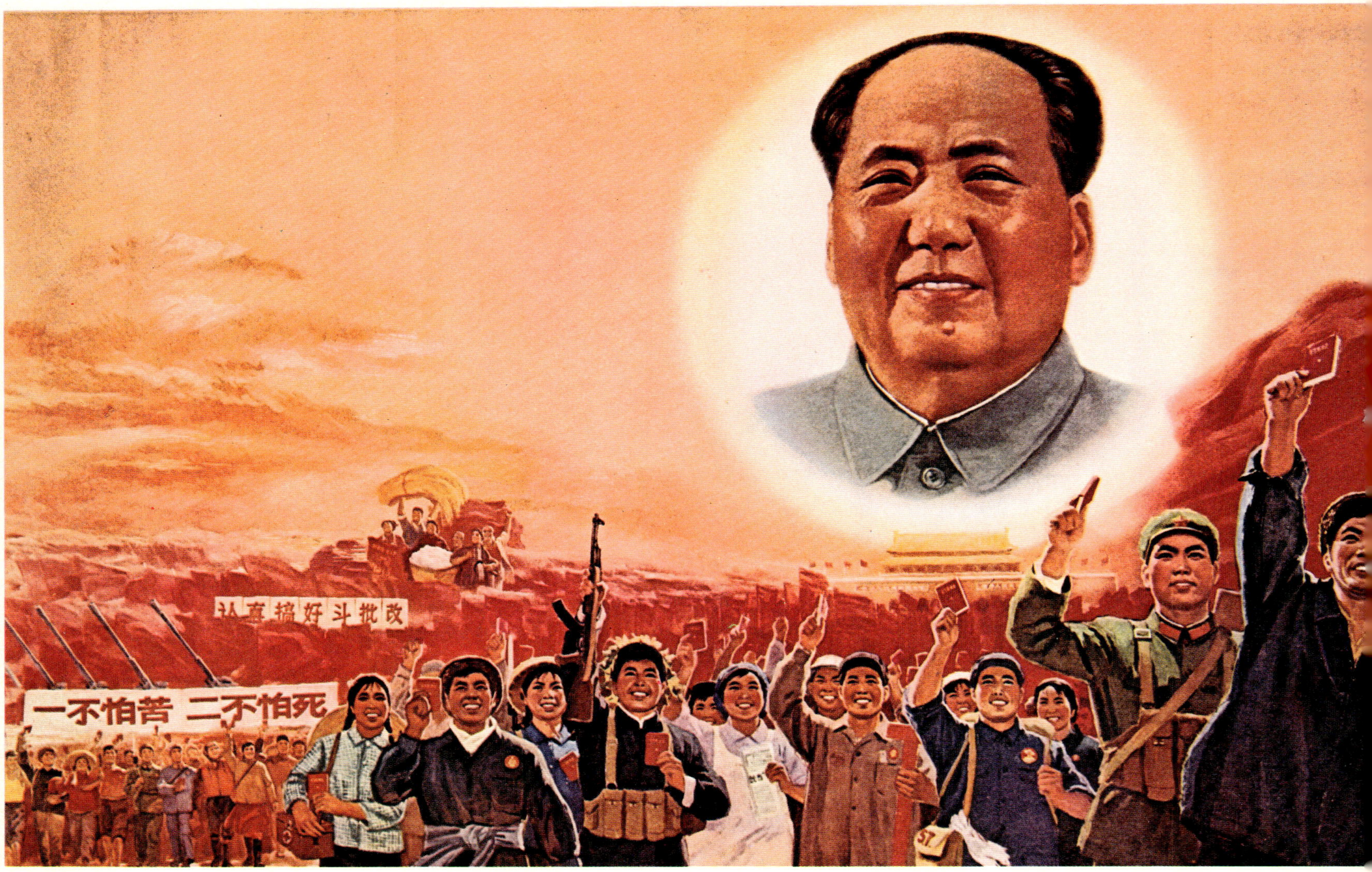
认真搞好斗批改
一不怕苦 二不怕死

三面紅旗万岁
社社歌頌共产党
人人热爱毛主席
丰

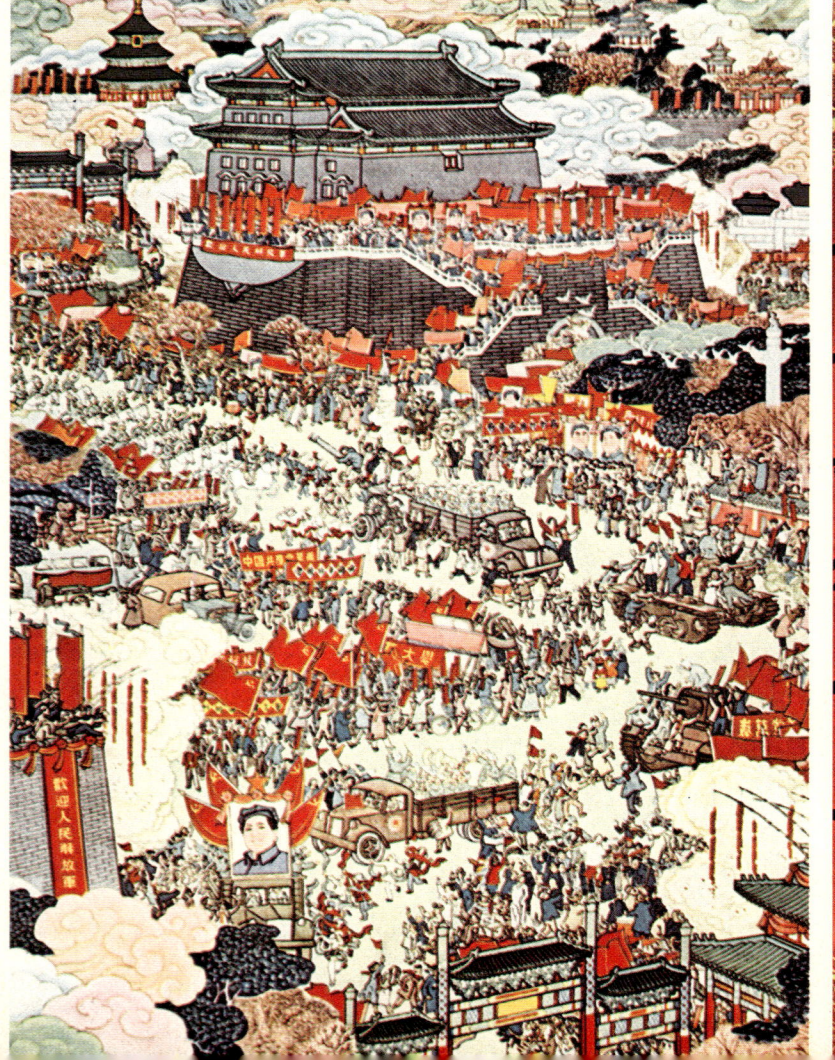

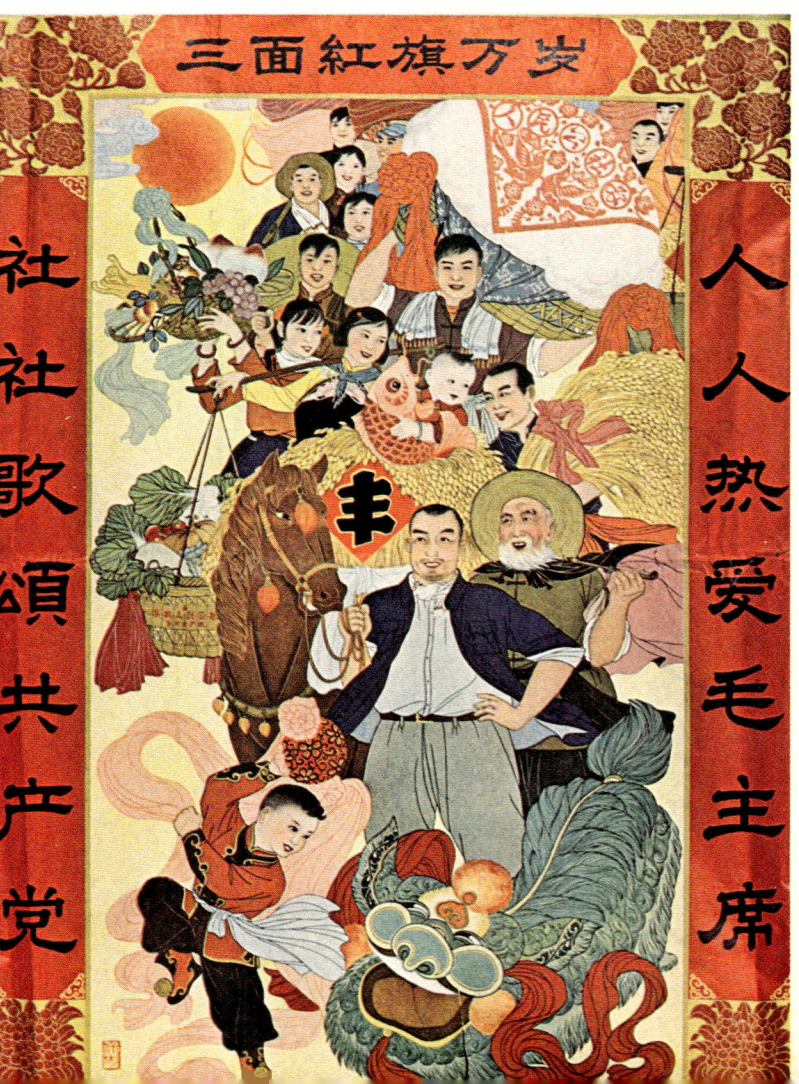

Eines der Mao-Portraits, die während
der Kulturrevolution in Riesenauflagen
verbreitet wurden. (C. R. A.)

Im Stil der Taping-Zeichnungen:
Der Einmarsch der Volksbefreiungsarmee
in Peking 1949. (C. R. A.)

»Es leben die drei Roten Fahnen
(Der Große Sprung nach vorn,
die Volkskommunen,
die Generallinie).
Das ganze Volk singt
das Lob der Kommunistischen Partei,
jeder liebt den Vorsitzenden Mao.« (C.R.A.)

Der Stil der ersten Plakate nach der Eroberung
der Macht: Ein Aufruf zur Produktion. (C. R. A.)

schen Partei und der Internationale teil. Der Kampf um seine Nachfolge hatte bereits begonnen. Stalin, der Generalsekretär der bolschewistischen Partei, Grigorij Sinowjew, der Vorsitzende des Vollzugsausschusses der Komintern, und Lew Kamenjew bildeten ein »Triumvirat« innerhalb der sowjetischen Führung, um Trotzki den Weg zur Macht zu versperren.

Die »Triumvirn« versuchten, Trotzki nicht nur in der Sowjetunion kaltzustellen, sondern auch seinen Einfluß innerhalb der Internationale zu brechen. Diesem Ziel galt ihre Arbeit während des ganzen Jahres 1924. Auf dem 5. Kongreß der Komintern im Mai 1924 wurde Trozki aus der Exekutive ausgeschlossen, in die nun Stalin seinen Einzug hielt. Stalin und Sinowjew vertrieben daraufhin alle, die in irgendeiner Form auch nur die leiseste Sympathie für den Schöpfer der Roten Armee bekundeten. Unter dem Vorwand der »Bolschewisierung« der Internationale gingen die beiden Männer – die bis Mai–Juni 1925 Verbündete blieben – daran, die Komintern, aus der jeder sein persönliches Werkzeug machen wollte, noch weiter zu »russifizieren«. Maring war eines der ersten Opfer dieser Intrigen. Er wurde kurz nach dem 3. Kongreß der KPCh – in dessen Verlauf Mao mit ihm gemeinsame Front gemacht hatte – aufgefordert, China zu verlassen, und sein Posten als Hauptvertreter der Komintern in China wurde Wojtinskij anvertraut. Eine weitere, für Mao noch demütigendere Folge: Wojtinskij holte Chang Kuo-t'ao wieder ins ZK zurück. Mao und Chang Kuo-t'ao sollten diese Vorfälle niemals vergessen.

In diesem komplizierten Spiel der Beziehungen zwischen den bolschewistischen Führern und der KPCh war Mao, wie die meisten chinesischen Kommunisten einschließlich Ch'en Tu-hsius und der anderen, ein Neuling. Die Veränderungen in der Komintern und die Unsicherheit der KPCh erklären, warum er im November 1924 in Ungnade fiel. Da er die Beschlüsse des 3. Parteikongresses ernst genommen und allzu eifrig mit der Kuomintang zusammengearbeitet hatte, wurde Mao aus dem ZK ausgeschlossen, und er mußte alle seine Funktionen einschließlich derer innerhalb der nationalistischen Partei abgeben. Wie so oft im Laufe seiner Karriere schützte er Erschöpfung und Krankheit vor und kehrte nach Hunan zurück, diesmal nicht nach Changsha, sondern nach Shaoshan, auf den Hof seines Vaters.

Wieder nahm sein Schicksal eine neue Wendung. Mao stellte bei der Ankunft in seinem Heimatdorf (wo er sich in den letzten 15 Jahren nur ein einziges Mal, anläßlich des Begräbnisses einer Nichte im Jahre 1918, kurz aufgehalten hatte) fest, daß zumindest in Hunan die Revolte in den ländlichen Gebieten an Boden gewann. Die abstrakten Phrasen der Komintern über die »Agrarfrage« nahmen plötzlich eine konkrete Bedeutung an. Wie P'eng P'ai schon in Kuangtung, begriff nun Mao in Hunan, daß die ländlichen Gebiete Chinas ein riesiges, ungenutztes revolutionäres Potential darstellten. Die allgemeine Unordnung im Lande, der permanente Bürgerkrieg und die hohen, von den »Kriegsherren« eingetriebenen Steuern trugen das ihre zu dieser Radikalisierung der Ärmsten bei.

Von seiner Partei enttäuscht und gedemütigt, machte sich Mao wieder an die Arbeit. Er, der sein Dorf mit der festen Absicht verlassen hatte, niemals mehr zurückzukehren, wurde nun mit 32 Jahren ein »Bauernführer«. Er organisierte Bauernverbände in den Distrikten, in denen er seine Kindheit verbracht hatte. Seine Persönlichkeit wirkte so, daß er zum Helden der Armen Shaoshans wurde, die es überrascht haben mag, daß der Sohn des »reichen« Mao Shun-sheng gegen die Grundbesitzer und die »Kriegsherren« zu Felde zog. Später erzählte er jedenfalls Edgar Snow, er sei, als ihn der Bürgerkrieg längst wieder fortgerufen hatte, in seinem Dorf

Sinowjew (links). (Keystone)

Kamenjew (Sammlung Ringart)

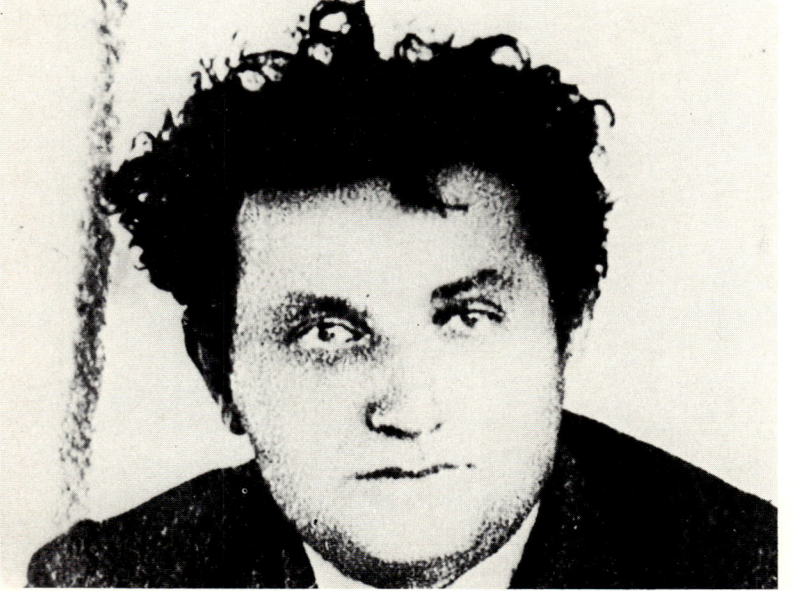

noch so beliebt gewesen, daß die Bauern jederzeit seine Rückkehr erwarteten. Bald fand jedoch ein bedeutendes Ereignis statt, an dem Mao in seiner Abgeschiedenheit in Hunan nicht teilnehmen konnte. Im Mai 1925 stieg die nationalistische Erregung in den Küstenprovinzen. Die neue Woge ging nach einem von den Japanern brutal unterdrückten Streik von Shantung aus. Sie erreichte Shanghai, wo in einer Textilfabrik ein japanischer Vorarbeiter einen chinesischen Arbeiter tötete. Am 30. Mai gelang es den Kommunisten, in der internationalen Konzession eine Kundgebung zu organisieren, an der sich Tausende von Arbeitern und Studenten beteiligten. Der Zug bewegte sich ruhig durch die Straßen, aber die Polizei der Konzession verhaftete einige der Demonstranten. Daraufhin zog eine Abordnung zu dem Polizeikommissariat, in dem sie festgehalten wurden. Ein britischer Offizier verlor die Nerven und befahl, auf sie zu schießen. Es gab Tote und Verwundete. Die Reaktion war ungeheuer; sie griff noch weiter um sich als im Jahre 1919. In ganz China kam es zu einer Massenerhebung gegen die Briten und den Imperialismus. Die Streikbewegung erreichte auch Hongkong, wo britische Schiffe und Waren boykottiert wurden. Die kommunistische Partei, die nur einige Hundert Anhänger zählte, rekrutierte in wenigen Monaten etwa zehntausend neue. Als Mao erfuhr, daß seine Genossen eine Kundgebung in Changsha organisierten, fuhr er sofort hin, um ihnen zu helfen. Die Polizei des Generals Chao Heng-ti war rasch benachrichtigt und begann, ihn zu suchen. Mao fuhr weiter nach Kanton, wo er im Juni ankam.

Er fand dort eine völlig neue Situation vor. Sun Yat-sen war im März in Peking gestorben, wo er einen letzten Versuch unternommen hatte, mit den »Kriegsherren« einen Kompromiß zu schließen, durch den der Bürgerkrieg vermieden worden wäre. Vom Leberkrebs bereits geschwächt, hatte er sich zu Bett legen müssen, als er mit dem Schiff in Tientsin angekommen war, und er hatte seine ganze Energie aufwenden müssen, um mit dem Zug in die Hauptstadt zu fahren. Die von seinen Freunden geführten Unterredungen scheiterten. Nach seinem Tode machte sich in der Kuomintang eine tiefe Spaltung bemerkbar, die nur seine Persönlichkeit zu verdecken imstande gewesen war.

Gleich nach Beendigung der Begräbnisfeierlichkeiten brach die nationalistische Partei auseinander. Der konservative Flügel organisierte sich, und er hörte nicht mehr auf, gegen das Bündnis zu manövrieren, das Sun Yat-sen mit Moskau und den Kommunisten geschlossen hatte. Der von zwei treuen Anhängern Sun Yat-sens – Liao Chung-kai und Wang Ching-wei – geführte linke Flügel bewahrte sich seine Stärke. Aber am Horizont Kantons ging ein neuer Stern auf.

General Chiang Kai-shek änderte alle Gegebenheiten des Problems. Nach dem 1. Kongreß der Kuomintang im Januar 1924 war es die erste Sorge Dr. Suns und seiner sowjetischen Berater gewesen, die Armee aufzustellen, die China erobern und einen sollte. Um der Kuomintang-Armee eine Struktur zu geben, mußte in Whampoa, einem Vorort Kantons, eine Militärakademie geschaffen werden. Zu ihrem Leiter wurde General Chiang Kai-shek ernannt. Ihre politischen Kommissare waren in der Mehrheit Kommunisten, und unter ihnen befand sich auch ein aus Europa zurückgekehrter Student namens Chou En-lai.

Im Jahre 1925 errang die nationalistische Armee ihre ersten Erfolge gegen die Truppen der »Kriegsherren« des Südens, unter denen General Chien Chun-ming die wichtigste Stelle einnahm. Die Kadetten von Whampoa zeichneten sich durch eine Reihe von Einsätzen in Kanton selbst aus. Das Ansehen der jungen Armee stieg schlagartig und damit auch das Ansehen des Generals Chiang, der seine sowjetischen Berater hatte – an ihrer Spitze Michail Borodin.

Die Kuomintang galt damals als eine revolutionäre Partei – vergleichbar einer Bewegung wie etwa der General Nassers in Ägypten, um ein Beispiel zu nennen, das uns näher liegt. Unter den Ausländern in Hongkong und Shanghai begann man den chinesischen Nationalismus ernst zu nehmen und sich wegen seiner freundschaftlichen Beziehungen zur Sowjetunion Sorgen zu machen. Die Nationalisten taten aber auch nichts, um solche Besorgnisse zu zerstreuen. Im Gegenteil, sie wiederholten unermüdlich, daß die chinesische Revolution ein Teil der Weltrevolution sei. Sogar die Kapitalisten, die Kaufleute und die Intellektuellen, die sie unterstützten, führten diese Sprache. Ihr Ziel war in Wirklichkeit ein viel enger begrenztes: Sie wollten, daß die »Ausländer« das Regime der Konzessionen und »ungleichen Verträge« lockerten und die Entwicklung einer echten chinesischen Wirtschaft zuließen.

Die Ereignisse des Jahres 1925 ließen Risse in der Fassade der Einheit sichtbar werden. Die Konservativen – der rechte Flügel der Kuomintang – erkannten, daß die nationale Revolution die soziale Revolution nährte. Die »anti-imperialistischen« Streiks trafen mit der gleichen Kraft auch die sogenannte »nationale« Industrie. Die ersten Revolten auf dem Lande gegen die hohen Pachtgelder zeigten die unangenehme Tendenz, sich darüber hinaus gegen das Prinzip des großen und mittleren Grundbesitzes selbst zu richten. Die Rechte verlangte die Entlassung der sowjetischen Berater und den Ausschluß der Kommunisten aus der Partei.

Im August 1925 wurde Liao Chung-kai, der Führer des linken Flügels der Kuomintang, in Kanton von unbekannten Tätern ermordet. Er hatte sich als Finanzminister der Regierung von Kanton unzählige Feinde gemacht. Seine Ermordung wurde in einer Stadt, in der die Furcht vor konterrevolutionären Verschwörungen umging, sofort Elementen der Rechten zugeschrieben. Einer der Führer der Rechten, der Journalist Hu Han-min, zog es auf den Rat Borodins hin vor, nach Moskau zu gehen. Diese Schwächung des konservativen Flügels der Partei in einem Augenblick, in dem das Land von einer Streik- und Demonstrationswelle heimgesucht wurde, hätte zu einer entsprechenden Stärkung des linken Flügels und seiner kommunistischen Verbündeten führen können. Borodin bemühte sich auf Befehl Moskaus, die Rechte zu beruhigen, ohne deren Hilfe die Revolution von der chinesischen Bourgeoisie isoliert worden wäre. Statt eines Aufstiegs der Linken, erlebte man einen Aufstieg der Armee. Die Stunde des Generals Chiang ließ nicht mehr lange auf sich warten.

Der 2. Kongreß der Kuomintang im Januar 1926 bot die ersehnte Gelegenheit. Der junge, ehrgeizige General Chiang war bis dahin nur Leiter der Militärakademie von Whampoa und Oberbefehlshaber der 1. Nationalistischen Armee gewesen. Er hatte sich eben durch einen Feldzug ausgezeichnet, der beinahe die ganze Provinz Kuangtung in die Gewalt der Regierung von Kanton gebracht hätte. Der wirkliche politische Führer der Kuomintang blieb jedoch Wang Ching-wei, ein Nationalheld seit seiner Teilnahme an dem (mißglückten) Attentat auf ein Mitglied der kaiserlichen Familie im Jahre 1910. Wang, der lange mit Dr. Sun Yat-sen zusammengearbeitet hatte, vertrat wie sein Mentor eine vage zum Sozialismus tendierende politische Philosophie und den Gedanken eines Bündnisses mit der Sowjetunion. Er wurde daher nach der Ermordnung Liao Chung-kais als der Führer des linken Flügels der nationalistischen Partei betrachtet.

Zwischen Chiang und Wang steigerte sich der Kampf um die Macht in der nationalistischen Bewegung bald bis zur Besessenheit. Der Haß zwischen den beiden Männern ging so weit, daß Wang im Augenblick der japanischen Invasion seine Dienste dem Eindringling anbot, um der Erniedrigung zu entgehen, Chiang unterstellt zu werden, der Chef der chinesischen Regierung geworden war, die sich nach Chungking zurückgezogen hatte.

Alles schien diese beiden Männer zu trennen, die durch gemeinsame Arbeit zweifellos imstande gewesen wären, den Lauf der chinesischen Geschichte zu ändern. Anfangs gingen sie auch denselben Weg. Der Altersunterschied betrug nur drei Jahre (Chiang wurde 1887 geboren, Wang 1884). Beide verließen China schon früh, um in Japan zu studieren. Während sich jedoch Chiang für die Militärlaufbahn entschied, wählte Wang die Philosophie und Soziologie. In Japan schlossen sich beide der Bewegung Sun Yat-sens an.

Die Gegnerschaft zwischen den beiden Männern ging nicht nur auf den Wunsch eines jeden zurück, der Erste und Einzige zu sein, sondern auch auf ihren Charakter und ihre politischen Anschauungen. Wang war intelligent und kompetent, aber schwach – ein Zauderer, der sich von der Popularität täuschen ließ, die ihm sein Ruf und sein stattliches Aussehen eintrugen. Chiang hatte besser gelernt, die Komplexität und Brutalität der chinesischen Szene zu deuten, aber sein Glaube an Geduld, List und Kraft trieb ihn dazu, die Spaltung der nationalistischen Bewegung zu akzeptieren und eine lähmende, demoralisierende Militärdiktatur zu errichten.

Der 2. Kuomintang-Kongreß wurde hinter den Kulissen von den Manövern dieser beiden Männer beherrscht. Chiang, der enge Beziehungen zum rechten Flügel und zu den Bankiers und Geschäftsleuten Shanghais unterhielt, war davon überzeugt, daß sich Wang im Einverständnis mit Borodin und den Kommunisten die Herrschaft in der nationalistischen Partei sichern wollte. Zwei Monate nach dem Kongreß, der Wangs führende Position bestätigte, setzte Chiang seine Soldaten ein. In der Nacht vom 20. auf den 21. März 1926 befahl er die Verhaftung mehrerer Kommunistenführer und sowjetischer Berater in Kanton. Später versicherte er immer wieder, er habe damals einer kommunistischen Verschwörung zuvorkommen wollen. Sowjetische Agenten hätten ihn entführen, an Bord eines in Kanton vor Anker liegenden Kanonenbootes bringen und nach Moskau schaffen wollen, um Wang Ching-weis Position zu sichern. Sein Putsch glückte jedenfalls. Wang, der vor der Alternative stand, sich zu unterwerfen oder abzutreten, entschied sich für letzteres und ging nach Frankreich. Chiang war damit der wahre Herr Kantons.

Die von Chiang erwähnte Verschwörung existierte wahrscheinlich nur in seiner Einbildung. Der General hatte jedoch gute Gründe, auf der Hut zu sein. In Moskau hatte sich 1925 unter den Nachfolgern Lenins eine neue Gruppierung ergeben. Sinowjew und Kamenjew, ursprünglich Verbündete Stalins, waren über die zunehmende Macht des Generalsekretärs erschrocken und hatten sich der linken Opposition angeschlossen. Daraufhin hatte sich Stalin Nikolaj Bucharin angenähert, dessen politische Analyse ganz seinen eigenen Interessen entgegenkam. Diese Analyse, die sich auf die Feststellung einer zumindest provisorischen Stabilisierung des Kapitalismus stützte, hatte Stalin zur Grundlage seiner Theorie des »Sozialismus in einem Lande« gemacht. Damit war das Zeichen für eine Schwenkung nach rechts gegeben, welche die Unterordnung aller kommunistischen Aktionen im Ausland unter die grundlegenden Interessen der Sowjetunion bedeutete.

In China machte sich diese Schwenkung bemerkbar durch ein Nachlassen der Begeisterung für den nationalistischen Plan einer Expedition nach Nordchina. Die Russen versuchten plötzlich, die Befürchtungen Japans und Großbritanniens zu zerstreuen. Die Unterstützung, die sie General Feng Yu-hsiang, einem »Kriegsherrn« in Shensi, und der Kuomintang im Süden gewährten, hatte Europäer und Amerikaner veranlaßt, sich zu fragen, ob Moskau nicht versuchte, China zu seinem Vorteil zu spalten. Stalin ließ es sich angelegen sein, diese Frage zu beantworten. Er erklärte, daß er »in der gegenwärtigen Periode« gegen jede Offensive der nationalistischen Regierung in Kanton sei, das heißt gegen eine Offensive, die »die Imperialisten zu einer militärischen Operation ermutigen könnte«.

Chiang machte den Russen durch seinen Putsch klar, daß er ihre neuen Direktiven nicht akzeptierte. Seine sowjetischen Berater hatten ihn übrigens auch durch ihre Taktlosigkeit verärgert. Einer von ihnen hatte ihm sogar empfohlen, nach Nordchina zu gehen und sich General Feng Yu-hsiang zu unterstellen. Chiang handelte jedoch nicht aus verletztem Stolz. Er erkannte vielmehr, daß die Kuomintang, wenn sie sich untätig in Kuangtung einschließen ließ, zum Schauplatz von Intrigen und Manövern werden mußte, welche die Russen inszenierten. Und die auf seine Kosten gingen. Allem Anschein nach suchten die Russen unter den chinesischen Militärs einen Mann, der seine Fähigkeiten, aber nicht seinen Unabhängigkeitsdrang hatte. Der Coup vom 20. März zeigte ihnen, woran sie mit ihm waren.

Chiang wußte freilich, daß er im Augenblick noch nicht auf die sowjetische Hilfe verzichten konnte. Immerhin erreichte er aber als Gegenleistung für die Ausschaltung einiger Elemente der extremen Rechten die Abberufung der russischen Berater, die ihm mißfallen hatten, und die Rückkehr nach Kanton des Generals Galen-Blücher, dessen strategischen Verstand und diplomatischen Takt er schätzte. Boro-

Russische Truppen in China
in einem gepanzerten Waggon. 1928.
(Süddeutscher Verlag)

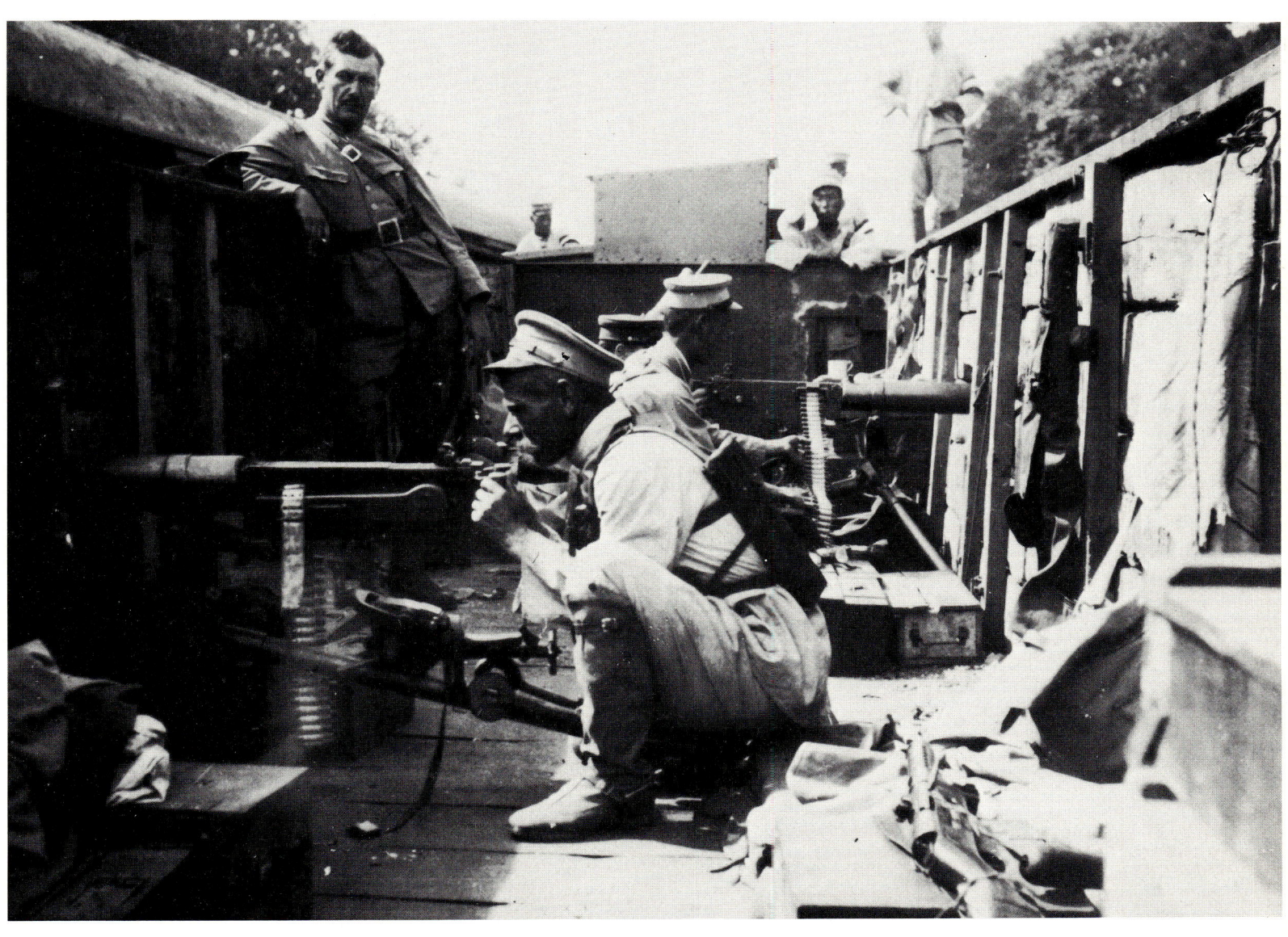

95

din, nach wie vor direkter Vertreter Stalins, gab auch in einem anderen wichtigen Punkt nach: Alle Kommunisten in der Zentralleitung der Kuomintang traten von ihren führenden Posten zurück. So kam es, daß Tan Ping-shan, der die allmächtige Organisationsabteilung beherrschte, nach Moskau reisen mußte. Im militärischen Bereich mußten die Kommunisten das Marineamt verlassen, und Chou En-lai mußte die politische Leitung der Militärakademie von Whampoa aufgeben.

Zu den wenigen Kommunisten, deren Mitarbeit Chiang akzeptierte, gehörte Mao Tse-tung. In den Dokumenten der Kuomintang aus dieser Zeit wird er vom Mai bis Oktober 1926 als Leiter des Nationalen Instituts für die Bauernbewegung erwähnt.

Was Mao im Laufe des Jahres 1926 tat, ist kaum bekannt und schlecht belegt. Während seiner Gespräche mit Edgar Snow im Jahre 1936 hatte Mao selbst wenig darüber zu sagen, und er irrte sich mehrere Male im Datum. (So meinte er, der 2. Kuomintang-Kongreß in Kanton habe im Mai 1926 und nicht schon im Januar 1926 stattgefunden.) Er behauptete, seine Zusammenarbeit mit der Kuomintang habe »ungefähr in dem Augenblick« geendet, in dem der Coup vom 20. März in Szene ging; er sei »im Frühling« nach Shanghai gefahren und daraufhin nach Hunan, um sich dort der Organisation der Bauernverbände zu widmen, so daß er gar nicht mehr nach Kanton zurückgekehrt sei.

Das scheint jedoch nicht zu stimmen. Mao traf im Juni 1925 in Kanton ein. Er arbeitete dort am Institut für die Bauernbewegung (das die Kommunisten in der Hand hatten, die im Namen der Kuomintang junge revolutionäre Agitatoren ausbildeten) und in der Propagandaabteilung der Kuomintang, deren nomineller Leiter Wang Ching-wei war.

Im Januar 1926 nahm Mao trotz seines Ausschlusses aus dem Zentralkomitee der KPCh an den Debatten des 2. Kongresses der Kuomintang teil. Er legte einen Bericht vor, welcher der von Stalin und Borodin festgesetzten Linie entsprach und in dem er gegen den Ausschluß der rechten Elemente aus der nationalen Bewegung Stellung nahm, denen er lediglich empfahl, die Disziplin der Kuomintang zu respektieren.

Der Coup vom 20. März dürfte ihn ebenso überrascht haben wie die anderen Kommunistenführer. Daß er Kanton in diesem Augenblick verlassen hatte und nach Shanghai gefahren war, ist nicht verwunderlich: Die Kommunisten wußten noch nicht, ob ihre Zusammenarbeit mit der Kuomintang fortgesetzt werden sollte oder nicht. Mao befand sich zudem in einer heiklen Lage. Er sah sich gewissermaßen eingezwängt zwischen der offiziellen Haltung der Komintern, die die Kuomintang unterstützte, aber den Aufschub der Nordexpedition empfahl, und der Haltung Chiang Kai-sheks, der auf der Durchführung des Plans eines militärischen Feldzugs bestand. Einerseits konnte nun Mao die Verhaftungen und antikommunistischen Maßnahmen vom 20. März nicht gutheißen, andererseits trat er begeistert für die Nordexpedition ein, die, wie er hellsichtig voraussah, eine unvergleichliche revolutionäre Situation in den Provinzen schaffen konnte, durch welche die nationalistische Armee zog.

Es ist beinahe mit Gewißheit anzunehmen, daß Mao im Mai 1926 nach Kanton zurückkehrte (und zweifellos behauptete er deshalb, der 2. Kuomintang-Kongreß habe im Mai stattgefunden). Er konnte um so leichter nach Kanton zurückkehren, als Borodin und Chiang Kai-shek eben dabei waren, die Bedingungen der »Reorganisation« der Kuomintang auszuhandeln. Stalin und Borodin sahen nun ein, daß sie Chiang unterschätzt hatten und daß sie ihm helfen mußten, die Stücke des chinesischen Nationalismus wieder zusammenzuleimen, wenn sie ihren Einfluß nicht verlieren wollten.

Die Anwesenheit Maos bei dieser »Reorganisation« mag verschiedene Gründe gehabt haben. Auch Borodin hatte erkannt, daß die »unvermeidbar« gewordene Nordexpedition die chinesische Bauernschaft in Bewegung setzen würde, die daher »kontrolliert« werden mußte. Mao aber war, zusammen mit P'eng P'ai und einigen anderen, einer jener Kommunisten, die auf diesem Gebiet bereits Erfahrungen gesammelt hatten.

Ein anderer, noch entscheidenderer Grund: Der Plan der Nordexpedition sah vor, daß man sich zunächst der beiden Nachbarprovinzen Kuangtungs – Hunan und Kiangsi – bemächtigen mußte. Der Hunanesische General Tang Sheng-chih hatte bereits Fühlung mit Kanton aufgenommen und war bereit, seine Truppen gegen den Militärdiktator der Provinz, General Chao Heng-ti, zu führen, der Mao gezwungen hatte, aus Changsha zu fliehen. General Tan Yen-kai, der ehemalige Beschützer Maos, hatte sich ebenfalls in Kanton niedergelassen, wo er in der »reorganisierten« Kuomintang eine erstrangige Rolle spielte. Und Tan war es zweifellos, der Chiang vor Augen führte, daß er so viele Freunde wie möglich brauchte, um die Eroberung Hunans zu sichern.

Chiang erklärte sich schließlich bereit, eine Ausnahme zugunsten mehrerer Kommunisten aus Hunan zu machen, die damit der allgemeinen Säuberung entgingen. Li Fu-chun, dessen Frau eine Jugendfreundin Maos war, wurde zum politischen Kommissar der 2. Armee ernannt. Lin Tsu-han, der lange den Bauernausschuß der Kuomintang geleitet hatte, wurde zur 6. Armee abgestellt. Mao verlor seine Funktionen in der Propagandaabteilung und wurde statt dessen zum Leiter des Bauerninstituts berufen. Diese Ernennung hatte etwas Überraschendes. Chiang muß gewußt haben, daß dieses seit seiner Gründung von Kommunisten geleitete Institut eine Brutstätte revolutionärer Agitatoren war und daß er mit schwierigen Verbündeten zu rechnen haben würde. Hoffte er, einige dieser Kommunisten ihrer Partei abspenstig machen und für sich gewinnen zu können? Schließlich unternahmen die Kommunisten ihrerseits alles, um die Spaltung der Kuomintang zu ihrem Vorteil zu nutzen. Warum sollte man nicht Gleiches mit Gleichem vergelten? Vielleicht stellte Chiang sich vor, Mao könnte nach seinen Streitigkeiten mit den Führern der KPCh das Lager wechseln.

Fest steht jedenfalls, daß Mao zwischen Mai und Oktober 1926 einen guten Teil seiner Zeit in Kanton verbrachte (weshalb manche Historiker sagen, er sei von allen Kommunisten derjenige gewesen, der am längsten mit Chiang Kai-shek zusammengearbeitet habe). Im Juli, während sich die Armeen der Nordexpedition mit Begeisterung in Bewegung setzten, wurde er von Ch'en Tu-hsiu nach Shanghai gerufen, der ihn bat, den Ausschuß zusammenzustellen, der die Arbeit der KPCh bei den Bauern organisieren sollte. Doch die Ereignisse überstürzten sich nun, und es kam nie zur Bildung dieses Ausschusses.

In Shanghai erfuhr Mao wahrscheinlich von den ersten Erfolgen der nationalistischen Armeen, die in Hunan und Kiangsi vorrückten und bald das Tal des Jangtsekiang erreichen mußten. Sobald Mao wieder in Kanton war, konnte er leicht zwischen Kuangtung und Hunan hin und her pendeln, wo die Bauernverbände Hunderttausende von Mitgliedern dazugewannen und die Kuomintang willkommen hießen.

Tage der Hoffnung und der Illusionen für die Patrioten. Das Regime der »Kriegsherren« stand vor dem Zusammenbruch, die nationale Schmach sollte bald ein Ende haben. Niemand sah die Tragödie von 1927 voraus. Während eines seiner Aufenthalte in Changsha im Herbst 1926 drückte Mao seine Euphorie in einem Gedicht (Changsha) aus, in dem er die Freiheit unter dem doppelten Zeichen des Adlers und des Fisches pries:

Ergriffen von dieser Unendlichkeit,
Frag ich die Erde in ihrer Weite:
Wer entscheidet das Schicksal der Menschen?

Er ging, wie man sieht, in seinem Überschwang sehr weit. In der Erinnerung erlebte er noch einmal seine Studienzeit, und er sah in ihr heroische Monate und Jahre, in denen er »Hunderte von Gefährten« an die Ufer des Hsiang mit seinen »tiefgrünen Wassern« führte:

Nach Art der wahren Gelehrten
Klagten wir an ohne Furcht noch Eifer ...
Die Mächtigen waren in unseren Augen
Nichts als Staub ...

Dieser Begeisterung tat auch die plötzliche Kehrtwendung Chiang Kai-sheks keinen Abbruch. Im Juli 1926 pries Chiang noch die Freundschaft mit der Sowjetunion, die nach seinen Worten notwendig war, »um den Imperialismus zu stürzen« und den Sieg der »nationalen Revolution« zu gewährleisten. Die ersten Anzeichen des aufziehenden Gewitters machten sich gegen Ende des Jahres bemerkbar. Während die Linke der Kuomintang und die Kommunisten in Wuhan die Fundamente ihrer eigenen Macht errichteten, wandte sich Chiang Shanghai zu, von dessen Eroberung er sich eine Festigung seines Ansehens erhoffte. Unglücklicherweise sprengte aber diese Eroberung den Rahmen eines einfachen Feldzugs. Als Reaktion auf die doppelte Drohung, die Wuhan und die kommunistischen Milizen – die Shanghai vor ihm einnahmen – seinem Ehrgeiz entgegenstellten, ging er rasch zur Unterdrückung und grausamen Verfolgung seiner früheren Bundesgenossen über.

Diese Kehrtwendung kam im April 1927. Im Sommer dieses Jahres hegte Mao noch immer seine Illusionen. In einem neuen Gedicht, das er in Wuhan schrieb (Der Turm des gelben Storchs), bekannte er seinen mystischen Glauben angesichts der Größe der revolutionären Woge. Die Tragödie stand aber auch ihm schon unmittelbar bevor.

Die Mächtigen waren doch nicht nur Staub. Die kommunistischen Führer täuschten sich hinsichtlich der Entschlossenheit Chiang Kai-sheks ebensosehr wie hinsichtlich seiner politischen Fähigkeiten. Als die nationalistischen Armeen immer weiter auf den Jangtse zurückten, stießen mehrere »Kriegsherren« mit ihren Truppen zu ihnen. Nach und nach nahmen die Streitkräfte der Kuomintang immer mehr Berufssoldaten, Söldner, in ihre Reihen auf, die dem Sieg zu Hilfe eilten. Später erlitt das neue Regime dadurch eine Schwächung. Chiang konnte dieser allzu eigen-

Die Hochzeit von Chiang Kai-shek mit Soon Mei-ling.
Diese Schwester der zweiten Frau Sun Yat-sens
brachte Chiang die Unterstützung
des Großbürgertums von Shanghai.
(Culver Pictures)

nützigen Verbündeten nie ganz Herr werden, aber 1927 ermöglichten sie es ihm, mit den Kommunisten zu brechen und in einem Jahr die zumindest theoretische Einigung des Landes zu bewerkstelligen.

Wang Ching-wei und die Kommunisten, die sich Chiang zu widersetzen versuchten, hatten kein wirklich gemeinsames Programm. Trotz der Direktiven aus Moskau konnten die Kommunisten die Agrarrevolution, die sich in den Provinzen südlich des Jangtse zusammenbraute, nicht in ihren Griff bekommen und in die richtigen Bahnen lenken. Einige Kommunistenführer wie P'eng P'ai und Mao taten sogar ihr Möglichstes, um die Bewegung noch zu verbreitern. Die Bauernverbände, denen die Ärmsten und völlig Rechtlosen angehörten, begannen, ohne die Befehle von oben abzuwarten, das Land aufzuteilen und die Grundbesitzer und ihre Leibwachen hinzurichten. Wang Ching-wei und seine Freunde bekamen es schließlich mit der Angst zu tun.

In Shanghai war es unterdessen zu schweren Zwischenfällen gekommen. Beim Herannahen der Nationalisten, die durch die Provinzen Kiangsi und Chekiang marschiert waren, hatten sich im Februar 1927 die Arbeiter des großen internationalen Hafens erhoben. Eine erste Welle der Unterdrückung hatte die Bewegung nicht niederwerfen können. Am 26. März zog General Chiang in die Stadt ein. Bald mußte er feststellen, daß sie sich zum Teil in der Hand der kommunistischen Abteilungen und Milizen befand, die sich mit manchen Teilen seiner Truppen verbrüderten. Am 12. April setzte er mit Hilfe seiner eigenen, teilweise aus der Unterwelt rekrutierten Milizen zu einem gründlich vorbereiteten Gegenstoß an. Binnen weniger Stunden wurden die Kommunisten entwaffnet, festgenommen und auf der Stelle erschossen. Längs der ganzen Marschroute Chiangs, von Kanton durch Kiangsi und

Chekiang bis Shanghai, wurde eine Schreckensherrschaft errichtet. Es war, als befolgte man überall zugleich dasselbe Losungswort. Chang Tso-lin, der *tuchun* der Mandschurei, der den Norden beherrschte, setzte seine Truppen zum Angriff auf die Botschaft der Sowjetunion in Peking an. Li Ta-chao und mehrere seiner kommunistischen Freunde wurden verhaftet und durch Erdrosseln hingerichtet.

Die Kommunisten, die in Wuhan und Changsha das Ruder noch fest in der Hand hatten, verließen sich auf diese Stützpunkte. Am 21. Mai gingen die nationalistischen Generale in Changsha, Changteh und Dutzenden von Dörfern in Hunan zur Offensive über. Die Bauernverbände und -milizen wurden aufgerieben. Das Blutbad dauerte vier Tage. Wang Ching-wei und die anderen Führer des linken Flügels der Kuomintang in Wuhan begriffen, daß die Kommunisten vernichtet werden sollten. Entsetzt über die Aussicht, sich Chiang Kai-shek unterstellen zu müssen, wandten sie sich General Feng Yü-hsiang zu, der im Nordwesten, in Shensi, auf seine Stunde wartete und von den Russen mit Material, Beratern und Geld versorgt wurde.

Feng hatte nicht ohne Besorgnis zugesehen, wie die Südarmeen bis zum Jangtse und darüber hinaus vorstießen. Die »Eisenseiten«, eine der besten nationalistischen Divisionen (in der zahlreiche kommunistische Offiziere dienten), schlugen bereits die Truppen Chang Tso-lins in die Flucht. Feng hielt den Augenblick für gekommen. Im Mai besetzte er den Norden der Provinz Honan. Vom 10. bis 12. Juni hatte er eine Unterredung mit Wang Ching-wei, der glaubte, der »christliche General« werde ihm mit dem Segen Moskaus gegen Chiang Kai-shek beistehen. Tatsächlich geschah das Gegenteil. Feng zog es vor, direkt mit dem Herrn und Meister zu verhandeln. Am 22. Juni traf er mit Chiang zusammen. Einige Tage später mußte der linke Flügel der Kuomintang vor Chiang kapitulieren, der Nanking zu seiner Hauptstadt wählte.

Für die Kommunisten bedeutete das Isolierung und Auflösung. Moskau nannte den Schuldigen. Es war Ch'en Tu-hsiu, der Generalsekretär der KPCh seit ihrer Gründung, dessen größter Fehler darin bestand, daß er den Befehlen der Komintern gehorcht hatte. Am 27. Juli wurde Borodin aufgefordert, Wuhan zu verlassen, wohin die meisten noch in Freiheit befindlichen Kommunistenführer geflohen waren. Im April hatte die Partei noch 60000 Mitglieder gezählt, von denen die Hälfte der Arbeiterklasse angehört hatte. Von April bis August wurden ihre Reihen dezimiert. Man schätzt, daß sie 25000 Mitglieder verlor, die in den Kämpfen fielen oder hingerichtet wurden.

In Moskau versicherte Stalin, es handle sich um keine unwiderrufliche Niederlage und die revolutionäre Woge sei nicht zusammengebrochen. Im August und September erhielten die chinesischen Kommunisten die Weisung, eine Reihe bewaffneter Aufstände zu organisieren, doch diese provozierten nur weitere Massaker.

Am 1. August versuchten der prokommunistische General Yeh T'ing und mehrere kommunistische Offiziere und Kader, sich in Nanchang, der Hauptstadt der Provinz Kiangsi, zu erheben. Das Gros der nationalistischen Truppen folgte ihnen nicht, und sie mußten mit mehreren Tausend Mann nach Süden fliehen.

Anfang September erhielt Mao Tse-tung den Befehl, in Hunan die »Herbsternte« genannte Erhebung zu organisieren und sich dabei auf die Überreste der Bauernverbände zu stützen. Diese Unternehmung ging ebenso unglücklich aus. Bauern und meuternde Soldaten gelangten bis vor die Tore Changshas, aber die Hauptstadt Hunans blieb taub für die revolutionären Aufrufe. Mao wurde gefangengenommen. Er versuchte, einen seiner Wächter zu bestechen und sich die Freiheit zu erkaufen. Ein Offizier griff ein, Mao mußte fliehen. Mehrere Tage lang versteckte er sich im Schilf und entkam so den Soldaten, die zu seiner Verfolgung aufgeboten wurden. Endlich konnte er sich ein Paar Sandalen, einen Schirm und einige Lebensmittel kaufen und zu Fuß nach Süden fliehen, wo er seine aufgelösten Einheiten wiederzufinden hoffte. Er stieß erst im Oktober zu ihnen und zog sich mit seinen Gefährten in eine Bergkette an der Grenze zwischen Hunan und Kiangsi, die Ching-Kang-shan, zurück, die von alters her Räubern Zuflucht geboten hatte. Ein neuer Lebensabschnitt begann. Während Stalin die chinesischen Kommunisten zwang, die größte Torheit des Jahres 1927 zu begehen – es handelte sich um den Aufstand von Kanton vom 11. bis 13. Dezember –, bereitete sich Mao auf seinen ersten Winter »im Maquis« vor.

Der kleine Bauer aus Shaoshan, der junge kommunistische Intellektuelle, war zum »Roten Banditen« geworden.

Chinas wirkliche Herrscher: Die Kriegsherren

Noch schädlicher für das Ansehen der Vorstellungen von Republik und Demokratie als die ausländischen Soldaten und Kapitalisten waren die Kriegsherren, die »warlords«. Sie bilden eine der erstaunlichsten Portraitgalerien der politischen Geschichte des 20. Jahrhunderts.

Wu P'ei-fu versuchte eine Weile, mit der liberalen Haltung eines Gelehrten über Peking zu herrschen. Der Kommunist Li Tachao unterstützte ihn bis zu der grausamen Niederschlagung des Eisenbahnerstreiks der Strecke Peking–Hankou (Wuhan) 1923.

Chang Tso-lin wirkte so zart und zerbrechlich, daß man sich ihn nur schwer als einen ehemaligen Soldaten und Banditen vorstellen konnte, der mit Zustimmung der Japaner in Mukden die Macht an sich gerissen hatte. Der Luxus in seinem Palast und die Perle – sie galt als die größte der Welt – an seiner Mütze aus schwarzem Satin machten ihn zu einer Art Sehenswürdigkeit für Ausländer mit einem Sinn für Pittoreskes. Als Herrscher über die Mandschurei wurde er 1928 von den Japanern ermordet, die sich wegen seines Unabhängigkeitsdrangs Sorgen machten.

Von allen Kriegsherren wurde Chang Tsung-chang am meisten gefürchtet und verabscheut. Dieser frühere Hafenarbeiter, ein hünenhafter Klotz von über zwei Metern, beherrschte Shantung mit terroristischen Mitteln, bis er 1928 von den Nationalisten verjagt wurde. Seine »Elite«-Einheit, eine russische Garde, die er aus den Überresten der Weißen Armeen Sibiriens rekrutiert hatte, mordete und plünderte ohne Gnade. Er besaß einen Harem von 42 Konkubinen und hatte angeblich ein Vermögen von mehreren Millionen Dollar angehäuft.

Feng Yü-hsiangs Einfluß war viel länger spürbar als jener der meisten seiner Rivalen. Als Militärgouverneur von Shensi und dann von Honan hatte er versucht, nützliche Reformen einzuführen und seiner Armee eine Disziplin aufzuerlegen, von der die Kommunisten sich später beeinflussen ließen. Dieser autodidaktische Riese war zum Christentum konvertiert und benutzte die Evangelien, um seine Soldaten zu indoktrinieren. Das hinderte ihn nicht, lange mit Moskau zusammenzuarbeiten, wo er 1926 mit Leo Trotzki und Karl Radek zusammentraf. Er verlangte Material für zehn Millionen Rubel und Militärberater von den Russen.

Seine Auseinandersetzungen mit Chiang Kai-shek und der Kuomintang beendeten seine Laufbahn. 1948 starb er unter seltsamen Umständen. Aus den USA wollte er über die Sowjetunion nach China zurückkehren. Seine Kabine auf einem sowjetischen Schiff begann im Schwarzen Meer zu brennen, und er konnte den Flammen nicht entfliehen. Seit 1953 liegt er in China begraben.

Yüan Shih-kai als Mandarin (oben) und als General (unten, stehend). (Sammlung Ringart) (C. R. A.)

Tuan Chi-jui. (Culver Pictures)

Wu Pei-fu als Kriegsherr (rechts)
und unter seinem eigenen Portrait
(Januar 1929). (C. R. A.)

Chang Tsung-chang (Mitte),
der grausamste
der Kriegsherren.
(Culver Pictures)

Acht der Söhne
von Marschall Chang Tso-lin.
Der älteste, Chang Hsüeh-liang
(erster von rechts) wird Chiang
Kai-shek 1936 in Sian entführen.
(Wide World Pictures)

Marschall Chang Tso-lin
in Peking. (Culver Pictures)

Chang Tso-lin
in Begleitung von General
William Connor, dem ehemaligen
Kommandanten der amerikanischen
Streitkräfte in China,
auf der Freitreppe des Haupt-
quartiers der Vereinigten
Staaten in Tientsin 1927.
(National Archiv)

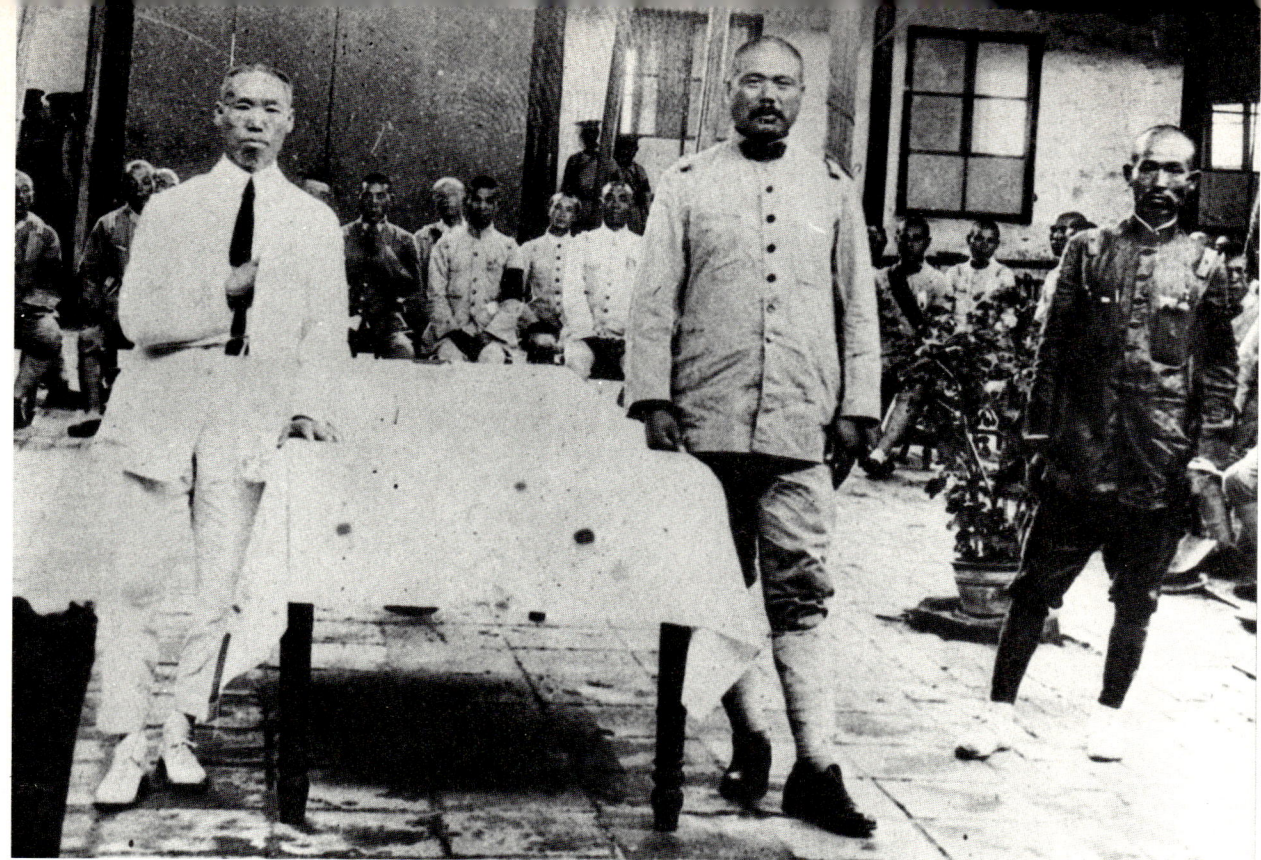

Feng Yü-hsiang (1880–1948),
der »christliche General« (Mitte),
der dadurch berühmt wurde,
daß er die Taufe mit dem
Schüreisen in die Ausbildung
seiner Truppe einführte.
Hier in Begleitung eines
Majors und eines chinesischen
Methodisten 1922 in Kaifeng.
(Board of Missions of
Methodist Church)

Feng Yü-hsiang mit einem Federbusch auf dem Helm –
in der Uniform, die er trug, als er 1924 mit seinen
Truppen in Peking einzog. (Wide World Photos)

Feng Yü-hsian 1930 in Langfeng.
(Wide World Photos)

Sun Yat-sen: Die nationale Revolution beginnt in Kanton

Die Heirat Sun Yat-sens mit der zweiten Tochter des Millionärs Charles Soong, Soong Ch'ing-ling, schwächte Autorität und Ruhm des Nationalistenführers im Ausland und unter Chinas christlicher Gemeinde.

Nach seiner ersten Ehe hielt es Dr. Sun – nach altem chinesischem Brauch – nicht für nützlich, sich scheiden zu lassen, bevor er das junge Mädchen heiratete, das am Wesleyan College in den USA gerade seine Studien beendet hatte. Er war 50 Jahre alt, als die Hochzeit 1915 oder 1916 in Tokio gefeiert wurde.

Der Skandal war besonders heftig, da Dr. Sun in seiner Jugend zum Christentum konvertiert war und auch die schöne Ch'ing-ling als Christin erzogen worden war. Als Sun Yat-sen 1923 nach seinem Treffen mit Henricus Maring begann, eng mit den Russen und mit den Kommunisten zusammenzuarbeiten, bekamen diese Vorurteile zusätzliche Nahrung.

Die Anwesenheit von sowjetischen Beratern wie Borodin (Michail Grusenberg) und Wassilij Galen-Blücher in seinem Hauptquartier ließ ihn nach 1924 als Gefangenen der »Roten« gelten.

Vielleicht wollte Dr. Sun diesen Vorwürfen entgegentreten, als er 1925 versuchte, eine letzte Einigung mit den Kriegsherren des Nordens zu erzielen. Mit Hilfe der Sowjets hatte Dr. Sun in Kanton begonnen, eine eigene Armee aufzubauen und die Militärakademie von Whampoa zu gründen.

Mehrere kommunistische Militärführer – vor allem Lin Piao und Yeh Chien-ying – haben ihre Ausbildung in Whampoa erhalten. Aber die Akademie blieb vor allem der Ausgangspunkt der blitzartigen Karriere ihres ersten Leiters, des jungen Generals Chiang Kai-shek. Und seines wichtigsten kommunistischen Ausbilders, Chou En-lai, der gerade aus Europa zurückgekehrt war.

An Krebs erkrankt, kehrte Dr. Sun nicht mehr aus Peking zurück, wo er am 12. März 1925 starb. Soong Ch'ing-ling lebt heute in Peking. Die Kommunisten ernannten sie zur Vizepräsidentin der Volksrepublik.

Sun Yat-sen und Soong Ching-ling zusammen mit Kadetten der Militärakademie von Whampoa. (Wide World Photos)

März 1925. Beerdigung Sun Yat-sens in Peking. Eines der Spruchbänder hat die Aufschrift: »Patrioten, wacht auf«. (Sydney Gamble)

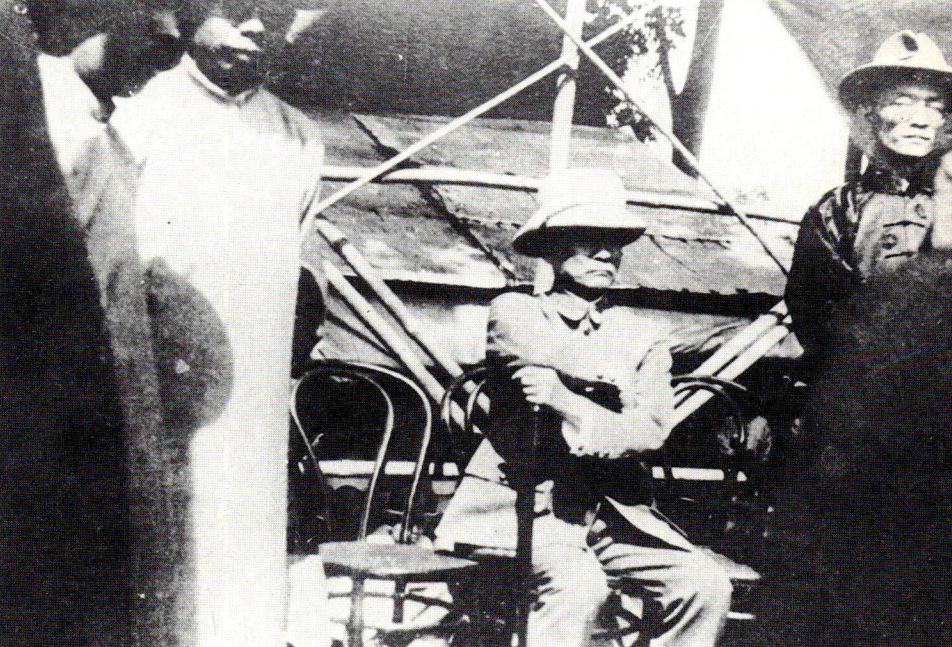

An den Kais von Kanton. (F. P. G.)

Maring (Sneevliet).
(Internationales Institut
für Sozialgeschichte)

Sun Yat-sen
während einer Kundgebung
im Park von Kanton. (C. R. A.)

Wang Ching-wei
(im Vordergrund) wendet sich
während einer Versammlung
der Kuomintang 1925 in Kanton
an die Menge. Wang stand
damals an der Spitze der
Kuomintang. In Uniform hinter
dem Tisch Chiang Kai-shek,
hinter ihm Borodin.
(Nym Wales – Magnum)

Liao Chung-Kai, der Führer
der linken Kuomintang,
der im August 1925 in Kanton
ermordet wurde. (C. R. A.)

Borodin und seine Frau.
(C. R. A.)

Oben: Das erste Armeebataillon der Partei
in der Militärakademie von Whampoa am 10. April 1925,
nach dem ersten Feldzug zum östlichen Fluß. (C. R. A.)

Nationalistische Kundgebung in Kanton, 1925. (C. R. A.)

107

Peng Pai, der erste kommunistische
Bauernführer, und seine Frau. (C. R. A.)

Ein weiblicher Offizier der südlichen
(nationalistischen) Armee während
eines Feldzuges in den Norden;
wahrscheinlich Hsie Ping-ying,
deren Memoiren 1930 ins Französische
übersetzt wurden unter dem Titel
»Eine junge Chinesin
in der revolutionären Armee.«
(C. R. A.)

Chiang Kai-shek als junger Offizier
der Südarmee vor der Nordexpedition.
(Sammlung Ringart)

Chou En-lai in derselben Uniform.
Dieses Photo, das in China bis zum Tode
Chou En-lais nicht veröffentlicht worden
ist, wurde in einem Bericht gefunden, den
die französische Polizei 1931 über die
KPCh verfaßt hatte. (C. R. A.)

Chiang Kai-shek (grüßend) 1927 in der
Nähe von Kaifen inmitten seiner Offiziere.
(Süddeutscher Verlag)

Chinas Kommunisten gehen in die Schule der Russischen Revolution

Die Geschichte der chinesischen Revolution ist so eng mit jener der Sowjetunion verbunden, daß es unmöglich ist, sie voneinander losgelöst zu betrachten.

Das Bekenntnis Chen Tu-hsius, Li Ta-chaos und junger chinesischer Intellektueller wie Mao Tse-tung zum Kommunismus wäre nicht zu erklären ohne die Oktoberrevolution und das Vorbild, das die Sowjetunion als ein relativ wenig entwickeltes Land abgab, das mehrere geschichtliche Entwicklungsstufen übersprang.

Seit 1921 zeigten die chinesischen Kommunisten, welche die politische Arena gerade erst betreten hatten, einen deutlichen Hang, sich auf den Rat und die Direktiven der sowjetischen Führer zu verlassen, die sie für erfahrener hielten. Zwangsläufig waren sie dann dazu verurteilt, als Instrumente der Stalinschen Diplomatie zu dienen. Mindestens bis zum Langen Marsch von 1934/35.

1927, unmittelbar vor seiner endgültigen Entmachtung in Moskau, begann Trotzki eine heftige Polemik gegen Stalin über die »chinesische Frage«. Zusammen mit Karl Radek, dem Leiter der Moskauer Sun-Yat-sen-Universität, vertrat er die Ansicht, die Nordexpedition habe in China für eine proletarische Revolution erforderliche Voraussetzungen geschaffen. Er forderte den Bruch der Kommunisten mit der Kuomintang und einen sofortigen Aufruf zur Bildung von Arbeiter- und Bauernräten (Sowjets). Er sagte, General Chiang Kai-shek könne nur dann die Macht erobern und die Unterstützung der Westmächte erhalten, wenn er die Kommunisten ausschaltete.

Stalin dagegen sah die Möglichkeit eines langfristigen Bündnisses mit Chiang Kai-shek oder zumindest mit den linken Kuomintang-Führern wie Wang Ching-wei.

Ausgeführt wurden Stalins Direktiven in China von Michail Borodin. Er wurde in China so mächtig, daß die Ausländer ihm den Spitznamen »Kaiser von Kanton« verliehen. Nachdem er die chinesischen Kommunisten in ihre blutigen Niederlagen von 1927 geführt hatte, kehrte Borodin in die Sowjetunion zurück, wo er – wie durch ein Wunder – den stalinistischen Säuberungen entging und in Vergessenheit starb. Weniger Glück hatte der chinesische Militärberater, General Wassilij Galen. Als Marschall Blücher (sein eigentlicher Name) wurde er 1938 in Moskau hingerichtet.

Trotzki (rechts) im Oktober 1923. (Archiv E. R. L.)

Karl Radek. (Roger-Viollet)

110

Einige der Führer von Kanton 1926:
Borodin (erster von links), der
sowjetische General Galen (vierter
von rechts), Chang Ching-chiang
(sitzend), der Protektor Chiang
Kai-sheks. (Transasia Magazine –
United Nations World)

Moskau im November 1929.
Stalin und Bucharin
am 12. Jahrestag der
Oktoberrevolution.
Ihre chinesische Politik ist
bereits fehlgeschlagen. (Archiv E. R. L.)

Lenin im Rollstuhl
kurz vor seinem Tod
(Roger-Viollet)

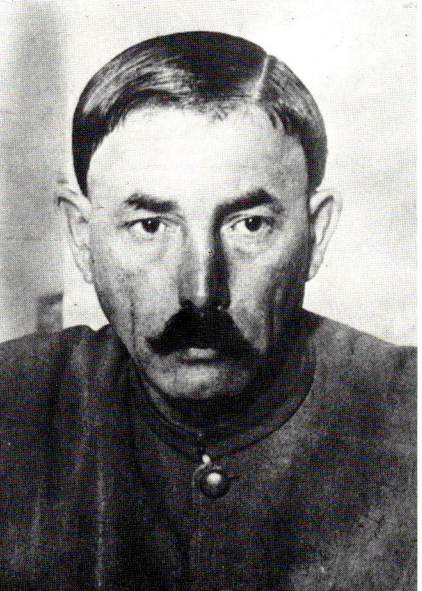

Michail Borodin.
(International News Photo)

Adolph Joffe. (C. R. A.)

Die Nordexpedition: Eine Militärrevolution löst eine Revolution der Arbeiter und Bauern aus

Am 9. Juli 1926 erteilte Chiang Kai-shek der Armee der Kuomintang den Befehl, sich nach Norden in Marsch zu setzen.

Die blaue Fahne mit der weißen Sonne, das Wahrzeichen der nationalistischen Partei, wurde auf dem Vormarsch von der allgemeinen Begeisterung willkommen geheißen. Sie war das Symbol für das Ende der Herrschaft der Kriegsherren, für die Rückkehr zur Einheit Chinas, für die nationale Unabhängigkeit.

Den Triumphzug hatten kommunistische Agitatoren gut vorbereitet. Bauern, Arbeiter und Studenten dienten den nationalistischen Regimentern als Vorhut und Erkundungstrupps. Auf keinerlei Widerstand stießen die Armeen dann in Hunan, wo ein lokaler Kriegsherr sich rechtzeitig auf die Seite der Kuomintang schlug. Anfang August eroberte die berühmte Division der »Eisenseiten«, in deren Reihen es zahlreiche kommunistische Offiziere gab, Wuhan und beherrschte nun das mittlere Tal des Blauen Flusses.

Chiang Kai-shek, der durch die Provinz Kiangsi auf Shanghai vormarschierte, stieß auf heftigeren Widerstand. Die Nordexpedition gab der revolutionären Bewegung auf dem Land und in den Städten einen außergewöhnlichen Auftrieb und kündete damit den unvermeidlichen Zusammenstoß zwischen Kuomintang und Kommunistischer Partei an.

Am 3. Januar 1927 bemächtigten sich die Arbeiter von Hankou (Wuhan) der britischen Konzession, ohne auf Widerstand zu treffen. Am 19. Februar rebellierte das Proletariat von Shanghai mit dem Ruf: »Es lebe Chiang Kai-shek! Nieder mit Sun Chuanfang!« Der so angegriffene Kriegsherr, der die große Hafenstadt beherrschte, griff sogleich zu drastischen Unterdrückungsmaßnahmen. In der Stadt und ihren Vororten wurden die Streikenden an Ort und Stelle hingerichtet. Am 24. Februar schien der Aufstand nachzulassen, aber einen Monat später lebte er verstärkt wieder auf. Als Chiang Kai-shek am 26. März in die Stadt einmarschierte, wurde sie ihm von den revolutionären Milizen förmlich »dargeboten«. Der Vorhang ging auf für eine grausame Tragödie.

Die Truppen der Nordexpedition dringen im Oktober 1926 nach Hankou ein. (C. R. A.)

Shanghai im März 1927: Streikgruppen haben
sich zur Miliz zusammengeschlossen. Die Arbeiter
kontrollieren die Stadt und werden sie Chiang Kai-shek
übergeben, der von der kommunistischen
Propaganda als revolutionärer General beschrieben wurde.
Chiang Kai-shek wird sie umbringen lassen. (C. R. A.)

Borodin (Mitte), Efremow
und Chang Tai-lei (der später
während der Kommune von
Kanton getötet wurde)
in Kanton.
(C. R. A.)

Antibritische Versammlung
auf dem Rennplatz von
Hankou 1925.
(Sammlung Ringart)

Chiang Kai-shek vor dem
Ming-Tempel in Nanking.
(Culver Pictures)

Nationalistische Truppen
der Nordexpedition.
(Culver Pictures)

Die Kundgebung von Hankou
im Juni 1925
wird zu einem Aufstand,
und die amerikanische
Truppe schreitet ein.
(Culver Pictures)

Die Tragödie der chinesischen Revolution: Stalin hatte sich getäuscht

Die Niederschlagung der revolutionären Bewegung in Shanghai begann im Morgengrauen des 12. April 1927, weniger als drei Wochen nach Chiang Kai-sheks Einmarsch. Der Kuomintang-Chef hatte »Milizen« bewaffnet, die aus den Banden der Unterwelt rekrutiert worden waren. Die Jagd auf die Kommunisten wurde mit einer selten erlebten Brutalität und Grausamkeit geführt.

Noch vor den Ereignissen in Shanghai befahl Chang Tso-lin, Kriegsherr der Mandschurei und zu dieser Zeit Herrscher über Peking, seinen Truppen und seiner Polizei am 6. April, die Tore der sowjetischen Botschaft aufzubrechen. In einem der Häuser verhafteten die Soldaten Li Ta-chao. Nach einem Scheinprozeß wurde der große kommunistische Intellektuelle am 28. April gemeinsam mit 19 anderen Mitgliedern der Partei und des linken Flügels der Kuomintang mit dem Würgeeisen hingerichtet.

Von Februar bis Juni 1927 wurde das Massaker auf die Landgebiete ausgedehnt, vor allem in Hunan und Hupeh.

Die Aufstände der Herbsternte in Kiangsi und Hunan waren Abenteuer, die Stalin brauchte, um vor der Komintern die Niederlagen des Frühlings und des Sommers zu kaschieren. Der sowjetische Führer, der sich geweigert hatte, die chinesischen Kommunisten von den Ketten ihres Bündnisses mit der Kuomintang zu befreien, beschloß unversehens, während die revolutionäre Bewegung einen Rückschlag nach dem anderen erlitt, die Parole von den Sowjets, den Räten, auszugeben. Der Aufstand von Kanton stellte dann den Höhepunkt der kommunistischen Niederlage dar. Unterstützt von einem Kadettenregiment aus Whampoa, gelang es den Kommunisten, am Morgen des 11. Dezember eine Regierung zu bilden, die sie »Rat der Arbeiter-, Bauern- und Soldatenabgeordneten« tauften.

Eine aussichtslose Schlacht, die in zwei Tagen niedergeschlagen wurde. Das Blutbad dauerte länger. Das sowjetische Konsulat wurde von den Truppen eingenommen, fünf Diplomaten getötet. Fast 6000 Arbeiter und Kulis bezahlten diese Revolutionsparodie mit ihrem Leben. Tausende Kilometer vom Schauplatz entfernt, konnte Stalin, um die trotzkistische Opposition zum Schweigen zu bringen, triumphierend verkünden, die chinesische Revolution erlebe einen ungeheuren Aufschwung.

1927: Repressalien. (Time-Life Picture Agency)

Li Ta-chao (Mitte), einer der Gründer der KPCh, in einem Gefängnis in Peking am Abend vor seiner Hinrichtung. (C. R. A.)

Kuomintang-Truppen bewachen
den Geldschrank einer Bank, die während
der Kommune von Kanton zerstört wurde.
(Culver Pictures)

Hinrichtung in Peking. (Sammlung Ringart)

119

Nach den Kämpfen zählen
Engländer in den Straßen von Shanghai
die Leichen. (C. H.)

Die Nordexpedition:
ein Konvoi von Kuomintang-Truppen.
(Sammlung Ringart)

Beamter des Konsulats der UdSSR
in Kanton kurz vor seiner Hinrichtung.
(C. R. A.)

Kanton 1927:
Die Leichen werden in den Straßen
der Stadt eingesammelt.
(Culver Pictures)

Revolutionäre vor ihrer Hinrichtung.
(Visnews)

Zehn Jahre nach dem Massaker
der Kommune von Kanton trifft der
Anführer des Aufstandes, Yeh Ting
(erster von links), mit den Führern
der Unterdrückung zusammen:
Chang Fa-kuei (zweiter von links),
Huang Chi-hsiang (erster von rechts),
in der Mitte, immer noch sehr lebhaft,
Kuo Mo-jo. Hankou, 1938. (C. R. A.)

Ho Lung war zusammen mit Yeh Ting
der Anführer des Aufstandes
von Nanchang, der heute das
Gründungsdatum der Roten Armee
bezeichnet. (Nym Wales - Magnum)

EIN ROTER
BANDIT

Als Kind hatte Mao vom Liang-shan geträumt, dem gebirgigen Schlupfwinkel der 108 Räuber aus dem Roman »Am Rande des Wassers«. Das waren Räuber aus Auflehnung gegen das Unrecht gewesen, Helden, die wie Robin Hood im Walde von Sherwood jederzeit bereit waren, die Schwachen gegen die Starken zu verteidigen, die Armen gegen die Reichen. Die Ching-Kang-Berge waren der Liang-shan des erwachsenen Mao.

Der Name bedeutet »Brunnen-Kamm«. Mao nannte diese Berge »wuchtige, strenge Festungen«. Steile Gipfel, in Nebel getaucht, Pfade am Rande von Abgründen, Tannen- und Bambuswälder, tief eingeschnittene Täler... Ein ideales Versteck für die Gesetzlosen, die sich seit Generationen dorthin geflüchtet und in einigen armseligen Dörfern Nachkommen gezeugt hatten. Tiger, Leoparden, Wildschweine, Fasane: die Fauna entsprach den Menschen, die dieses natürliche Bollwerk bevölkerten.

Mao sprach von den Ching-Kang-Bergen immer als von dem Ort, wo die Revolution, seine Revolution, begann. Die »grünen Wälder der Ching-Kang-Berge«: dort erlernte er die Kunst des Guerillakrieges, eine Kunst, deren Regeln er auch in der Politik anwandte. In einem Augenblick der Mutlosigkeit sagte er einmal zu einem Freund: »Wie fern ist die Welt der Genossen in den Ching-Kang-Bergen.« Und am Vorabend der Kulturrevolution suchte er diese Berge auf wie ein Pilger.

Man begreift, warum die Ching-Kang-Berge eine so wichtige Rolle in der Mao-Legende spielen. Von dort brach er auf, um China zu erobern. Von dort schleuderte er dem Feind seine Herausforderung entgegen. Diese unfruchtbaren, trostlosen Berge wurden zum Symbol für siegreiche Einsamkeit, für das mystische Band, das Mao selbst in der Stunde der Niederlage, selbst als der physische Kontakt unterbrochen war, mit dem chinesischen Volk vereinte.

Die Wirklichkeit war freilich weniger himmlisch. Für Mao war »die Welt der Genossen in den Ching-Kang-Bergen« nicht immer eine Welt edler Räuber. Er widmete sich dort nicht nur der Kunst des Guerillakrieges. Er mußte auch – und auf was für Umwegen! – geduldig seine eigene Macht aufbauen, seine eigenen Intrigen spinnen.

Auf den von Peking verbreiteten Darstellungen wanderte Mao im Oktober 1927, einen Schirm unter dem Arm und mit der Miene eines Missionars auf dem Wege zur Offenbarung, den Ching-Kang-Bergen entgegen. Mao fragte sich aber im Oktober 1927 vor allem, wie er überleben und welchen Weg er wählen sollte, um die Niederlage zu überwinden. Er war gezwungen »unterzutauchen«. Im ganzen mittleren und südlichen China, von Hupeh und Honan bis Kiangsi, in Kuangsi und Kuangtung, machten es Tausende von Kommunisten und Sympathisanten wie er: gewerkschaftlich organisierte Arbeiter, Deserteure der nationalistischen Armeen und vagabundierende Bauern. Der Rückzug war nicht vorausberechnet gewesen. Jeder ließ sich vor allem von seinem Selbsterhaltungstrieb leiten.

Als Mao in den Ching-Kang-Bergen ankam, waren ihm etwa tausend Mann geblieben. Die Kommandeure der meuternden Regimenter, die ihm in das Debakel der »Herbsternte« gefolgt waren, hatten ihn unterwegs verlassen, um in das nationalistische Lager zurückzukehren, und auch unter den Mannschaften hatte es zahlreiche Deserteure gegeben. In den Bergen traf Mao zwei Bandenführer, Wang Tso und Yüan Wen-tsai. Sie waren bereit, sich seinem Befehl zu unterstellen, und halfen ihm, in den Dörfern Männer anzuwerben. Bald reichten seine Streitkräfte aus, um Einheiten, die sein Versteck angriffen, zurückzuschlagen. Sein Bündnis mit zwei notorischen Banditen trug ihm allerdings neue Kritik seitens der Partei ein.

Wäre diese Zeit nicht so düster und blutig gewesen, man könnte etwas Komisches und Lächerliches sehen in dieser Manie der KPCh, bei jeder Gelegenheit neue »Abweichungen« zu entdecken. Die chinesische KP war in dieser Hinsicht noch einfallsreicher als die sowjetische. Seit 1921 war Mao aller nur erdenklichen Schwächen angeklagt worden, und es war kein Ende abzusehen. Die Partei hatte ihm vorgeworfen, daß er allzu begeistert mit der Kuomintang zusammengearbeitet und dann wieder, daß er die Kuomintang durch seine revolutionären Aufrufe an die Bauern erschreckt habe. Man machte ihn für das Scheitern der »Herbsternte« verantwortlich und tadelte, daß er sich auf die militärische Aktion verlegt hatte, anstatt sich dem Kampf der Massen anzuschließen. Als es darum gegangen war, die Bauern durch extreme Maßnahmen zur Erhebung aufzuputschen, hatte er eine »rechte« Mäßigung vorgezogen. »Ich hatte nicht genug niedergebrannt und nicht genug Menschen getötet«, erklärte er später Edgar Snow voll Ironie.

Nun warf man ihm »Banditentum« und »Guerillismus« vor. Die Führer der Partei machten sich lustig über diesen »Gebirgsrevolutionär«, und es wurde behauptet, Mao habe sich, um seinen Freunden Wang Tso und Yüan Wen-tsai zu ähneln, auf die malerischste Weise ausstaffiert: mit einem weißen Seidenturban und einem Federfächer.

Hinter solchen Behauptungen und Spötteleien verbarg sich vor allem eine Mißbilligung seines chronischen Unabhängigkeitsdranges. Die Partei war gegen Ende 1927 stärker denn je durch persönliche Feindschaften und unvereinbare Anschauungen zerrissen. Die Heimlichkeit, zu der sie sich von Tag zu Tag mehr gezwungen sah, verschärfte die Kämpfe um die »Linie«. Eine Fraktion wurde beschuldigt, eine rivalisierende Gruppe der Polizei – und den Erschießungskommandos – der Kuomintang ausgeliefert zu haben, und in den »revolutionären Stützpunkten«, wie die von den Kommunisten beherrschten Territorien genannt wurden, kam es manchmal zu blutigen Auseinandersetzungen.

Im März 1928 erfuhr Mao, daß er schon im vorausgegangenen November aller führenden Funktionen in der Partei enthoben worden war. Er erhielt den Befehl, einen Ausfall zu versuchen und in den Dörfern des südlichen Hunan einen Aufstand zu unterstützen. Von nationalistischen Einheiten angegriffen, befand sich Mao sehr bald in einer gefährlichen Lage, aber wieder hatte er das Glück auf seiner Seite. Er erhielt unerwartete Verstärkung durch zwei- bis dreitausend Mann unter dem Befehl eines kommunistischen Offiziers, der eine abenteuerliche Karriere hinter sich hatte, nämlich des Generals Chu Teh.

Chu Teh war sieben Jahre älter als Mao. Er wurde im Dezember 1886 als Sohn armer Bauern in der Provinz Szechuan geboren, konnte sich dann aber, von der ganzen Sippe unterstützt, seinen Studien widmen und schloß diese an der Militärakademie von Yünnan ab.

Er wurde Stellvertreter und Freund des Generals Tsai Ao, unter dessen Befehl er an der Revolution von 1911 teilnahm. Die Musterarmee von Yünnan machte die monarchistischen Pläne Yüan Shih-kais zunichte. Chu Teh wurde in die verworrenen Konflikte der »Kriegsherren« verwickelt. Seine beiden Brüder fielen in den Kämpfen an seiner Seite. Im Jahre 1916 zum Oberst und 1919 zum General befördert, lernte er das Lotterleben der »Militaristen« kennen. Er rauchte Opium und umgab sich mit Konkubinen. Im Jahre 1922 hielt er es jedoch plötzlich für zweckmäßig, ins Ausland zu gehen. Er fuhr von Shanghai aus nach Marseille und ließ sich schließlich in Berlin nieder.

Wie Paris war auch die deutsche Hauptstadt ein Sammelplatz für zahllose chinesische Studenten, die den verschiedensten politischen Sekten angehörten, von den Modernisten aller Schattierungen bis zu den Nationalisten und Kommunisten. Chu Teh, der älter war als die meisten von ihnen, begnügte sich damit, ein paar Brocken Deutsch zu lernen. Er nahm an Versammlungen und politischen Diskussionen teil und entdeckte seine Leidenschaft, wenn schon nicht für Marx, so doch für Beethoven und die Musik der Wiener Klassik.

Warum entschloß er sich zu einer Annäherung an die Kommunisten? Seine Gespräche mit Agnes Smedley lassen keine eindeutigen Schlüsse zu. Einer der Gründe, die er anführte, klingt allerdings vollkommen vernünftig. Er erklärte, er habe in Deutschland begriffen, daß der Kapitalismus China nicht retten konnte. »Wenn ein Land, das eine gut organisierte Industrie und eine disziplinierte, gebildete und technisch entwickelte Arbeiterklasse hatte, in einem Krieg besiegt werden konnte wie Deutschland in dem von 1914–1918, so wäre es für China töricht, dieses Land nachzuahmen…«

Nachdem er an der Universität Göttingen ein wenig Philosophie gekostet und »mit einem Baron, der einer der Generale des Kaisers gewesen war«, die deutsche Kriegskunst studiert hatte, verfolgte er aus der Ferne die Entwicklung der Kuomintang und ihr Bündnis mit der kommunistischen Partei zwischen 1924 und 1926. Im Sommer 1926 fand der ehemalige »Kriegsherr«, daß es Zeit sei, nach China zurückzukehren. Er fuhr mit dem Schiff nach Leningrad und durchquerte die Sowjetunion mit der Eisenbahn. Mitte Juli mischte er sich wieder unter die Menschenmenge auf den Straßen Shanghais und nahm Kontakt mit den Nationalisten und den Kommunisten auf.

Die Nordexpedition hatte mittlerweile begonnen. Die erste Mission, die man ihm anvertraute, war ganz nach seinem Geschmack. Sein alter Freund, der General Yang Sen, beherrschte als »Kriegsherr« den Norden der Provinz Szechuan. Chu Teh erhielt den Auftrag, ihn aus dem Bündnis herauszulösen, das er mit General Wu Pei-fu geschlossen hatte, dessen am Jangtse zusammengezogene Armeen sich bald dem Vormarsch der Nationalisten entgegenstellen mußten. Yang Sen sollte sich verpflichten, nicht in den Konflikt einzugreifen.

Yang Sen hörte seinen Freund Chu Teh an, er verstand seine Beweggründe schlecht, meinte, der Verrat müsse reich belohnt werden, und bot seine Dienste der Kuomintang an. Chu Teh reiste sehr zufrieden ab und kehrte einige Zeit später mit rund 40 »Instrukteuren« zurück, deren Aufgabe es war, die Truppen Yang Sens zu indoktrinieren. Yang Sen als alter »Kriegsherr« sträubte sich. »Ich brauche deine politischen Kommissare nicht«, sagte er zu Chu Teh. »Wo ist das Geld?« Yang Sen versuchte jedenfalls nicht, den Idealisten zu spielen.

Eines Abends erschien ein Offizier heimlich in Chu Tehs Zimmer, um ihn zu war-

Chu Tehs Truppen treffen in Hunan auf Mao (1957 in der Volksrepublik herausgegebene Briefmarke). (C. R. A.)

Chu Teh 1922 in Berlin. (C. R. A.)

Ho Lung, früherer Bandit und Führer einer Geheimgesellschaft, schließt sich 1927 den Kommunisten an. Das Photo zeigt ihn in Yenan. (Culver Pictures)

nen. Yang Sen hatte den Befehl gegeben, ihn und seine 40 »Instrukteure« zu ermorden. Chu Teh konnte mit seiner Gruppe gerade noch rechtzeitig nach Wuhan fliehen. Die große Metropole am Jangtsekiang war eben von den »Eisenseiten« besetzt worden, einer der besten Armeen der Kuomintang, die in ihren Reihen die größte Zahl von kommunistischen oder prokommunistischen Offizieren und politischen Kommissaren hatte.

Die kommunistische Partei versuchte, ihren Einfluß in der Armee auszuweiten. Chu Teh konnte eine um so wertvollere Hilfe leisten, als er noch mit den Offizieren in Verbindung stand, die wie er in Szechuan und Yünnan gedient hatten. Diese Offiziere hielten ihn überdies noch für ein Mitglied der Kuomintang, das keinerlei Bindungen an die KPCh hatte. Er konnte daher heimlich für die Partei arbeiten, die ihm Anfang 1927 die Leitung einer Militärschule verschaffte, die in Nanchang, der Hauptstadt der Provinz Kiangsi, gegründet worden war.

Chu Teh war nun Kommandeur eines Kadettenregiments, der Garnison von Nanchang und der lokalen Polizei, aber im Juli wurden ihm im Zusammenhang mit einem neuen kommunistischen Plan größere Aufgaben zugeteilt.

In der ersten Hälfte des Jahres 1927 hatten die Kommunisten versucht, Wuhan und Shanghai in ihre Gewalt zu bringen, Chiang Kai-shek zu isolieren und die Führung der nationalistischen Bewegung ihren Freunden vom linken Flügel der Kuomintang zu sichern. Das Unternehmen hatte mit einer Katastrophe geendet.

Von einer versöhnlichen Haltung gegenüber der Kuomintang ging die KPCh innerhalb einiger Wochen zur entschiedenen Feindschaft über. Chu Teh wurde wie Mao mit hineingezogen in diesen Versuch, um jeden Preis einen spektakulären Erfolg zugunsten Moskaus zu erringen. Chu Teh beteiligte sich an der Verschwörung, die am 1. August 1927 mit der Einnahme Nanchangs durch die Kommunisten endete. Mehrere Einheiten der »Eisenseiten« meuterten unter dem Kommando der Generale Yeh Ting und Ho Lung. Chou En-lai, der einer der Organisatoren des April-Aufstandes in Shanghai gewesen war, wurde mit der politischen Führung der Bewegung beauftragt. Trotz ihres Anfangserfolgs mußten die Kommunisten aber Nanchang zwischen dem 3. und 5. August wieder räumen und sich nach Süden zurückziehen.

Beinahe zwei Monate lang irrten die rebellischen Regimenter umher. Sie kamen bis Kuangtung. Durch Desertionen und Niederlagen geschwächt, lösten sie sich schließlich völlig auf. Die Führer der Erhebung flohen nach Hongkong, von wo aus sie einzeln nach Shanghai oder Kanton zurückkehrten, wo General Yeh Ting im Dezember an dem unglücklichsten Aufstand dieses leidvollen Jahres teilnahm.

Chu Teh war einer der wenigen, die nicht nach Hongkong flohen. Er führte die Reste seines Regiments ins südliche Kiangsi und konnte einige Zeit »auf dem Lande« leben. Zum Glück war General Fan Shih-sheng, der die nationalistische Armee an der Grenze zwischen Kiangsi und Kuangtung kommandierte, sein Mitschüler an der Militärakademie von Yünnan gewesen, und von ihm erhielt er Hilfe.

Anfang Dezember schloß sich Chu Teh ungeachtet des Befehls, auf Kanton zu marschieren, wo der Aufstand demnächst ausbrechen sollte, Fan Shih-sheng an, mit dem er seine »Kapitulation« aushandelte. Er konnte sich eine kurze Atempause gönnen und erhielt Verpflegung und Munition. Die Behörden von Nanking verübelten Fan die Hilfe, die er einem der Meuterer von Nanchang gewährte. Sie forderten die Festnahme Chu Tehs. Von Fan, dessen Freundschaft offenbar sehr weit ging, gewarnt, setzte sich Chu Teh Anfang Januar wieder in Richtung Süd-Hunan in Marsch, wo Bauernmilizen operierten.

Die KPCh erließ einen neuen Befehl: Chu Teh sollte um jeden Preis Changsha nehmen. Seine schlecht ausgerüstete kleine Armee von einigen Tausend Mann wurde mühelos zurückgeschlagen. Wenn er der Vernichtung entgehen wollte, blieben ihm als einziger Ausweg nur noch die Ching-Kang-Berge. Auf dem Marsch dorthin begegnete er in einem Dorf Hunans Mao. Dank diesem Zusammentreffen günstiger Umstände verfügten die beiden Männer bald über die stärkste der fünfzehn »revolutionären Stützpunkte«, die um diese Zeit geschaffen wurden.

Sie waren dazu ausersehen zusammenzuarbeiten. Mao hatte, den Neigungen seiner Jugend folgend, Geschmack am Guerillakrieg gefunden, und er versuchte, besser zu begreifen, wie er auf die revolutionäre Aktion übertragen werden konnte. Chu Teh brachte die technischen Kenntnisse des Berufsoffiziers mit. Er versuchte nicht, Mao die politische Führung der Bewegung streitig zu machen. Er betrachtete sich als militärischen Fachmann, der Befehle ausführte, und zögerte nach den Erfahrungen der Vergangenheit, sich in die Streitigkeiten der Partei einzumischen. Die Beziehungen zwischen den beiden Männern hätten darunter leiden können.

Anfangs verstanden sie einander vollkommen. Die »Herbsternte« und die Erhebung von Nanchang hatten Mao und Chu Teh gelehrt, daß die »abenteuerliche« Parteilinie aussichtslos war. Wie Chu Teh zu Agnes Smedley sagte, hatten sie nicht die Absicht, »den Metzgern der Kuomintang den Hals hinzuhalten«.

Yenan: Mao und Chu Teh
in Begleitung von Agnes Smedley.
(Nym Wales – Magnum)

Die Parteidisziplin zwang sie später, ihre kluge Vorsicht aufzugeben. Zwei Jahre genügten ihnen jedoch, ihren »Stützpunkt« zu erweitern und eine Armee von beachtlicher Größe aufzustellen.

Mao und Chu Teh mußten sich zunächst einmal auf die Qualität ihrer Soldaten verlassen können. Die Soldaten der »Kriegsherren«, der Kuomintang und der Roten Armee wurden aus denselben Schichten rekrutiert. Sie waren zum größten Teil Bauern ohne Land, »heruntergekommene Elemente«. Von Tapferkeit oder Ausdauer konnte kaum die Rede sein, ebensowenig von irgendwelchen Überzeugungen.

Für Soldaten dieses Schlages ging alles gut, solange sie siegreich kämpften. Bei der ersten kleinen Niederlage verloren sie den Mut, sie desertierten oder liefen zum Feind über. Man kämpfte nicht gern fern von daheim, man hörte nicht gern einen fremden Dialekt, man aß nicht gern ungewohnte Speisen.

Um diese Schwächen zu überwinden, gab es nur eines: die politische Schulung. Mao und Chu Teh unterzogen ihre Soldaten einer permanenten Indoktrinierung, eine Methode, welche die chinesischen Kommunisten immer weiter vervollkommneten. Diskussionen, Unterhaltungen, Lesenlernen stellten nur die erste Phase dar.

Zur Schulung gehörten auch die »praktischen Arbeiten«. Die Soldaten der Roten Armee waren davon überzeugt, daß sie an einer großen Agrarrevolution teilnahmen, eine historische Aufgabe erfüllten. Es ging nun nicht mehr um einen jener Bauernaufstände der Vergangenheit, die einen Wechsel der Dynastie zum Ziel hatten. Die Kommunisten erklärten, daß man eine radikale Änderung der Gesellschaftsstruktur vornehmen müsse. Und das geschah auch – zumindest am Anfang. Sobald man ein Dorf, einen Marktflecken besetzt hatte, wurden die Großgrundbesitzer, die »lokalen Despoten«, festgenommen, öffentlich gedemütigt und hingerichtet. Die *min tuan,* die Milizen im Dienste der Honoratioren, erlitten dasselbe Schicksal. Im Laufe von sieben Jahren wurden so mehrere Zehntausend Menschen kurzerhand abgeurteilt. Mao unterschätzte sich, als er zu verstehen gab, er habe eine »gemäßigte« Linie verfolgt.

Das den Großgrundbesitzern abgenommene Land wurde ebenso wie das staatseigene aufgeteilt. Bis 1929 galt dasselbe für die »reichen« Bauern, das heißt für Bauern, die ein paar Hektar Land besaßen, das sie, im Gegensatz zu den Grundbesitzern, selbst bebauten. Von 1929 an verfuhr man mit den »reichen« Bauern milder. Die Kommunisten, und Mao vor allen anderen, sahen ein, daß ihre Maßnahmen oft nur zu einer Störung der landwirtschaftlichen Arbeiten und damit der Versorgung ihrer eigenen Truppen führten.

Die Bodenreform erleichterte es der Bevölkerung selbstverständlich, zwischen der Roten Armee und den anderen zu unterscheiden. Die »Kriegsherren« und selbst die wohlmeinendsten Vertreter der Kuomintang hatten sich auf diesem Wege nicht sehr weit vorgewagt. Aber wie nahm der Bauer die Neuverteilung des Landes auf? Mit einer guten Dosis Skepsis.

Zunächst einmal gab es guten und schlechten Boden. Wie sollte man ihn also gerecht aufteilen? Und weiter: woher sollte der Bauer, der von den Kommunisten seine Parzelle bekommen hatte, die Gewißheit nehmen, daß diese Besitzübertragung von Dauer war? Wer konnte ihm garantieren, daß er, wenn die Kommunisten unter den Schlägen des Feindes zurückwichen, diese Gunst, die sie ihm erwiesen hatten, nicht teuer bezahlen mußte? Mao fragte sich manchmal, ob die Bauern die Landverteilung wirklich wünschten, und mit diesen Überlegungen rechtfertigte er vor der Partei seine Weigerung, eine »linke« Linie zu befolgen.

Auf die Armee dagegen hatte die Landverteilung eine tiefgehende moralische

Wirkung. Man erklärte den Soldaten, daß sie im Falle des Sieges Anspruch auf eine Parzelle hätten, die im übrigen gleich ihrer Familie übergeben wurde. Um so grausamer sollte später die Enttäuschung sein, als der Druck der Nationalisten die Rote Armee Ende 1934 zum Rückzug zwang. Die Deserteure waren damals nicht mehr zu zählen.

Die Politisierung der Truppen wurde außerdem noch einer anderen »Linie« entsprechend vorgenommen. Ende 1927, während die Kuomintang überall auf Revolutionäre Jagd machte, gab die KPCh plötzlich die Parole aus, daß »Sowjets« gebildet werden sollten. Das Paradoxon ist offensichtlich: Wie sollte man Sowjets, das heißt Organe der direkten revolutionären Macht der Massen, ausgerechnet in einem Augenblick bilden, in dem die Massen sich auf dem Rückzug befanden? Diese »Marotte« Stalins und der Komintern sollte die widersprüchlichsten Auswirkungen haben.

Die erste Wirkung war eine nachteilige. Einerseits stieß die Bezeichnung »Sowjets« alle jene ab, die der Gebrauch eines Fremdworts irritierte, dessen Bedeutung die Chinesen nicht recht verstanden. Mao versuchte übrigens auch, die Übersetzung »Rat« (Arbeiter-, Bauern-, Soldatenrat) einzuführen, aber die Partei tadelte das streng als eine »nationalistische Abweichung«, und er kehrte zu der ursprünglichen Bezeichnung »Sowjet« (suwei-ai in der chinesischen Aussprache und Schreibung) zurück. Andererseits trennte diese Formel die Kommunisten von der Nation gerade in dem Augenblick, in dem diese mit wachsender Besorgnis die Kriegsvorbereitungen Japans beobachtete. Nach 1934 bestanden die Kommunisten dann auch nicht mehr auf dieser störenden Parole.

Dennoch hatten die »Sowjets« von 1927–1934 auch eine positive Wirkung. Sie ermöglichten es Mao und anderen Kommunistenführern, die Bauernbevölkerung – zumindest scheinbar – an der politischen Macht teilhaben zu lassen. Zum erstenmal beteiligten sich die chinesischen Bauern oder vielmehr die entschlossensten Elemente der Bauernschaft an direkten Wahlen und Diskussionen, die nicht einfach vorgetäuscht waren. So akzeptierten, zum Beispiel, die Soldatenräte der Roten Armee erst nach ernsthaftem Widerstand gewisse disziplinäre Maßnahmen, die von den Kommunisten verfügt worden waren. Mao und Chu Teh mußten sich einige Mühe geben, um ihre Soldaten davon zu überzeugen, daß gewisse Ungleichheiten unerläßlich seien, daß ein Offizier mit hoher Verantwortung eben reiten müsse und nicht zu Fuß gehen könne und daß er Anspruch auf bessere Unterkunft und Ernährung habe. Die »Gleichmacherei« wurde zu einer der üblichen »Abweichungen«.

Der Soldat der Roten Armee wurde vor allem durch die Ausbildungsmethoden und die Phantasie, die seine Vorgesetzten entfalteten, überzeugt und für die Sache gewonnen. Die Regeln der Disziplin (die sich übrigens kaum von denen eines »Kriegsherrn« wie Feng Yü-hsiang unterschieden) wurden mit der größten Strenge angewandt: Sauberkeit, korrektes Verhalten gegenüber der Zivilbevölkerung und vor allem den Frauen.

Für den Kampf lautete die Weisung, Kühnheit mit äußerster Vorsicht zu vereinen. Niemals eine Schlacht beginnen, von deren siegreichem Ausgang man nicht überzeugt sein kann. Der Feind muß überrumpelt und an einem ausgewählten Ort von zahlenmäßig stärkeren Streitkräften überwältigt, buchstäblich überschwemmt werden. Alles muß sorgfältig geplant sein – bis zu dem Augenblick, in dem man die Feindberührung wieder abbricht.

Listen und Täuschungsmanöver stellten das eigentliche Wesen des Guerillakrieges dar. »So tun, als wollte man im Osten angreifen, damit man um so besser im Westen angreifen kann« – die chinesischen Kommunisten wiederholten diese klassische Formel, bis sie zum reinen Klischee wurde. Mao erfand eine neue Taktik des Rückzugs: nicht in gerader Linie zurückweichen, sondern in einer Kreisbewegung, so daß die Verfolger verwirrt werden. Diese Taktik bewährte sich auch auf dem Langen Marsch. Mao war den anderen Kommunistenführern nicht zuletzt dadurch überlegen, daß er es immer verstand, einen Rückzug in einen Sieg zu verwandeln.

Mehrere Jahre lang profitierten die Kommunisten von günstigen Umständen. Die Einigung Chinas durch die Kuomintang wurde immer wieder in Frage gestellt. Chiang Kai-shek, der von verschiedenen militärischen und politischen Führern der Kuomintang angefeindet wurde, mußte sich ebenso der Erpressung bedienen wie der Gewalt. Er erklärte seinen Rücktritt, fuhr nach Japan, kehrte zurück, sicherte sich von neuem die Macht, vernichtete die Rebellen. Ein politisch-militärisches Ballett, das eine seltsame Ähnlichkeit mit dem aufwies, das Mao in der kommunistischen Partei tanzte.

Die Uneinigkeit der Generale und Politiker der Kuomintang macht verständlich, warum die Kommunisten ihre »Stützpunkte« immer an den Grenzen zwischen zwei oder mehreren Provinzen zu errichten versuchten, anstatt ihre Anstrengungen auf eine bestimmte Provinz zu konzentrieren. Sie hatten die Erfahrung gemacht, daß sie auf diese Weise leichter manövrieren konnten. Die nationalistischen Generale, die in der ihnen zugefallenen Provinz oder Region ihre Macht eifersüchtig hüteten, gaben die Verfolgung kommunistischer Einheiten auf, sobald sich diese über ihren »Zuständigkeitsbereich« hinaus zurückzogen. Erst 1932 stellte Chiang Kai-shek alle jene nationalistischen Armeen unter einen gemeinsamen Oberbefehl, welche die Aufgabe hatten, die »revolutionären Stützpunkte« und vor allem jenen, in dem Mao und Chu Teh operierten, zu zerstören.

Die Kommunisten nutzten die Frist, die ihnen bis dahin blieb. Als im November 1928 zweitausend Soldaten unter dem Befehl P'eng Teh-huais, eines Berufsoffiziers, der später ebenfalls hohe Funktionen in der kommunistischen Bewegung innehatte, in den Ching-Kang-Bergen eintrafen, entschlossen sich Mao und Chu Teh zu einer Operation großen Ausmaßes. Die Ching-Kang-Berge konnten keine Armee ernähren, die mehrere Zehntausend Mann zählte.

Chü Chiu-pao (C. R. A.)

In weniger als einem Jahr drangen Mao und Chu Teh durch ein schlecht verteidigtes Gebiet von Kiangsi bis zur Provinz Fukien vor. Ihr neues, 30 000 Quadratkilometer großes Territorium bot den Vorteil eines hügeligen Terrains mit weiten offenen Flächen, in denen man leicht manövrieren konnte. Fünf bis sechs Millionen Einwohner bevölkerten diesen Miniaturstaat, dessen Hauptstadt, Juichin, nur ein Marktflecken mit einigen Tausend Einwohnern war. Die Komintern-Propaganda in aller Welt sprach jedoch von einer »Chinesischen Sowjetrepublik«.

Um diese Zeit kam es zu bedeutenden Veränderungen innerhalb der KPCh. Die Nachfolger des im August 1927 gestürzten Ch'en Tu-hsiu waren zwei viel jüngere Männer, Intellektuelle, die im Ausland studiert hatten: Ch'u Ch'iu-pai, der einen Teil seiner Studien in Moskau absolviert hatte, und Li Li-san, der sich einige Zeit in Lyon und dann ebenfalls in der sowjetischen Hauptstadt aufgehalten hatte.

Li Li-san schaltete seinen Rivalen rasch aus, der sich im Grunde ohnehin mehr zur Literatur als zur Politik hingezogen fühlte und später ein tragisches Ende fand. Er wurde, als der Lange Marsch begann, von seinen Gefährten in Kiangsi zurückgelassen und von der Kuomintang gefangengenommen und am 18. Juni 1935 hingerichtet. Er war 36 alt und hinterließ ein erschütterndes Geständnis, ein politisches Testament: »Überflüssige Worte«.

Doch zunächst hatte die Komintern in Ch'u Ch'iu-pai den willigen, fügsamen Mann gefunden, den sie brauchte, um die Krise vom Herbst 1927 zu bemänteln. Nach und nach ging dann die Führung der KPCh in die Hände Li Li-sans über, der aus einem ganz anderen Holz geschnitzt war.

Li Li-san war jünger als Mao (er wurde 1896, anderen Quellen zufolge 1900, geboren) und stammte wie er aus Hunan und aus einer Bauernfamilie. Seine Karriere in der kommunistischen Partei unterschied sich jedoch von der Maos. Während dieser sein Interesse am Gewerkschaftswesen und an der Arbeiteraktion bald verlor, machte Li Li-san seine Vorgesetzten auf sich aufmerksam durch sein Talent als Agitator in den großen Streikbewegungen, die China zwischen 1923 und 1927 erfaßten. Auf dem 6. Kongreß der KPCh, der im August 1928 in Moskau abgehalten wurde (aus Sicherheitsgründen, zweifellos aber auch, weil Stalin Wert darauf legte, die Debatten zu überwachen, in denen seine Direktiven womöglich scharf kritisiert wurden), spielte Li Li-san bereits die Hauptrolle.

Bei seiner Rückkehr nach Shanghai mußte er sofort neue Aufgaben in Angriff nehmen. Die Partei war in den Städten und zum größten Teil auch auf dem Lande dezimiert worden. Ihr Einfluß beschränkte sich auf einige Enklaven, wo sie dank bewaffneter Bauernbanden hatte überleben können. Li Li-san faßte einen Plan, der ihn zum direkten Gegner Maos machte. Die beiden Männer hatten nie miteinander sympathisiert, aber nun überhäufte Li Li-san Mao mit Kritiken und Direktiven, und Mao übte sich in der alten chinesischen Kunst, »mit den Lippen Ja und mit dem Herzen Nein zu sagen«.

Li Li-san. (Wide World)

Der doktrinäre Streit betraf zunächst den Guerillakrieg. Li Li-san wollte, daß sich die kommunistischen Regimenter in kleine Gruppen auflösten, die die nationalistischen Streitkräfte ständig durch kleine Gefechte beunruhigen und demoralisieren sollten, um so einem neuen revolutionären Vorstoß den Weg zu bereiten, den er für »unvermeidlich« hielt.

Mao hielt nichts von dieser Taktik. Er wollte seine Streitkräfte nicht verzetteln, sondern konzentrieren. Er wußte, wie schwierig es war, auch in einer kleinen, gut geführten Armee die Disziplin aufrechtzuerhalten. Er hatte schon mit Unzufriedenheit, ja mit regelrechter Meuterei fertigwerden müssen. Was geschah im Falle einer Auflösung in kleine Gruppen? Die Gefahr der Bandenbildung, des Banditentums wäre um so größer. Die reichen oder armen Bauern konnten das Interesse an den Kommunisten verlieren und sich womöglich gegen sie stellen. Der Guerillakrieg war und blieb eine der wichtigsten Formen des bewaffneten Kampfes, aber seine Resultate konnten nur unbefriedigend sein, wenn nicht ein großer Apparat vorhanden war, der sie richtig auswertete.

Die Differenzen zwischen Mao und Li reichten weit in die Vergangenheit zurück.

In Moskau hatte sich Li an die Linie Stalins gehalten, der plötzlich eine Schwenkung nach links machte. Während der ersten auf den Tod Lenins folgenden Jahre hatte sich Stalin vor allem bemüht, seine eigene Stellung an der Spitze der Partei zu festigen, ohne das liberale Statut abzuschaffen, das die NEP den Bauern gewährte, und ohne die Mechanismen der Industrialisierung zu beschleunigen.

Im Jahre 1928 hatte Stalin die Hälfte des Weges zur absoluten Macht zurückgelegt. Trotzki war aus der Partei ausgeschlossen worden, und er sollte bald gezwungen werden, die Sowjetunion zu verlassen. Ein leichter Erfolg: Stalin hatte sich nicht sehr anzustrengen brauchen, um in einem erschöpften Land mit einer notleidenden Bevölkerung eine Parteigruppe in Mißkredit zu bringen, die als »ultrarevolutionär« hingestellt wurde.

Nun hatte es Stalin allerdings mit einem weit gefährlicheren Feind zu tun. Die Bauern begannen sich wieder zu rühren. Sie hatten mittlerweile erkannt, daß die Konzessionen, die ihnen die NEP machte, reine Theorie waren. Sie bekamen für Korn und Fleisch wertlose Rubel. Die sowjetische Industrie lieferte ihre Produkte zu unerschwinglichen Preisen und in lächerlich kleinen Mengen. Die Lebensmittel wurden plötzlich knapp. Man mußte zu den Zwangsablieferungen zurückkehren. Der ganze Parteiflügel, der die NEP und die Bauern unterstützt hatte, löste sich auf. Bucharin wurde von Stalin schon im April 1928 angeklagt. Im Laufe des Sommers verlor er seine Stellung an der Spitze der Komintern.

Hatte Stalin zunächst die Bauern unterstützt, so ging er nun zur Kollektivierung über. Die Industrialisierung mußte beschleunigt werden, vor allem da Stalin eine Kriegsgefahr für die Sowjetunion voraussah. Im Westen, sagte er, wird eine schwere Wirtschaftskrise ausbrechen, und die kapitalistischen Mächte werden versuchen, sie auf unserem Rücken zu lösen. Sie werden Rußland angreifen.
Diese Theorie der neuen »revolutionären Welle« rechtfertigte die Angriffe gegen die sozialistischen Parteien des Westens (die »Sozialfaschisten«, wie Moskau sagte), die das System der Bourgeoisie verteidigten. In China führte sie nicht nur zum völligen Bruch mit der Kuomintang, sondern zu allen erdenklichen Abenteuern.

So kam es, daß Entscheidungen, die in Moskau getroffen wurden, um interne Probleme zu bewältigen, die mit den Sorgen des chinesischen Bauern nicht das geringste zu tun hatten, ihren Niederschlag fanden in dem Konflikt zwischen Li Li-san und Mao. Mao, der vollkommen isoliert war, wußte so gut wie nichts von den Vorgängen in der Sowjetunion. Als er den Text der Beschlüsse des 6. Parteikongresses in die Hand bekam, erklärte er, er sei zufrieden. Er hatte zumindest einen Grund, es zu sein: Der Kongreß hatte ihn in das Politbüro der Partei zurückgerufen.

Er brauchte dann freilich nicht lange, um zu begreifen, daß er diese Wiederaufnahme in Gnaden seiner neuen Würde als Oberbefehlshaber einer Armee verdankte und daß sie im übrigen darauf abzielte, ihn dazu zu bewegen, die neue Linie zu akzeptieren. Als sich diese Linie klarer abzeichnete, sträubte er sich. Er hielt an seiner Überzeugung fest. Der bewaffnete Kampf mußte nach *seinen* Vorstellungen geführt werden. Li Li-san irrte. Eine »revolutionäre Welle« mochte sich vielleicht erheben, aber für den Augenblick kam es darauf an, »zu stärken und zu festigen«.

Li Li-san wurde wütend. »Ich will nicht warten, bis ich graue Haare habe, um endlich die Revolution machen zu können«, sagte er. Er überhäufte Mao mit seinem Spott. Mao wurde der Mann, der »den Sozialismus in *einem* Gebirge« aufbauen wollte (eine Paraphrase der Stalinschen Theorie vom »Aufbau des Sozialismus in *einem* Lande«). Im Juni 1930 erhielt Li Li-san von der Komintern unbeschränkte Vollmacht. Die Wirtschaftskrise war, wie vorausgesehen, ausgebrochen. Die kapitalistischen Mächte standen vor einem Chaos. Li war davon überzeugt, daß die »imperialistische Kette« an ihrem schwächsten Glied reißen werde, und das schwächste Glied war China.

Er war seiner Sache so sicher, daß er seinen Ruf, seine Zukunft als Parteiführer auf einen Plan von unerhörter Kühnheit setzte. Mehrere Generale der Kuomintang, unter ihnen der berühmte Feng Yü-hsiang, erklärten, sie hätten ein Bündnis gegen Chiang Kai-shek geschlossen. Li Li-san wollte daraus durch einen Gewaltstreich ohnegleichen den größten Nutzen ziehen. Er plante einen gleichzeitigen Angriff auf drei der wichtigsten Städte Mittelchinas: Wuhan, Changsha und Nanchang. Die von Ho Lung (im nordwestlichen Hunan) und von Chang Kuo-t'ao (an der Grenze der drei Provinzen Hupeh, Honan und Anhuei) befehligten Verbände sollten Wuhan angreifen. P'eng Teh-huais Angriffsziel war Changsha, und Mao und Chu Teh sollten Nanchang übernehmen.

Li Li-san erklärte, es werde ihm gelingen, die Arbeiter für sich zu gewinnen und sie beim Nahen der kommunistischen Armeen zur Revolte aufzuwiegeln. Heute erscheint uns diese waghalsige Unternehmung als die verzweifelte Geste eines Führers, dem die Wirklichkeit seines Landes völlig fremd war, und doch wäre sie beinahe geglückt.

Bucharin etwa 1917.
(Internationales Institut für Sozialgeschichte)

KIRIN

LIAONING

● **Mukden**

MONGOLEI

CHAHAR

JEHOL

● **Chengteh**

● **Chinchou**

KOREA

SUIYUAN

● **Changchiachou**

Suiyuan ●

NINGSIA

● **Peking**

● **Tientsin**

● **Dairen**

KANSU

Ningsia ●

Paoan

★

Yenan
●

Paoting ●

HOPEH

TSINGHAI

Sining ●

Lanchou
●

SHENSI

Taiyuan
●

SHANSI

(Hoang-Ho)

● **Tsinan**

● **Tsingtao**

SHANTUNG

*Die großen
Sümpfe*

Gelber Fluß

Sienyang ●

Sian ●

Paocheng ●

Loyang ●

● **Kaifeng**

HONAN

KIANGSU

Mao erh kai

● **Nanking**

● **Shanghai**

SIKANG

SZECHUAN

● **Chengtu**

HUPEH

ANHUÉI

Wuhan ●

Tatsienlu ●

Chungking ●

Blauer Fluß (Yang he Kiang)

● **Kiukiang**

CHEKIANG

Tsunyi

HUNAN

Shaoshan
☆

Changsha ●

● **Nanchang**

KIANGSI

● **Ching-kang-shan**

● **Foochou**

KUEICHOU

Kueiyang ●

*Hsiang
Fluß*

Juichin ●

FUKIEN

Kunming ●

● **Amoy**

TAIWAN

YÜNNAN

KUANGSI

KUANGTUNG

BIRMA

● **Nanning**

● **Kanton**

**INDOCHINA
(FRANZ.)**

Macao ●

● **Hong Kong**

HAINAN

0   200   400 Km

→ Mao Tse-tungs Strecke

⇢ Chang Kuo-taos Strecke

Diese Karte des Langen Marsches ist unvollständig. Sie zeigt nicht die Bewegungen der verschiedenen kommunistischen Armeen, die von Kiangsi und den anderen revolutionären Stützpunkten aus zwischen 1935 und 1936 in Nord-Shensi (Yenan) angelangt sind. Der Marsch von Chang Kuo-taos Armee war allen anderen vorausgegangen. Sein Ziel war Szechu-an. Maos Marsch dauerte ein Jahr, von Oktober 1934 bis 1935. Seine Gesamtlänge wird auf 9000 bis 10000 Kilometer geschätzt. Aber der längste aller Langen Märsche war der von Ho Lungs Armee. Vom Ausgangspunkt Hunan aus führte er durch Yunnan und weiter nach Norden durch Sikang entlang des Tals des Blauen Flusses.

Chang Kuo-t'ao zeichnete in seinen Memoiren das lebendigste Bild Li Li-sans in dieser Periode. In einer streng geheimgehaltenen Wohnung in Shanghai verfaßte er seine Befehle wie auf einem Schlachtfeld. Dieser Agitator, der mit der Straße nur noch durch die Vermittlung seiner engsten Mitarbeiter Kontakt hatte, versuchte, fernen Truppen die fanatische Begeisterung einzuflößen, die ihn selbst erfüllte. Die kommunistische Partei, diese unermüdliche Maschine, die von Mitgliedern in Gang gehalten wurde, die bereit waren, in einem fragwürdigen Kampf ihr Leben zu riskieren, diese Partei wartete ebenso ungeduldig wie er darauf, Rache zu nehmen für 1927. Auch in den »Stützpunkten« brannte man darauf, den Gegner anzugreifen und ein für allemal mit ihm abzurechnen.

Der Angriff auf Wuhan war jedoch ein Fehlschlag, und vor Nanchang mußten Mao und Chu Teh Anfang August zusehen, wie ein weit überlegener Gegner unter ihren Truppen ein Blutbad anrichtete. In Changsha dagegen konnte P'eng Teh-huai Fuß fassen und zehn Tage lang der Artillerie, den Flugzeugen und den Kanonenbooten der Nationalisten standhalten. Als er sich schließlich zurückzog, traf er auf die Armee Maos und Chu Tehs. Gemeinsam versuchten sie einen Gegenangriff. Sie wurden zurückgeschlagen. Es blieb ihnen nichts anderes übrig, als sich zu ihrer Ausgangsbasis in Kiangsi zurückzuziehen. Li Li-san mußte seinen Wunderplan teuer bezahlen.

Er wurde nach Moskau beordert, wo er vor das Gericht der Komintern treten mußte, die ihn für dieses Abenteuer voll verantwortlich machte. Stalin holte ihn jedoch aus der Patsche und hielt ihn bis 1949 in der Reserve.

Um Li Li-san zu ersetzen, bot Stalin eine ganze Mannschaft auf. Sie wurde geführt von Pavel Mif, einem zuverlässigen Stalinisten, und bestand aus chinesischen Studenten der Sun-Yat-sen-Universität, die die Sowjets in Moskau gegründet hatten und die Studenten aus den Ländern aufnahm, die wir heute die Dritte Welt nennen. (Sie wurde 1963 umgetauft und heißt seither Patrice-Lumumba-Universität.) In dieser Gruppe befanden sich zwei markante Persönlichkeiten: Ch'en Shao-yu, bekannt unter dem Namen Wang Ming, und Ch'in Pang-hsien, alias Po Ku. Diese Studenten, die vor den Katastrophen des Sommers 1930 in China ankamen, erhielten bald einen Spitznamen, den sie nicht mehr loswurden: »Die 28 Bolschewiken.« Er spielte sowohl auf die doktrinäre Aufgeblasenheit der jungen Menschen an, die in den Klassikern des Marxismus die Antwort auf alle Fragen zu finden glaubten, als auch auf die großartige Arroganz, mit der sie ihre Funktionen an sich rissen. Bald hieß es in der Partei, sie seien zu jeder Infamie bereit, um sich durchzusetzen. So ging das Gerücht, sie hätten durch eine vorsätzliche Unvorsichtigkeit eine Gruppe von Parteimitgliedern der Polizei ausgeliefert, die ihnen die Führung der Bewegung in Shanghai streitig gemacht hatten und die dann alle von der Kuomintang hingerichtet wurden. Später rühmten sie sich, selbst Elemente liquidiert zu haben, die sich des »Trotzkismus« schuldig gemacht hätten. Jedenfalls waren sie, was die Säuberungsmethoden anbetraf, Stalin einen Schritt voraus.

Mao durfte nach der Ausschaltung Li Li-sans annehmen, daß nun sein persönlicher Erfolg und der Erfolg seines Konzepts gesichert seien. Im November 1931 wurde er auf dem 1. Kongreß der Sowjets in Juichin zum Regierungspräsidenten der »Chinesischen Sowjetrepublik« gewählt. Als – wie er meinte – Herr des größten militärischen Apparats der Partei und gestärkt durch den Widerstand, den er gegen die Unternehmung Li Li-sans geleistet hatte, glaubte er vor Rückschlägen sicher zu sein, ja er war sich seiner Sache so sicher, daß auch er zu einer massiven Säuberung in seinen Reihen schritt.

In den letzten Wochen des Jahres 1930 wurde Futien, ein Dorf in Kiangsi, zum Schauplatz einer schweren Auseinandersetzung. Einige Offiziere, Parteigänger Li Li-sans, meuterten offen. Sie wurden sofort festgenommen. Mao beschuldigte sie, heimlich für die Polizei der Kuomintang zu arbeiten. Ihre Männer kamen ihnen unter der Führung von politischen Kommissaren zu Hilfe. Mao ging mit aller Härte gegen sie vor. Die Bande, 2000 Offiziere und Mannschaften, verteidigte sich zwei Monate lang, aber sie wurde völlig aufgerieben. Nicht ein Mann kam mit dem Leben davon.

Mao glaubte, aus dieser blutigen Prüfung gestärkt hervorgegangen zu sein. Er irrte sich. Pavel Mif und seine »28 Bolschewiken« sollten ihm in der Folge zeigen, daß die Logik der Partei und der Komintern noch stärker war als er.

Mao täuschte sich hinsichtlich seiner tatsächlichen Macht so sehr, daß er die Entscheidung der höheren Parteiinstanzen willkommen hieß, Shanghai, wo der Boden zu heiß wurde, zu verlassen und sich in den »Stützpunkten«, vor allem dem von Kiangsi, einzurichten. Chou En-lai, der sich allen Wechselfällen zum Trotz im Politbüro gehalten hatte, traf Ende 1931 als erster in Juichin ein. Mehrere Mitglieder der Gruppe der »28 Bolschewiken« folgten ihm. Unter ihnen befand sich Po Ku, der Generalsekretär der Partei geworden war.

Vom August 1932 an konnte Mao nicht mehr daran zweifeln, daß es mit ihm

Hankou, kurz vor der Eroberung der Stadt durch die Japaner 1938.
Po Ku und Yeh Chien-ying, damals führende Berater der 8. Armee. (Robert Capa – Pix)

bergab ging. Während die kommunistischen Streitkräfte den Armeen Chiang Kai-sheks immer demütigendere Niederlagen beibrachten, hielt die Partei eine Konferenz in dem Städtchen Ningtu ab. Die gesamte militärische Strategie Maos wurde einer Prüfung unterzogen und verurteilt. Nach und nach verlor er alle seine exekutiven Funktionen. Seine Wahl zum Regierungspräsidenten im November 1931 erlaubte es seinen Gegnern, ihn mit einem Titel abzuspeisen, um ihm seine wirkliche Macht zu nehmen.

Bei der Konferenz von Ningtu verlor Mao die Befehlsgewalt über die Rote Armee. Im Januar 1934 schloß ihn das von Po Ku und Chou En-lai beherrschte Zentralkomitee aus dem Politbüro aus. In diesem Augenblick waren die Nationalisten zu ihrer größten Offensive gegen das kommunistische Bollwerk angetreten. Auf Anraten des deutschen Generals Hans von Seeckt hatte Chiang Kai-shek rund um den kommunistischen Stützpunkt eine Reihe befestigter Türme errichten lassen, die nahe genug beieinander standen, um sich gegenseitig unter MG-Feuer nehmen zu können, und 800000 Mann schlossen die 200000 Mann der kommunistischen Armee ein.

Diese Armee stand nach wie vor unter dem Befehl Chu Tehs, und sie wurde beraten von einem 33jährigen deutschen Kommunisten namens Otto Braun, einem ehemaligen Lehrer, der einige Monate lang eine sowjetische Kriegsschule besucht hatte. Braun, bei seinen Genossen unter dem Namen Li Teh bekannt, war 1931 als Agent der Komintern und des sowjetischen Nachrichtendienstes in Shanghai angekommen. Im Jahre 1932 hatte er eine Zeitlang mit einem anderen deutschen Kommunisten, dem berühmten Spion Richard Sorge, zusammengearbeitet, der sein asiatisches Netz aufbaute. Im darauffolgenden Jahr hatte Braun nach einer Seereise, die ihn nach Fuchou und Swatow führte, schließlich die Basis in Kiangsi erreicht.

Er stellte sich von Anfang an gegen Mao, der ihm in seinen »Provinzialismus« und »Nationalismus« eingekapselt zu sein schien und seiner Ansicht nach nicht imstande war, eine groß angelegte militärische Theorie zu entwickeln. Braun war es schließlich, der, von Po Ku und Chou En-lai unterstützt, seine Strategie angesichts der letzten großen Offensive Chiang Kai-sheks durchsetzte.

Er führte seine Truppen nach der europäischen Methode, das heißt er nahm eine Schlacht in geschlossener Formation an und kämpfte um jede Handbreit Boden. Das Resultat war eine Katastrophe. Wäre es möglich gewesen, sie zu vermeiden, sich auf die neue Strategie Chiang Kai-sheks einzustellen? Mao sagte später immer wieder, er sei davon überzeugt und die von Braun gewählte Methode sei »sehr dumm« gewesen. Tatsache ist, daß er die Auflösung der Armee miterleben mußte, die er geschaffen hatte, und selbst nicht eingreifen konnte, da er in dem Dorf Yütu unter Bewachung festgehalten wurde. Dort holte man ihn zuletzt wieder ab. Es war Zeit, an die Flucht zu denken. Man mußte einen schwachen Punkt in der Aufstellung des Gegners finden, um einen Durchbruch zu versuchen. Am 16. Oktober 1934 zogen sich die Trümmer der Roten Armee, etwa 100000 Mann, nach Westen zurück.

Mao hatte in diesen drei Jahren von 1931 bis 1934 am meisten – zweifellos noch mehr als unter der Malaria, die ihn schwächte – unter dem Verhalten der militärischen Führer in Kiangsi gelitten. Der größte Teil der Berufsoffiziere wie Chu Teh und P'eng Teh-huai war bemüht gewesen, in dem Konflikt, der die Parteiführer entzweite, die strengste Neutralität zu wahren. Eine zweite Gruppe von Offizieren, die die Militärakademie von Whampoa absolviert hatten, richtete sich in ihren Ansichten nach Chou En-lai, der von 1924 bis 1926 ihr politischer Leiter gewesen war. Unter den letzteren fand sich ein einziger, der, wie es scheint, ganz auf Maos Seite stand: Lin Piao. Und Lin Piao war es, der es ihm ermöglichte, mit einem Schlag das verlorene Terrain – und mehr als das – zurückzugewinnen.

Im Augenblick aber mußte man an den Rückzug denken und vermeiden, daß er sich in eine endgültige Niederlage verwandelte. Drei Kolonnen wurden gebildet. Die Kommunisten, die vom Gegner hart verfolgt wurden, mußten eine erste blutige Schlacht liefern, um den Hsiang zu überqueren. Sie verloren dabei an die 50000 Mann. Die Soldaten, die verzweifelt waren, weil sie ihre Dörfer in Kiangsi und Hunan verlassen mußten, um nach Westen, in ein unbekanntes Land, zu marschieren, desertierten scharenweise. Anfang Januar 1935 fanden 30000 erschöpfte Männer, die die größte der drei Kolonnen bildeten, endlich Ruhe in Tsunyi, einer Stadt in der Provinz Kueichou. Sie erschienen dort so plötzlich und unerwartet, daß es ihnen gelang, größere Mengen an Lebensmitteln zu requirieren. Vor allem für Mao kam nun eine Wende.

Chiang Kai-sheks Truppen bei einer »Einkreisungs- und Vernichtungsaktion« in Kiangsi. (Internationales Institut für Sozialgeschichte)

Folgende Farbseiten:

Haushalt auf dem Lande. (Marc Riboud-Magnum)

Bau des Staudamms der Ming-Gräber in der Nähe von Peking 1958. (Henri Cartier-Bresson – Magnum)

Spielzimmer im Kindergarten einer Fabrik. (Bruno Barbey-Magnum)

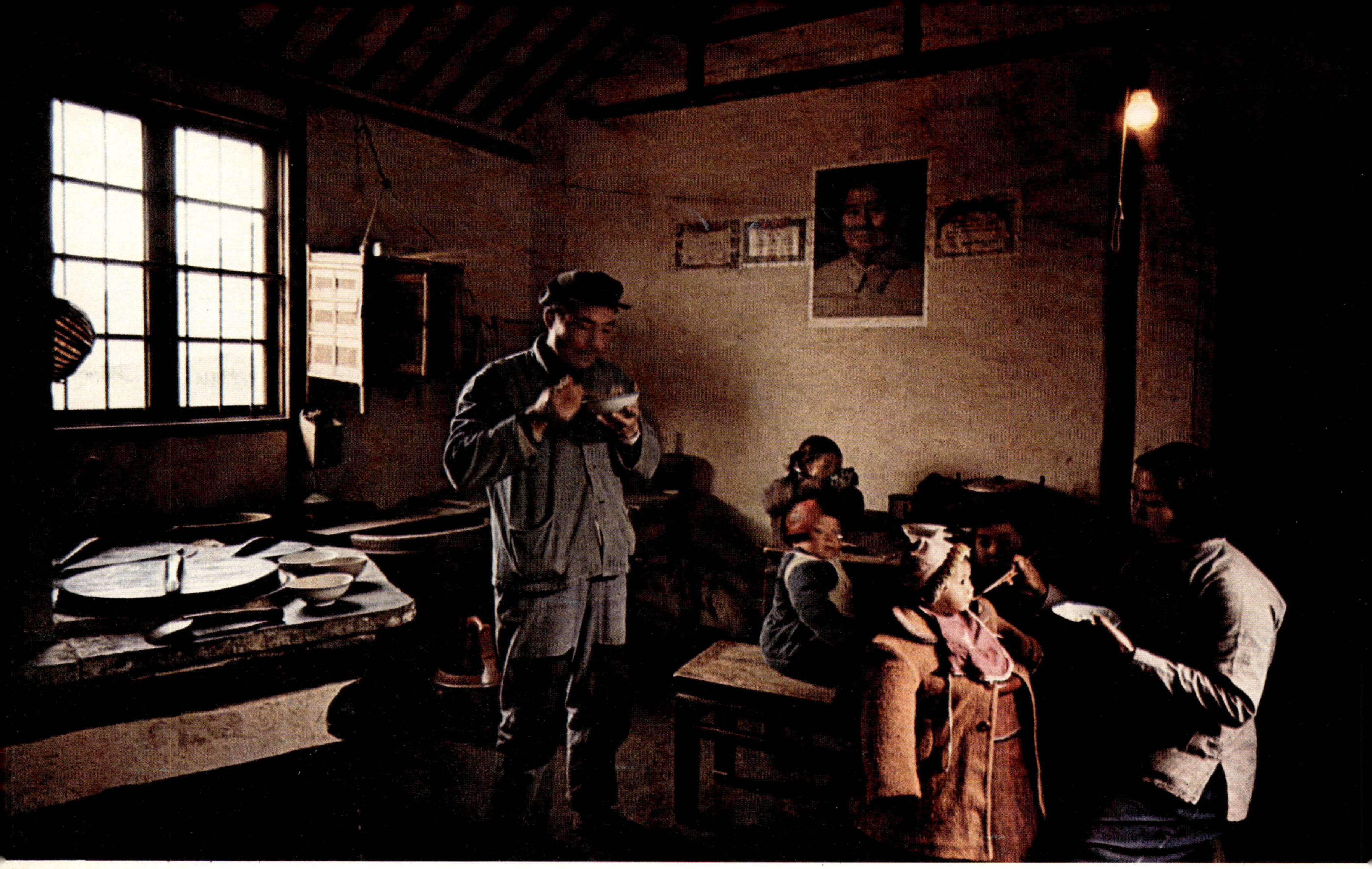

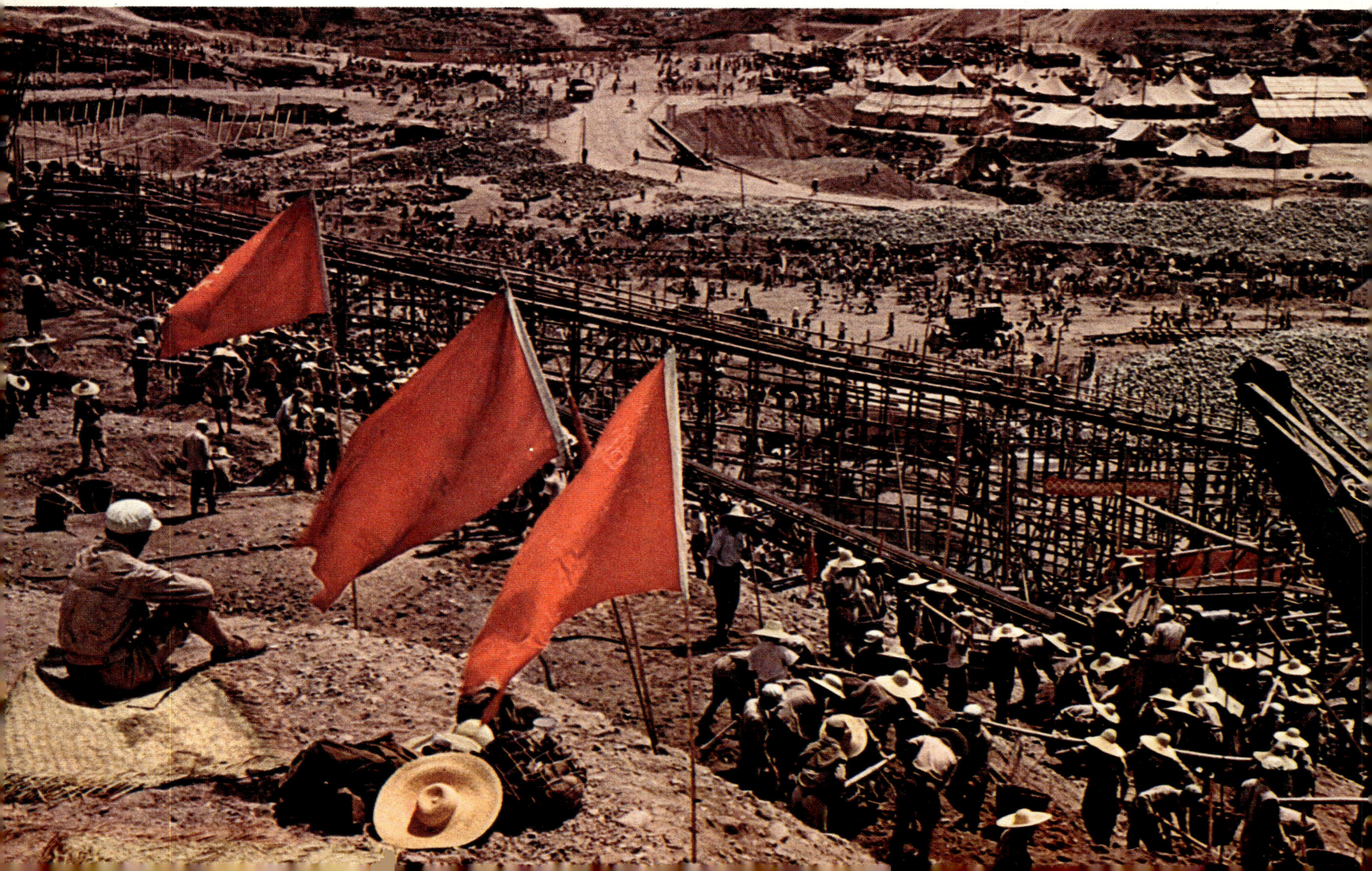

Japan: Auf der Suche nach Vorwänden für den Krieg

Am Abend des 17. September 1931 explodierte eine Dynamitladung zwei Meter neben der Eisenbahnlinie bei Mukden. Die in der Mandschurei stationierte japanische Armee trat sofort in Aktion. Zwei Stunden später beherrschte sie den gesamten Süden der Mandschurei.

Das »Attentat« war von den japanischen Militärführern sorgfältig inszeniert worden, um ihnen den Vorwand für einen Handstreich zu liefern. Es war der Anfangspunkt der Eroberung Chinas durch das kaiserliche Japan.

Drei Monate nach dem Vorfall ereignete sich ein wesentlich schwerwiegenderer Überfall. Im Januar 1932 führt eine Reihe von Provokationen zu Zusammenstößen zwischen japanischen Zivilisten und chinesischen Polizisten in einem Vorort von Shanghai, in der Nähe der japanischen »Fabrik der drei Freunde«. Der Bürgermeister der Stadt versuchte, sich im Namen Chinas zu entschuldigen, aber Admiral Shiozawa, der mehrere Kriegsschiffe vor Shanghai liegen hatte, weigerte sich, ihn anzuhören.

Am Abend des 23. Januar 1932 drangen japanische Marinefüsiliere in die Straßen des Vororts Chapei vor. Entgegen ihren Erwartungen gerieten sie unter heftigen Beschuß. Diesmal wichen die Soldaten der chinesischen 19. Armee nicht zurück.

Dieser unerwartete Widerstand führte dazu, daß Admiral Shiozawa die Bombardierung Chapeis durch die Maschinen von zwei Flugzeugträgern befahl. Dies war die erste systematische Luftbombardierung der Geschichte, ein tragisches Vorspiel zum Zweiten Weltkrieg. Hunderte Frauen und Kinder kamen in den Flammen um.

Nach der Eroberung der Mandschurei gründeten die Japaner im Nordosten Chinas den Marionettenstaat Manchukuo. Als Herrscher von ihren Gnaden inthronisierten sie den jungen Pu Yi, den letzten Kaiser Chinas, der 1911 als Kind zur Abdankung gezwungen worden war. Pu Yi »regierte« bis 1945. Die Russen nahmen ihn gefangen und übergaben ihn 1950 den chinesischen Kommunisten. Nach seiner »Umerziehung« übte er in Peking eine Weile den Beruf des Gärtners aus.

Nanking 1931: Chiang Kai-shek (rechts) und Chang Hsueh-liang (ganz links).
(Wide World Photos)

Die japanische Kavallerie
(Sammlung Ringart)

Mukden: Japanische Reservetruppen
auf dem Weg zur Front der ersten
chinesisch-japanischen Zusammenstöße
im November 1931. (F. P. G.)

Chiang Kai-shek 1927.
(Pacific & Atlantic Photos)

Jede Unruhe trieb
Zehntausende von Flüchtlingen
in die französische Konzession
von Shanghai. (F. P. G.)

Ähnliche Szene an den
Eingängen der Internationalen
Konzession am 28. Februar 1932,
während die Kämpfe zwischen
japanischen und chinesischen
Truppen im Bezirk Chapei immer
heftiger werden. (F. P. G.)

Auf den Stufen der kaiserlichen Residenz von Hsinking,
der Hauptstadt von Manchukuo, wird der Kommandeur
der japanischen Truppen in der Mandschurei
von Kaiser Kang-teh (Thronname Pu Yis) begrüßt. (F. P. G.)

Henry Pu Yi wird von seinem Erzieher Reginald W. Johnston
auf den Dächern der Verbotenen Stadt von Peking photographiert –
auch nach seiner Abdankung kann er dort noch einige
Zeit wohnen. (Appleton Century)

Pu Yi 1956 nach seiner »Umerziehung«
durch die Kommunisten.
(Associated Press)

Die »Roten Banditen« lernen, wie man einen Staat aufbaut

»Wir haben das bittere Gefühl der Isolation, und wir wollen aus diesem einsamen Leben ausbrechen.« Mao war 1928 in die Ching-Kang-Berge geflohen und machte sich keine Illusionen: »Im ganzen Land wird die revolutionäre Welle schwächer. Die Massen zeigen uns gegenüber nur Kälte und Zurückhaltung…«

Anscheinend empfand Mao noch viel später Sehnsucht nach dieser Zeit voller bitterer Entbehrungen, die jedoch von allen geteilt wurden. Zusammen mit Chu Teh mußte er im Januar 1929 die Ching-Kang-Shan verlassen und eine neue Zuflucht im südlichen Kiangsi suchen, in der Nähe des Marktflekkens Juichin, der dann die »Hauptstadt« der ersten chinesischen Sowjetrepublik wurde.

Anfangs bestand die Rote Armee nur aus ein paar Tausend schlecht bewaffneten und ausgerüsteten Männern. Hatten sie keine Munition, dann kämpften sie mit Gewehrkolben, Knüppeln oder Steinen gegen ihre haushoch überlegenen Gegner.

Um zu verhindern, daß ihre Soldaten zu einfachen Banditen wurden – was manchmal geschehen war –, setzten Mao und Chu eine drakonisch strenge Disziplin durch. Das Geld, das sie zum Unterhalt ihrer Armee benötigten, erhoben sie als Steuer von den Notabeln und reichen Bauern. »Wenn ihr nicht bezahlt«, drohte man ihnen, »wird euer Haus in Flammen aufgehen«. Mao berichtete, diese Methode sei »sehr erfolgreich« gewesen.

Mit dem Versprechen, den Boden neu zu verteilen, rekrutierten die Kommunisten unter den armen Bauern der Provinzen Kiangsi und Hunan mehrere Zehntausend Soldaten. Diese Landreform wurde dann von 1930 bis 1933 durchgeführt.

Allmählich entstand so ein Staat mit eigener Verwaltung, eigener politischer Polizei und eigener Hierarchie. In dieser Zeit setzte sich auch Mao, der im kommunistischen Apparat bisher nur relativ bescheidene Funktionen bekleidet hatte, als Spitzenfunktionär durch. 1931 wurde er zum Vorsitzenden der Regierung aller kommunistischen Stützpunkte Chinas gewählt.

Mao im Juni 1933. (C. R. A.)

Juichin 1932 in der Provinz Kiangsi: Dieses von Edgar Snow überbrachte Photo aus den Archiven der »Sowjetregierung« mit dem Datum »Roter Mai 1932« zeigt die zweite Versetzung der Absolventen der »Roten Militärakademie der Arbeiter und Bauern«, welche die 3. Division des 3. Armeekorps der 5. Armee in Juichin bilden. (Nym Wales - Magnum)

Hsiao Keh verläßt die Kuomintang und schließt sich 1928 Mao an. Er hilft beim Aufbau des ersten chinesischen Sowjetstützpunktes in Chingkangshan. (Nym Wales - Magnum)

Jen Pi-shih (1904–1950), aufgenommen 1938, als er gerade im Exekutivkomitee der Sowjetregierung von Kiangsi gewählt worden war. (Sammlung Edgar Snow, Nym Wales - Magnum)

Drei Kämpfer aus Kiangsi, 1931. (Sammlung Edgar Snow, Nym Wales - Magnum)

142

Oben: Gründungsversammlung der
Bauernvereinigung im Bezirk
Chungshan (in dem Sun Yat-sen
geboren wurde). (C. R. A.)

Kanton, 9. Mai 1924:
Vollversammlung der Arbeitervertreter.
(C. R. A.)

Mitte: Nach einigen Quellen zeigt
dieses Photo eine der ersten
politischen Versammlungen in einem
der Bezirke von Hai-Lu-feng,
die von Peng Pai geführt wurden.
(C. R. A.)

Arbeiterversammlung in Kanton
zur Feier des 1. Mai 1924. (C. R. A.)

Chou En-lai
(im Vordergrund
mit Bart) 1933
mit einer
Partisanengruppe
in Fukien. Neben
ihm mehrere
Führer der
Kommunisten:
Yeh Chien-ying
(erster von links),
heute
Verteidigungs-
minister, und
Peng Teh-huai
(dritter von links).
(Culver Pictures)

Mao gegen Chiang Kai-shek und die Genossen der eigenen Partei

Der zweite Kongreß der kommunistischen (»sowjetischen«) Stützpunkte Chinas trat im Januar 1934 unter dramatischen Umständen zusammen.

Chiang Kai-sheks Truppen begannen, ihren Schraubstock zuzudrehen. Mehrere Stützpunkte hatten schon aufgegeben werden müssen. Beraten von dem deutschen General von Seeckt, errichteten die Nationalisten rund um Kiangsi, den wichtigsten aller »roten Stützpunkte«, ein Netz von befestigten Türmen, mit dem sie eine vollständige militärische wie wirtschaftliche Blockade ausüben konnten.

Chiang Kai-shek war überzeugt, er müsse zunächst die kommunistische Rebellion zurückdrängen, bevor er sich dem japanischen Druck widersetzen könne; auf der anderen Seite stieß er nach wie vor auf den Widerstand der chinesischen Generale und Politiker, die keine Neigung zeigten, ihm ihre Macht abzutreten. Erst 1934 war er in der Lage, den Stützpunkt Kiangsi zu erobern.

Neben der allgemein spürbaren Angst hatte Mao noch andere Sorgen. Der allmähliche Wiederaufbau des Parteiapparats in den »sowjetisierten« Gegenden hatte ihm einen großen Teil seiner Macht wieder genommen. Die Intrigen der Clique der »28 Bolschewiken«, der aus Moskau zurückgekehrten Studenten, hatten dafür gesorgt, daß die politische Führung der Bewegung nun in den Händen Chou En-lais und Po Kus lag. Der als Militärberater von Moskau eingesetzte Deutsche Otto Braun hatte die seit 1928 von Mao und Chu Teh befolgte Taktik teilweise verändert. Vom Guerilla- und Bewegungskrieg ging die Rote Armee jetzt zum Stellungskrieg über, den die neue Situation – nach Braun – erforderte.

Seit April 1934 hatten die Kommunisten eine schwerwiegende Niederlage erlitten. selbst die Unterstützung der Bevölkerung ging ihnen verloren. Im August wurde Mao, der mit den anderen Parteiführern nicht übereinstimmte, in dem Dorf Yütü an der Grenze zwischen Hunan und Kiangsi »kaltgestellt«. Rund um diese Ortschaft sammelten sich dann im Oktober die Teile der Roten Armee, die einen Durchbruch nach Westen versuchen sollten. Der Lange Marsch begann.

25. Januar 1934:
Zweite Generalversammlung der Delegierten aller Sowjets (Räte), die dem Bericht des Vorsitzenden Mao über die Arbeit des zentralen Exekutivkomitees in den letzten zwei Jahren zuhören.
(Sammlung Edgar Snow, Nym Wales - Magnum)

Außenaufnahme derselben Versammlung.
In der ersten Reihe, vierter von rechts: Mao.
(Sammlung Edgar Snow, Nym Wales - Magnum)

2. Februar 1934:
Feier am Denkmal der Gefallenen
der Roten Armee in Juichin.
(Sammlung Edgar Snow, Nym Wales - Magnum)

Teng Fa (1904–1946),
Kadett (der Militärakademie) in Whampoa,
Koch auf einem Hongkonger Schiff, Agitator
und Organisator des Streiks im Hafen
von Hongkong 1924, Chef der politischen
Polizei in Kiangsi.
(Sammlung Edgar Snow, Nym Wales - Magnum)

»Der Lange Marsch beweist, daß unsere Armee eine Armee von Helden ist« (Mao)

Seit 1928 hatten die Kommunisten furchtbare Strapazen ausgehalten. Zum Beispiel als sie im Januar 1929 in Eiseskälte, ohne Nahrung oder warme Kleidung, den Zufluchtsort in den Ching-Kang-Bergen aufgaben. Der ungeheure Rückzug, der im Oktober 1934 begann, sollte sich als noch schlimmer herausstellen.

Lange Nachtmärsche durch den Schlamm beim Licht des Mondes oder der Fackeln aus Reisigholz oder Bambus. Tagsüber mußten sie den Erkundungsflügen der nationalistischen Luftwaffe ausweichen, und kurze, aber verlustreiche Schlachten schlagen. General Chiang Kai-shek wollte diese etwa hunderttausend Mann starke Armee bei der Überquerung des Flusses Hsiang vernichten. Die üblichen Zwistigkeiten unter den chinesischen Militärs raubten ihm diesen Sieg. Ein Teil der Truppen, die bereitstanden, um den Kommunisten den tödlichen Schlag zu versetzen, zog sich vor der Schlacht zurück. Trotzdem mußte die Rote Armee ihre ganze Entschlossenheit aufbieten, um den Strom im Dezember zu überqueren. Dabei verlor sie die Hälfte ihrer Truppen.

Nach dem Halt von Tsunyi im Januar 1935 zogen die Kommunisten nach Norden, in der Hoffnung, den Blauen Fluß zu überschreiten. Trotz eines Sieges über lokale Truppen am Lushan-Paß (»Die blauen Hügel sind wie das Meer, die rote Sonne wie das Blut«, heißt es in einem Gedicht Maos) wichen sie wieder zurück und rückten wieder nach Westen, in Richtung der Provinz Szechuan.

Eine Reihe geschickter Manöver ermöglichte es den Kommunisten, durch die Provinzen Kueichou und Yünnan zu marschieren, den Chinsha, den »Fluß des goldenen Sandes«, zu überqueren und nach Sikang vorzudringen, in Richtung der Schluchten des Tatu, eines Nebenflusses des Blauen Flusses. An dieser Stelle war 1865 die letzte Taiping-Armee von den kaiserlichen Streitkräften vernichtet worden. Chiang Kai-shek wollte diesen Waffengang wiederholen. Wieder wurde er enttäuscht.

Ein Teil der kommunistischen Truppen bemächtigte sich in der Nähe des Dorfes Anshunchang einer Fähre und kam so ans Ostufer des Stroms. Da diese Überquerung sich als zu langsam erwies, setzte der andere Teil seinen Marsch zu der Hängebrücke von Luting fort.

Diesen Übergang mußten die Soldaten der Roten Armee in einem tollkühnen Handstreich freikämpfen. Dann zogen sie weiter nach Norden.

In Kiangsi bauen die Truppen der Kuomintang
Befestigungen, um den roten Stützpunkt
»einzukreisen und auszurotten«.
(Nym Wales - Magnum)

Dieses Dokument wird häufig als Darstellung
einer Kolonne des Langen Marsches
in Kiangsi bezeichnet.
(Ed. du Seuil, nach China Pictorial)

Otto Braun, der einzige aus dem Westen,
der am Langen Marsch teilgenommen hat.
(Photo aus der deutschen Ausgabe der
»Erinnerungen« von Otto Braun)

Landschaft am Blauen Fluß.
(Kessel – Time-Life Picture Agency)

150

Szenen aus dem Langen Marsch,
gezeichnet von Huang Chen. (C. R. A.)

151

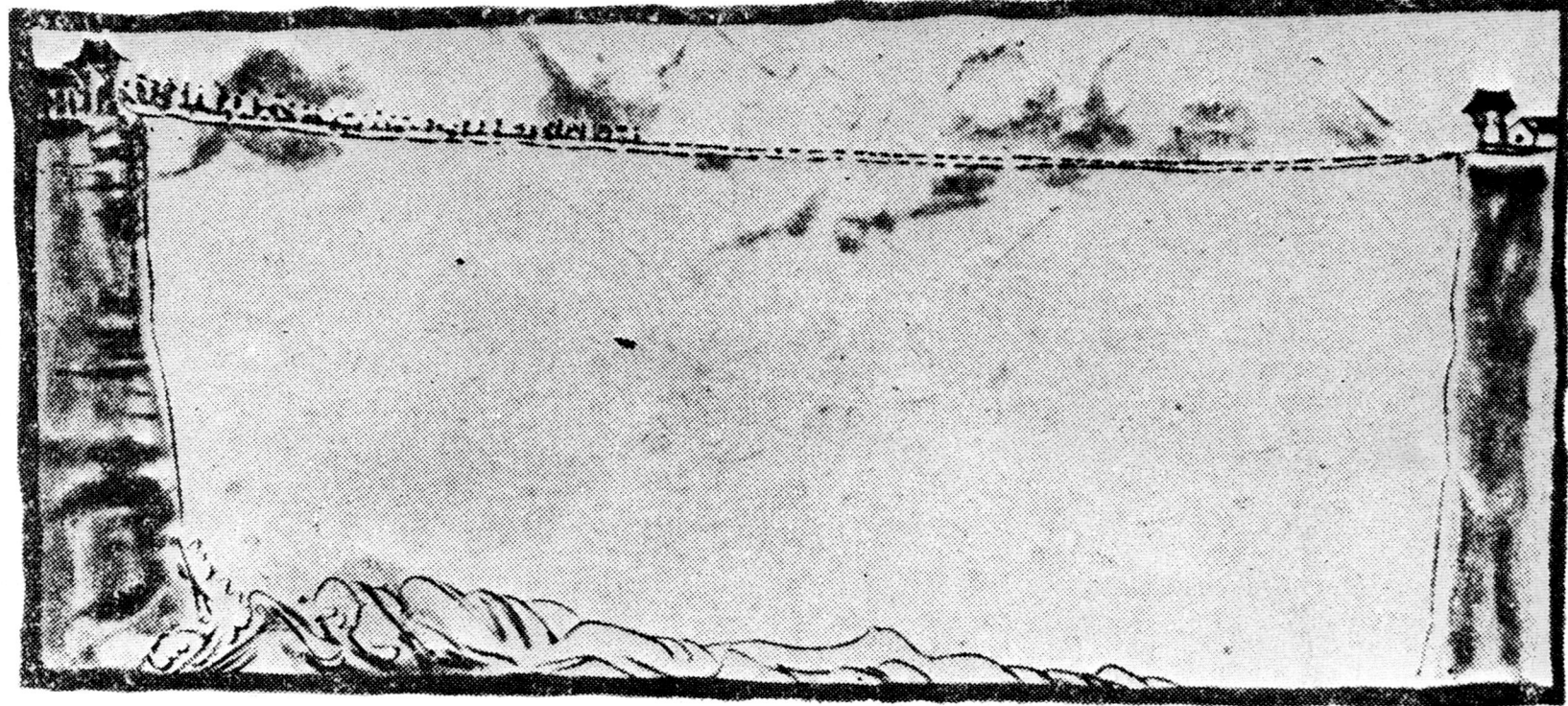

Die Brücke von Luting, am 25. Mai 1935 im Sturm genommen.
(Photo aus der deutschen Ausgabe der »Erinnerungen« von Otto Braun)

Die Brücke von Luting.
Zeichnung von Huang Chen. (C. R. A.)

Der Lange Marsch.
Zeichnung von Huang Chen. (C. R. A.)

Landschaft am Blauen Fluß.
(Kessel – Time-Life Picture Agency)

Szenen vom Langen Marsch.
Zeichnungen von Huang Chen. (C. R. A.)

Mao 1936 in Pao'an. (C. R. A.)

18. September 1935:
Die 25., 26. und 27. Armee treffen sich
in Yungping, im Norden von Shensi.
(Nym Wales - Magnum)

DER LANGE MARSCH

Yenan 1938. (Wide World Photos)

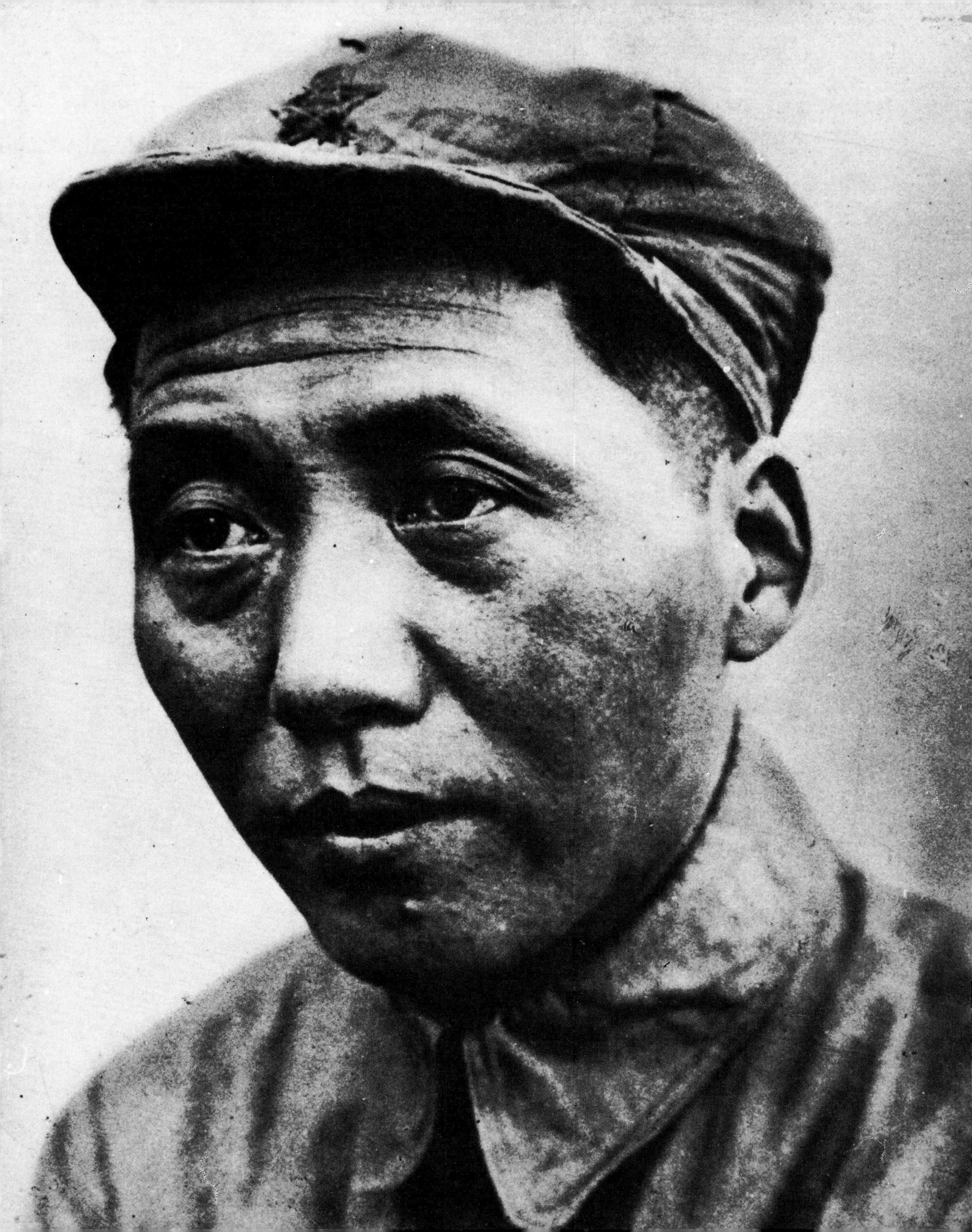

Das Gebäude der Konferenz von Tsunyi.
(C. R. A.)

Die Geschehnisse vom 6., 7. und 8. Januar 1935 in Tsunyi würden vielleicht nicht mehr als eine Fußnote auf einer Seite der chinesischen Geschichte verdienen, wenn nicht im gleichen Augenblick andere Ereignisse von ungeheurer Tragweite in Europa und im Fernen Osten stattgefunden hätten.

Niemand würde sich die Mühe gemacht haben nachzusehen, wo diese kleine Stadt liegt, ein Straßenknotenpunkt in Kueichou, einer der entlegensten chinesischen Provinzen, wenn nicht Hitlerdeutschland und das kaiserliche Japan versucht hätten, die Weltkarte zu ihrem Vorteil neu zu zeichnen. Und wenn sie nicht die Tore Mittel- und Osteuropas Stalin und die des riesigen China Mao Tse-tung geöffnet hätten.

Tsunyi. In der Nacht vom 4. auf den 5. Januar überwältigten Einheiten der kommunistischen Vorhut einen feindlichen Posten. Die Männer zogen die Uniformen ihrer Gefangenen an und erschienen vor den Toren der Stadt. Die Wachtposten ließen sie ohne Argwohn näherkommen; sie wurden entwaffnet. Das Gros der kommunistischen Streitkräfte rückte im Sturmschritt heran. Hornsignale, Lärm, Geschrei, Rufe: »Tötet! Tötet!« Die Soldaten des lokalen »Kriegsherrn« (Kueichou unterstand noch nicht dem Regime von Nanking) flohen erschrocken, ohne einen einzigen Schuß abzufeuern. In der auf diese Weise eingenommenen Stadt sollte Mao 24 Stunden später seinen 18. Brumaire inszenieren.

Der »Staatsstreich« von Tsunyi war in den zweieinhalb Monaten gereift, die auf den überstürzten Rückzug der Roten Armee folgten. Diese wirksame, disziplinierte Kriegsmaschinerie funktionierte noch dank ihrer großartigen Kader, aber die Kämpfe und Desertionen hatten ihre Stärke um mehr als die Hälfte reduziert. Zu den schweren Schlägen der Niederlage gesellte sich ein furchtbares Schuldgefühl. Man hatte Frauen und Kinder in Kiangsi zurücklassen müssen, und so viele Genossen mußten noch sterben, die den Kampf im Rücken des Feindes fortsetzten!

Mao hatte Yütu am 18. Oktober um fünf Uhr nachmittags mit etwa 20 Gefährten und seiner Ordonnanz, Chen Fang-sheng, verlassen. In der Nacht sah die Gruppe, die in südlicher Richtung marschierte, die Armee auf dem Rückzug – »da und dort von zahllosen Fackeln erleuchtet«.

»Präsident«, rief der junge Chen begeistert, »haben wir wirklich so viele Truppen?«

Der »Präsident« (Mao verdankte diesen Titel seiner Wahl zum »Präsidenten der chinesischen Sowjetregierung« im November 1931, und »Präsident« oder »Vorsitzender« blieb er bis an sein Lebensende) begnügte sich mit einem Lächeln. Er erinnerte sich, daß die Kommunisten in Kiangsi vor zwei Jahren noch von einer Armee von einer Million Mann geträumt hatten...

Von allen politischen und militärischen Führern Kiangsis war Mao vielleicht derjenige, der die Niederlage am leichtesten überwand. Er war der einzige, der die Verantwortung dafür ablehnen konnte. Und neue Schwierigkeiten ermöglichten es ihm, wieder das Wort zu ergreifen.

»Im Dezember«, hieß es in einem Lied vom Langen Marsch, »setzten wir über den Hsiang-Fluß. Die Kriegsherren Kuangsis zitterten. Drei Blockadelinien zerbrachen wie Bambusschäfte. Im Dezember, im Duft der blühenden Pflaumenbäume, zogen wir in Kueichou ein und setzten über den Fluß Wu...«

Das Lied beschreibt den Ablauf der Geschehnisse richtig, aber zwischen der Überquerung des Hsiang und der des Wu zögerte die kommunistische Führung. Sie hatte nur einen Plan: Den Hsiang überqueren und dann nach Norden marschieren, um an der Grenze zwischen Hunan und Hupeh, knapp südlich des Jangtsekiang, den »Stützpunkt« des Generals Ho Lung zu erreichen. Diesen in der Eile des Aufbruchs gefaßten Plan mußte man nun aufgeben. Die Armeen Chiang Kai-sheks blockierten die Route. Sie waren zahlenmäßig fünf- bis sechsfach überlegen. Die Kommunisten marschierten daher nach Westen weiter und machten in Liping, einer Stadt in Kueichou, halt.

In Liping ging gleichsam der Vorhang auf. Der kommunistische Generalstab unter der Führung von Po Ku, dem Generalsekretär der Partei, und Chou En-lai, dem Vorsitzenden des Komitees für militärische Angelegenheiten, trat zusammen. Mao wurde eingeladen, an der Debatte teilzunehmen. Sie endete mit dem Beschluß, auf die Vereinigung mit Ho Lung zu verzichten und in Kueichou weiter vorzurücken.

Dank der Tapferkeit einer Abteilung, die unter heftigem Beschuß den Fluß auf Flößen überquerte und auf der anderen Seite ein Steilufer erkletterte, konnten die Kommunisten den Wu überschreiten, die feindlichen Linien durchbrechen und bis vor Tsunyi gelangen. Diesen Augenblick wählte Mao, um die Einberufung einer neuen Versammlung auf höchster Ebene zu fordern. Po Ku und Chou En-lai waren zunächst dagegen, aber angesichts der Hartnäckigkeit nicht nur Maos, sondern auch der Mehrheit der militärischen Führer und Politkommissare mußten sie sich beugen. Es war von diesem Augenblick an klar, daß der Armee Uneinigkeit drohte. Zusammen marschieren oder getrennt geschlagen werden, so lautete nunmehr die Alternative.

Den einzigen vollständigen Bericht, den wir von der »Konferenz von Tsunyi« besitzen, verdanken wir Otto Braun, dem einzigen Ausländer, der den Langen Marsch mitmachte. Dieses Zeugnis, das 1972, das heißt auf dem Höhepunkt der Kontroverse zwischen Moskau und Peking, in Ostberlin veröffentlicht wurde, ist zwar suspekt, aber es stimmt mit aus anderen Dokumenten bekannten Daten so gut überein, daß es als im wesentlichen richtig akzeptiert werden muß.

Braun zufolge beteiligten sich an der Besprechung, die im Haus eines »Kriegsherrn« stattfand, 35 bis 40 Personen, von denen zwei Drittel, »vielleicht sogar drei Viertel«, nicht dem Zentralkomitee angehörten. Für den Deutschen, einen disziplinierten Komintern-Agenten, begann ein wahres Martyrium. »Alle Bestimmungen und Satzungen der Partei wurden verletzt«, klagte er. Tatsächlich hatte es die chinesische Partei damit nie allzu genau genommen. Umbildungen des Politbüros, Ausschlüsse und Ergänzungswahlen – wie es sich gerade als notwendig ergab – waren durchaus üblich, und Tsunyi bildete keine Ausnahme.

Die Versammlung begann mit einem Referat Po Kus. In Abwesenheit Wang Mings, der nach Moskau gefahren war, wo er China bei der Leitung der Komintern vertrat, war er der Führer der »28 Bolschewiken«. Er hatte die Strategie zu verteidigen, die gewählt worden war, um den Angriff der Nationalisten in den Jahren 1933 und 1934 abzuwehren.

Als zweiter sprach Chou En-lai. Braun dachte, sein Vortrag werde den seines Vorredners bekräftigen, aber auf halbem Wege bemerkte er, obwohl der chinesische Dolmetscher nur in groben Zügen übersetzte, daß Chou plötzlich eine andere Richtung einschlug. Chou begann nämlich, in gemäßigter Form die Tätigkeiten Po Kus und Wang Mings zu kritisieren. Er warf ihnen unzulängliche politische Arbeit vor und befaßte sich dann, ohne einen Namen zu nennen, mit den militärischen Anordnungen Brauns, indem er von einer »schlechten Anwendung des Guerillakrieges« und führungstechnischen Irrtümern sprach. Damit bereitete er das Terrain für den dritten Redner, Mao Tse-tung, vor.

Mit einer Feinfühligkeit, an der es ihm nie mangelte, hatte Chou En-lai sehr gut die Stimmung seiner Zuhörer erspürt. Die kommunistischen militärischen Führer waren nur allzu gern bereit, die Verantwortung für die Niederlage auf den Ausländer Braun und die jungen »Bolschewiken« abzuwälzen. Mao brauchte ihnen nur noch den Gnadenstoß zu versetzen. Seine langen Darlegungen schonten weder Po Ku noch Braun. Er versicherte, eine Strategie des Bewegungskrieges anstelle des von Braun gewählten Stellungskrieges würde den Sieg gebracht haben. Dann endete er jedoch mit einer optimistischen Note. Er rief, die Rote Armee sei noch unversehrt, und schlug die Errichtung eines neuen »Stützpunktes« an den Westgrenzen Kueichous, in der Nähe von Yünnan und Szechuan, vor.

Braun war verblüfft. Von einer politischen Debatte konnte keinen Augenblick die Rede sein. Drei Tage lang beschränkten sich die kommunistischen Führer auf eine Untersuchung militärischer Probleme.

Die Dosierung war recht vorsichtig. Chu Teh sah sich in seiner Stellung als Oberbefehlshaber (»Feldkommandeur der Roten Armee«) bestätigt, und an seiner Seite stand sein Freund Liu Po-ch'eng. Lin Piao und P'eng Teh-huai erhielten jeder das Kommando über ein »Armeekorps«. Auf der nächsttieferen Ebene wurden die Divisionen abgeschafft und statt dessen Regimenter gebildet. Auf diese Weise mußten Männer, die schon höhere Dienstränge innegehabt hatten, subalterne Posten übernehmen. Damit wurde die Rote Armee wieder fester in die Hand genommen.

Und diese Hand war die Maos. Nach seiner Wiederaufnahme ins Politbüro sicherte er sich eine dominierende Position, nämlich die des Vorsitzenden des Komitees für militärische Angelegenheiten. Sein Stellvertreter wurde Chou En-lai, der damit einen großen Teil seines politischen Einflusses verlor. Weniger allerdings als Po Ku, der im Generalsekretariat durch einen seiner Genossen von den »28 Bolschewiken« ersetzt wurde, und zwar durch Chang Wen-t'ien, der, wenn man Braun glauben darf, schon vor Tsunyi mit Mao gemeinsame Sache gemacht hatte.

Nach einer Rast von mehr als einer Woche setzte sich die Rote Armee wieder in Marsch. Braun berichtet sarkastisch, Mao, der ein so beredter Kritiker gewesen war, habe nicht eben viel Phantasie entwickelt, als es darum ging, einen neuen Plan auszuarbeiten. Man beschloß, einen Durchbruch nach Norden zu versuchen, den Jangtsekiang zu überqueren und zu einem anderen kommunistischen »Stützpunkt« zu stoßen, nämlich zu dem, den Chang Kuo-t'ao an der Grenze zwischen Szechuan und Shensi errichtet hatte.

Chiang Kai-shek, der schon den Plan einer Vereinigung mit Ho Lung vereitelt hatte, kam auch dieser neuen Bewegung des Gegners zuvor. Seine am Nordufer des Jangtse konzentrierten Armeen verhinderten den Übergang. Die Kommunisten mußten nach Tsunyi zurückkehren und ihren Marsch nach Westen fortsetzen.

Ohne es zu wissen, leisteten Mao und seine Genossen auf diese Weise dem Generalissimus (diesen Titel trug Chiang seit Februar 1932) einen großen Dienst. Während ihres ganzen Marsches nach Szechuan mußten sie sich mit den Armeen der noch unabhängigen »Kriegsherren« schlagen, und jede Niederlage, die sie ihnen beibrachten, bedeutete eine Zunahme des Einflusses Chiangs, dem überlegene Streitkräfte und Mittel zur Verfügung standen. Für den Nationalistenführer hatte dieser Feldzug zumindest ein glückliches Resultat: Als die Japaner 1937–38 den ganzen Norden Chinas bis zum Jangtse-Tal besetzten, konnte sich Chiang ohne Schwierigkeiten nach Szechuan zurückziehen, wo er für die Dauer des Krieges Chungking zu seiner Hauptstadt machte.

Frühjahr 1935. Den Kommunisten war es gelungen, in Szechuan einzudringen, und sie marschierten auf den »Stützpunkt« Chang Kuo-t'aos zu. Da erhielten sie die Meldung, daß sich dieser weiter nach Westen hatte absetzen müssen und daß er in einer Region Zuflucht gefunden hatte, die hauptsächlich von Tibetern bewohnt wurde.

Der Gedanke eines Zusammentreffens mit Chang Kuo-t'ao konnte Mao nicht angenehm sein. Die neue Verantwortung, die man ihm in Tsunyi übertragen hatte, verdankte er mehr den Umständen als einem echten Glauben an seine Ideen und seine Begabung. Da war zunächst die Niederlage gewesen, welche die völlig ratlosen militärischen Führer wieder an seine Seite gebracht hatte. Eine weitere Rolle hatte die Entfernung gespielt, die es den chinesischen Kommunisten erlaubte, eine Entscheidung zu fällen, ohne vorher Moskau zu konsultieren. Und schließlich war noch die Zerrüttung der Partei hinzugekommen, die zwischen 1927 und 1935 ihre »historischen Führer« verloren hatte: sie waren im Kampf gefallen, ausgeschlossen worden oder in die Sowjetunion gegangen. Kurz, Mao wußte sehr wohl, daß seine Lage noch prekär war. Und das größte Hindernis auf seinem Weg war eben dieser Chang Kuo-t'ao.

Die beiden Männer hatten schon in der Vergangenheit ernsthafte Differenzen gehabt. Welche Haltung würde Chang nun gegenüber dem neuen »starken Mann« der Partei einnehmen? War er nicht selbst ein »starker Mann« – ein in mehr als einer Hinsicht stärkerer als Mao?

Die Vereinigung fand am 12. Juli 1935 unter dem Freudengeschrei der Männer beider Armeen vor der Stadt Mao-Kung statt. Sie führte nur zu einer neuen Trennung. Aber wieder wachte das Schicksal über Mao.

Chang Kuo-t'ao, der 1897 in der Provinz Kiangsi geboren wurde und dem kleinen Landadel entstammte, hatte Mao gegenüber den Vorteil, daß er Träger eines weithin bekannten Namens war. Als Student an der Universität Peking hatte er an der Bewegung vom 4. Mai 1919 direkt teilgenommen. Er hatte sich schon früh der nationalistischen Bewegung angeschlossen und als einer der ersten die Sowjetunion besucht, wo er mit den Führern der Oktoberrevolution zusammengetroffen war.

Im Jahre 1921 war er einer der Gründer der KPCh gewesen und zum engen Mitarbeiter von Ch'en Tu-hsin und Li Ta-chao gewählt worden. Im Gegensatz zu Mao begeisterte er sich für die Parteiarbeit unter den Arbeitern und hatte seit damals eine besondere Stellung innerhalb der Partei inne. Er trat zwar für ein Bündnis mit Sun Yat-sen ein, stellte sich aber hartnäckig gegen eine völlige Verschmelzung der Kommunistischen Partei mit der Kuomintang.

Durch die Ereignisse von 1927 büßte er viel von seiner Autorität innerhalb der Partei ein. Er wurde nach der Erhebung von Nanchang, die er zu verhindern versucht hatte, aus dem Politbüro ausgeschaltet und folgte einem Ruf nach Moskau, wo er trotz seiner Bewunderung für Bucharin von den Anhängern Stalins beansprucht wurde. Schließlich wurde er zusammen mit Li Li-san und Chou En-lai wieder nach China zurückgeschickt. Damals, 1931, erhielt er den Auftrag, den an den Grenzen von Hunan, Hupeh und Anhuei gebildeten »Sowjet« (den »Sowjet von Oyüwan«) durch sein politisches Ansehen zu stärken.

Eine schwere Niederlage, die eine seiner Divisionen im Laufe des Sommers 1932 erlitt, zwang Chang Kuo-t'ao, einen allgemeinen Rückzug nach Westen zu befehlen. Dieser Rückzug wurde von den Kommunistenführern in Kiangsi sehr schlecht aufgenommen. Chang Kuo-t'ao mußte sich heftigste Kritik gefallen lassen, weil er vor dem Feind »geflohen« war. Es gelang ihm jedoch, seine Armee in Szechuan wieder aufzustellen und zu verstärken. Mao und seine Genossen verhehlten nicht ihr Erstaunen, als sie das Lager in Mao-kung besuchten. Ihre erschöpften, zerlumpten Männer machten neben den wohlgenährten und gut ausgerüsteten Soldaten Chang Kuo-t'aos keine gute Figur.

Am meisten wunderte sich General Chu Teh, der Chang Kuo-t'ao in Nanchang gekannt hatte. Wenn man dem Bericht Changs glauben will, vertraute sich ihm Chu-Teh gleich bei seiner Ankunft an. »Ich war ebenso verzweifelt wie beim Rückzug aus Nanchang«, sagte er, »und ich dachte, wir müßten noch einmal bei Null beginnen. Du gabst mir die Hoffnung zurück.«

Die Freundschaft zwischen Mao und Chu Teh, die schon unter den Ereignissen der Jahre 1932–1934 in Kiangsi gelitten hatte, war auf dem Langen Marsch noch

Briefmarken, die zur Zeit der Kulturrevolution ausgegeben wurden. Unter verschiedenen Episoden aus der Mythologie des Regimes und einigen Darstellungen von Szenen aus dem »Revolutionären Ballett aus fünf zeitgenössischen Themen« erkennt man in der Mitte fünf Briefmarken mit einer Folge von Mao-Zitaten und seiner Unterschrift. (C. R. A., Photo D. Housez)

weiter geschwächt worden. Es scheint, daß Mao Chu Teh als einfachen militärischen »Techniker« behandelte, der selbst keinerlei Entscheidungsgewalt hatte. Chu Teh hatte es offenbar eilig, diese Bevormundung abzuschütteln. »Man darf die Bedeutung der Beschlüsse von Tsunyi nicht überschätzen«, sagte er zu Chang Kuo-t'ao, der seinen Platz an der Spitze der Partei zurückzugewinnen hoffte.

Zum Unglück für Chang Kuo-t'ao war Mao, wenn er auch Chu Teh zurückgestoßen hatte, geschickt genug, um nicht nur Chang Wen-t'ien, den neuen Generalsekretär der Partei, für sich zu gewinnen, sondern auch den unglücklichen Po Ku, der seine Stellung im Politbüro zu retten versuchte. In den Augen der beiden jungen »Bolschewiken« war Chang Kuo-t'ao ein Ketzer. Er war schließlich so weit gegangen zu behaupten, die Losung Moskaus, »Sowjets« zu bilden, sei ein Irrtum gewesen. Eine grobe Ungeschicklichkeit. Mao verstand es, sie auszunutzen und seine neue Rolle als politischer Führer der Partei auszubauen.

Chang Kuo-t'ao versuchte es mit einem Manöver. Er schlug vor, die beiden Armeen sollten in drei Kolonnen nach Kansu im Norden der Provinz Szechuan marschieren, und dort sollten ihre Führer noch einmal zusammentreten, um einen endgültigen Plan zu fassen.

Chang Kuo-t'ao verfolgte dabei die Absicht, sich so weit wie möglich der sowjetischen Grenze zu nähern, um Hilfe in Form von Kriegsmaterial und Verpflegung zu erhalten. Sein Plan reichte aber noch weiter. Man erkennt darin in undeutlichen Umrissen die Absicht, Chu Teh und dessen Stellvertreter Liu Po-ch'eng auf seine Seite zu ziehen und sich auf diese beiden angesehenen Offiziere zu stützen, um Mao zu »stürzen«. Er sah vor, daß von den drei Kolonnen des Marschplans die seine, der auch Chu und Liu angehörten, als »Generalstab« fungieren und die ganze Bewegung anführen sollte.

Mit anderen Worten, er wollte den Oberbefehl über die Armee dem Parteikomitee für militärische Angelegenheiten abnehmen und diesem neuen Generalstab übertragen. Mao hörte ihn an und tat, als wollte er ihm zustimmen. Die Unterredung zwischen den beiden Männern, die in einem buddhistischen Tempel in der Nähe des Dorfes Mao-erh-kai stattfand, schien mit einem Einverständnis zu enden.

Die drei Kolonnen setzten sich Anfang August in Marsch. Links die Kolonne des »Generalstabs« mit Chang Kuo-t'ao, Chu Teh und Liu Po-ch'eng; in der Mitte Mao, Lin Piao und P'eng Teh-huai; rechts zwei Stellvertreter Chang Kuo-t'aos: Hsü Hsiang-ch'ien und Chen Chang-hao.

Die linke Kolonne drang in die Steppen Kansus vor, aber sie geriet an einen durch Regenfälle angeschwollenen Fluß und machte wieder kehrt. Chang Kuo-t'ao benachrichtigte Mao und bat ihn zu halten, bis neue Befehle kämen. In diesem Augenblick erfuhr er, daß Mao ohne Rücksicht auf die Beschlüsse von Mao-erh-kai in die sumpfige Region vorgestoßen war, die Szechuan von Shensi trennt. Dort erwartete ihn die furchtbarste Prüfung des Langen Marsches: zwanzig Tage in tiefem Morast ohne andere Nahrung als Pflanzen, die sich oft als giftig erwiesen, und ohne wirkliche Ruhepause. Eine Hölle. Als Mao endlich Shensi erreichte, hatte er nur noch 7000 Mann. Das Wichtigste für ihn aber war, daß er Chang Kuo-t'ao nicht nachgegeben hatte.

Man sollte fortan weniger daran denken, seine Beweggründe erforschen und seine Ideen in Frage stellen zu wollen. Chu Teh war der erste, der seine Bewunderung ausdrückte. »Der alte Mao kennt alle Schliche«, sagte er zu Chang Kuo-t'ao. Ein Sohn des Himmels darf nicht nur wegen seiner Intelligenz oder seiner Tapferkeit im Kampf ausgewählt werden, heißt es bei Menzius, sondern auch wegen seines ruhigen Mutes angesichts des Leidens, des Hungers und des tiefsten Elends. Die Durchquerung der Großen Sümpfe nach einem bereits an legendären Heldentaten reichen Marsch hob Mao hoch über die anderen Kommunistenführer hinaus und verlieh ihm einen geistigen Rang. Seine »Schliche« – selbst die offensichtlichsten – erschienen fortan als Eingebungen, seine Worte – selbst die trivialsten – als Orakelsprüche.

Im übrigen gaben ihm die Ereignisse recht. Chang Kuo-t'ao, Chu Teh und Liu Po-ch'eng irrten mit ihren Truppen nur zwischen Szechuan und Kansu hin und her. Von den Reitern der Moslem-Generale, die durch die Steppen des chinesischen Westens streiften, geschlagen, hatten sie keine andere Wahl, als nach Shensi zu marschieren und ebenfalls das Urteil von Tsunyi anzunehmen.

Die Partei hatte einen Führer. Sie hatte schon lange auf ihn gewartet. Warum war er nach Shensi marschiert? Niemand hat dafür eine logische, politische Erklärung gefunden. Nach der offiziellen These hatte Mao beschlossen, »gegen die Japaner zu kämpfen«. (»Nach Norden marschieren, um gegen die Japaner zu kämpfen«, war eine der Losungen, die die Soldaten auf dem Langen Marsch anfeuern sollten.) Und Shensi sollte der Ort sein, an dem aus dem Traum Wirklichkeit werden konnte.

Tatsächlich marschierte Mao nach Shensi, um eine Autorität zu retten, die er eben erst erlangt hatte, um sich von Regionen zu entfernen, die von den Chinesen zutiefst

Liu Po-cheng. (C. R. A.)

feindlich gesinnten Volksgruppen bewohnt wurden, und um sich dem Herzen Chinas zu nähern. Seine Entscheidung war von Ehrgeiz und gesundem Menschenverstand diktiert. Die japanische Drohung hatte daran nur einen kleinen Anteil, und zwar auf folgende Weise:

Seit dem Ende des 19. Jahrhunderts hatte sich Japan nach und nach eine Vorrangstellung unter den Mächten gesichert, die in China Fuß gefaßt hatten. Der Russisch-Japanische Krieg 1904/1905 hatte es ihm ermöglicht, die Mandschurei, die Nordostprovinzen Chinas, zu besetzen und diese Region als erobertes Land zu behandeln.

Zunächst war die Meinung in Japan geteilt. Politiker, Finanzleute und Industrielle waren beunruhigt. Sie zögerten, sich gegen die Vereinigten Staaten und Großbritannien zu stellen, und lehnten daher den Gedanken an einen direkten Übergriff auf China und Südostasien ab. Die Armee dagegen war in der Mehrheit für einen raschen Gewaltstreich, der Japan den Raum und die Bodenschätze verschaffen konnte, die es für seine Größe brauchte.

Die Armee gewann schließlich die Oberhand. Am 18. September 1931 besetzten japanische Regimenter unter einem fadenscheinigen Vorwand Mukden. Die Regierung in Tokio war nicht einmal gefragt worden. Der amerikanische Schriftsteller David Bergamini versichert in einem umstrittenen Buch, die Unternehmung sei von Kaiser Hiro-Hito – dem Tenno – und einer Militärclique heimlich vorbereitet worden.

Die Einnahme Mukdens öffnete jedenfalls die ganze südliche Mandschurei dem japanischen Einfluß und schärfte den Appetit auf Expansion. Der zweite Akt begann am 26. Januar 1932. Verschiedene Zwischenfälle dienten einer neuen Intervention, diesmal in Shanghai, als Vorwand. Es ging darum, Chiang Kai-shek und die chinesischen Nationalistenführer gefügig und im Hinblick auf weitere Eroberungen »geschmeidig« zu machen. Die Berater des Tenno rechneten damit, daß Chiang, der sich mit den »Roten Banditen« herumschlug, nicht reagieren werde.

Sie hatten richtig gerechnet, aber das Manöver schlug fehl. Admiral Shiozawa, der die auf der Reede von Shanghai liegende Flotte befehligte, behauptete, er müsse seine Landsleute gegen die Brutalitäten schützen, denen sie seitens chinesischer Bürger ausgesetzt seien, und befahl seiner Marineinfanterie, im Vorort Chapei »die Ordnung wieder herzustellen«. Die Japaner erlebten eine Überraschung: Sie stießen auf den Widerstand der Soldaten der 19. chinesischen Armee, deren Befehlshaber, General Ts'ai Ting-kai, sofort zum Nationalhelden wurde.

Die Japaner konnten die Zwietracht innerhalb des chinesischen Nationalismus nur verschärfen. Ts'ai Ting-kai und seine Armee, die 1933 in die Provinz Fukien südlich des kommunistischen »Stützpunktes« in Kiangsi versetzt wurden, gingen sogar so weit, sich gegen Chiang Kai-shek zu erheben, dem sie Schwäche angesichts der Forderungen der Japaner vorwarfen. Der Generalissimus mußte diese Rebellion niederwerfen, bevor er sich wieder den »Roten« zuwenden und zum letzten großen Angriff ansetzen konnte.

Die Kommunisten machten sich in der Folge gegenseitig Vorwürfe, weil sie den »Rebellen von Fukien« nicht zu Hilfe geeilt waren. Die Japaner ihrerseits profitierten von dem Streit zwischen den Chinesen und verkündeten im März 1932 die Gründung des unabhängigen Staates Mandschukuo (Mandschurei), den sie widerstandslos zu kolonialisieren begannen.

In Japan selbst brachten die Militärclique und Fanatiker der extremen Rechten die liberale Opposition durch eine Reihe aufsehenerregender Morde zum Schweigen. Baron Dan Takuma, der Präsident des Riesentrusts Mitsui, und Premierminister Tsuyoshi Inukai fielen unter den Kugeln der Mörder.

Von 1936 an verschlimmerte sich die Lage zusehends. Die Wahlen vom 20. Januar hatten der Liberalen Partei die Mehrheit im Parlament gebracht, aber sechs Tage später besetzten 1400 Offiziersschüler das Zentrum Tokios und forderten eine Politik der Festigkeit. Am 25. November unterzeichnete Japan mit Hitler und Mussolini den Antikominternpakt, durch den sich die Politik der drei Länder ausschließlich gegen Sowjetrußland richtete.

Mit dem Hinweis auf diese Politik legten auch die Militärs, die General Hideki Tojo zu ihrem Führer erwählt hatten, dem Kaiser einen Plan zur Eroberung Chinas vor. Sie fürchteten – erklärten sie –, daß die chinesischen Nationalisten sich mit den Sowjets und mit den chinesischen Kommunisten verbündeten und ihren Widerstand verstärkten. Man mußte ihnen zuvorkommen.

Am 7. Juli 1937 kam es in einem Vorort Pekings, an der Marco-Polo-Brücke (über die der berühmte italienische Reisende des 13. Jahrhunderts angeblich die Hauptstadt der mongolischen Kaiser betrat) zu einer Schießerei zwischen japanischen und chinesischen Soldaten. Das bedeutete Krieg. Innerhalb eines Jahres eroberten die Japaner ganz Nordchina, und sie landeten in Kanton. Die chinesischen Streitkräfte schlugen sich tapfer, aber ihre offensichtliche Unterlegenheit in bezug

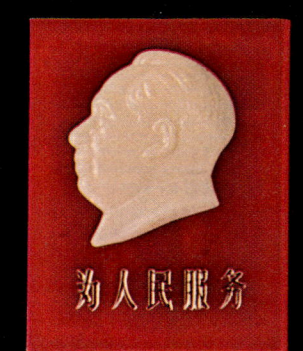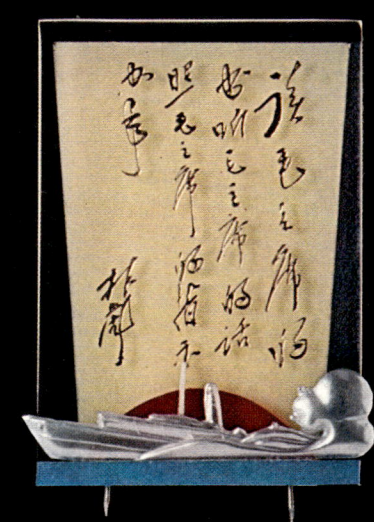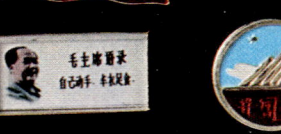

auf die Luftwaffe und die Artillerie und ihre geringere Beweglichkeit lieferten sie beinahe wehrlos einem Gegner aus, der auf den modernen Krieg gut vorbereitet war.

Die Japaner beglückwünschten sich zu dieser Entwicklung. Sie sahen sich schon als die Herren Asiens. Die Wahrheit ist, daß sie den Kommunisten erst die Möglichkeit gaben, sich mit China zu identifizieren. Die geheimen Mitglieder der KPCh in Shanghai und Peking, die sich seit 1927 mit einigen obskuren Aktionen hatten begnügen müssen, konnten nun die riesige Woge des Nationalgefühls, die das ganze Land überschwemmte, für ihre Zwecke nutzen. Dieser Aufschwung der Kommunistischen Partei äußerte sich schon am 9. Dezember 1935 in einem Marsch von 10000 Studenten durch die Straßen Pekings. »Schluß mit dem Bürgerkrieg! Wenden wir unsere Waffen gegen die Japaner!« forderten sie von Chiang Kai-shek.

Die Atmosphäre der nationalen Begeisterung hüllte schließlich Chiang Kai-shek ein und zwang ihn, seine Linie zu ändern, die er jedoch keineswegs aufzugeben gewillt war. »Die Japaner«, sagte er, »sind nur ein vorübergehendes Übel, die Kommunisten dagegen eine organische Krankheit«. Dieser Gedanke trieb ihn in die undankbare Rolle eines unlauteren, autokratischen Mannes, die schließlich seine Niederlage herbeiführte.

Als Mao Anfang 1936 seinen neuen Stützpunkt in Nord-Shensi errichtete, war er noch weit davon entfernt, die Änderungen, die im chinesischen Panorama und in der Weltatmosphäre eingetreten waren, zu erkennen und richtig einzuschätzen. Auf seiner Dringlichkeitsliste konnte Japan nie die Gefahr Nummer eins darstellen, und das hatte seinen Grund: Der unmittelbare, der unermüdliche Feind, vor dem man hatte zurückweichen müssen, war die Armee Chiang Kai-sheks.

Nach den Zwischenfällen in Mukden und Shanghai hatte Mao in seiner Eigenschaft als Chef der »chinesischen Sowjetregierung« eine »Kriegserklärung« an Japan unterzeichnet; eine im höchsten Grade politische Geste, die von den Erfordernissen der Propaganda diktiert war, aber keinerlei praktische Wirkung haben konnte. Die chinesischen Kommunisten hielten sich um diese Zeit an die Direktiven Stalins und der Komintern, die jede gemeinsame Aktion mit der Kuomintang – auch zum Zwecke der Landesverteidigung – untersagten. Chiang Kai-shek mußte als Freund der imperialistischen Mächte und sogar Japans dargestellt werden, die eine »Kriegsdrohung gegen die Sowjetunion« verkörperten.

Diese Direktiven befolgten die Kommunisten – und Mao war keine Ausnahme – so getreulich, daß sie sich nicht darauf einigen konnten, mit Ts'ai Ting-kai gemeinsame Front zu machen, als dieser von Chiang Kai-shek forderte, er solle den Kampf gegen die Roten aufgeben und sich darauf vorbereiten, Japan entgegenzutreten.

Am 28. Juli 1935 erschütterte jedoch ein heftiger Stoß die Kommunistische Internationale. Auf dem 7. Kongreß der Komintern, der im Säulensaal des Gewerkschaftshauses in Moskau abgehalten wurde, kündigte Georgi Dimitrow, der Sprecher Stalins, die Wendung an. Man muß, sagte er, »eine Volksfront des Kampfes gegen den Faschismus« bilden.

Von 1928 an hatte die Komintern ihren Anhängern eine selbstmörderische Politik aufgezwungen, die vom Kampf gegen die sozialistischen Führer (die »Sozialfaschisten«) bis zum Bruch mit den »bürgerlichen Nationalisten« in den »kolonialen und halbkolonialen Ländern« ging. Nun befahl Stalin eine Kehrtwendung. Die Machtergreifung Hitlers in Deutschland, das Aufflammen des Faschismus in Westeuropa und die Expansionsgelüste der Japaner zwangen den sowjetischen Diktator, bessere Beziehungen zu Frankreich, Großbritannien, den Vereinigten Staaten – und dem China Chiang Kai-sheks zu suchen. Dieser war nun für Stalin der einzige, der den Widerstand gegen Japan organisieren konnte.

Moskau gab den chinesischen Kommunisten zunächst keine formellen Weisungen. Stalin begnügte sich damit, sie wissen zu lassen, daß er bereit sei, ihnen Waffen und Munition zu liefern, wenn es ihnen gelänge, einen Verbindungsweg mit der Sowjetunion herzustellen.

Mao und seine Männer hatten gelernt, zwischen den Zeilen zu lesen. Das russische Angebot war durchaus nicht selbstlos. Es sollte nur die bittere Pille der Versöhnung mit Chiang Kai-shek versüßen, die Moskau den chinesischen Kommunisten verschrieb.

Mao verstand, was man von ihm erwartete. Im Dezember 1935, kurz nachdem er von den Beschlüssen des 7. Kominternkongresses unterrichtet worden war, setzte er seinerseits zur Wendung an. Mit großer Vorsicht. Eine »Einheitsfront«, ja – aber eine »revolutionäre Front«. Er entdeckte plötzlich, daß die allzuheftig geschwenkte rote Fahne – die Bildung der chinesischen »Sowjets« – »die Fische auf den tiefsten Grund des Wassers und die Sperlinge ins Dickicht gescheucht hatte«. Man hatte, ohne Nutzen davon zu haben, den Geschäftsmann, den Intellektuellen, den patriotischen Bourgeois, die nationalistischen Offiziere verschreckt.

Er sah die Vorbehalte seiner Genossen voraus, die sich an die »Einheitsfront« mit

In all den Jahren von der Kulturrevolution bis zum Verschwinden Lin Piaos war das Abzeichen mit dem Bild von Mao ein obligatorischer Bestandteil der Kleidung. Unter den Führern, die sich gegenseitig darin zu übertreffen suchten, das Abzeichen mit dem größten Mao-Kopf zu tragen, gelang es nur Chou En-lai, (Mao selbst natürlich ausgenommen), immer nur ein Abzeichen mit der Aufschrift »Dem Volke dienen« ohne Mao-Porträt zu tragen. (Sammlung Patrice Fava – Photo D. Housez)

Edgar Snow mit Mao in Yenan. (L. Wheeler-Snow)

der Kuomintang der Jahre 1924–27 und an ihr tragisches Ende erinnerten. Die Lage ist eine andere, erklärte er. *»China war damals nur eine Halbkolonie. Jetzt läuft es Gefahr, eine Kolonie zu werden.«*

Außerdem handelte es sich nicht um eine Einheitsfront mit Chiang Kai-shek. Um das klarzumachen, rühmte Mao den Patriotismus der Feinde des Generalissimus in den Reihen der Kuomintang, der Generale wie Feng Yü-hsiang oder Ts'ai Ting-kai. Und wie hätte man überhaupt von einem Bündnis mit einem Mann sprechen können, der Truppen sammelte, um einen zu vernichten?

Das Unwahrscheinliche geschah tatsächlich. Chiang, der seiner selbst zu sicher war und die Einigung Chinas vollzogen zu haben glaubte, beging einen monumentalen Fehler. Die Hauptarmee, welche die Aufgabe hatte, die Kommunisten aus Shensi zu fegen, wurde von dem »jungen Marschall« Chang Hsüeh-liang befehligt, und dieser Umstand sollte den erwünschten Umschwung bringen.

Chang Hsüeh-liang war der Sohn und Erbe Chang Tso-lins, des »Kriegsherrn«, der während der zwanziger Jahre die Mandschurei beherrscht hatte. Chang Tso-lin hatte lange enge Beziehungen zu den Japanern unterhalten, die ihn mit Geld und Material unterstützten. Die Japaner wollten sich jedoch seiner entledigen. Sie fürchteten zweierlei, als die Kuomintang-Armeen 1928 auf Peking marschierten: Chang Tso-lin konnte zu Chiang Kai-shek übergehen und ihm die »Unterwerfung« der Mandschurei anbieten, oder er konnte den Nationalisten Widerstand leisten und die Beziehungen, die Tokio mit dem neuen chinesischen Regime aufzunehmen gedachte, beträchtlich erschweren.

Am 3. Juni befahl Chang Tso-lin seinen Truppen, die Peking verteidigten, die alte Hauptstadt aufzugeben und sich nach Nordosten zurückzuziehen. Er selbst setzte sich in einen Sonderzug, der ihn nach Mukden bringen sollte. Drei Kilometer vor dieser Stadt explodierte auf den Schienen eine Dynamitladung. Chang Tso-lin und mehrere seiner Offiziere wurden tot aus den Trümmern ihres Waggons geborgen. Das Attentat trug eine Signatur.

Chang Hsüeh-liang war nun Herr über eine Armee von mehreren Hunderttausend Mann, aber der Tod seines Vaters bewog ihn, sich der Autorität des Regimes von Nanking zu unterstellen. Er verkündete seinen Entschluß am 7. Dezember 1928, und mit diesem Datum endete, zumindest theoretisch, die Periode der Militärmachthaber, der »Kriegsherren«.

Im Jahre 1936 hatte Chang Hsüeh-liang einen Gewissenskonflikt auszufechten. Seine Männer träumten davon, in die Mandschurei, ihre Heimat, zurückzukehren; er selbst davon, seinen Vater zu rächen und sich mit den Japanern zu schlagen. Man verlangte jedoch von ihm, daß er gegen die Kommunisten kämpfte. Diese hatten sich mittlerweile ausgeruht und neu organisiert; sie waren in der Lage, ihm einen zähen Widerstand entgegenzusetzen.

Die Kommunisten ihrerseits schienen seine Unschlüssigkeit genau zu kennen. Sie hatten im Januar 1936 einen seiner Offiziere gefangengenommen und indoktriniert. Als er nach Sian, der Hauptstadt Shensis, zurückkehrte, wo Chang Hsüeh-liang sein Hauptquartier eingerichtet hatte, erklärte er diesem, die Kommunisten seien bereit zur Zusammenarbeit im Kampf gegen Japan, und zwar mit Billigung und Unterstützung der sowjetischen Regierung. Chang Hsüeh-liang erlag der Versuchung. Er erklärte sich bereit, Chou En-lai zu empfangen, der damit seine neue Karriere als Meisterdiplomat der KPCh begann.

Mao überwachte die Verhandlungen. Lachend sagte er eines Tages zu Freunden, er wolle den Traum eines jeden chinesischen Geschäftsmannes verwirklichen, mit einem kleinen Kapital groß zu verdienen. Das »kleine Kapital« war in diesem Falle die schwache Rote Armee, die trotz der Neurekrutierungen nicht mehr als 30 000 oder 40 000 Mann zählte. Der Gewinn konnte dagegen sehr groß sein: die Neutralisierung der gegen ihn aufgestellten Streitkräfte, eine schwere Schädigung des Ansehens Chiang Kai-sheks und die Aufnahme der Kommunistischen Partei in die Widerstandsbewegung gegen Japan. Es genügte, daß Chang Hsüeh-liang laut genug seinen Wunsch äußerte, den Bürgerkrieg zu beenden, um sich gemeinsam mit den Kommunisten gegen den äußeren Feind zu wenden.

Chang Hsüeh-liang übertraf noch die Erwartungen der Kommunisten. Am 12. Dezember 1936, gegen Mittag, telegraphierte er Mao, daß er Chiang Kai-shek gefangengenommen hatte. Er erwartete die baldige Ankunft Chou En-lais, um mit ihm gemeinsam die Tragweite dieses Ereignisses zu prüfen, und wünschte, daß die Rote Armee auf Sian marschierte, um für alle Eventualitäten gerüstet zu sein. In der Höhle, die Mao in Pao-an bewohnte, wo er sich vorübergehend niedergelassen hatte, herrschte vollkommene Verblüffung. Dann lachte Mao schallend. Wer hätte auch an einen solchen Streich gedacht?

Chiang Kai-shek war zu vertrauensselig gewesen. Als er am 31. Oktober 1936 seinen 50. Geburtstag feierte, hatte ganz China, von den Reichsten bis zu den Ärmsten, Geld für den Ankauf von Kampfflugzeugen gespendet. Chiang mußte von

Wie Edgar Snow hat auch der Amerikaner Jack Belden dazu beigetragen, das kommunistische China der westlichen Öffentlichkeit zu enthüllen. (C. D. R.)

Kontakten zwischen dem »jungen Marschall« und den Kommunisten gehört haben und ebenso von dem Wunsch der mandschurischen Truppen, gegen die Japaner zu kämpfen. Obwohl Freunde ihm rieten, Chang Hsüeh-liang nicht zu trauen, nahm er dessen Einladung zu einer Begegnung am 3. Dezember in Loyang (Honan) an. Der »junge Marschall« schlug ihm daraufhin vor, nach Sian zu kommen, um sich ein besseres Bild von dem Geist seiner Truppen zu machen.

Chiang nahm wieder an. Er traf am 4. Dezember mit dem Flugzeug in Sian ein, inspizierte die Truppen, sprach mit den Offizieren und kam zu dem Schluß, daß er an seinen Plänen nichts zu ändern brauchte. Die antikommunistische Offensive wird wieder aufgenommen, erklärte er am 11. Dezember. Am nächsten Morgen traten die Soldaten Chang Hsüeh-liangs in Aktion. Alle Anhänger des Generalissimus wurden festgenommen, seine Adjutanten in Autos weggebracht. Man hörte MG-Feuer. Der Neffe Chiang Kai-sheks wurde mit Revolverschüssen getötet. Chiang selbst versuchte, im Nachthemd zu fliehen. Er wurde festgenommen und inhaftiert.

Die Kommunisten schickten, wie Chang Hsüeh-liang es verlangt hatte, Chou En-lai nach Sian und verlegten einen Teil ihrer Truppen in die Hauptstadt Shensis. Mao und sein Stab richteten sich in Yenan ein, von wo aus eine Straße direkt nach Sian führte. Eine neue Überraschung erwartete sie.

Sobald sie von dem »Zwischenfall in Sian« erfuhren, hatten die Kommunisten Moskau alarmiert, und in der sowjetischen Hauptstadt begann eine rege Tätigkeit. Die Botschafter Großbritanniens und der Vereinigten Staaten verlangten vom Kreml eine Erklärung. Hatten nicht einige westliche Korrespondenten in China behauptet, Chiang Kai-shek sei ein Gefangener der Kommunisten und die Truppen des Generals Chu Teh verwüsteten Sian?

Keineswegs, antworteten die Russen. Das ist eine »japanische Provokation«. Stalin schickte sofort ein Telegramm in diesem Sinne nach Yenan. Er erklärte darin, Chang Hsüeh-liang sei das Spielzeug »japanischer Spione« gewesen, man müsse der Verschwörung ein Ende machen, den »jungen Marschall« desavouieren, die Gelegenheit nutzen, um mit Chiang Kai-shek ein »freundschaftliches Gespräch« zu beginnen, ihn davon überzeugen, daß man »Japan Widerstand leisten müsse«, und so schnell wie möglich seine Freilassung erreichen.

Mao und seine Freunde waren niedergeschmettert. Sie hatten sich schon darauf verlassen, daß Chang Hsüeh-liang sie für immer vom Generalissimus befreien werde. Und nun distanzierte sich Stalin von ihnen.

Am 14. Dezember wurde Chou En-lai beauftragt, Chang Hsüeh-liang die Neuigkeit schonend beizubringen. »Ihr habt mich verraten«, stöhnte Chang. »Ihr habt mir zu verstehen gegeben, ich hätte die Unterstützung Moskaus, und nun...«

Die Verhandlungen waren langwierig und mühselig. Die persönlichen Freunde, die Frau Chiang Kai-sheks, Persönlichkeiten der Kuomintang versuchten, die Freilassung des Nationalistenführers zu erreichen. Dieser erklärte sich bereit, Chou En-lai zu empfangen, seinen ehemaligen »Politkommissar« an der Militärakademie von Whampoa... Chiang Kai-shek hörte seinen früheren Untergebenen schweigend an. Dann entschloß er sich zu sprechen. »Mein Sohn besucht gerade die Sowjetunion, und man nimmt ihn überall gut auf«, sagte er. Chou En-lai verstand die Anspielung. Chiang erinnerte ihn daran, daß er »recht gute Beziehungen« zu Moskau unterhielt. »Sie werden Ihren Sohn bald wiedersehen«, sagte Chou En-lai. Eine andere Art, Chiang die Freilassung zu versprechen. So wurden die Verhandlungen eingeleitet, die zu einer zeitweiligen Versöhnung zwischen den Kommunisten und dem Manne führten, den sie als ihren Henker betrachteten.

Am 25. Dezember erhielt Chiang endlich die Erlaubnis, nach Nanking zurückzufliegen. Chou En-lai gehörte zu denen, die ihn in Sian zum Flugplatz begleiteten. Dort sah er sich plötzlich von jungen Offizieren der mandschurischen Armee umringt und fürchtete für sein Leben. Der »junge Marschall« stieg ebenfalls in die Maschine Chiang Kai-sheks. Er sollte seine Freiheit nie mehr zurückgewinnen. Er wurde 1949 nach Taiwan (Formosa) mitgenommen und lebt dort heute noch unter Bewachung. Gewisse Beleidigungen vergißt man nie.

Diese melodramatischen Ereignisse bildeten das Vorspiel zu einer nach außen hin vorgetäuschten Zusammenarbeit zwischen Mao Tse-tung und Chiang Kai-shek. Tatsächlich machte sich keiner der beiden Männer Illusionen über den anderen, was die Verhandlungen zwischen der Kuomintang und den Kommunisten sofort erkennen ließen. Chiang Kai-shek verlangte, daß die Rote Armee dem Kommando der Nationalisten unterstellt werde. Mao antwortete, er sei unter der Bedingung einverstanden, daß sie ihre Unabhängigkeit, ihre eigenen Offiziere und ihre eigene Organisation behalte. Sie erhielt zuletzt lediglich einen neuen Namen. Sie wurde die 8. Feldarmee, bekam die Uniformen der Regierungstruppen, den Helm der Kuomintang mit dem weißen Stern auf blauem Grund. Im übrigen verfolgte sie ihre eigene Strategie unter direkter kommunistischer Führung. Eine neue Seite war damit aufgeschlagen worden. Mao sorgte dafür, daß sie seine Unterschrift trug.

Chou En-Lai, Anfang 1938 in Hankou.

»Nehmt die Blätter eines Baums, jedes ist anders« (Mao)

Der Lange Marsch war nicht nur ein militärisches Epos. Für Mao war er auch ein politischer Kampf in zwei Etappen, um innerhalb der Partei die Vorherrschaft zu gewinnen. In Tsunyi gewann Mao im Januar 1935 endgültig die Oberhand über die aus Moskau »eingeflogenen« jungen Führer. Po Ku (Ch'in Pang-hsien), der eine Weile als Generalsekretär fungierte, spielte danach keine Rolle mehr. Er starb bei einem Flugzeugunfall gegen Ende des Krieges gegen Japan. Wang Ming (Ch'en Shao-yü), der die Partei bei der Komintern vertrat, versuchte 1938 in Yenan, sich durchzusetzen, aber ohne Erfolg. Er starb im Exil in Moskau. Chang Kuo-t'ao war ein zäherer Gegner. Er hatte den Stützpunkt Oyüwan in Zentralchina befehligt. Auf dem Rückzug vor den nationalistischen Truppen führte ihn sein Langer Marsch zwei Jahre vor Mao nach Szechuan. Dort bildete er eine relativ gut ausgerüstete neue Armee.

Die beiden Armeen – Maos und Chang Kuo-t'aos – vereinigten sich im Juni 1935. Chang begriff bald, wie wichtig die Konferenz von Tsunyi gewesen war. Mao hatte sich die Mehrheit im Politbüro der Partei gesichert, während Chang schon seit langem als gefährlicher »Abweichler« verfemt wurde. Tatsächlich hatte Chang Kuo-t'ao den Fehler begangen, bei seinen Aufenthalten in Moskau mit Nikolai Bucharin, einem von Stalins Gegnern, zu sympathisieren.

Auf der Konferenz von Mao-erh-kai im Juli und August 1935 bewahrten Mao und Chang zwar eine Fassade der Einheit, gingen aber kurz darauf auseinander. Kontakt zueinander nahmen sie erst wieder im Dezember 1936 in Paoan auf, einem Ort in Nord-Shensi, wo Mao sein provisorisches Hauptquartier aufgeschlagen hatte.

Chang Kuo-t'ao war nicht mehr in der Lage, Mao die Führung der Partei streitig zu machen. Dieser hatte nach dem Langen Marsch Zeit gehabt, seine Macht zu festigen und seine Armee neu aufzubauen.

1938 verließ Chang Kuo-t'ao die Partei. Seit Maos Tod ist er der einzige Überlebende der 12 Delegierten, die 1921 in Shanghai die Partei gegründet haben. Heute lebt er in Kanada.

Chang Kuo-tao und Mao 1937 in Paoan.
(C. R. A.)

Po Ku (Chin Pang-hsien), Chou En-lai und
Wang Ming (Chen Shao-yü), drei der Gegner Maos 1931.
(Photo aus der deutschen Ausgabe der
»Erinnerungen« von Otto Braun)

Wang Ming 1935 während des 7. Kongresses der Komintern
mit Führern der Internationale.
Von links nach rechts in der ersten Reihe:
Dimitrov, Ercoli (Togliatti), Florian, Wang Ming;
in der zweiten Reihe: Kuusinen, Gottwa d,
Pieck und Manuilski.
(Photo aus der deutschen Ausgabe der
»Erinnerungen« von Otto Braun)

In Yenan, wo er länger als zehn Jahre blieb, von Ende 1936 bis 1947, versammelte Mao die Gruppe um sich, welche die Kommunistische Partei später zum Sieg führte.

Chu Teh hatte sich nach der Konferenz von Mao-erh-kai Chang Kuo-t'ao angeschlossen, aber wegen seines Prestiges und seiner militärischen Qualitäten »verzieh« Mao ihm. 1937 wurde ihm erneut das Oberkommando über die kommunistischen Armeen anvertraut.

Die roten Truppen gewannen jetzt eine neue Gestalt; das war vor allem der Verdienst begabter Soldaten wie P'eng Teh-huai und Lin Piao, die in Kiangsi und auf dem Langen Marsch harte Erfahrungen gesammelt hatten.

In Yenan entstand auch eine neue Kommunistische Partei – besser organisiert, zentralisiert und mit eiserner Hand von Mao selbst und bemerkenswerten Funktionären wie Liu Shao-ch'i geführt. Chou En-lai verließ bald die Armee und befaßte sich fast nur noch mit den Verhandlungen zwischen Yenan und der nationalistischen Regierung in Chungking.

Mao war jetzt der Führer. Er lebte in einer künstlichen Höhle über dem Tal von Yenan. Während des Krieges wurde die kommunistische »Hauptstadt« mehrfach von den Japanern bombardiert. Alle Besucher Yenans waren überrascht von dem Leben, das sie vorfanden. Lager und Militärschulen. Sportübungen und ideologische Ausbildung. Revolutionäres Theater. Der britische Schriftsteller Robert Payne berichtet, wie Mao bei einer Vorführung genau die Lippenbewegungen der Schauspieler beobachtet, als wolle er selbst eine Rolle auf der Bühne spielen.

Nur ein Schatten lag für Mao auf diesem Bild: Nordchina zieht der scharfen Küche Hunans mildere Speisen vor. Also legte er sich einen Garten an, in dem er roten Pfeffer anpflanzte, mit dem er sein Essen würzen konnte. In Yenan begann er auch, mit Hilfe chinesischer Übersetzungen seine Kenntnis des Marxismus zu vertiefen. Er versuchte sogar, einen Aufsatz über den dialektischen Materialismus zu schreiben, gab aber vor der Beendigung auf. Seine Theorie der Widersprüche, die er später entwickelte, ist stärker an der klassischen chinesischen Philosophie orientiert als an der deutschen, an der Dialektik von Yin und Yang eher als an Hegel.

Training der örtlichen Miliz in Yenan, 1938.
Photo aus dem Film »La Vie à Yenan«. (C. H. Favrod)

wir greifen ihn an. Er weicht zurück, wir verfolgen ihn« (Mao)

Po Ku, Chou En-lai,
Chu Teh und Mao 1936 in Pao'an.
(Sammlung Edgar Snow,
Nym Wales - Magnum)

Dieses Photo wurde von Edgar Snow
nach dem Februar 1936 an der
Front in Ningsia aufgenommen.
Die Fahne trägt die Aufschrift
»Die Vorhut der Roten Armee
gegen die Japaner im Namen
des chinesischen Volkes«.
Die Rote Armee hat sich dieses
Motto im August 1935 ausgesucht.
(Edgar Snow – Henriette Herz)

1936. Lin-Piao
(rechts, stehend)
mit seinem Generalstab:
Lo Jui-ching
(sitzend, rechts in der
zweiten Reihe)
und Nieh Jung-cheng
(dritter von links,
stehend), heute der Herr
der chinesischen
Atombombe.
(Nym Wales - Magnum)

172

Gymnastische Vorführungen der Kadetten
der Roten Universität von Pao'an, 1936.
(Edgar Snow – Henriette Herz)

Kadetten der Roten Universität
von Pao'an, 1936.
(Edgar Snow – Henriette Herz)

Kao Kang führte die kommunistischen Guerillas in der
Gegend von Yenan noch vor der Ankunft des Langen
Marsches. Er wurde dann in den 50er Jahren eliminiert.
(Culver Pictures)

YENAN WAR EIN KLEINER MARKTFLECKEN
MIT 7000 EINWOHNERN, BEVOR DIE KPCH
ES ZU IHREM HAUPTQUARTIER MACHTE.

Ankunft einer Kamelkarawane.

Lin Piao hält an der antijapanischen
Militärakademie eine Vorlesung.

Mao geht zu
einer Versammlung.
Rechts: Lin Piao,
hinter ihm:
Lo Jui-ching,
links: Teng Tai-yuan.

Kang Sheng beschäftigte sich in dieser Zeit mit »Sicherheitsproblemen« in der Partei.

Der Chor der Akademie der Künste in Lu Shun.

Alle Dokumente auf dieser Seite stammen aus dem Film »La Vie à Yenan«, 1938. (C. H. Favrod)

Die Schriftstellerin Ting Ling, hier
aufgenommen von dem Kameramann
des Films »La Vie à Yenan« 1938. Sie war
die Witwe des Parteilinken Hu Yeh-pin,
der 1931 in Changhai erschossen wurde.
Sie war eine berühmte Schriftstellerin
und sehr populär innerhalb der kommunistischen Bewegung. Sie widersetzte
sich ein paar Mal den Direktiven der
KPCh und verschwand während
der Kulturrevolution. (C.H. Favrod)

Nym Wales (jetzt Helen Foster-Snow)
posiert an der Seite Peng Teh-huais
und präsentiert das lange Schwert,
das Otto Braun während des ganzen
Langen Marsches bei sich getragen hat.
(Nym Wales - Magnum)

Panorama von Yenan. (Eastfoto)

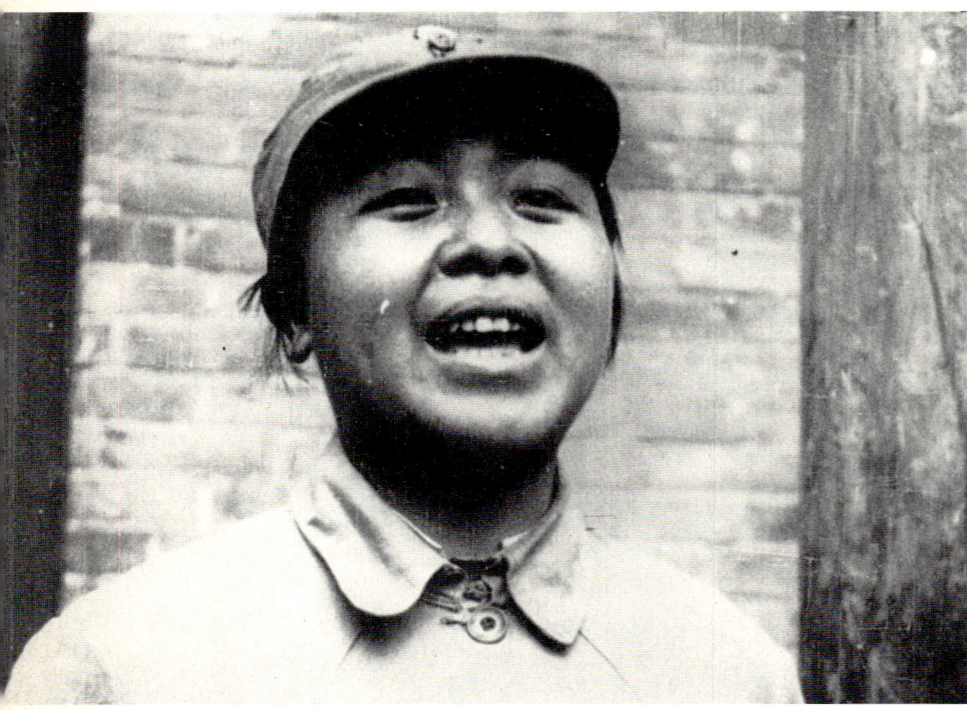

176

Chou En-lai mit 37 Jahren, photographiert von
Edgar Snow in Peikiaping, im Norden von Shensi.
Zu der Zeit ist er Vizepräsident der
Militärkommission der Partei.
(Edgar Snow, Nym Wales - Magnum)

Von rechts nach links:
Teng Hsiao-ping, Chen Yun, Chu Teh,
Peng Teh-huai, nach dem Sommer 1937
(da sie den Kuomintang-Stern tragen).
(Culver Pictures)

177

Klassenzimmer um 1947 in der befreiten Zone
des Nordostens. An der Wand ein Portrait Maos
aus den 30er Jahren.
(George Lacks – Time-Life Picture Agency)

Auf einer Wand in Yenan erkennt man
Plakate von Peng Teh-huai (erstes von links),
Sun Yat-sen (bezeichnet durch den Stock
des Jungen).
(Bosshard – Black Star, Time-Life Picture Agency)

Der »Lenin-Club«, der Ort für Zusammenkünfte
und Diskussionen der Angestellten des Arsenals
von Nord-Shensi.
(Edgar Snow – Henriette Herz)

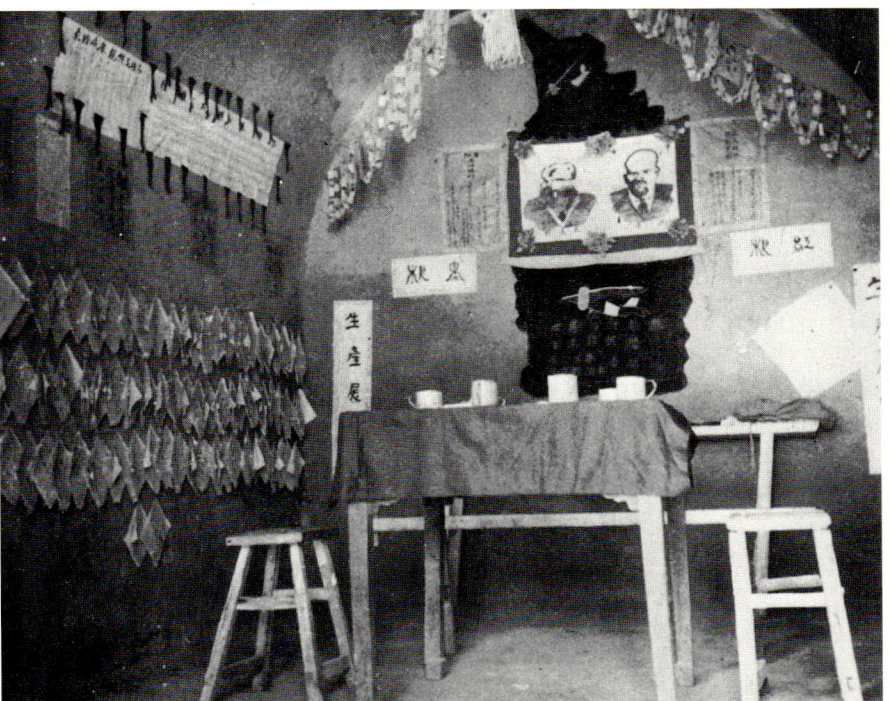

Die »Jugendbrigade« wurde von den
Führern der kommunistischen Jugend
in Shensi und Kansu organisiert, um den
Bauern in der befreiten Zone zu helfen,
deren Söhne sich der Armee
oder der Miliz angeschlossen hatten.
(Sammlung Edgar Snow – Nym Wales - Magnum)

Ein Schlafraum in der Akademie der Künste
Lu Hsün in Yenan. (Black Star)

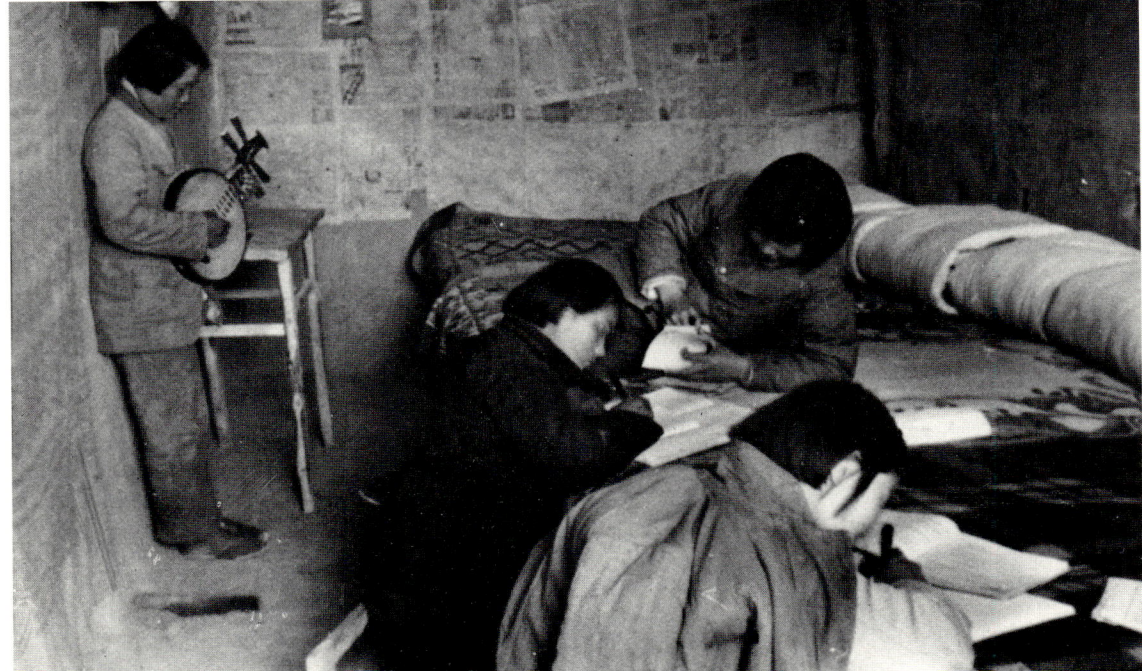

179

Alphabetisierungskampagne
in Yenan.
(Edgar Snow – Henriette Herz)

Mao Tse-Tung und Chu Teh,
wahrscheinlich in Pao'an 1936.
(Nym Wales - Magnum)

Chu Teh hält an der
politisch-militärischen
antijapanischen
Universität
von Yenan 1937
eine Vorlesung.
(Nym Wales - Magnum)

180

Yen Chien-ying
im kommunistischen
Verbindungsbüro
in Hankou, 1938.
(Culver Pictures)

Chu Teh 1937.
(Culver Pictures)

Studenten der
Akademie der Künste
Lu Hsün.
(Culver Pictures)

Ein mandschurischer Kriegsherr ändert den Lauf der Geschichte

Mao und seine Genossen wurden mehrere Male von den Zwistigkeiten innerhalb des nationalistischen Lagers gerettet, auch im Dezember 1936, als ihnen eine unglaubliche Verquickung von Umständen zu Hilfe kam. Ohne die Ereignisse jener Tage in Sian, der Hauptstadt Shensis, wären sie vielleicht von zehnfach überlegenen Truppen vernichtet worden.

Das Schicksal wollte es, daß die von Chiang Kai-shek zu ihrer Zerstörung ausersehene Armee von dem »jungen Marschall« Chang Hsüeh-liang kommandiert wurde, dem Sohn Chang Tso-lins, des Kriegsherren der Mandschurei, der 1928 von den Japanern ermordet worden war. Der einzige Wunsch des »jungen Marschalls« war es, den Tod seines Vaters zu rächen, die Mandschurei zurückzuerobern, aus der auch die meisten seiner Offiziere und Soldaten stammten, und sich dabei vielleicht auch als der eigentliche Führer des nationalistischen Lagers durchzusetzen.

Chang Hsüeh-liang traf mehrfach mit Chiang Kai-shek zusammen, konnte ihn aber nicht überzeugen – der Generalissimus blieb dabei, daß er zuerst die Kommunisten und andere Oppositionelle im Lande besiegen müsse, bevor er an einen Krieg gegen Japan denken könne.

In der Gewißheit, die Unterstützung der Kommunisten und der Sowjetunion zu finden, ließ Chang Hsüeh-liang Chiang Kai-shek verhaften. Dieser Handstreich zeigte nicht die angenommene Wirkung. Moskau erteilte den chinesischen Kommunisten den Befehl, sofort die Befreiung des Kuomintang-Führers zu erwirken, den Stalin für den einzigen Mann hielt, der die Einheit Chinas gegen die japanische Bedrohung aufrechterhalten konnte. Mao mußte sich beugen. Chou En-lai führte die Verhandlungen. Chiang Kai-shek konnte nach Nanking zurückkehren.

Die Bedeutung des »Vorfalls von Sian« für die folgenden Ereignisse ist nicht hoch genug einzuschätzen. Chiang Kai-shek hatte seine Bewegungsfreiheit wiedergewonnen, aber keineswegs seine Handlungsfreiheit. Es kam nicht mehr in Frage, einen weiteren Vernichtungsfeldzug gegen die Kommunisten zu führen. Im Gegenteil, er hatte sich verpflichtet, erneut mit seinen Gegnern zusammenzugehen, um Widerstand gegen Japan zu leisten. Das war der Schicksalsschlag, den Mao und seine Genossen nicht hatten voraussehen können. Für sie war es ein neuer Anstoß, ihr Militärpotential weiterzuentwickeln.

Chiang Kai-shek und Chang Hsüeh-liang 1936 bei ihrer Ankunft in Sian. (Sammlung Ringart)

Chiang Kai-shek und sein
Schwager Kung Hsiang-hsi
mit Chang Hsüeh-liang
vor dem Zwischenfall.
Im Hintergrund an den Baum
gelehnt, Chiangs Frau,
Soong Mei-ling.
(Bossard – Black Star)

General Yang Hu-cheng,
der zusammen mit
Chang Hsüeh-liang der
Urheber des Zwischen-
falls von Sian war. Hier in
London, im September 1937.
(Associated Press)

Chiang landet nach der Rückkehr
aus Sian in Nanking und trifft
seine Frau und seine Regierung
wieder.
(Sammlung Ringart)

Chou En-lai landet in Yenan,
nachdem er mit Chiang
die Bedingungen für dessen
Befreiung ausgehandelt hat.
(C. R. A.)

Am 30. Mai 1937 kommt eine
Delegation der Kuomintang
in Yenan an, um die Verhand-
lungen über eine gemeinsame
Front fortzusetzen.
Links: Yeh Chien-ying
mit Mützen: Chu Teh und Mao.
(Nym Wales – Magnum)

183

Die Japaner »erziehen« die Chinesen

Bei einem Besuch in Peking baten japanische Sozialisten 1964 Mao Tse-tung »aus tiefstem Herzen um Verzeihung« für die furchtbaren Schäden, die das kaiserliche Japan China während des Krieges zugefügt hat.

»Kein Grund, um Verzeihung zu bitten«, antwortete Mao. »Der japanische Militarismus hat China sehr genützt. Hätte es eure Kaiserliche Armee nicht gegeben, hätten wir nicht die Macht erobern können.«

Japan beherrschte schon die Mandschurei und die Innere Mongolei, als es im Juli 1937 zum geplanten Angriff auf Chiang Kai-sheks China überging. Die Kaiserliche Armee nahm Peking ein, traf in Shanghai jedoch auf mutigen Widerstand. Erst im November wurde die Schlüsselstadt im Tal des Blauen Flusses erobert. Dann marschierten die Japaner auf Nanking, die Hauptstadt des nationalistischen China.

Seit Beginn der Operationen hatten sich die Japaner durch die unbarmherzige Behandlung der Zivilbevölkerung und der Gefangenen hervorgetan. Millionen Flüchtlinge waren auf ihrer Flucht nach Westen durch Nanking gekommen. Von einer Bevölkerung von einer Million waren nur noch 200 000 in der Hauptstadt, ohne die Zehntausende Flüchtlinge und Soldaten zu zählen, als die Japaner im Dezember in Sichtweite ihrer Stadtmauern kamen.

Am 12. Dezember drangen die Japaner in Nanking ein und trieben chinesische Soldaten vor sich her, von denen viele nur noch mit alten Musketen und Säbeln kämpften. Die »Plünderung von Nanking«, eines der unerbittlichsten Blutbäder der Kriegsgeschichte, begann am 14. Dezember und dauerte sechs Wochen.

Die japanischen Offiziere und Soldaten hatten einen Freibrief erhalten, zu töten, zu plündern, zu vergewaltigen. Chinesische Gefangene wurden zu Tausenden mit Maschinengewehren erschossen. Andere dienten als Puppen für die Truppenausbildung am Bajonett. Die Zivilbevölkerung wurde vernichtet. Die Zahl der umgekommenen Chinesen wird auf 200 000 geschätzt.

Dieses Massaker warf einen blutigen Graben zwischen Japan und China auf, stärkte das chinesische Nationalbewußtsein. Niemand benützte dieses Gefühl so geschickt wie Mao. »Die japanische Armee«, sagte er, »hat das chinesische Volk erzogen.«

August 1937: Die chinesischen Soldaten werden entwaffnet, bevor sie sich in die französische Konzession von Shanghai flüchten können. (Sammlung Ringart)

Nach dem Fall von Nanking machten sich die japanischen Truppen an die Plünderung der Stadt. (Archiv E. R. L.)

184

Die japanischen Truppen beim Sturm auf Shanghai am 13. August 1937. (Archiv E. R. L.)

Die Kavallerie Lian Piaos nach dem Sieg von Ping-hsing-kuan (Herbst 1937). (Agentur Neues China)

Flüchtlingskolonnen strömen in die ausländischen Konzessionen. (F. P. G.)

Japanische Soldaten trainieren mit dem Bajonett an chinesischen Kindern. (Time-Life Picture Agency)

Wang Ching-wei, der zukünftige Kollaborateur mit den Japanern, kommt am 18. März 1938 in Nanking an. Er wird vom Bürgermeister der Stadt, Kao Kuan-wu, begrüßt. (Black Star)

Unterzeichnung unter das Dreimächteabkommen am 27. Februar 1940. Italien und Deutschland vertrauen Japan in Asien die Rolle an, die sie sich für Europa vorbehalten haben. (U. S. I. S.)

Mao ergreift 1944 in Yenan das Wort. (A. T. Steele-Time-Life Picture Agency)

DIE SPIELREGELN
DER MACHT

Mao Tse-min, der zweitälteste Sohn Maos, ist 1943 in Sinkiang gefallen. (C. R. A.)

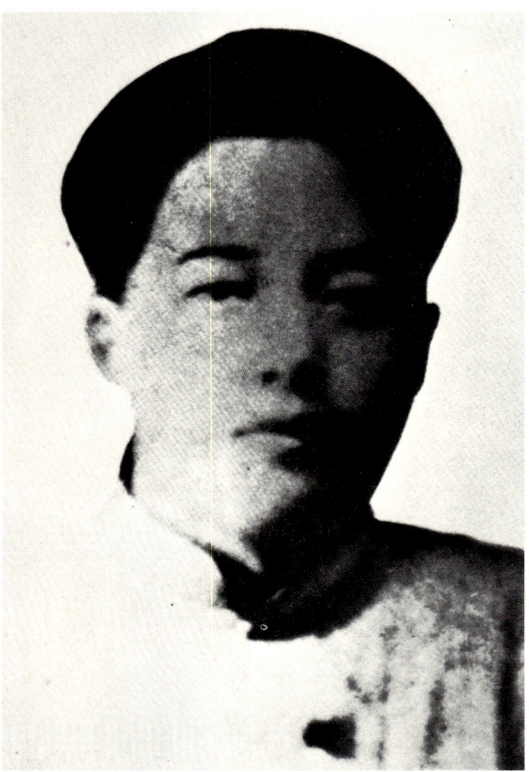

Mao Tse-tan, der Lieblingssohn Maos, ist 1935 in Juichin gefallen. (C. R. A.)

1937. Mao ist der »sonderbare« Mann geworden, den Agnes Smedley, eine amerikanische Journalistin, die sich seit langem aus Idealismus und Neigung der internationalen kommunistischen Bewegung verbunden fühlte, in Yenan kennenlernte.

Ein Jahr nach Beendigung des Langen Marsches hatte sich der kommunistische Stab in dieser entlegenen kleinen Stadt in Nord-Shensi eingerichtet, zwischen Löß-Hügeln, im Sommer ausgetrockneten Flüssen und felsigen Bergen, auf denen Wintergetreide wuchs.

Auf dieser gelben Erde, schrieb der britische Autor Robert Payne, lebten die Kommunisten »in lauter Legenden – in der Legende des Langen Marsches, in der Legende des Grenzkrieges unter der Sung-Dynastie und in den noch älteren Legenden, denen zufolge irgendwo nicht weit von Yenan die chinesische Rasse das Licht der Welt erblickte«. Die Führer wohnten in Höhlen, die man mit den Händen aus den Kalkfelsen gegraben hatte und die »im Winter warm und im Sommer kühl« waren.

Mao ließ sich von der Schönheit dieses Nordchina überwältigen, das er bis dahin nur in Peking kennengelernt hatte. An die feuchte Wärme Hunans gewöhnt, staunte er im Winter über die verschneite Weite Shensis, wenn die Berge in der Sonne glitzerten wie *tausende silberne Schlangen*. Er kannte jedoch nicht mehr den Überschwang seiner Jugend. Auf dem Langen Marsch beobachteten seine Gefährten oft, daß er sich abseits hielt und träumte, ohne sich jemandem anzuvertrauen. Die Konflikte innerhalb der Partei hatten ihn mißtrauisch gemacht und sarkastischer, als er je zuvor gewesen war. *Gib acht, daß dir nicht durch zuviel Traurigkeit das Herz bricht,* sollte er eines Tages einem Freunde raten. Mao läßt sich nicht »das Herz brechen«.

Alles in seinem Leben hatte sich geändert. Die Jahre in Kiangsi hatten ihm die idealisierte Vorstellung von seiner Partei und seinen Genossen ausgetrieben. Er hatte gelernt, mit ihnen zu spielen wie die Katze mit der Maus. Ihre persönlichen Konflikte, ihre Ambitionen, ihre Schwächen, ja selbst die Freundschaft, die sie manchmal für ihn empfanden: er zog an allen Fäden, immer in der Gewißheit, daß *er* die Revolution verkörperte. Das Außergewöhnliche geschah wirklich. Er versinnbildlichte schließlich die Einheit einer Bewegung, deren tiefe Spaltungen er nur zu gut kannte, er, der eines ihrer Opfer gewesen war. Je unsicherer, unruhiger sich die Partei fühlte, je mehr sie von ihren inneren Gegensätzen gequält wurde, desto hoffnungsvoller wandte sie sich an den von der Vorsehung gesandten Mann von Tsunyi.

Im übrigen hatte die Partei keine Zeit, sich lang Fragen zu stellen. Wieder einmal vermochten die Gedanken den Ereignissen kaum zu folgen. Der Zwischenfall von Sian, die Auslösung des Krieges durch Japan beschleunigten die Entwicklung. Es war nun verboten, »Nieder mit Chiang Kai-shek!« zu rufen wie damals in Kiangsi. Chou En-lai nannte Chiang sogar einen »vortrefflichen Patrioten und Revolutionär«. Die Idylle dauerte freilich nur kurze Zeit.

Alle Energien der Partei konzentrierten sich zunächst auf die militärische Aktion. Die Rote Armee, die nun 8. Feldarmee hieß, kämpfte an vorderster Front. Vom 23. bis 25. September 1937 nahm eine ihrer Divisionen, die 115., in Shansi an der Schlacht von Ping-hsing-kuan teil: Eine japanische Brigade, der östlich eines Engpasses zwei nationalistische Armeen den Rückzug verwehrten, wurde von den Männern Lin Piaos völlig aufgerieben.

Die Kommunisten hatten jedoch nicht die Absicht, Chiang Kai-shek nachzuahmen, der mit seinen schwachen Mitteln keinen anderen Ehrgeiz hatte, als den japanischen Aggressor hinzuhalten und Zeit zu gewinnen bis zum Kriegseintritt Großbritanniens und der Vereinigten Staaten, den er für die nächste Zukunft voraussah.

Während die nationalistischen Streitkräfte – nachdem sie einen guten Teil Ostchinas aufgegeben hatten – eine lange Frontlinie hielten, die von den Nordwestprovinzen bis Hunan reichte, sickerten die Kommunisten in die japanischen Linien ein und begannen hinter ihnen ein phantastisches Netzwerk von Stützpunkten aufzubauen, von denen aus sie einen Partisanenkrieg führten und Sabotage trieben.

Ihre Aufgabe wurde durch die vergleichsweise geringe Stärke der japanischen Streitkräfte erleichtert. Der japanische Generalstab verfügte über 800 000 Mann und mußte sich damit begnügen, die Städte und die strategisch wichtigen Straßen- und Bahnknotenpunkte zu besetzen. Die Kommunisten, die sich auf ihre in zehn Jahren gesammelten Erfahrungen stützen konnten, beherrschten die ländlichen Gebiete von der Großen Mauer im Norden bis Shantung im Osten und bis zum Jangtsekiang im Süden. In dem Maße, in dem sie ihre Streitkräfte über dieses ganze Gebiet verteilten, rekrutierten sie immer neue Soldaten und zogen zahllose patriotisch gesinnte Studenten und Lehrer an, die ihnen halfen, eine bemerkenswerte Verwaltung aufzubauen.

In drei Jahren, von 1938 bis 1941, gelang es den Kommunisten, ihren eigenen

Darstellungen zufolge, eine Bevölkerung von 50 Millionen Menschen unter ihre Kontrolle zu bringen. Noch weitere vier Jahre, und diese Zahl stieg auf 70 und schließlich 90 Millionen Bauern, die von Volksmilizen in einer Gesamtstärke von 2 Millionen Mann durchsetzt waren. Die regulären kommunistischen Armeen waren im Augenblick der Niederlage Japans im Jahre 1945 auf eine Stärke von 900 000 Mann angewachsen.

Der Unterschied zwischen Chungking, der neuen Hauptstadt Chiang Kai-sheks in Szechuan, und Yenan, der neuen Hauptstadt Mao Tse-tungs, zeigte sich bald sehr deutlich.

Seine strikte Weigerung, sich mit Japan zu einigen, hatte Chiang neue Bewunderung eingetragen, doch dieser energische, geschickte Mann, der sich von Ende 1938 an damit begnügen mußte, über ein China zu herrschen, das auf einige seiner ärmsten Provinzen reduziert war, gab Zeichen einer Lähmung zu erkennen. Die Regierungsarmee wurde unbeweglich. Die Autorität, die Chiang zwischen 1927 und 1938 über die Generale gewonnen hatte, nahm wieder ab. Er war es nun, der *sie* brauchte, und sie ließen es ihn spüren.

Chiang las mit großer Sorge die Meldungen über die Siege Hitlers in Westeuropa, auf dem Balkan, in den Ebenen der Ukraine, in Nordafrika. Dann kamen Pearl Harbor, die blitzartige Expansion Japans in Südostasien, der Verlust Burmas und Singapurs. Um sich in seinem eigenen Lager zu behaupten, konnte er sich nur auf die Vereinigten Staaten stützen, die sich ab 1942 von General Joseph Stilwell in Chungking vertreten ließen, einem großartigen Soldaten, der jedoch als Diplomat eine so ätzende Offenherzigkeit an sich hatte, daß ihn die Journalisten »Essig« tauften.

Zwischen Stilwell und Chiang entspann sich ein Dialog, bei dem jeder für den anderen taub war. Der Amerikaner setzte sich voll ein, er stellte gut ausgebildete und geführte chinesische Einheiten auf und organisierte eine Luftbrücke zwischen Assam und Yünnan, wobei ein Gebirge von 4500 m Höhe von Propellerflugzeugen überflogen werden mußte, die, wie die Ingenieure stöhnten, eine Höhe von 3000 m nicht überschreiten durften. Und Stilwell war es auch, der die neue »Burmastraße« bauen ließ, einen Triumph der Technik und des Wagemuts.

Stilwell glaubte daher, Forderungen stellen zu dürfen. Je nachdrücklicher er aber von Chiang verlangte, daß er etwas gegen die Trägheit und Untätigkeit seiner Generale unternehme, desto mehr wehrte sich Chiang, der sich keinen Gehorsam zu erzwingen vermochte, gegen diesen zudringlichen Fremden. Er zog ihm einen anderen Amerikaner vor, den General Claire Chennault, der mit einigen Dutzend freiwilligen Piloten die japanische Luftwaffe in Schach hielt. Chennault hatte keine Mühe, ihn davon zu überzeugen, daß der Krieg durch eine Strategie gewonnen werden konnte, die sich voll und ganz auf die Luftwaffe stützte. Chiang glaubte es um so lieber, als er wegen der Ausbreitung der Kommunisten besorgt war und auf die fatale

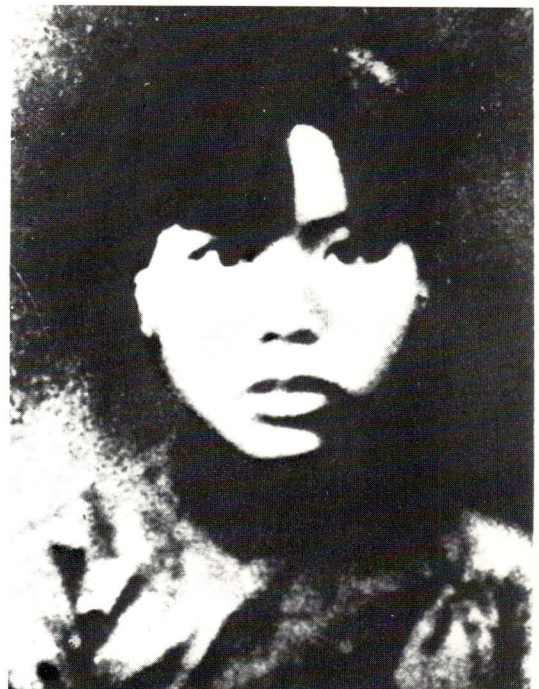

Mao Tse-chien, ein Cousin Maos, fiel 1929 in Hengshan. (C. R. A.)

Pearl Harbor: Dezember 1941. Die amerikanische Pazifikflotte wird durch die japanische Luftwaffe zerstört. Der Krieg weitet sich zum Weltkrieg aus. (U. S. I. S.)

Idee verfiel, seine Kräfte – und das amerikanische Kriegsmaterial – zu schonen, um nach der japanischen Niederlage sein Land zurückzuerobern.

Die Untätigkeit der Nationalisten hatte schließlich einen zunehmenden Abfall ihrer Truppen zur Folge. Diese waren mit Ausnahme einiger Eliteregimeter schlecht verpflegt und schlecht ausgerüstet. »Der Monatssold eines nationalistischen Infanteristen reicht mir knapper Not für ein Päckchen Zigaretten«, sagte Mao verächtlich zu einem amerikanischen Besucher. Mehr noch als die Steuern wurde die Aushebung zu einer Geißel der Bauern, deren Söhne in Scharen flohen. Man kennt Fälle, in denen Generale nach Chungking kamen, um sich zu beklagen: »Wir haben keine Armee mehr; unsere Soldaten sind uns davongelaufen.« Ein frappierendes Zeichen für die Krise des Regimes: Die Intellektuellen, die in ihrer patriotischen Begeisterung nach Chungking geströmt waren, begannen zu murren und sprachen von einer »dritten Kraft« – weder Kuomintang noch Kommunisten.

Sogar den Amerikanern wurde es zuviel. Als Stilwell von Roosevelt im Januar 1945 zurückgerufen wurde, vertraute er einem Freund an, er würde gerne »Schulter an Schulter mit dem kommunistischen General Chu Teh kämpfen«.

In Yenan dagegen kam ein ganz anderes Temperament zum Ausdruck. Mao baute um sich herum eine politische und militärische Maschinerie von einer Dynamik auf, die ihm die Sympathie aller Besucher eintrug. Oberst David Barrett, der im Juli 1944 als Leiter einer amerikanischen Mission in Yenan ankam, wurde für einen Augenblick ein leidenschaftlicher Bewunderer des kommunistischen Aktivismus. Er traf mit Mao, Chu Teh, Chou En-lai, P'eng Teh-huai und Lin Piao zusammen. Von letzterem sagte er: »Ich würde gern unter seinem Befehl gedient haben.« Ein erstaunlicher Gegensatz zu der schwächenden Atmosphäre von Chungking. Die Kommunisten, sagte Barrett, haben die Reserven des chinesischen Volkes – »des intelligentesten der Erde« – großartig zu nutzen verstanden.

Barretts Begeisterung kühlte später ab, vor allem als er von der Existenz von Lagern für politische Gefangene in der Umgebung von Yenan erfuhr, aber der amerikanische Offizier war beeindruckt vom Sachverstand und von der Kompetenz seiner Gastgeber, die obendrein – ein weiterer Gegensatz zu Chungking – einfach und bescheiden lebten. Mao, stellte er fest, geht nur zu Fuß, oder er fährt allenfalls in einem alten, zerbeulten Lkw. In Yenan sah man nicht reihenweise schwarze Limousinen, in denen müde Minister saßen. Es waren auch keine Wachtposten oder Polizisten zu sehen. Dieser erste Entwurf eines kommunistischen Chinas hatte den Anschein einer braven Demokratie, in der die Regierenden für jedermann zu sprechen waren.

Barrett war nicht der einzige, der solche rührenden Details bemerkte. Mehrere amerikanische Diplomaten und Journalisten beschrieben Yenan so, daß sie die Legende von Mao dem »Bodenreformer« bestätigten, der einzig das Ziel verfolgte, sein Vaterland von den Japanern und die chinesischen Bauern von ihrem ererbten Elend zu befreien.

Mao machte sich vor allem erbötig, an der Seite der Amerikaner zu kämpfen und ihnen zu helfen, einen Brückenkopf in Shantung zu bilden, denn es war davon die Rede, daß sie dort auf dem chinesischen Kontinent Fuß fassen wollten. Zu einer Zeit (1944), als mit Ausnahme von Roosevelt und einigen Wissenschaftlern noch niemand etwas vom Fortschritt des »Manhattan-Projekts« (der Atombombe) wußte,

Chiang Kai-shek und seine Frau zusammen mit Stilwell. (U. S. I. S.)

war dieses Angebot willkommen. Die Kommunisten waren nach Barretts Schätzung nicht imstande, den Japanern in großen Schlachten entgegenzutreten, aber ihre Technik des »Handstreichs«, des Partisanenkampfes, konnte eine amerikanische Landung wesentlich erleichtern.

Barrett brauchte mehrere Jahre, um sein Urteil von 1944 zu revidieren. »Was seit der Machtergreifung der Kommunisten auf dem ganzen chinesischen Kontinent geschehen ist«, schrieb er später, »zeigt, daß es in Yenan zweifellos weniger Freiheit gab als in den Landesteilen, wo die nationalistische Regierung an der Macht war. Damals allerdings glaubten wir, wahrscheinlich wegen unserer Naivität, es habe dort mehr gegeben.«

Er erinnerte sich, daß der Chou En-lai einmal fragte, ob »irgendein Bürger sich die Freiheit nehmen durfte, Präsident Mao in der kommunistischen Presse zu kritisieren«. Chou En-lai antwortete: »Gewiß, aber offensichtlich hat niemand den Wunsch, Präsident Mao zu kritisieren.« Und als sich das Gespräch dem Thema Demokratie zuwandte, erklärte Chou En-lai, offenbar ohne sich der Ironie seiner Worte bewußt zu sein: »Für uns ist die größte Demokratie der Welt die in der Sowjetunion herrschende. Aber wir wissen freilich, daß wir hundert Jahre brauchen werden, um diesen Gipfel zu erreichen. Für den Augenblick wären wir schon zufrieden, wenn wir eine Demokratie wie die Ihre in den Vereinigten Staaten hätten.«

In Wirklichkeit war Mao schon seit mehreren Jahren dabei, neue Formen einer »Demokratie« auszuarbeiten, die vom sowjetischen Vorbild inspiriert, aber den Erfahrungen und Bedingungen der chinesischen Gesellschaft angepaßt waren.

Der Krieg gegen Japan und die demokratische Revolution, erklärte er, müssen von allen chinesischen Patrioten gemeinsam unter der Führung des Proletariats zu Ende gebracht werden. Die chinesische Bourgeoisie hat zu wenig Festigkeit und Willen, um ihre historischen Aufgaben zu übernehmen. Aber steht das Proletariat nicht dem Kampf fern? Irrtum! Die Kommunistische Partei ist nicht nur das Gewissen des Proletariats. Sie ist das Proletariat. Die Anwesenheit oder Abwesenheit des Proletariats zählt letzten Endes weit weniger als die von der Partei verkörperte proletarische Ideologie. Die Partei kann bei entsprechender Erziehung und Umerziehung die Klasse ersetzen, die sie vertreten soll.

Eine These, die nur wenige Kommunisten zu bestreiten imstande wären. Sie ist bereits bei Lenin und Stalin impliziert. Und sie entsprach vollkommen einem China, in dem der Krieg und seine Greuel die Gesellschaftsklassen zerstörten. Bauern ohne Land und Intellektuelle ohne Universitäten ließen sich von den Nationalisten ebenso anwerben wie von den Kommunisten und sogar von den projapanischen Kollaborateuren. Die Überlegenheit Maos bestand darin, daß er den Seinen das erhebende Gefühl gab, für sich selbst zu kämpfen. *Ihre* Macht war es, die sie mit *ihren* Gewehren eroberten. Sie sollten nicht mehr im Dienste der herrschenden Klassen stehen, sie sollten selbst *die* herrschende Klasse sein. Die Partei und die Armee waren die Sturmböcke der Revolution. Alles Übrige war eine Angelegenheit der »Praxis«.

Und die »Praxis« war sehr vielgestaltig. Solange der Krieg gegen den japanischen Eindringling dauerte, war es im Namen der nationalen Einheit sogar erlaubt, die Bodenreform zu vergessen. In den kommunistischen Stützpunkten beruhigte man die Grundbesitzer und reichen Bauern. Mao dekretierte, daß sie »in der Mehrheit Patrioten« seien. Sie durften daher ihren Besitz behalten und den lokalen Machtorganen angehören. Zum Ausgleich dafür profitierten die armen Bauern, die »Bundesgenossen des Proletariats«, von einer Herabsetzung der Pachtgelder und Hypothekenzinsen. Die Kommunistische Partei versuchte auf diese Weise, Verantwortlichkeiten zu übernehmen, die eigentlich der Kuomintang zustanden. Ihre Verwaltung, die besser durchdacht und wirksamer war als die ihrer Gegner, erlaubte es ihnen, ihr Betätigungsfeld zu erweitern und *im Volk zu leben wie der Fisch im Wasser*.

Es bestand die Gefahr, daß die Partei und die Armee durch dieses Aufgehen im Widerstandskampf ihre Identität vergaßen. Daher wurde alles unternommen, um sie ihnen in Erinnerung zu bringen. Neue psychologische Aktionstechniken wurden erprobt. Das sogenannte »Beschwerdeführen«, das »Ansprechen der Bitterkeit«, verfolgte das Ziel, einen geistigen Bruch mit der Vergangenheit zu bewirken. Die unter dem »alten Regime« erlebten Leiden wurden in öffentlichen Versammlungen geschildert. Die Zeit der Militärmachthaber und der Kuomintang mußte eine ständig offene Wunde bleiben, die nie vernarben durfte. So wurde die Seele darauf vorbereitet, das Neue in Bausch und Bogen aufzunehmen, selbst wenn es nach wie vor Irrtümer und Ungerechtigkeiten gab.

Die zunächst in der Armee erprobte Methode des »Beschwerdeführens« wurde in dem Maße auf die Dörfer übertragen, in dem der patriotische Krieg hinter dem Krieg zwischen KPCh und Kuomintang zurücktrat. Mao maß dieser Propaganda die größte Bedeutung bei. Er behauptete, daß der Bauer, der seine Leiden schilderte, zwar nicht ihre ganze Bedeutung erkannte, es aber der Partei ermöglichte, ihm seine Erfahrung, bereichert durch eine klare, zusammenhängende Anschauung von der Welt, die ihn umgab, zurückzugeben: *Wir müssen die Massen präzise lehren, was wir verworren von ihnen bekommen haben,* erklärte er 1965 André Malraux. Und er fügte hinzu: *Was hat die meisten Dörfer für uns gewonnen? Das Beschwerdeführen.*

Das Beschwerdeführen brachte die Massen in die gewünschte Verfassung. Die »Berichtigungsbewegung«, die im wesentlichen das sowjetische Beispiel nachahmte, betraf nur die Partei. Sie wurde von Abweichungen bedroht, die aufgezeigt und verurteilt werden mußten. Es genügte nicht, den Marxismus zu lehren. Die Parteimitglieder mußten vor ein großes Publikum gestellt werden, sie mußten beichten, ihre gesellschaftlichen Vorurteile, ihre familiären und geistigen Bindungen an die alte Gesellschaft gestehen. Auf diese Weise war die Partei in der Lage, die schlechten Elemente von den guten zu trennen und *die Krankheit auszumerzen, um den Kranken zu retten.* Die in Kiangsi und auf dem Langen Marsch erprobten Kader wurden die Erzieher der Neuen.

Waren die Erzieher aber wirklich fähig zu erziehen? Einer von ihnen, ein Erzieher der Erzieher, mußte scharf unterscheiden können zwischen der richtigen proletarischen Linie und der reaktionären Schurkerei. Und wer sollte diese Verantwortung übernehmen, wenn nicht Mao, der die von falschen Theoretikern irregeleitete Partei gerettet hatte? So war Mao in Yenan nicht mehr nur Mao, und es entstanden »die Gedanken Mao Tse-tungs«. Sie waren fortan das letzte Kriterium, das alle Meinungsverschiedenheiten und Oppositionen zu überwinden gestattete. Die Partei konnte die Botschaft verbreiten: Man hatte einen geistigen Führer gefunden, den Mann, der den europäischen Marxismus auf wahrhaft chinesische Weise zu definieren verstand. Später behauptete man sogar, der Marxismus Maos, in dünnen Broschüren dargelegt, die man schwerlich mit den Werken Lenins oder Trotzkis vergleichen kann, sei »der Marxismus unserer Epoche« und reiche weit über die Grenzen Chinas hinaus.

Die Macht Maos über die Partei, die schon nach dem Langen Marsch zu spüren gewesen war, nahm im Laufe der Jahre immer weiter zu. Im Frühjahr und Sommer 1942 wurde ein neuer großer Schritt getan. Es war eine schwere Zeit, in der sich die Lebensbedingungen in Shensi verschlechterten. Die Ernte war nicht gut gewesen. Der kommunistische »Stützpunkt« litt unter einer strengen Blockade seitens der Japaner und der nationalistischen »Verbündeten«. In diesem Augenblick zeichnete sich eine von namhaften Schriftstellern angeführte Revolte ab. Maos Eingreifen war entscheidend.

Bis dahin hatte die KPCh davon Abstand genommen, den Intellektuellen eine starre Linie zu diktieren. Mao nahm es auf sich, sie im totalitären Sinne vorzuzeichnen. Aller Wahrscheinlichkeit nach, weil er sich die Unterstützung Stalins gegen alle jene sichern mußte, die innerhalb der chinesischen Partei von den Schwierigkeiten, auf die er stieß, profitieren und seine Position schwächen konnten. Sein Manöver war in dieser Hinsicht ein voller Erfolg: Nachdem er seine Treue zu den Ideen Moskaus bewiesen hatte, konnte er mühelos alle ausschalten, die sich auf ihre Treue zur Sowjetunion beriefen, um ihm seine Autorität streitig zu machen, nämlich Männer wie Wang Ming und Po Ku. Ein weiterer Vorteil: Die Gleichschaltung der Intellektuellen trug dazu bei, die Fäden, die zwischen den neuen Führern der Partei gesponnen wurden, fester um seine Person zu ziehen.

Die »Revolte« von 1942 entwickelte sich in zwei Richtungen. Die Schriftsteller, die sich aus Sympathie für den Kommunismus in Yenan niedergelassen hatten, begannen, gegen die Weisungen der Parteibürokratie zu protestieren. Die Partei versuchte, ihnen die sowjetische Theorie des »Sozialistischen Realismus« aufzuzwingen: Kunst und Literatur müssen in den Dienst des Volkes gestellt werden, für das Volk sprechen, den revolutionären Optimismus ausdrücken. Die Romanschriftstellerin Ting Ling, der Dichter An Ching, der Essayist Wang Shih-wei waren unter den ersten, die sich gegen diese Anschauung auflehnten. Ihrer Ansicht nach konnte die Kunst den sozialen Fortschritt nur in dem Maße fördern, in dem sie unabhängig, so unabhängig wie möglich, blieb. Die Kunst im Dienste der Partei konnte nur neuen Privilegien dienen. Sie mußte ihre Existenzberechtigung verlieren, die darin bestand, sich gegen alle Ungerechtigkeiten zu erheben – gleich, von welcher Seite sie kamen – und dem Teil des Menschen Ausdruck zu verleihen, der ihn, »in der Stille«, nach dem Sinn des Lebens fragen läßt.

Die Rebellen wollten die Fehler des Regimes in Yenan aufzeigen. Die Welt von Chungking ist lasterhaft und korrupt, sagten sie, aber die unsere schlägt einen gefährlichen Weg ein. »Wir strebten nach mehr Licht und fallen in die Finsternis zurück.«

Eine Novelle Ting Lings, *Im Krankenhaus,* war der Funke im Pulverfaß. Die Autorin beschrieb darin die Inkompetenz der nach rein politischen Kriterien ausge-

Frühlingsfest in Yenan.
Chinesisches Propagandaplakat nach 1949.
(C. R. A.)

wählten Kader und die Gleichgültigkeit, mit der in einem Krankenhaus von Yenan die Ärzte und Schwestern behandelt wurden. Um der Verurteilung durch die Partei zu entgehen, erklärte sich die Autorin bereit, die Novelle mit den Korrekturen, die man ihr vorschrieb, zu veröffentlichen, aber sie wurde rückfällig, und diesmal entging sie nicht der »Berichtigung«.

Die Seitensprünge Ting Lings wurden von der Partei um so schärfer verurteilt, als die Autorin einen großen Einfluß auf die intellektuelle Jugend ausübte. Sie war schon früh der Kommunistischen Partei beigetreten. Ihr Mann, ebenfalls Schriftsteller, war 1931 von der Kuomintang hingerichtet worden. Sie selbst war 1937, nach drei Jahren Gefängnis in Nanking, in Yenan angekommen. Man hatte ihr große Aufgaben im Propagandadienst der Armee und bei den literarischen Zeitschriften der Partei übertragen. Als sie nun in einem Essay das Schicksal der Frauen in den kommunistischen Gebieten beklagte, konnte diese Unvorsichtigkeit nicht unbemerkt bleiben. Ting Lings größter Fehler war es, daß sie sich zwar maßvoll, aber sehr treffend auszudrücken verstand. Sie gab zu, daß die Frauen in Yenan eine bessere Stellung hatten als im übrigen China, aber sie wies mit Nachdruck darauf hin, daß zahlreiche Vorurteile noch immer bestanden: Eine unverheiratete Frau wurde verspottet, eine Frau, die heiratete und Mutter wurde, konnte sich nicht politisch betätigen, ohne sofort verurteilt zu werden, weil sie ihr Heim und ihre Kinder »im Stich gelassen hatte«. Blieb sie aber zu Hause, so reihte man sie in die Kategorie der Reaktionäre und Bewunderer der Vergangenheit ein.

Kurz, welche Farbe das Regime auch hatte, die Frau konnte den Forderungen von Umständen, für die sie selbst nicht verantwortlich war, nicht entrinnen. Diese einfache Feststellung brachte Ting Ling vor das Parteigericht, wo sie ihre eigenen

Irrtümer eingestehen und die ihrer Freunde verdammen mußte. Nur unter dieser Bedingung erhielt sie die Erlaubnis, ihre Arbeit als Parteimitglied und Schriftstellerin fortzusetzen.

Wang Shih-wei hatte weniger Glück. Allerdings war auch sein Essay aus dem Jahre 1942, *Die wilde Lilie,* weit schärfer als der Ting Lings. Die Sitten der neuen Beamtenschaft beunruhigten ihn. Lebten in ihnen nicht die schlimmsten Aspekte der Vergangenheit wieder auf? Wang gab zu, daß China noch nicht reif war für eine allgemeine Gleichheit der Lebensbedingungen, aber er entrüstete sich über den Anblick der Funktionäre, die in diesen schwierigen Zeiten um soviel besser gekleidet und ernährt waren als die übrige Bevölkerung. »Ist es wirklich notwendig und vernünftig«, fragte er, »Kleidung in drei verschiedenen Farben herzustellen, um die ›Grade‹ der Beamten zu unterscheiden und die Lebensmittel in fünf Kategorien [je nach den Funktionen] einzuteilen?« Auf ihn fuhr der Blitz nieder. Da er sich weigerte zu bereuen, wurde er unter der Anklage des »Trotzkismus« verhaftet, und 1947 starb er unter den Kugeln derer, die er zu kritisieren gewagt hatte.

Mao führte die Offensive gegen die Rebellen an. Er entdeckte an ihnen eine ärgerliche Neigung zum bürgerlichen Individualismus. Die Schwächen des kommunistischen Regimes, erklärte er, sind Sache der Partei und nicht der Künstler und Intellektuellen. Diese haben nicht die Partei zu kritisieren, sondern das Heldentum der Armee und der Massen zu schildern. Man findet bei Mao, mit chinesischen Bildern ausgeschmückt, alle Argumente, die in der Sowjetunion Stalin und Andrej Schdanow gebrauchten, um Abweichungen vorzubeugen.

In dieser »Ansprache in Yenan über Literatur und Kunst« spürt man die Absicht Maos, die Parteikader zu beruhigen und zu trösten und sie gleichzeitig daran zu erinnern, daß sich die Partei das Recht vorbehielt, sie »umzuerziehen«, falls sich das als notwendig erwies. Einerseits verbot Mao den Intellektuellen, unabhängig davon, ob sie Parteimitglieder waren oder nicht, ihre Kritiken und internen Diskussionen vor die Öffentlichkeit zu bringen. Andererseits vermied er es, die Berechtigung dieser Kritiken und Diskussionen zu leugnen, deren er sich zu bedienen verstand, um seine eigene Machtstellung zu festigen. Zum erstenmal seit 1921 hatte jemand die Kommunistische Partei Chinas fest in der Hand. Diszipliniert und zentralisiert, begann sie das Gesicht anzunehmen, das sie der Welt ein Vierteljahrhundert lang zeigen sollte.

Dessenungeachtet wurde sie noch immer von schwerwiegenden Meinungsverschiedenheiten zwischen den verschiedenen Cliquen erschüttert, die hinter Maos Rücken um die Erweiterung oder Festigung ihrer Autorität kämpften. Die Revolte der Intellektuellen von 1942 war zum Teil verursacht worden durch die Auseinandersetzungen zwischen mehreren Gruppen von Propagandisten, die um ihre Stellungen und Privilegien kämpften. Auch bei den Militärs konnte man aus den Ernennungen und Entscheidungen jener Zeit schon einige der Konflikte herauslesen, die Jahre später ausbrechen sollten – ganz zu schweigen von denen, die sich innerhalb des politischen Apparates selbst ergaben. Einer der Rebellen von 1942, der Schriftsteller Lo Feng, hatte die »Wunden« beklagt, die »die Genossen von Yenan«

Alphabetisierung in den Höhlen von Yenan. Holzschnitt. (Archiv E. R. L.)

196

einander im Schatten der Partei zufügten. Diese moralischen Wunden brachen im Laufe der Zeit wieder auf, und die Mao zugefügte vernarbte nie.

Man würde im Leben Maos vergeblich eine erstaunlichere Affäre suchen als die, in die er in den vierziger Jahren verwickelt wurde. Während er sich bereits als unumstrittener Herr der Partei sah, unternahmen seine Genossen einen neuen Versuch, seine Macht und sein Ansehen einzuschränken. Mao hatte sich 1938 in eine junge Schauspielerin aus Shanghai verliebt. Diese Leidenschaft eines 45jährigen Mannes für eine um 20 Jahre jüngere Frau löste einen demütigenden Skandal aus, von dem er sich nur um den Preis einer weiteren Demütigung freikaufen konnte.

Yang Kai-hui, die erste Frau Maos, war 1930 von der Kuomintang verhaftet, in Changsha verurteilt und hingerichtet worden. Man weiß nicht, aus welchen Gründen Mao, der damals in den Ching-Kang-Bergen und dann in Kiangsi kämpfte, sie nicht zu sich geholt hatte. Vielleicht hatte er geglaubt, sie sei in Shaoshan, auf dem Hof seines Vaters, sicherer. Was man dagegen weiß, ist, daß Mao 1928 in den Ching-Kang-Bergen Ho Tzu-chen, eine kommunistische Studentin von 17 oder 18 Jahren, kennenlernte, die er sofort zu seiner Gefährtin machte.

Ho Tzu-chen blieb während der ganzen Zeit in Kiangsi an Maos Seite, und sie begleitete ihn auf dem Langen Marsch. Diese sehr anziehende junge Frau hatte ein tragisches Schicksal. Sie mußte die beiden Töchter, die sie von Mao hatte, in Kiangsi zurücklassen, und man hat von den Mädchen, die sie in der Stunde des Aufbruchs Bauern anvertraute, nie wieder gehört. Während des Langen Marsches brachte Ho Tzu-chen eine dritte Tochter zur Welt. Dann wurde sie bei einem Gefecht von mehreren Schrapnells schwer verwundet, und sie kam krank und erschöpft in Shensi an.

Für die ganze Partei war sie die heldenmütige Frau des Führers. In Wirklichkeit war das Paar schon seit langem zerstritten. Ho Tzu-chen vertraute 1937 einigen Freundinnen an: »Tse-tung ist nicht mehr gut zu mir. Eines Tages stritten wir uns. Er nahm eine Bank, ich einen Stuhl...« Eifersucht spielte ebenfalls eine Rolle. Die junge Frau warf Mao vor, er sei allzu empfänglich für die Reize einer Schauspielerin aus Shanghai, Lily Wu, die für ausländische Journalisten in Yenan dolmetschte, und schließlich auch Agnes Smedleys. Ho Tzu-chen beschloß zuletzt, nach Moskau zu fahren, um sich dort behandeln zu lassen. Damals verliebte sich Mao in Chiang Ch'ing.

Diese hatte in Shanghai mit kleinen Rollen auf der Bühne und der Leinwand unter dem Namen Lan Ping (»Blauer Apfel«) eine gewisse Berühmtheit erlangt. Nicht weniger bekannt war sie wegen ihrer Freizügigkeit in der Liebe, und als Mao davon sprach, sie zu heiraten, versäumten die Lästerzungen Yenans keineswegs die Gelegenheit: »Lan Ping? Die hat schon so viele Schwiegerväter und Schwiegermütter gehabt...« Die Lästerzungen richteten nichts aus. Mao ließ wissen, daß er sich von Ho Tzu-chen trennen wolle und entschlossen sei, mit Lan Ping zusammenzuleben.

Die Parteiführer setzten dieser »Laune« sofort ein kategorisches Nein entgegen. Mao mußte nicht Lan Ping den Hof machen, sondern seinen eigenen Genossen. Man sah ihn nachts, eine kleine Laterne in der Hand, von Höhle zu Höhle gehen, um die anderen Parteiführer zu überreden: »Wenn ihr mich Lan Ping nicht heiraten laßt, kann ich nicht mehr der Revolution dienen.«

Die Genossen gaben schließlich nach. Mao durfte Lan Ping heiraten. Die Sorge um die Schicklichkeit ging jedoch sehr weit. Lan Ping mußte sich verpflichten, auf jede öffentliche Rolle an der Seite Maos zu verzichten, bis der Schleier des Vergessens über ihre Vergangenheit gefallen war. Man hoffte zweifellos, daß Chiang Ch'ing, wie sie von nun an hieß, ihren Mann früher oder später wieder verließ oder daß er ihrer überdrüssig wurde. Weder das eine noch das andere geschah. Und die Demütigung von 1940 führte zu einer solchen Anhäufung von Groll und sorgfältig verborgenem Haß, daß sie 25 Jahre später plötzlich eine übermäßige Bedeutung in dem Titanenkampf um die Mao-Nachfolge gewann. Der unglückliche Wang Shih-wei hatte nicht zu unrecht die Rückkehr zu den Sitten des alten China gefürchtet. Durch die dunkle, ungewöhnliche Geschichte Chiang Ch'ings zeigte die Partei Mao Tse-tungs, daß auch sie sich den Regeln der Macht – und seien es die schäbigsten und schmutzigsten – nicht zu entziehen vermochte.

Lan Ping (Chiang Ch'ing) in einem Film der dreißiger Jahre. (C. R. A.)

DAS CHINA DER 60ER JAHRE

Arbeiter verlassen das
Eisenhütten-Kombinat von Anshan.
(Marc Riboud - Magnum)

Probe einer Kindervorstellung
in einem Pekinger Park.
(Marc Riboud - Magnum)

Studenten sind aufs Land geschickt worden.
(Marc Riboud - Magnum)

Am Ufer eines der Pekinger Seen.
(Marc Riboud - Magnum)

Der Erwerb eines Fahrrads,
das mindestens vier Monatslöhne
eines Facharbeiters kostet,
ist der Traum jedes Chinesen.
(Marc Riboud - Magnum)

General Stilwell bringt den Chinesen amerikanische Kriegsführung bei

Nach dem Verlust Zentralchinas floh Chiang Kai-shek 1938 mit seiner Regierung nach Chungking, wo er über keinerlei Industrieanlagen mehr verfügte. Damit war er restlos von der Hilfe aus dem Ausland abhängig. Sowjetische Unterstützung konnte nur in begrenzten Mengen geliefert werden. Die Hilfe aus Großbritannien und den USA ließ lange auf sich warten. Die beiden westlichen Großmächte zögerten, in Asien einzugreifen; die erste, weil sie in Europa mit der Bedrohung durch die Nazis konfrontiert war, die zweite, weil sie bis Pearl Harbor im Dezember 1941 durch ihre neutrale Politik gebunden war.

Als die USA endlich in den Krieg eintraten, hatten sie es in Asien mit einer Situation zu tun, die sich ständig zuspitzte. Bei ihren Angriffen in Südostasien eroberten die Japaner Birma und unterbrachen den letzten Landzufahrtsweg zum nationalistischen China. Die Amerikaner mußten eine Luftbrücke zwischen Indien und Yünnan einrichten, um Chiang Kai-shek zu versorgen und dann die Straße nach Birma zurückzuerobern und zu festigen.

Trotz dieser Anstrengungen blieb Chiang Kai-shek bis zum Schluß ein schwieriger Verbündeter für die Amerikaner, besonders für ihren Vertreter, General Joe Stilwell. Nie hat der Amerikaner begriffen, warum ein Großteil der chinesischen Generale sich weigerte, den Gegner direkt anzugreifen, sei es mit konventionellen Methoden, sei es mit solchen des Guerillakrieges. Trotz des starken Nationalbewußtseins blieb die Mentalität der chinesischen Offiziere von lokal begrenzten Traditionen geprägt. Denen mußte der Generalissimus Rechnung tragen.

Noch weniger verstand Stilwell, warum Chiang Kai-shek sich mehr um die kommunistische Gefahr nach dem Kriege kümmerte als um die militärischen Operationen gegen Japan.

Es war eindeutig, daß Roosevelt seine Beziehungen zu Stalin und Churchill für wesentlich wichtiger hielt als jene zu China, obwohl er beschlossen hatte, China in die Gruppe der Großen Vier aufzunehmen. Danach bestand Chiang Kai-sheks Spiel darin, seine Kräfte »aufzusparen«, um sich durchzusetzen, wenn Japan erst einmal besiegt war – und besiegt werden würde es seiner Meinung nach eben von den Vereinigten Staaten.

Unterweisung und Training der chinesischen Truppen durch die amerikanische Armee. (F.P.G.)

Am 9. September 1945
erobert die erste chinesische
Armee Kanton zurück.
(U. S. I. S.)

Chungking wird von der
japanischen Luftwaffe
bombardiert.
(Imperial War Museum)

General Stilwell ergreift an der Spitze
der amerikanischen und chinesischen Truppen
wieder Besitz von Nordburma, in der Gegend
von Myitkynia. (U. S. I. S.)

General Stilwell (rechts mit Brille)
und General Chennault (links) vor einem
der fliegenden Tiger. (Imperial War Museum)

Die Straße nach Burma ist offen.
(International News Photo)

Die Mission Dixie in Yenan: Mao streichelt den Papiertiger

Am 22. Juli überflog das erste amerikanische Flugzeug Yenan. Orientierungshilfen bekam der Pilot von der Menge, die ihm mit Bewegungen und Geschrei zeigte, wo er landen könne. Endlich berührten die Räder den Boden, rumpelten über Sand und Steine, stießen dann auf ein unvorhergesehenes Hindernis, ein altes Grab. Kurz darauf schüttelte Oberst Barrett, Chef der Operation Dixie, Mao und Chu Teh die Hand.

Der Name der amerikanischen Mission bezeichnete ihr Ziel. Er kam von einem Volkslied: »Is it true what they say about Dixie?« Stimmt es, was sie über Dixie – die Südstaaten der USA – sagen? Für die Amerikaner ging es darum, die Kommunisten zu beobachten und ihr Militärpotential auszuloten.

Barrett machte interessante Beobachtungen in Yenan. Zuerst stellte er fest, daß die amerikanischen Journalisten vor ihm die Wahrheit gesagt hatten. Die kommunistische Armee hinterließ einen wesentlich besseren Eindruck als die Nationalisten. Ihre Ausrüstung war primitiv (manchmal mußte sie Kanonen aus Holz benützen), aber sie war besser gekleidet, besser ernährt, und ihre Moral war höher.

Barrett war angetan vom einfachen Auftreten der kommunistischen Führer. Besonders charmant und außergewöhnlich fand er Chiang Ch'ing, Maos neue Frau: »Sie war hübscher und besser angezogen als die Frauen der anderen Führer, und sie sprach ein besseres Chinesisch.«

Das Sprachproblem beschäftigte den amerikanischen Offizier. Barrett war ausgewählt worden wegen seiner fließenden Beherrschung des »kuo-yü«, der nationalen Sprache. Jetzt bemerkte er, daß die politischen und militärischen Führer der Kommunisten nicht »kuo-yü« sprachen, sondern verschiedene Dialekte. Er fragte sich, wie sie sich wohl untereinander verständigten. »Von allen sprach Mao das schlechteste ›kuo-yü‹«, berichtete Barrett. »Trotzdem ist er auch darin ein bemerkenswerter Redner.« Nach dem Krieg wurden die Mitglieder der Mission Dixie in ihrem Land hart angegriffen. Man warf ihnen vor, sie hätten die Kommunisten zu positiv beurteilt. So mußte Oberst Barrett sich ohne Beförderung zum nächsthöheren Rang in den Ruhestand versetzen lassen.

204

Oktober 1944: Mao und Chu Teh nehmen die Truppenparade
auf dem Flughafen von Yenan ab. (Time-Life Picture Agency)

Von links nach rechts: Chou En-lai,
Mao Tse-tung und Chu Teh, 1944. (Triangle)

Mao und Chu Teh empfangen in Yenan
den Beauftragten der Vereinigten Staaten, Barrett.
(Imperial War Museum)

Mao und mehrere Mitglieder
der Delegation Barretts.
(Imperial War Museum)

Mao erobert die Bauern: »Spuckt eure Bitterkeit aus!«

Das Abkommen, das nach dem »Vorfall von Sian« mit der Kuomintang geschlossen wurde, bereitete den Kommunisten einige Schwierigkeiten. Die Eingliederung ihrer Einheiten in die nationale Armee blieb zwar formell, schuf jedoch unter den Offizieren einen »neuen militaristischen Geist«, dem Mao sogleich entgegentrat.

Offiziere weigerten sich, den Befehlen der Partei zu folgen, und suchten, an »heroischen« Aktionen teilzunehmen, weil sie hofften, von ihren nationalistischen Vorgesetzten ausgezeichnet und »befördert« zu werden. Daraufhin beschlossen Mao und Chu Teh, die Punkte ihres Paktes mit Chiang Kai-shek nicht einzuhalten. Sie erweckten die politische Abteilung der Armee und das System der politischen Kommissare zu neuem Leben.

Dieses System zur Kontrolle der Armee war zusätzlich dadurch notwendig geworden, daß die Kommunisten in über ein riesiges Gebiet verstreuten Einheiten kämpften, die meisten weit von Yenan entfernt.

Viele Parteiführer übten solche Funktionen auf halbem Wege zwischen Politik und Militär aus. Etwa Liu Shao-ch'i, der einer der politischen Berater von General Chen Yi in der neuen Vierten Armee war, oder Teng Hsiao-p'ing, der während des ganzen Krieges gegen die Japaner und dann gegen die Nationalisten eng mit General Liu Po-ch'eng, dem »einäugigen Drachen«, zusammenarbeitete.

Innerhalb der Partei bildeten sich so Freundschaften und Cliquen zwischen politischen und militärischen Führern, die später in den Krisen nach der Machteroberung ohne Zweifel eine Rolle spielten.

Die »Aussprachen der Bitterkeit« dienten dazu, die Kampfmoral der Bauern-Soldaten zu festigen. Wenn sie »das bittere Wasser ihrer vergangenen Leiden« ausspucken konnten, entdeckten sie in ihrem eigenen Schicksal noch weitere Gründe, für die Revolution zu kämpfen. Dagegen verlangte die chinesische Tradition, die Bitterkeit »herunterzuschlucken«. Die »Aussprachen der Bitterkeit« schufen unter den Bauern-Soldaten solidarische Verbindungen, die zu einer wesentlich stärkeren Einheit und Disziplin führten als bei den Truppen Chiang Kai-sheks.

Allmählich wurde diese Methode dann auch in den Dörfern eingeführt, um die Apathie und die Resignation der ärmsten Bauern und der Vagabunden zu überwinden. Nach der Eroberung der Macht erfüllte sie vor allem die Aufgabe, die Chinesen – vor allem die jüngeren – zu überzeugen, daß ihr Leben vorher schlechter gewesen war.

Die Zusammenkünfte zur politischen Umerziehung nach 1949, bei denen Menschen über ihr unglückliches Leben vor der Befreiung berichteten, gab es auch in der Zeit des Kampfes gegen Japan; damals wurden die Grausamkeiten der Japaner und des alten Regimes angeprangert. (D. R.)

»Die 8. Rote Armee marschiert Tag und Nacht, um die Nachhut des Feindes anzugreifen«.
Datum nicht genau bekannt.
(Monatshefte »La Chine«, 1960)

Volksmiliz im Krieg gegen Japan. Die Männer tragen Geschütze, die sie aus Ulmenstämmen hergestellt haben: sie haben einen Durchmesser von ungefähr drei Zoll, sind mit Kartätschen und Steinen geladen und werden mit einer langen Schnur abgefeuert. (Archiv E. R. L.)

»Haben Sie schon einmal geliebt? Was ist die Liebe?«

1936 hielt Mao es für nützlich, sich eine Biographie zu basteln, die seinen politischen Bedürfnissen des Augenblicks entsprach. In der Folge hielten es viele seiner Biographen für nützlich, sich im Lob seiner Qualitäten gegenseitig zu überbieten und ihn mit den Tugenden eines Heiligen zu versehen. »Wenn man nur will«, sagte Mao, »kann man alles erreichen, auch ein Heiliger werden.« Nach einigen Quellen war er dazu auch berufen.

So erzählt Maos Jugendfreund Emi Siao, an einem Herbsttag sei in Shaoshan ein Unwetter ausgebrochen, als die Bauern nach der Ernte gerade den Reis einfuhren. Mao eilte zu Hilfe – den Pächtern, nicht seinem Vater. »Sie sind ärmer als wir«, erklärte er. Mao hatte noch andere Gelegenheiten, sein gutes Herz zu beweisen. Als er im Auftrag seines Vaters Geld bei dessen Schuldnern eingetrieben hatte, begegnete er ausgehungerten Vagabunden. Er gab ihnen das Geld. Im Winter begegnete er einem jungen Mann, der im Schnee vor Kälte zitterte. Er schenkte ihm ein dickes Gewand.

Dr. Nelson Fü, der ihn 1934 in Kiangsi von der Malaria heilte, brachte ihm einmal ein Huhn, ein rares Mahl. Mit schwacher Stimme sagte Mao: »Das sollten Sie essen, Doktor!« Dr. Fü: »Meine Augen füllten sich mit Tränen.«

Das sind nur Beispiele aus dem Schatzkästchen der Heiligenverehrung. Vielleicht sind einige dieser Anekdoten sogar wahr, aber sie entsprechen nicht dem Eindruck, den Mao hinterließ. »Chu Teh wurde geliebt, Mao respektiert«, sagte Agnes Smedley nach ihrer Rückkehr aus Yenan.

Bauern aus der Gegend von Shaoshan, deren Reisvorräte ausgegangen waren, bemächtigten sich einmal einer Reisladung, die Maos Vater in die Stadt schickte. »Seine Wut war unermeßlich«, sagte Mao zu Edgar Snow. »Ich hatte kein Mitgefühl mit ihm. Gleichzeitig dachte ich jedoch, daß die Methoden der Dorfbewohner ebenso falsch waren.«

Das Bedürfnis, Mao zu idealisieren, ist verständlich. Niemals sonst hat ein Mensch so sehr die Macht begehrt, aber niemals sonst hat ein Machtmensch so sehr danach begehrt, sich in den Mantel des Ideals zu hüllen. »Findest du nicht, daß es großartig wäre, wenn wir Kommunisten die Macht eroberten?« fragte Mao einmal seinen Freund Siao Yü. Der antwortete mit einem Zitat von Lao Tse: »Ein großes Land regieren ist genauso, als kochte man einen kleinen Fisch.« Mao, dem Sinn für Humor nie gefehlt hat, lachte laut auf. Dies war eines der wenigen chinesischen Sprichwörter, das er niemals wiederholt hat.

Mao 1923. (Patrice Fava)

Mao (vierter von links) auf der Schule in Changsha (Burri - Magnum)

Von rechts nach links: Mao, sein Bruder Mao Tse-tan, sein Onkel, sein Vater Mao Shun-sheng bei der Beerdigung der Mutter. (Burri - Magnum)

Das Innere des Elternhauses in Shaoshan. An der Wand die Porträts der Mutter und des Vaters. (Burri - Magnum)

Die erste Frau Maos, Yang Kai-hui, (1902–1930)
mit ihren beiden Kindern; sie wurde 1930
in Changsha enthauptet. (C. R. A.)

Ho Tzu-chen, Maos Frau seit 1928,
1936 nach der Geburt ihrer Tochter.
(Edgar Snow – Nym Wales – Magnum)

Ho Tzu-chen (links) und die Frau Chu Tehs, Kang Ke-ching. (D. R.)

Ho Tzu-chen und Mao. (C. R. A.)

211

Linke Seite: Chiang Ch'ing,
Maos dritte Frau, die er 1938 getroffen hat.
(Harrison Forman, Triangle)

Mao und Chiang Ch'ing mit der ältesten
Tochter Maos (F. P. G.)

Chiang Ching und Mao; dieses Photo widmete
Mao 1945 dem Vertreter der UdSSR in Yenan.
(Sovexport Films)

Gemeinsam versprechen Mao und Chiang Kai-shek China einen dauerhaften Frieden

Als der Krieg in Asien im August 1945 zu Ende ging, gehörte China zu den Siegern. Es erhielt die Gebiete zurück, die 1895 an Japan abgetreten worden waren, vor allem Taiwan (Formosa) und die Mandschurei. Roosevelt besiegelte die amerikanisch-chinesische Freundschaft durch ein Treffen mit Chiang Kai-shek und seiner Frau in Kairo. Die »ungleichen Verträge«, die China im 19. und 20. Jahrhundert geschlossen hatte, wurden für ungültig erklärt.

Trotzdem zeigte sich schon deutlich, daß der Krieg gegen Japan die Konfrontation zwischen Chiang Kai-shek und Mao Tse-tung nur hinausgeschoben hatte. Auf dem 7. Parteitag der chinesischen Kommunisten, der von April bis Juni 1945 in Yenan stattfand, formulierte Mao die Bedingungen für eine politische Lösung in China. Er verlangte eine wesentliche Regierungsbeteiligung seiner Partei an der Seite der Kuomintang. Die weigerte sich allerdings, in ihren Zugeständnissen so weit zu gehen.

Die Verhandlungen zwischen Chiang und Mao von Ende August bis Anfang Oktober 1945 in Chungking bedeuteten einen Aufschub bis zum Ausbruch des Bürgerkriegs, aber beide Seiten bereiteten sich schon fieberhaft darauf vor.

Der 7. Parteitag hat Maos Autorität und Ruhm abgesegnet. In seinen Händen war jetzt die gesamte Macht der Partei konzentriert. Seine Ämter im Politbüro und in der Militärkommission sowie der Vorsitz in einem Sekretariat mit fünf Mitgliedern (der Posten des Generalsekretärs war abgeschafft) machten ihn zum Herrscher über die Armee und den zivilen Apparat.

Der Parteitag ging noch weiter. Er verlieh Mao den Titel des Vorsitzenden des Zentralkomitees und damit eine ideologische Aura, die ihn bei allen Auseinandersetzungen über Fragen der Doktrin zum geistigen Schiedsrichter der Partei machte.

Die neuen Parteistatuten, die Liu Shao-ch'i auf dem Parteitag vortrug, gaben den »Gedanken Mao Tse-tungs« zum erstenmal die gleiche Bedeutung wie der marxistisch-leninistischen Theorie. Der Führerkult war damit abgesegnet.

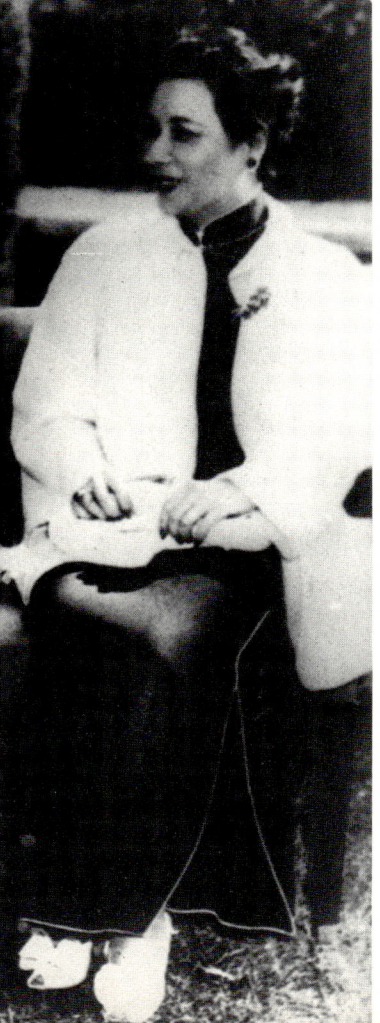

Chungking, September 1945:
Unter dem Schutz des amerikanischen Botschafters,
Patrick Hurley, stoßen Mao und Chiang Kai-shek
auf ihre provisorische Versöhnung an. (Rapho)

November 1943: Roosevelt mit Chiang und dessen Frau
während der Konferenz von Kairo. (Keystone)

Im April 1945 ergreift Mao auf dem 7. Parteitag
der KPCh am Tag vor dem Sieg über Japan
das Wort. Im Vordergrund Liu Shao-ch'i.
(Eastfoto)

MAO
UND STALIN

1964 (C. R. A.)

Anfang Januar 1945 unternahm Mao einen erstaunlichen Schritt. Er machte sich in einem Telegramm an Präsident Roosevelt erbötig, allein oder in Begleitung Chou En-lais nach Washington zu fliegen. Die Unterredung sollte »die gegenwärtige Lage und die Probleme Chinas« betreffen.

Das Telegramm, das am 9. Januar im Namen Maos von Major Ray Cromley, dem einstweiligen Chef der amerikanischen Beobachtermission in Yenan, aufgegeben wurde, hatte folgenden Wortlaut:

»Regierung von Yenan wünscht nichtoffizielle Gruppe in die Vereinigten Staaten zu entsenden, um führenden und allen interessierten Persönlichkeiten gegenwärtige Lage und Probleme Chinas zu erläutern. Das Folgende streng geheim: Mao Tse-tung und Chou En-lai jederzeit allein oder gemeinsam verfügbar für vorfühlende Besprechung Washington, wenn Präsident Roosevelt sie in ihrer Eigenschaft als Führer einer bedeutenden chinesischen Partei im Weißen Haus zu empfangen wünscht.«

Zu diesem Zeitpunkt wußte Mao, daß der Fall Berlins nur noch eine Frage von Wochen war. Man konnte sich leicht vorstellen, daß daraufhin die ganze mächtige amerikanische Kriegsmaschinerie gegen Japan eingesetzt werden würde. Maos größte Sorge war es daher, um jeden Preis zu vermeiden, daß die Rückeroberung Chinas allein das Werk der Amerikaner und ihres Bundesgenossen Chiang Kai-shek war.

Indem er seine Dienste anbot, wollte Mao Roosevelt davon überzeugen, daß er ein Verbündeter war, der würdig war, bei dem großen Halali dabeizusein, und daß es nach den Kämpfen nur unter der Bedingung einen Frieden geben konnte, daß China unter einer »Koalitionsregierung« geeint wurde, in der die Kuomintang und die Kommunistische Partei vertreten waren.

Mao und die chinesichen Kommunisten unternahmen sehr große Anstrengungen, um einen Keil zwischen die Amerikaner und Chiang Kai-shek zu treiben. Das Telegramm an Roosevelt war nur eine Initiative unter anderen. Schon im September 1944 hatte der Diplomat John Service in Yenan wiederholt zu hören bekommen, daß die chinesischen Kommunisten den Kapitalismus besser verteidigen könnten als ihre Gegner von der Kuomintang.

Die Gedankengänge, die Mao, Po Ku und Liu Shao-ch'i vor Service entwickelten, waren einfach und logisch. Rußland, sagten sie, trat in die Phase der sozialistischen Revolution mit einem offensichtlichen wirtschaftlichen Rückstand gegenüber den westlichen Ländern ein. Der Rückstand Rußlands im Jahre 1917 konnte aber nicht mit dem Chinas im Jahre 1945 verglichen werden: »In Rußland betrug er zwanzig Jahre; bei uns macht er zwei Jahrhunderte aus.« Rußland konnte, wenn auch unter beinahe unerträglichen Opfern, einen hinlänglich großen Teil seines Sozialprodukts dazu verwenden, die Entwicklung einer mächtigen Schwerindustrie zu fördern. China dagegen könnte, selbst wenn es zu noch unmenschlicheren Opfern bereit wäre, einen solchen Weg nicht einschlagen. Es könnte von den Einkünften aus seiner Landwirtschaft keine nennenswerten Beträge abzweigen, ohne sofort seine nationale Existenz zu gefährden.

China brauchte daher nach dem Krieg fremde Hilfe. Und da diese nicht aus der von Hitler verwüsteten Sowjetunion kommen könne, müsse sich China den Vereinigten Staaten, ihrem Kapital, ihren Unternehmern und ihrer Technologie öffnen.

Zur selben Zeit wurde Oberst Barrett Zeuge eines Zwischenfalls, der ihn verblüffte. Hauptmann Henry Whittlesey, der mit dem Auftrag in Yenan war, amerikanische Flugzeugbesatzungen zurückzuführen, die hinter den japanischen Linien abgesprungen oder notgelandet waren, begab sich eines Tages im Vertrauen auf eine vom kommunistischen Oberkommando ausgegebene Meldung in ein Dorf, das angeblich »befreit« war. Die Meldung war falsch. Whittlesey und sein Führer fielen einer japanischen Abteilung in die Hände und wurden erschossen. Die Kommunisten opferten beinahe ein ganzes Bataillon, um die Leiche des Amerikaners zu holen. »Das Gesicht retten, unsere Hochachtung gewinnen – gut, aber um diesen Preis?« meinte Barrett.

Die Amerikaner antworteten nicht auf die Avancen Yenans. Sich mit den Kommunisten auf Einzelaktionen einlassen – ja. Aber Chiang Kai-shek zwingen, mit Mao Tse-tung eine Koalitionsregierung zu bilden? Dazu konnten sie sich nicht entschließen.

General Patrick Hurley, persönlicher Gesandter Roosevelts und später Botschafter der Vereinigten Staaten in Chungking, traf im November 1944 mit Mao in dessen Höhle zusammen. Mao bestand noch einmal auf der Notwendigkeit einer Koalitionsregierung. Die Kommunisten wollten offensichtlich an beidem teilhaben: an der Verantwortlichkeit der Macht und an dem Ruhm, den die Befreier gewinnen konnten. Chiang schlug ihnen nur einen Klappsitz im Nationalen Militärischen Komitee vor. »Nehmen Sie an«, sagte Hurley ungeschickt. »Sie haben dann immerhin einen Fuß in der Tür.«

»Das ist es eben«, sagte Mao verärgert. »Wir haben einen Fuß in der Tür und die Hände hinter dem Rücken gefesselt.« Das Bild erinnerte an die Hingerichteten des Jahres 1927 und der dreißiger Jahre.

Noch bitterer reagierte Mao, als im darauffolgenden Monat das Gespräch mit Oberst Barrett fortgesetzt wurde. Obwohl er mit den Kommunisten sympathisierte, nahm der amerikanische Offizier Chiang Kai-shek in Schutz. War er etwa kein Patriot? »Wir geben zu, daß der Generalissimus, was er auch sonst für Unzulänglichkeiten haben mag, keinen Frieden mit den Japanern geschlossen hat. Dafür sind wir ihm sehr dankbar«, antwortete Mao, und er beeilte sich hinzuzufügen: »Allerdings würde sich auch nur eine Schildkröte weigern, gegen Japan zu kämpfen.«

Mao ereiferte sich, er schrie, er stieß den Amerikaner mit dem Ellbogen. Chou En-lai saß dabei und hörte schweigend zu. Chiang war nun keine Schildkröte mehr, sondern ein Schildkrötenei. »Wenn er hier wäre, ich würde es ihm ins Gesicht sagen!« Barrett versuchte zu erklären, daß Chiang, wenn er den Forderungen der Kommunisten nachgäbe, praktisch »von der Bühne abtreten« müßte. »Das hätte er schon längst tun sollen!« schrie Mao. Erst am 25. August 1945 gelang es Hurley, eine Begegnung zwischen Mao und dem »Schildkrötenei« herbeizuführen. Aber bis dahin sollten noch bedeutende Ereignisse stattfinden.

Die meisten Akteure des chinesischen Dramas waren Anfang 1945 von der endgültigen Niederlage Japans überzeugt, aber daß sie schon so bald eintreten würde, konnte sich niemand vorstellen. Das vorausgegangene Jahr war sogar durch eine siegreiche japanische Offensive in Mittel- und Südchina gekennzeichnet gewesen.

Diese Offensive hatte es den Japanern ermöglicht, mehrere amerikanische Luftstützpunkte zu erobern und eine ständige Bahnverbindung zwischen den nordchinesischen Häfen und Indochina herzustellen. Die von der amerikanischen Flotte im Ostchinesischen Meer und im Pazifik bedrohte Versorgung der japanischen Streitkräfte in Südostasien war damit gesichert. John Service, der den kommunistischen General Chu Teh am 1. April 1945 in Yenan traf, fand ihn pessimistisch. Die Japaner, meinte er, bereiteten sich darauf vor, in China selbst so lange wie möglich Widerstand zu leisten.

Die Ereignisse der ersten Augusttage überraschten die ganze Welt. Am 6. August warf die B-29 »Enola Gay« der US-Airforce mit Colonel Paul Tibbets Jr. am Steuer die erste Atombombe. Ihr Ziel war Hiroshima. Drei Tage später explodierte die zweite mit ebenso furchtbarer Wirkung über Nagasaki. Am 8. August sprach der japanische Botschafter in Moskau bei Molotow vor und bat ihn, ein Verhandlungsangebot nach Washington weiterzuleiten. Die Sowjetregierung hatte damit die Gewißheit, daß sie ohne Gefahr das Versprechen einlösen konnte, das sie Roosevelt im Februar 1945 in Jalta und Truman im Juli 1945 in Potsdam gegeben hatte – nämlich das Versprechen, mit in den Krieg gegen Japan einzutreten. Am 9. August drang die russische Fernost-Armee in die Mandschurei ein und marschierte in Richtung Nordkorea. Dieser »Feldzug« gegen ein bereits besiegtes Land sollte eine radikale Wende in der Haltung Maos gegenüber den Vereinigten Staaten bewirken.

Am 9. August hatte die kommunistische Presse in Yenan über Hiroshima unter dem Titel »Eine Revolution in der Kriegskunst« berichtet. Am 13. August schlug sie einen anderen Ton an. Nach einiger Überlegung war Mao zu dem Schluß gekommen, daß man die Bedeutung der A-Bombe nicht überschätzen dürfe. Nicht die amerikanische Kernwaffe hat Japan in die Knie gezwungen, versicherte er, sondern der Kriegseintritt der Sowjetunion.

Von Yenan aus betrachtet, ließ sich die Situation am 13. August mit wenigen, einfachen Strichen zeichnen. Die Amerikaner und Briten mußten sich nun ihren Aufgaben in Japan, Südostasien und Indien zuwenden und hatten weder die Muße noch die Mittel, sich ausschließlich China zu widmen. Außerdem wußten Roosevelt und sein Nachfolger Harry Truman schon lange, wozu die A-Bombe dienen sollte. Warum hatten sie also die Sowjetunion dazu gedrängt, auf dem chinesischen Festland zu intervenieren, das heißt in einem Land, das die Amerikaner beschützen wollten? Es konnte dafür nur einen Grund geben: Da sie nicht imstande waren, den Konflikt zwischen Chiang Kai-shek und den Kommunisten zu verhindern und da sie einen Bürgerkrieg vermeiden wollten, hofften die Amerikaner sicherlich, daß auch Stalin die Absicht haben werde, ein wenig Ordnung in das chinesische Durcheinander zu bringen.

Was Mao nicht wußte, war, daß ihn Stalin und Molotow in ihren Unterredungen mit amerikanischen Partnern wie Jerry Hopkins, Averell Harriman und Patrick Hurley unaufhörlich angeschwärzt hatten. Ihr Leitmotiv: »Kein chinesischer Kommunistenführer genießt das Ansehen Chiang Kai-sheks. Er ist der einzige, der China einen kann. Die Männer von Yenan? Margarinekommunisten…« Die Amerikaner hatten daraus geschlossen, daß sie sich auf Moskau verlassen durften. Mao durchschaute die wahren Absichten des Kremls jedoch viel besser als sie.

Die Intervention Stalins war nicht uneigennützig. Ein am 14. August mit Chiang

Kai-shek geschlossener »Freundschafts- und Bündnispakt« sah vor, daß Rußland seine alten Rechte auf die in wirtschaftlicher und strategischer Hinsicht wertvolle mandschurische Eisenbahn (die es 1935 für ein Butterbrot an den projapanischen Staat Mandschukuo hatte abtreten müssen) und auf die Häfen Dairen und Port Arthur zurückerhielt. Noch demütigender für die empfindlichen Chinesen war, daß der Vertrag zum erstenmal die Unabhängigkeit der Äußeren Mongolei anerkannte, eines Staates, von dem Mao 1936 Edgar Snow gegenüber versichert hatte, daß er eines Tages zwangsläufig in den chinesischen Raum zurückkehren werde. Die Russen ihrerseits wollten aus der riesigen mongolischen Tasche ein Satellitenterritorium machen, von dem aus sie zugleich den Westen, den Nordwesten und den Nordosten Chinas überwachen konnten.

Somit hatte Stalin in wenigen Tagen beachtliche Dividenden eingesteckt, aber er hatte noch nicht genug. Marschall Rodion Malinowski, der sowjetische Oberbefehlshaber im Fernen Osten, begnügte sich nicht damit, die Mandschurei zu besetzen und in Sibirien Lager für Zehntausende japanischer Kriegsgefangener einzurichten. Er demontierte industrielle Einrichtungen im Wert von zwei Milliarden Rubel und schickte sie in die Sowjetunion, ohne einen Vertrag bezüglich der Reparationen abzuwarten. Zur gleichen Zeit überließ er dem kommunistischen General Lin Piao heimlich die militärische Ausrüstung, die er den Japanern abgenommen hatte: 300000 Gewehre, Tausende von Maschinengewehren, an die 400 Panzer, Hunderte von Fahrzeugen. Lin Piao, der Anfang August mit 10000 Mann in die Mandschurei einmarschiert war, konnte dadurch in wenigen Monaten eine Streitmacht von mehr als 200000 Mann ausrüsten. Die Mandschurei, in die die Kommunisten zuvor nie hatten eindringen können, wurde damit das Bollwerk, auf das sie sich stützten, um die Eroberung Chinas zu organisieren.

Als Mao am 25. August Miene machte, den inständigen Bitten des Botschafters Hurley nachzugeben, sich – man weiß nicht recht, warum – einen malerischen Tropenhelm aufsetzte und ein Flugzeug nach Chungking nahm, handelte es sich für ihn nur um eine Formalität. Der Bürgerkrieg war unvermeidlich, und er wußte es. Er wußte aber auch, daß man die Geduld der Amerikaner aufreiben mußte. Und auf den Schrei antworten, der aus ganz China aufstieg: »Wir wollen Frieden!«

Er mußte also Frieden spielen. Sechs Wochen blieb er in Chungking. Er plauderte mit alten Freunden aus seiner Zeit in Changsha und Kanton, nahm an Banketten teil und besuchte Vorstellungen der klassischen chinesischen Oper. Der Kult, der ihn in Yenan umgab, hatte schon die Grenzen des kommunistischen Bereichs überschritten. Männer und junge Mädchen wollten dem Helden des Langen Marsches die Hand drücken, sie küssen. Die Russen behaupteten 20 Jahre später, er habe seinen Aufenthalt in der nationalistischen Hauptstadt auch genutzt, um nach altem Brauch Chiang Ch'ing zu heiraten. Und der Generalissimus und Madame Chiang Kai-shek hätten der hübschen Schauspielerin zur Hochzeit einen fünfkarätigen Brillanten geschenkt.

Am 10. Oktober kehrte Mao nach Yenan zurück. Er hatte eine Abmachung in der Tasche, an die sich in der Folge weder die Kommunisten noch die Kuomintang hielten. Der mangelnde gute Wille war auf beiden Seiten so offensichtlich, daß Präsident Truman seinen tüchtigsten Mitarbeiter, den Generalstabschef der amerikanischen Armee, George Marshall, bat, sich nach China zu begeben, um einen letzten Vermittlungsversuch zu unternehmen.

Das einzige, was Marshall dabei gewann, war, daß er sich die Klagen der Kommunisten über das Einverständnis zwischen Chiang Kai-shek und dem »amerikanischen Imperialismus« anhören durfte. Man war schon weit entfernt von der Verbrüderung der Kriegsjahre und dem Telegramm an Roosevelt. Die kommunistischen Streitkräfte, die im Juli 1946 den Namen Volksbefreiungsarmee annahmen, manövrierten nördlich des Jangtsekiang, um die Landverbindung zwischen den nördlich und südlich des großen Flusses operierenden Streitkräften der Kuomintang abzuschneiden. Die Nationalisten ihrerseits profitierten von einer amerikanischen Luftbrücke, die es ihnen ermöglichte, ihre besten Einheiten zu transportieren und in Rekordzeit Peking und Tientsin zu besetzen. Das nun schon klassische Schema wiederholte sich. Chiang sah seinen Vorteil darin, die großen Städte und das, was er für die wichtigsten strategischen Punkte hielt, zu besetzen. In Wirklichkeit verdammte er seine Truppen zur Unbeweglichkeit in den Garnisonen, während die Roten die ländlichen Gebiete durchstreiften, die Masse der Bauern für sich zu gewinnen versuchten und rekrutierten und organisierten.

Der Gegensatz zwischen Chiang und Mao, diesen beiden gleichermaßen intelligenten und schlauen Männern, war auffällig. Chiang ließ sich ganz von seinem Stolz und seiner Eitelkeit beherrschen: Der Friede hatte aus ihm einen der Großen Fünf gemacht, China sollte als ständiges Mitglied des Sicherheitsrates in die Vereinten Nationen aufgenommen werden, und er wollte das Oberhaupt dieses aus seiner Er-

Die Verteilung des Landes an die armen Bauern geht Hand in Hand mit der Liquidation des Landbesitzes der »Großgrundbesitzer«...

niedrigung befreiten Chinas sein. Die Kommunisten stellten das letzte Hindernis auf diesem Weg zum Triumph dar. Er stürzte sich auf dieses Hindernis, als wäre es für ihn eine persönliche Beleidigung. Dieser Offizier sollte erst zu spät die politischen und sozialen Verwicklungen des Konflikts begreifen.

Mao dagegen hatte die Geduld auf das Niveau einer Theorie erhoben. Chiang führte den Krieg nach den Methoden seiner japanischen und westlichen Lehrer: Armee gegen Armee. Für Mao war der Krieg eine Willensprobe. Chiang hatte es eilig, ihn zu beenden. Mao baute seinen Sieg Schritt für Schritt auf. Chiang ließ sich bei der Ernennung seiner Generale und Minister von persönlichen Freundschaften leiten: mehrere von ihnen verrieten ihn, als es für sie zweckmäßig war, ihn zu verraten. Mao umgab sich mit Führern, die sich durch ihre Begabung auszeichneten. Ihre Treue war der eisernen Disziplin der Partei unterworfen.

Niemand hat den Untergang Chiangs zwischen 1945 und 1949 besser beschrieben als Dean Acheson, der am 7. Januar 1949, als die Niederlage des Generalissimus besiegelt war, zum Leiter des State Department (des amerikanischen Außenministeriums) berufen wurde. »Ich kam gerade noch rechtzeitig, um ihn in meinen Armen zusammenbrechen zu sehen«, schrieb Acheson nicht ohne Humor. Die amerikanische Rechte warf ihm allerdings vor, er habe »China verloren«.

Als Antwort auf diese Anklage sagte er: »Chiang war als anerkannter Führer des chinesischen Volkes aus dem Krieg hervorgegangen... Noch nie in der Geschichte Chinas hatte ein Herrscher eine militärische Streitmacht besessen, die sich mit der Chiangs vergleichen ließe, der obendrein noch den Beistand und die wirtschaftliche Hilfe der Vereinigten Staaten genoß. Vier Jahre später waren seine Armeen und die Hilfsmittel, über die er im Inland wie im Ausland verfügte, zusammengeschmolzen. Er war nur noch ein Mann, der sich auf eine kleine Insel vor der chinesischen Küste geflüchtet hatte.

Die nahezu unerschöpfliche Geduld des chinesischen Volkes war bis zur äußersten Grenze beansprucht worden. Das chinesische Volk hat nicht die Regierung gestürzt. Es gab da nichts zu stürzen. Die Chinesen haben die Regierung einfach ignoriert. Die Kommunisten haben diese Situation, diesen revolutionären Geist nicht geschaffen, aber sie verstanden es, sie zu nutzen und sich so zum Sieg und zur Macht tragen zu lassen.«

Diese Revolution »von oben« führte Mao mit bewundernswerter Geschicklichkeit und Geschmeidigkeit an. Die Amerikaner und die Sowjets hatten ihren Streit in Europa, in Berlin und in Griechenland. In die chinesischen Angelegenheiten mischten sie sich nur sporadisch und nur von weitem ein. Mao nutzte diese Situation aus, um rein formelle Verhandlungen mit Chiang Kai-shek zu führen und sich gleichzeitig militärischen Operationen und der Verwaltung der besetzten Gebiete zu widmen. In letzteren hütete er sich, die Bodenreform zu rasch voranzutreiben. Die Korruptheit und Inkompetenz der Funktionäre der Kuomintang brachten Chiang um die Achtung der privilegierten Schichten, der Grundbesitzer, reichen Bauern, Geschäftsleute und Industriellen.

Allzu schroffe Maßnahmen konnten nur dazu führen, daß sich ein bereits erschlaffendes Gewebe wieder straffte. Mao wartete daher zwei Jahre, bis er eine neue

... die nicht immer tatsächlich Großgrundbesitzer sind. Den Verhandlungen unter freiem Himmel folgt ein schnelles Urteil. (U. S. I. S.)

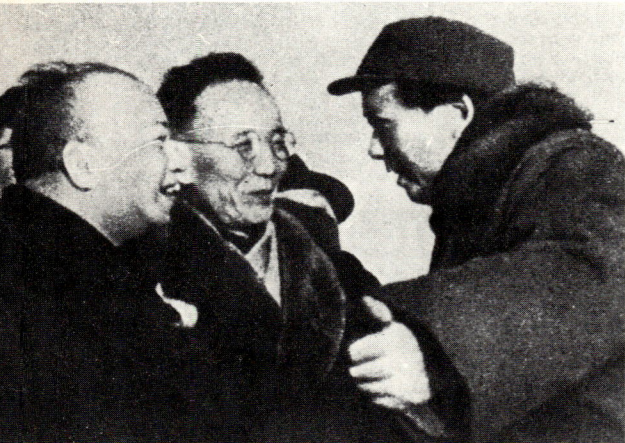

Der Kuomintang-General Li Tsu-chen
und Kuo Mo-jo empfangen Mao 1949 anläßlich
der Parade auf dem Flugplatz von Peking.
(C. R. A.)

Bodenreform verkündete, die übrigens nur 10 Prozent der Bevölkerung betraf. Am 10. Oktober 1947 verfügte ein Gesetz die Aufteilung aller Ländereien der Grundbesitzer auf gleichheitlicher Basis. Dieses Gesetz wurde manchmal mit einer solchen Brutalität durchgeführt, daß es zu blutigen Auseinandersetzungen kam und daß sich Mao – der immer daran erinnert hatte, daß die Revolution kein »Galadiner« sei – gezwungen sah, die Verantwortlichen zu tadeln, nämlich die »Kader«, die es nicht verstanden hatten, für Disziplin in den Dörfern zu sorgen.

Hinsichtlich der Industriellen und der Handeltreibenden wurde bis zuletzt die größte Mäßigung eingehalten. Noch Ende 1948 befahl Mao seinen Truppen, die nun die größeren Städte zu besetzen begannen, die Enteignungen auf die von der Kuomintang geleiteten Betriebe (das »bürokratische Kapitel«) zu beschränken und den Besitz der »nationalen Bourgeoisie« nicht anzutasten. Zu Arbeiterrevolten wie im Jahre 1927 kam es in keinem Augenblick. Die Gewerkschaftsführer, die im Mai 1949, vor dem Fall Shanghais, von der Kuomintang ermordet wurden, waren Opfer ihrer Tätigkeit im Untergrund, nicht aber einer Teilnahme an einer Erhebung, die es nicht gab und die die Kommunisten auch um keinen Preis wollten.

Und als Mao im März 1949 zu dem Schluß kam, daß die Auflösung der Kuomintang so weit fortgeschritten war, daß »der Schwerpunkt unserer Arbeit« von den Dörfern und kleinen Städten in die größeren städtischen Zentren verlegt werden konnte, hatte er die militärischen Verhältnisse im Lande und nicht politische Kriterien im Auge. Mao, der die ländlichen Gebiete fest in der Hand hatte, war keineswegs geneigt, die Städte den Arbeitern und Kulis zu überlassen.

Peking und Tientsin fielen im Januar 1949 in kommunistische Hand, Nanking wurde im April eingenommen. Der Jangtsekiang wurde in der Nacht vom 20. auf den 21. April überschritten. Die Kommunisten drangen in jenes Südchina vor, das die Wiege ihrer Bewegung gewesen war. Am 25. Mai marschierten sie in Shanghai ein, der Zitadelle des nationalen und des westlichen Kapitalismus. Die Niederlage der Nationalisten war von diesem Augenblick an unvermeidlich. Am 1. Oktober 1949 verlas Mao von der Terrasse des Tors des Himmlischen Friedens (T'ien An Men) in Peking aus die Geburtsurkunde der Volksrepublik China.

Damals schien Mao auf dem Gipfel der Macht zu stehen, seiner Kraft sicher, Herr seiner Partei. Und dennoch war seine erste Geste eine Reise nach Moskau. So als fehlte ihm noch die Investitur durch Stalin, als könnte er sich ohne die Weihe des Kremls nicht mehr bei seinen Genossen sehen lassen.

Bei vielen Chinesen war die Enttäuschung groß. Seit Juni 1948 bewies das Beispiel Titos, daß es möglich war, »nach einer Seite zu neigen« und sich dabei dennoch eine gewisse Unabhängigkeit zu bewahren. Der Bruch der jugoslawischen Partei mit Moskau hatte eine Hoffnung geweckt, die zahllose Intellektuelle und Bürgerliche teilten, nämlich daß Mao der »Tito Asiens« sein könnte.

China war nicht Jugoslawien, weder der Größe noch der Bevölkerung, noch dem Ausmaß seiner Probleme nach.

Denn China war dem äußeren Anschein zum Trotz von einer Befriedung noch weit entfernt. Die Kommunisten wußten, daß sie noch Jahre, vielleicht sogar Jahrzehnte brauchten, um diesem riesigen Körper eine Dynamik einzuflößen, die es ihm gestattete, die natürlichen Versuchungen des wirtschaftlichen und sozialen Erwachens zu überwinden. Das Bündnis mit Moskau mußte die inneren Schwächen des Regimes ausgleichen.

Die Reise nach Moskau war dennoch mit Hintergedanken belastet. Stalin »fürchtete, ich könnte ein zweiter Tito werden«, sagte Mao 1962. Mao seinerseits konnte Stalin sein Doppelspiel nur schwer verzeihen: die Plünderung der Mandschurei und eine ganze Vergangenheit voller Irrtümer und Pressionen, die die KPCh an den Rand der Vernichtung getrieben hatten (und im übrigen war die Ausrufung der Chinesischen Volksrepublik auch erst zwei Tage später, am 3. Oktober, in Moskau gemeldet worden!).

Als Mao am 10. Dezember 1949 auf dem Moskauer Bahnhof Jaroslawl aus dem Zug stieg, war er auf das Schlimmste gefaßt. Tatsächlich erwartete ihn auch gleich eine unliebsame Überraschung. Auf dem Bahnsteig empfing ihn nicht Stalin, sondern Molotow. Er wurde also nicht anders behandelt als irgendein rumänischer oder bulgarischer Minister. Die Russen taten alles, um die Bedeutung seines Besuches zu schmälern. Das betraf sogar die Wahl des Ortes für den offiziellen Empfang. Mao durfte eine Gala in den Sälen des Kremls erwarten. Tatsächlich mußte er sich mit den schäbigen Salons des Hotels Metropol begnügen.

Er schluckte eine Demütigung nach der anderen. Stalin gab ihm ungeniert zu verstehen, daß er noch Mittel hatte, in China aktiv zu werden. Er lud zu den Verhandlungen die Vertreter der kommunistischen Machthaber in Sinkiang ein (einer Provinz, die die Russen seit jeher begehrt hatten) und ebenso die Vertreter Kao Kangs, des kommunistischen Führers der Mandschurei. Mit seinem ganz besonderen Sinn für Humor vertraute er Mao – so als handelte es sich um ein nebensächliches Detail

– an, daß ihn Kao Kang, Herr über eine der wichtigsten Regionen Chinas und Mitglied des Politbüros der KPCh, über alles auf dem laufenden hielt, was in Peking vorging. Nach dem Tode Stalins mußte Kao Kang 1954 dieses kleine »Detail« mit dem Leben bezahlen.

Nikita Chruschtschow erzählte später, Stalin habe Mao Forderungen »imperialistischen Charakters« gestellt. Zweifellos betrafen sie den Besitz der mandschurischen Eisenbahn und die sowjetischen Stützpunkte Dairen und Port Arthur. Es half Stalin jedoch nichts, zu versichern, daß die sowjetische Präsenz in China für Mao die bestmögliche Garantie gegen eine etwaige Intervention der Vereinigten Staaten darstellte. Mao ließ sich zwar demütigen, aber er lehnte es ab, sich beherrschen zu lassen. Sein Ansehen in China stand unmittelbar auf dem Spiel. Neuen »ungleichen Verträgen« durfte er nicht zustimmen.

Stalin konnte sich leicht groß in Szene setzen. In dem Augenblick, in dem er Mao empfing, feierten die Kommunisten der ganzen Welt und seine eigene Partei seinen 70. Geburtstag unter Ehrungen und Kundgebungen der Bewunderung, wie sie noch kein Tyrann vor ihm erhalten hatte. Unter diesen Umständen brachte ihm Mao gleichsam ein fürstliches Geschenk dar. Der Eintritt Chinas in den Machtkreis der Sowjetunion wurde zum Symbol der Ausdehnung des Kommunismus von Osteuropa bis Asien. Auf dem Höhepunkt des Kalten Krieges, der sowjetisch-amerikanischen Auseinandersetzung, dachte Stalin nicht daran, die Hand auszuschlagen, die ihm Mao entgegenstreckte.

Das Treffen Mao – Stalin 1950:
Briefmarke zur Verherrlichung
der großen Freundschaft. (C. R. A.)

Eine realistischere Ansicht der Unterzeichnung
des Freundschaftspaktes: Stalin und Mao vermeiden
sich anzusehen. (U. S. I. S.)

Er schloß nach Verhandlungen, die zwei Monate dauerten, einen Bündnis- und Freundschaftspakt für eine Dauer von 30 Jahren ab, der die Rückgabe der mandschurischen Bahn und der sowjetischen Stützpunkte in China bis spätestens 1952 vorsah. Damals wußte Stalin schon, daß seine Truppen aller Wahrscheinlichkeit nach noch länger in China bleiben würden. Der Vertrag wurde am 14. Februar 1950 von den beiden Außenministern, Andrej Wischinski und Chou En-lai, unterzeichnet. Vier Monate später, am 25. Juni, fielen die Streitkräfte Nordkoreas (das seit August 1945 von den Sowjets beeinflußt wurde) in das unter amerikanischem Einfluß stehende Südkorea ein. Der Kriegsverlauf zwang die chinesischen Truppen, im Oktober einzugreifen und gegen die Soldaten Douglas MacArthurs anzutreten. Die Chinesen verloren 900000 Mann in diesem unentschiedenen Kampf, der eine Kluft zwischen ihnen und den Vereinigten Staaten aufriß. Bewußt oder unbewußt hatte Stalin dafür gesorgt, daß Mao kein chinesischer Tito werden konnte.

Mao brauchte zunächst einmal drei Jahre, um die Strukturen des Alten China zu zerschlagen. Grundbesitzer, Angehörige der höchsten Gesellschaftsschichten und der städtischen Bourgeoisie, Funktionäre der Kuomintang, Mitglieder der Geheim-

Ein amerikanischer GI wird in der Nähe von Seoul
von chinesischen Soldaten gefangen genommen.
(Keystone)

Mao An-ying (1922–1950), der älteste Sohn Maos,
ist in Korea gefallen. (C. R. A.)

gesellschaften und sogar jene heruntergekommenen Elemente, von denen Mao in
seiner Jugend gesagt hatte, daß sie Opfer der herrschenden Gesellschaftsordnung
seien: Banditen, Diebe und Prostituierte – sie alle wurden in blutige Massenprozesse verwickelt. Fünf Millionen Menschen wurden vor Volksmengen gezerrt, die
brüllend ihren Tod forderten, und auf der Stelle hingerichtet. Weder die Französische noch die Russische Revolution hatte einen derart hemmungslosen Terror gekannt.

Im Mai 1951 bot eine Parteikonferenz über die öffentliche Sicherheit Mao die
Gelegenheit, eine Gulag-Philosophie vorzutragen, die ganz von den sowjetischen
Erfahrungen inspiriert war. Man muß nicht jedermann zum Tode verurteilen,
meinte er. Die »Konterrevolutionäre« stellten vielmehr eine »wichtige Arbeitskraft« dar. Er fügte nicht hinzu: »eine kostenlose«. Das war nicht nötig. Man verstand ihn auch so sehr gut.

Die Definition des Begriffs »Konterrevolutionär« wurde im Unbestimmten gelassen. Er umfaßte »Geheimagenten und Spione« ebenso wie »Elemente, die aus der
Säuberung der Reihen der Volksbefreiungsarmee, der kommunistischen Partei und
der Volksregierung und aus den Bereichen der Kultur und des Erziehungswesens,
der Religion, der demokratischen Parteien und der Volksverbände stammen«. Bei
diesen »Elementen« war »im allgemeinen in 10 bis 20 Prozent der Fälle die Todesstrafe anzuwenden und in den übrigen 80 Prozent prinzipiell von der Todesstrafe
auszugehen, wobei diese aber nicht zu vollziehen, sondern durch Zwangsarbeit zu
ersetzen und das Ergebnis abzuwarten ist«. Man schuf auf diese Weise eine permanente Lagerbevölkerung von mehreren Millionen Menschen – 15 oder 16 Millionen
nach der Schätzung Bao Ruo Wangs, der sieben Jahre einer solchen »Umerziehung
durch Arbeit« überlebte.

Der Terror ermöglichte es, ohne Schwierigkeiten die Verstaatlichung von Handel
und Industrie in Angriff zu nehmen. Die »nationale Bourgeoisie«, die man einige
Jahre lang verhätschelt und in Illusionen gewiegt hatte, wurde in den Jahren
1955–56 vor die vollendete Tatsache gestellt. Die Kuomintang hatte schon ein gut
Teil der Arbeit erledigt, denn bereits vor 1949 hatte sich die Hälfte des Industriekapitals in den Händen der Regierung befunden. Die Kommunisten enteigneten den
Rest und dehnten die Verstaatlichungsmaßnahmen auf den Handel und die Handwerksbetriebe aus.

Die soziale Revolution konnte dennoch nur in den Dörfern ihren wahren Umfang
erreichen. Eine gigantische Arbeit war zu leisten. In knapp drei Jahren wechselten
46 Millionen Hektar – etwa die Hälfte des urbaren Landes – den Besitzer.

Rund 15 Millionen Grundbesitzer wurden enteignet, und ihr Besitz wurde auf
über 460 Millionen Bauern aufgeteilt. Um die Nachteile dieser Parzellierung auszugleichen, wurde die »gegenseitige Hilfe« eingeführt, das heißt jeweils vier oder fünf
Familien wurden zu Gruppen zusammengefaßt, die gemeinsam arbeiteten und
Werkzeuge und Vieh, soweit vorhanden, gemeinsam besaßen.

Der Widerstand machte sich bald bemerkbar. Die Bauern schlachteten ihr Vieh lieber, bevor sie es »teilten«. Andere kauften Land zurück, um ihre Parzellen zu vergrößern. In manchen Gebieten lebte sogar der Pachtzins oder die Lohnarbeit wieder auf. Und es gab Streit, wenn man sich nach der Ernte an die komplizierte Berechnung des Anteils machen mußte, der jedem einzelnen zufiel.

Die Partei fragte sich, ob man nicht zu weit gegangen sei. Mao dagegen fand, man müsse noch weiter gehen. Jedes Zögern begünstige das Wiedererscheinen »spontaner Neigungen zum Kapitalismus« im Dorf. Von 1953 an begannen »halbsozialistische« Genossenschaften bis zu 50 Familien zusammenzugruppieren, und zwei Jahre später vereinten »sozialistische Genossenschaften« 100 und sogar 200 und 250 Familien. Die Erfahrungen, die man im Krieg in den kommunistischen Stützpunkten gesammelt hatte, erwiesen sich als wertvoll. Als Meisterin in der Manipulation und Organisation der Massen konnte die Partei die Widerstände überwinden und leichter und schneller als die Russen die Grundlagen der Kollektivierung der Landwirtschaft schaffen – freilich in einem Lande, das ärmer war als Rußland und eher bereit, die Gebote des Himmels zu akzeptieren.

Im Jahre 1955 durfte Mao das Werk als vollendet betrachten. An einem Strand des Golfs von Chili konnte er im Sommer 1954 schreiben: »Ganz wie ehedem heult hier der Herbstwind, doch die Welt hat sich verändert.« Die Wiederherstellung der Ordnung im Lande schien im wesentlichen gesichert zu sein. Die in der Mandschurei zentrierte, auf dem tiefsten Punkt beginnende Industrialisierung hatte rasche Fortschritte gemacht. Die Entwicklung der Landwirtschaft verlief langsamer, die Rationierung war streng, aber die kommunistische Verwaltung konnte immerhin die Hungersnöte verhindern, die für das China des 19. und des beginnenden 20. Jahrhunderts so typisch gewesen waren.

Ein Waffenstillstand hatte den Koreakrieg beendet. Die Konferenz von Bandung (1955) leitete eine Politik der Koexistenz zwischen China und den »bürgerlichen« Ländern ein, die es umgaben, namentlich Indien. Eine Zeitlang trat Nehru sogar als sehr enger, hochgeachteter Freund auf.

Stalin war am 6. März 1953 gestorben. Mao war der einzige kommunistische Machthaber der Welt, der nicht an den Begräbnisfeierlichkeiten teilnahm, obwohl er ihn in einem Beileidstelegramm als den »besten Freund und großen Lehrer des chinesischen Volkes« bezeichnet hatte. Tatsächlich stellte sich Mao vor, daß ihn der Tod des »Freundes« zum unentbehrlichen Partner des Kreml und respektierten Führer der internationalen kommunistischen Bewegung machte. Aus diesem Traum sollte er unsanft erwachen.

Der Koreakrieg entsprach der Logik des »Nach-einer-Seite-Neigens«. Andere Konsequenzen belasteten die unmittelbare Zukunft des Landes. China begann, die Sowjetunion bis in die kleinsten Einzelheiten seines politischen, kulturellen und beruflichen Lebens nachzuäffen. Der erste chinesische Fünfjahresplan (1953–57) war eine exakte Kopie der Stalinschen Modelle mit dem Vorrang der Schwerindustrie. Das Phänomen nahm besonders kritische Formen an durch die Bewilligung von Krediten seitens der Sowjets, die in zehn Jahren eine Höhe von mehr als zwei Milliarden Dollar erreichten, und durch die Entsendung von Tausenden von sowjetischen Technikern, Fachleuten und Schulungskräften nach China.

Mao beklagte sich 1958 auf komische Weise, er sei selbst ein Opfer dieses Systems geworden: »Wir haben die Sowjetunion in allem kopiert, selbst was die Arbeit unserer Ärzte betraf. Die meinen spielten mir einen üblen Streich. Drei Jahre lang durfte ich keine Eier und keine Hühnerbrühe essen. In der Sowjetunion war nämlich ein Artikel erschienen, in dem es hieß, es sei besser, sich dieser Speisen zu enthalten. Zum Glück erschien dann ein anderer Artikel, in dem genau das Gegenteil stand. Ob ein Artikel stimmte oder nicht – die Chinesen mußten gehorchen, blind und unterwürfig…«

Was China dabei immerhin gewann, war eine Beschleunigung seiner Lehrzeit und seiner industriellen Entwicklung, selbst wenn diese nach Methoden und Normen vor sich ging, die den Bedürfnissen des Landes nur schlecht entsprachen. Der eigentliche Wert der sowjetischen Hilfe lag aber auf einem anderen Gebiet. In einer Zeit, in der die Wahl einer bestimmten Außenpolitik vor allem dazu diente, ein internes Gleichgewicht zu stabilisieren oder zu modifizieren, sicherte sich Mao durch seine Wahl die strategische Unterstützung, die er brauchte, um die Etappe der »bürgerlichen demokratischen Revolution« zu überspringen. So vollbrachte er in sieben Jahren, von 1949 bis 1956, was die Sowjets erst nach mehr als zehn Jahren zu verwirklichen vermocht hatten.

225

Japan kapituliert, Asien setzt sich in Bewegung

Nach den Atombomben auf Hiroshima und Nagasaki rief Kaiser Hirohito die Prinzen in seinem Palast zusammen. Das Thema der Unterredung: »Wie erkennen wir die Niederlage mit Anstand an?« Es heißt, Japans Herrscher habe Napoleon auf einem Regal durch eine Büste Abraham Lincolns ersetzen lassen. Er bereitete sich darauf vor, die amerikanischen Sieger zu empfangen.

Die sahen sich sofort verpflichtet, die Kriegsverbrecher zu verurteilen und demokratische Reformen in Japan einzuführen. Tatsächlich waren die Folgeerscheinungen des Krieges in Asien ebenso deutlich zu spüren wie in Europa. Die japanische Besatzungsmacht hatte überall bewaffnete Widerstandsgruppen entstehen lassen. Sie bemächtigten sich der Materiallager und widersetzten sich der Wiederherstellung des westlichen Einflusses.

In Malaysien, Indonesien, Indochina und auf den Philippinen waren diese nationalistischen oder kommunistischen Gruppen die ersten politischen Bewegungen, die das Interesse der europäischen Öffentlichkeit fanden.

Die Ereignisse in China erschienen erst später in ihrer ganzen Bedeutung. Vorher hatte es den Anschein, als hätte die Konferenz von Jalta den zukünftigen Status der Regierung Chiang Kai-sheks geregelt.

Roosevelt und seine Berater glaubten, Stalin wünsche ebenso wie sie selbst eine gefestigte und einheitliche chinesische Regierung unter Führung der Kuomintang. Sie hatten ohne Zweifel recht, aber die Politik des sowjetischen Diktators sollte sich als vielschichtiger herausstellen.

Noch vor Kriegsende verlangte Stalin von den chinesischen Nationalisten Garantiemaßnahmen für sowjetische Interessen in China, vor allem in der Mandschurei. In der Folge tat er sein Möglichstes, um sich der chinesischen Kommunisten als Druckmittel gegen Chiang Kai-shek zu bedienen. Vor den jugoslawischen Kommunisten mußte er später zugeben, daß er an Maos endgültigen Sieg niemals geglaubt hatte.

Japanische Kapitulation. (C. R. A.)

Im September 1946 ergreift Yen Chia-kan (links, stehend), der zukünftige Präsident Taiwans nach dem Tode Chiang Kai-sheks, das Wort. In der Mitte General Chen Yi, der für Chiang Kai-shek die Provinz Taiwan verwaltet und der für das Massaker an mehr als 8000 Taiwanesen im Februar 1947 verantwortlich ist. (Associated Press)

6. August 1945: Der Atompilz von Hiroshima.
(U. S. I. S.)

August 1946.
Henry Pu Yi,
der Ex-Kaiser, den
die Japaner auf den
Manchukuo-Thron
gesetzt haben, als Zeuge
vor dem Internationalen
Gerichtshof in Tokio.
Nach der japanischen
Kapitulation wurde er
von den Russen
in Mukden gefangen
gehalten.
(Charles Rosecrance-
International News)

Jalta, Februar 1945.
Churchill, Roosevelt und
Stalin teilen sich die Welt.
Hinter ihnen Eden,
Stettinius und Molotow.
(Associated Press)

Der unvermeidbare Bürgerkrieg: »Unser Sieg ist bald in Sicht« (Mao)

Die Mission des Generals George Marshall begann im Dezember 1945. Sie sollte eine Annäherung zwischen Nationalisten und Kommunisten herbeiführen und den Bürgerkrieg verhindern. Sie war der letzte ernsthafte Versuch der USA, in den Konflikt einzugreifen.

Präsident Truman setzte auf das Ansehen Marshalls, des Mannes, der die riesige amerikanische Kriegsmaschinerie in Gang gesetzt hatte, und auf die Rolle der Vereinigten Staaten bei dem Sieg über Japan, um sich bei Chiang Kai-shek wie bei Mao Tse-tung Gehör zu verschaffen.

Aber weder Chiang noch Mao übersahen, daß Washington viel zu sehr mit der Regelung der Kriegsfolgen in Europa beschäftigt war, um sich ernsthaft für China zu interessieren. Marshall wurde von den Kommunisten sofort beschuldigt, er wolle Chiang wieder ungeschmälert in seine alte Machtposition einsetzen. Chiang verdächtigte seinerseits die Amerikaner, sie suchten einen bequemen Vorwand, sich aus der Verwicklung in China zurückzuziehen. Unter diesen Umständen konnte Marshalls Mission nicht über das begrenzte Ziel einer Vermittlung zwischen beiden Lagern hinausgehen. Sie versagte ebenso wie die Bemühungen des Botschafters Patrick Hurley versagt hatten.

Die Amerikaner, die Chiang Kai-shek geholfen hatten, nach der Kapitulation der Japaner nördlich des Blauen Flusses wieder Fuß zu fassen, begannen im Frühjahr 1946, ihre Truppen zu evakuieren. Ihre Unterstützung Chiang Kai-sheks bestand dann nur noch in Krediten und der Lieferung von Kriegsmaterial. Amerikanische Berater blieben in China. Ihr Rat wurde nie befolgt.

Die nationalistische Regierung, die bis zum Schluß unfähig blieb, China eine ehrliche und einheitliche Verwaltung zu geben sowie ihre inneren Gegensätze zu überwinden, verschwendete die amerikanische Hilfe.

So fand Mao Gelegenheit, wieder einmal seine vollkommene Selbstdisziplin unter Beweis zu stellen. Bis 1948 begnügte er sich mit vorsichtigen Aktionen, Teilsiegen sowie der Abnutzung der gegnerischen Divisionen und Materialien. 1947 sah es sogar so aus, als könnten die Nationalisten wieder die Initiative übernehmen. Sie eroberten die kommunistische Hauptstadt Yenan, die allerdings keinerlei strategische Bedeutung besaß und von Mao ohne Bedauern aufgegeben worden war. Im Jahr darauf versetzten die Kommunisten ihren Gegnern den Gnadenstoß mit einer Reihe durchschlagender Siege – im Norden unter Lin Piao und an der Grenze zwischen Shantung und Anhwei unter Ch'en Yi und Liu Po-ch'eng.

Ohne Gegenwehr kapitulierte Peking am 23. Januar 1949, und im April wurde dann der Blaue Fluß überschritten.

Der US-Botschafter Patrick Hurley mit Mao am 28. August 1945 auf dem Flughafen von Chungking. (Alexanderson)

28. März 1946. Die Friedensmission Marshalls in Yenan unter amerikanischem Schutz. Von links nach rechts: Chou En-lai, Marshall, Chu Teh, Chang Chi-chung und Mao. (Associated Press)

230

Szene aus der Marshall-Mission:
In dem Flugzeug, das sie von Peking
nach Yenan bringt, diskutieren Yeh Chieng-ying
und Huang Hua in Gesellschaft von
amerikanischen Offizieren. (National Archives)

Der Stellvertreter Chiangs, Chang Chün, jetzt
Gouverneur der Provinz Szechuan, unterzeichnet
den Waffenstillstand. Neben ihm Chou En-lai
und General Marshall.
(Georges Lack - Time-Life Picture Agency)

231

Mai 1946 in Harbin: Peng Chen,
Politischer Kommissar der kommunistischen
Armee für die Mandschurei, Lin Piao,
der Kommandant, und Lu Cheng Tsio, sein Adjutant.
(Arlc V. Church – Acmé photos)

Die Kommunisten überqueren
den Blauen Fluß. (Eastfoto)

Lin Piao empfängt die amerikanischen
Off ziere, die versuchen wollen, in den
nordöstlichen Provinzen einen Waffen-
stil stand zwischen Nationalisten und
Kommunisten zu vermitteln. Mai 1946.
(Ar o V. Church - Acmé photos)

Karte der militärischen Operationen
im Nordosten. Die Linie mit den
Kästchen bezeichnet die Große Mauer.
(Roger-Viollet)

Pause im siegreichen Marsch der
Kommunisten gegen die Nationalisten.
(Time-Life Picture Agency)

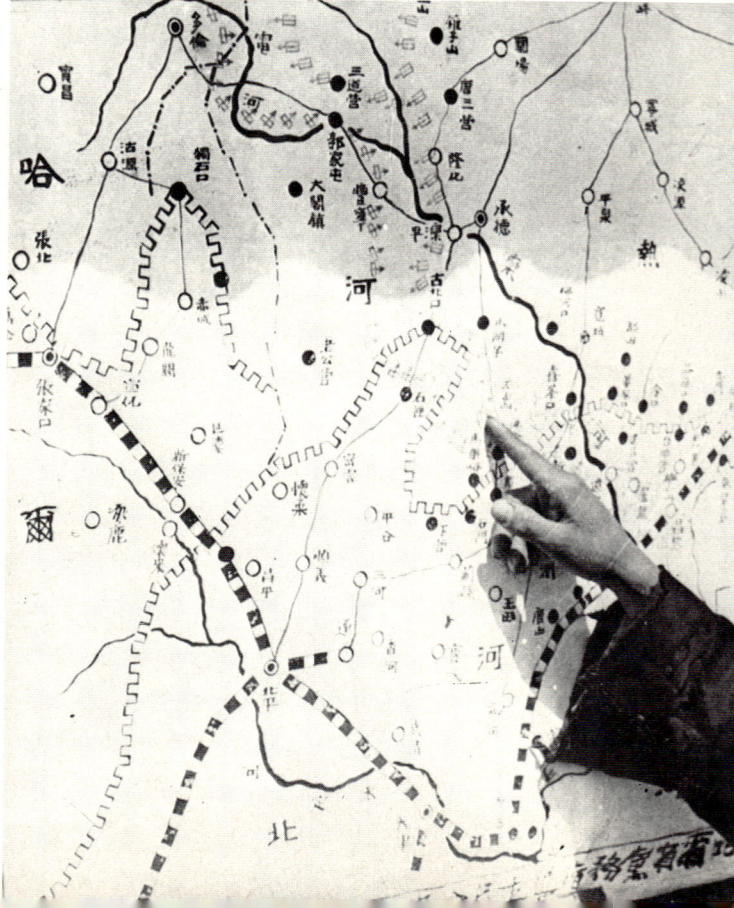

Kanton 1949,
vor der
Ankunft der
kommunistschen
Truppen.
An der Wand
eine Reklame
für Zigaretten.
(Mydans – Time-
Life Picture
Agency)

Die kommunistischen Truppen
marschieren in Kalgan ein.
(Georges Lacks -
Time-Life Picture Agency)

Mann gegen Mann,
1949 in Shanghai. (F. P. G.)

Lin Piao am 15. Januar 1949,
während der Einnahme von
Tientsin. (International News)

Die letzten Angriffe gegen
die nationalistischen Truppen.
(Eastfoto)

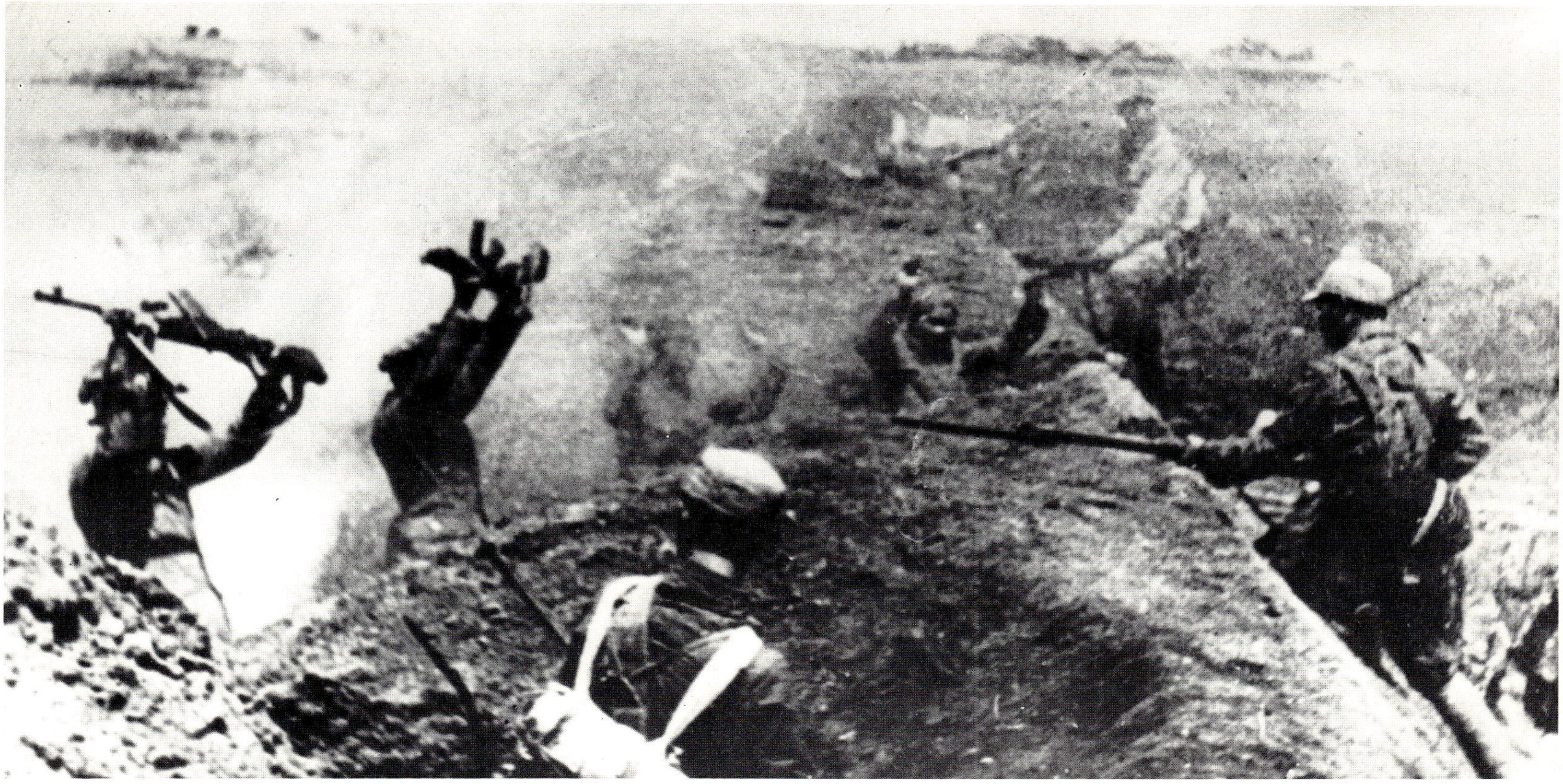

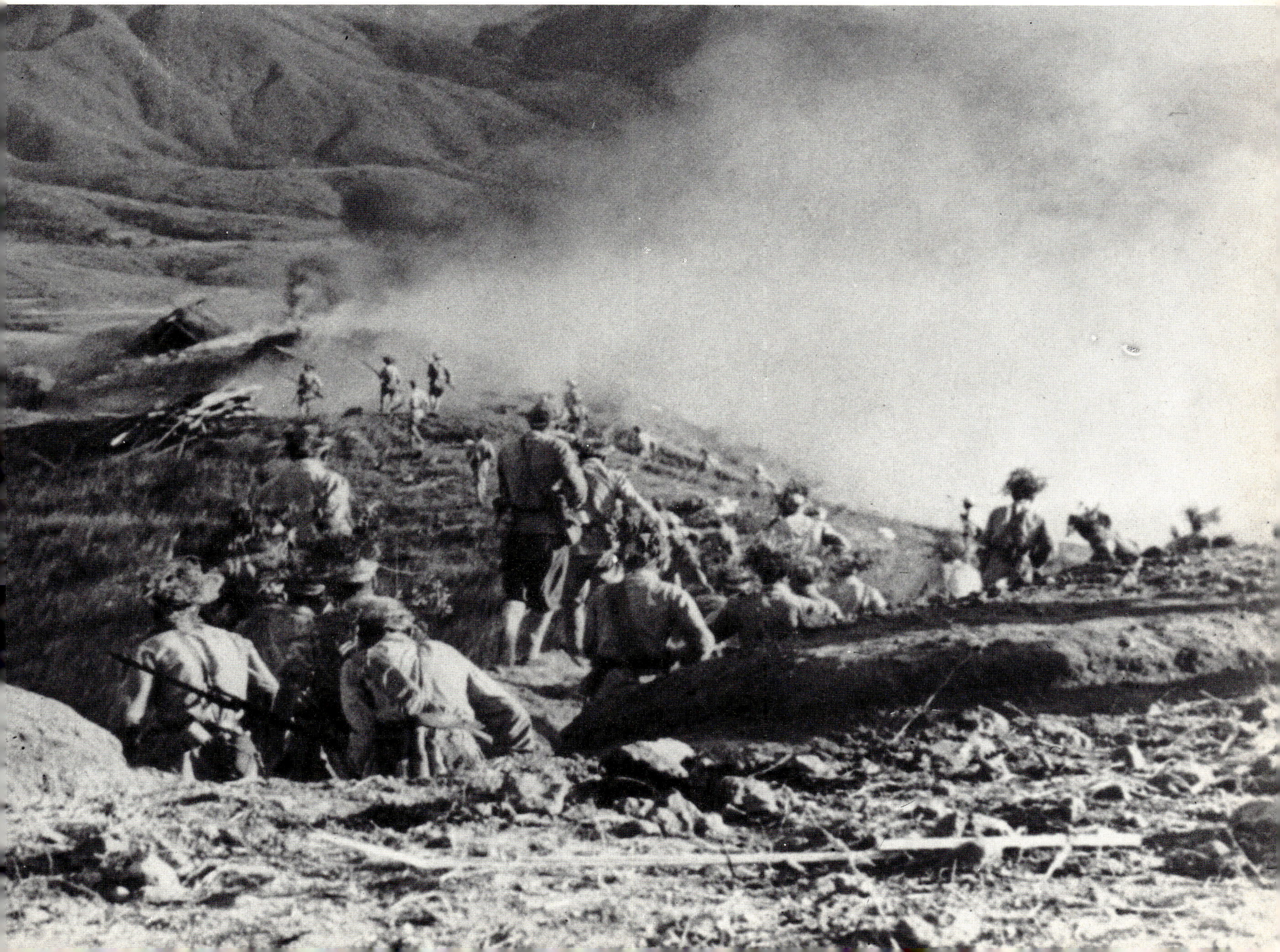

DIE LETZTEN TAGE IN SHANGHAI.

Ansturm auf die Banken, um die
Geldscheine in Gold einzutauschen.
(Henri Cartier-Bresson - Magnum)

Wang Hsiao-ho, Gewerkschaftsführer in Shanghai,
wird zur Hinrichtung geführt. (Eastfoto)

Erschießung kommunistischer Gefangener.
13. Mai 1949.
(Harrison Foreman - International News Photo)

Der Kopf von Ting Hsi-shan, dem Chef
der kommunistischen Partisanen, aufgehängt
am Stadttor von Tsingpu in der Nähe
von Shanghai. (Associated Press)

»Wir werden aufhören, eine verhöhnte Nation zu sein« (Mao)

Am Ende des Bürgerkriegs war die (kommunistische) Volksbefreiungsarmee den nationalistischen Truppen nicht nur zahlenmäßig überlegen, sie hatte sich auch mit modernem Ausrüstungsmaterial versorgt. Ihr Oberbefehlshaber Chu Teh hatte es dem amerikanischen Diplomaten John Service schon 1945 gesagt: »Wir wissen genau, daß die USA uns keine Waffen geben werden. Wir begnügen uns damit, jene zu nehmen, die Sie der Kuomintang liefern.«

Wo immer diese äußerst disziplinierte und ideologisch motivierte Armee hinkam, hinterließ sie einen tiefen Eindruck bei der Bevölkerung. Schon lange hatten die Chinesen keine Armee mehr erlebt, die nicht plünderte und keine brutalen Übergriffe vornahm.

Auf ihrem Vormarsch machten die Kommunisten Hunderttausende Gefangene, die alsbald in ihre eigene Armee eingegliedert wurden. Mehrere nationalistische Generale ergaben sich lieber als zu kämpfen. Viele von ihnen blieben in China, und durch ihre großzügige Behandlung demonstrierten Mao und seine Genossen ihre Bereitschaft zur nationalen Einheit.

Als die Bauern-Soldaten jedoch die großen Küstenstädte wie Shanghai und Kanton besetzten, mußte das kommunistische Oberkommando sie vor dem bourgeoisen Einfluß warnen. Mit ihrem abwechslungsreichen Leben und ihrer Tradition der »offenen Tür« gegenüber der westlichen Welt besaßen diese Städte für die kommunistischen Soldaten größere Anziehungskraft als die Orte im Landesinneren. So entstand der Ausdruck von den »verzuckerten Kugeln«, der gefährlichsten Waffe der Feinde des Kommunismus.

Mao wartete bis zum 1. Oktober 1949, bis er auf dem Platz Tien An Men (Tor des himmlischen Friedens) die Gründung der Volksrepublik China verkündete. In diesem Augenblick wurde die Eroberung Chinas gerade abgeschlossen. Die Einnahme Tibets folgte dann Anfang 1950.

Mao nimmt im März 1949 in einem amerikanischen Jeep, der von Chiangs Armee erbeutet wurde, auf dem Flughafen von Peking die Parade der Truppen der Befreiungsarmee ab. (C. R. A.)

1. Oktober 1949:
Mao ruft an der
Tien An Men-Pforte
die Volksrepublik aus.
(C. R. A.)

Februar 1950.
Die Bevölkerung
von Kanton begrüßt
die Truppen der
Befreiungsarmee.
(Eastfoto)

»Man kann nur eines sagen: Der ›Stalinismus‹ ist vor allem der Kommunismus, der Marxismus-

Mao Tse-tungs Besuch bei Stalin von Dezember 1949 bis Februar 1950 war die Demonstration einer ausschlaggebenden außenpolitischen Entscheidung. Mao würde kein »asiatischer Tito« werden (der jugoslawische Marschall hatte im Juni 1948 mit Stalin gebrochen), wie einige im Westen und sogar in China gehofft und Stalin befürchtet hatte.

Die Unterredungen zwischen Mao und Stalin verliefen in einem Klima mißtrauischer Herzlichkeit. Mao mußte seinem Gesprächspartner mehrere Zugeständnisse machen und vor allem noch einige Jahre die Anwesenheit der Sowjets in der Mandschurei, Port Arthur und Dairen hinnehmen. Der Freundschafts- und Bündnispakt, der am 14. Februar 1950 unterzeichnet wurde, stellte in dieser Hinsicht ein neues Beispiel für einen »ungleichen Vertrag« dar. Einige Monate später brach in Korea der Krieg aus. Am 25. Juni 1950 durchbrachen Nordkoreas kommunistische Truppen die südkoreanischen Linien und stießen bis zur Südspitze der Halbinsel vor. Stalin, der seinen Schützling Kim Il-sung zur Offensive gedrängt hatte, verfolgte damit ein doppeltes Ziel: Er wollte die amerikanische Entschlossenheit, dem Kommunismus überall entgegenzutreten, auf die Probe stellen; und er wollte ein Drohmittel gegen Japan besitzen, das die Amerikaner als ihre Bastion im Fernen Osten auserkoren hatten.

Der Krieg hatte damit tiefgreifende Auswirkungen auf die amerikanische Politik. Die Regierung Truman beschloß, in einen Konflikt in Asien einzugreifen und den Schutz Taiwans (Formosa) zu übernehmen.

Diese letztgenannte Entscheidung war in Peking bereits als eine direkte Herausforderung der USA empfunden worden. Als General Douglas MacArthur in Nordkorea landete und auf die chinesische Grenze zumarschierte, begannen die chinesischen Kommunisten eine heftige antiamerikanische Kampagne und stellten eine Armee von »Freiwilligen« unter Lin Piao und P'eng Teh-huai auf.

Anscheinend kam es in der chinesischen Hierarchie über diesen Punkt zu einer Auseinandersetzung zwischen »Tauben« und »Falken«. 300 000 »Freiwillige« aus China griffen am 27. November 1950 geballt an und zersprengten die amerikanischen und südkoreanischen Truppen, die unter der Flagge der UNO kämpften. Nach diesen anfänglichen Erfolgen stabilisierte sich die Front, und erst nach Stalins Tod im März 1953 konnten bei den Friedensverhandlungen Fortschritte erzielt werden.

Moskau, Dezember 1949:
Galaabend im Bolschoi-Theater anläßlich des 70. Geburtstages von Stalin. Von links nach rechts: Togliatti, Kossygin, Kaganowitsch, Mao, Bulganin, Stalin, Ulbricht, Tsedenbal, Chruschtschow, Koplenig, Dolores Ibarruri, Gheorgiu-Dej, Suslow, Schwerny, Schernenkow und Malenkow. (Eastfoto)

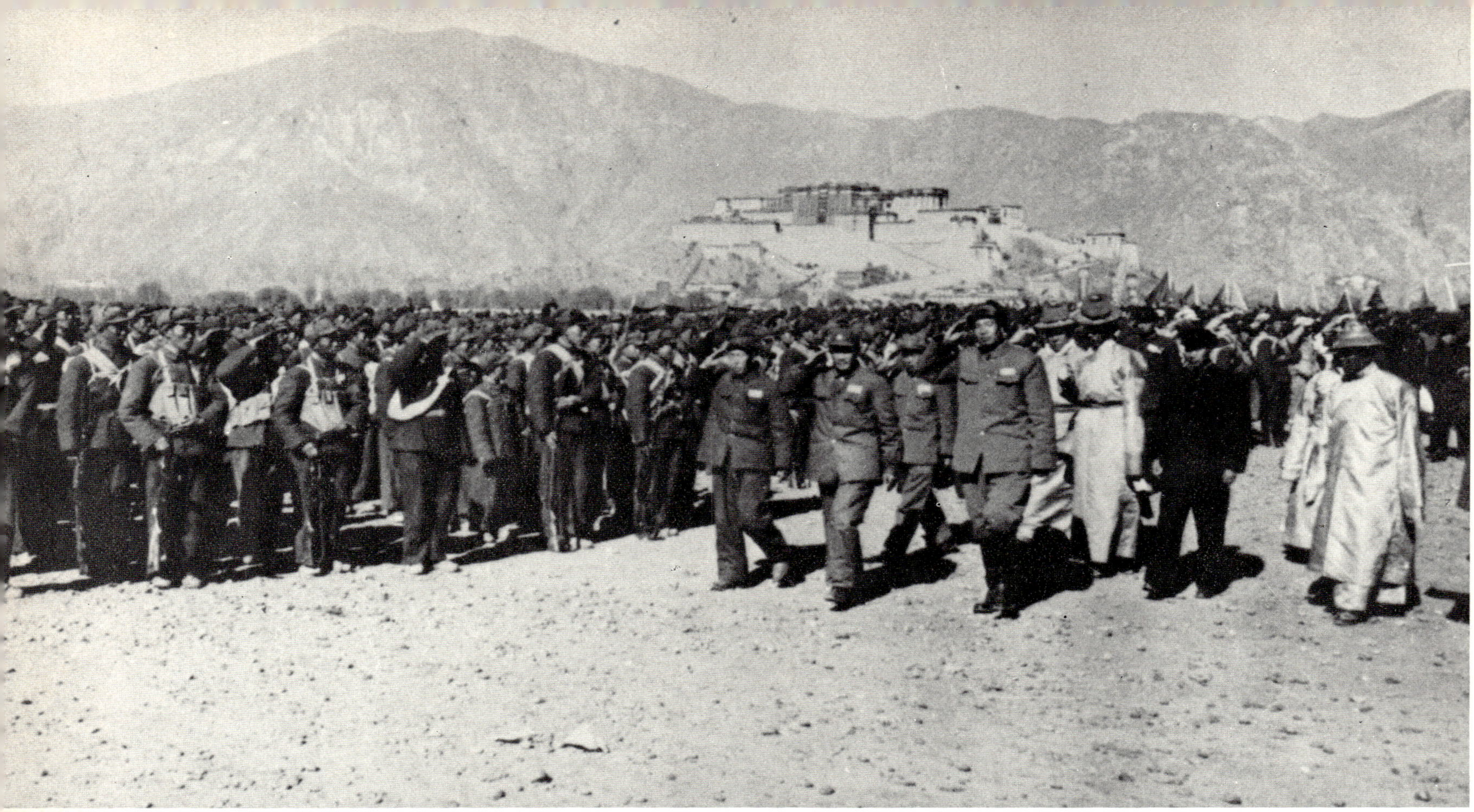

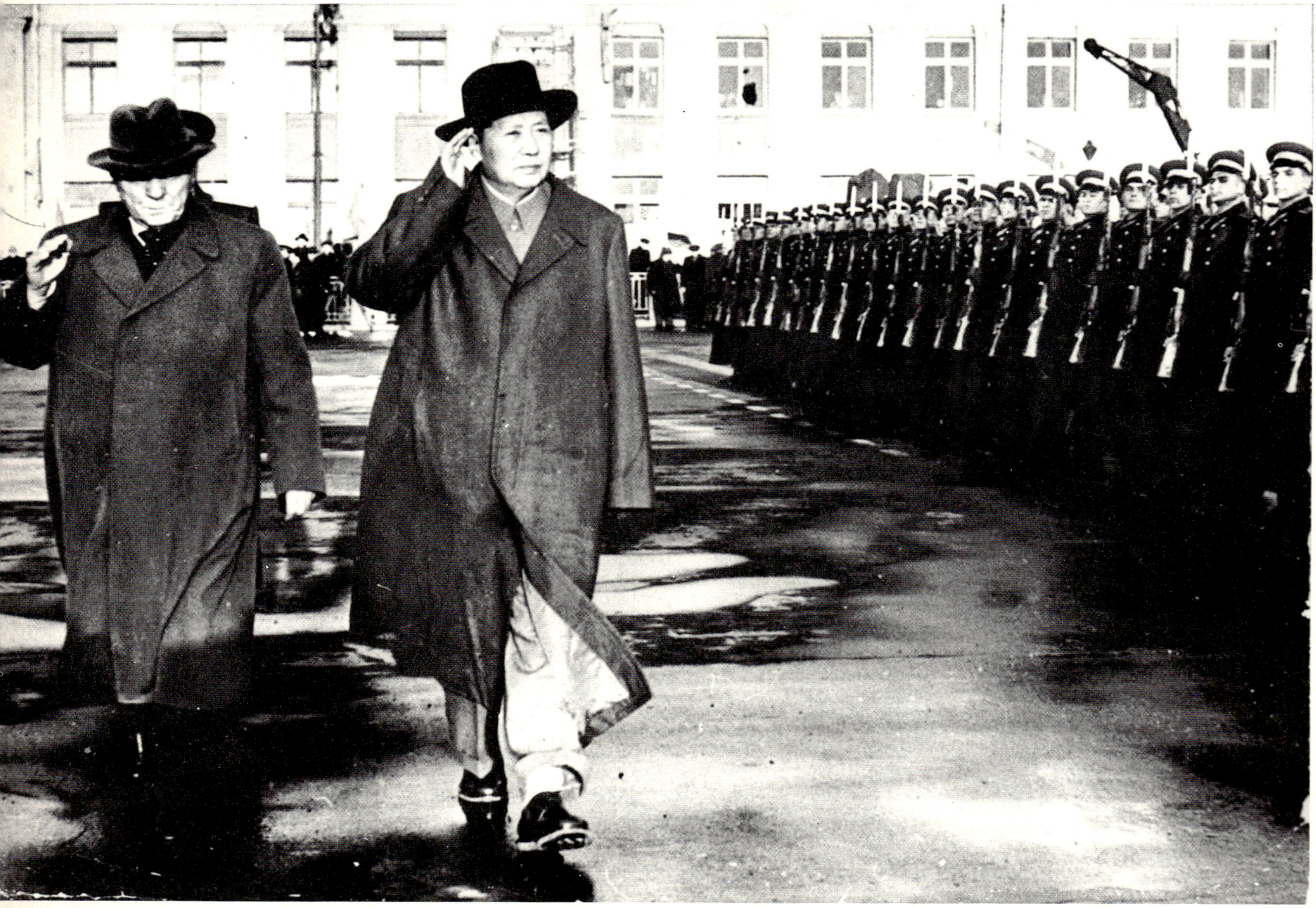

September 1951:
Die kommunistischen
Truppen in Lhassa,
der Hauptstadt Tibets.
(U. S. I. S.)

Mao wird anläßlich
seines zweiten Besuchs
in Moskau
im November 1957
empfangen.
(Paris Match)

Chou En-lai
unterzeichnet das
chinesisch-sowjetische
Abkommen von 1950.
(U. S. I. S.)

Im Dezember 1950 ziehen sich die amerikanischen Marineinfanteristen in den Süden Koreas zurück. (Ker - National Archives)

Chinesische Freiwillige in den Ruinen von Wonsan, das durch amerikanische Bombardierungen völlig zerstört wurde. (Eastfoto)

Februar 1952: Nordkoreanische Gefangene erweisen im Lager von Koji-do Stalin die Ehre. (National Archives)

Chinesische und nordkoreanische
Delegierte kommen zu den Friedens-
verhandlungen nach Panmunjon
(Oktober 1951—Juli 1953). (Keystone)

Am 28. Juli 1953 um 9.30 Uhr
unterzeichnet Peng Teh-huai,
der Kommandant der chinesischen
Freiwilligen, den Waffenstillstand
in Kae-song. (Eastfoto)

Das Ende der eleganten »Großen Welt«

Die Eroberung der Macht durch die Kommunisten stand im Zeichen der Strenge und des Puritanismus. Das zeigt sich besonders deutlich an der Schließung der »Großen Welt« – einer riesigen Spielhölle mit Bordellbetrieb – und ihrer Umwandlung in einen Saal für revolutionäre Darbietungen.

Zwanzig Jahre lang hatten die kommunistischen Führer in den Bergen von Kiangsi und dann in Yenan ein asketisches Leben geführt. Alles zeigte ihnen, daß eine Lockerung, die Freiheit der Sitten ein Klima schaffen würden, das den Anstrengungen, die dem chinesischen Volk abverlangt werden mußten, wenig zuträglich wäre. So beschlossen sie, unpolitische Vergnügen wie Tanz und Unterhaltungsvorführungen zu verbieten und modische Eleganz anzuprangern.

Die erste Sorge der neuen Regierung bestand also darin, China von allen ungesunden Elementen – Banditen, Verbrechern, Prostituierten – zu säubern und gleichzeitig die Staatsfinanzen zu sanieren und die Volkswirtschaft wieder in Gang zu setzen. Zu diesem Zweck wurden die einschneidendsten Mittel eingesetzt, darunter auch »Massenprozesse« und öffentliche Hinrichtungen.

Die Kontrolle der Bevölkerung blieb eine vordringliche Sorge der Kommunisten. Korruption und Verschwendung waren ebenso wie der Bürokratismus seit 1951 Zielscheiben zahlreicher Kampagnen. Das dabei angewandte System besteht darin, die Bevölkerung Straße für Straße, Dorf für Dorf zu organisieren und Komitees zu schaffen, die für Verwaltungsaufgaben oder aber für die Einhaltung der guten Sitten und die Indoktrinierung verantwortlich sind. Trotz all dieser Bemühungen sind die Probleme der Kriminalität bei jeder Krise des Regimes immer wieder aufgetreten, vor allem beim Großen Sprung nach vorn 1958–59 und der Kulturrevolution 1966–69. Diese Erhebung zeigte auch, daß die strengen Gewohnheiten der Parteiführer sich im Laufe der Jahre etwas »aufgeweicht« hatten.

»Le Grand Monde«, der berühmteste der Spielsalons in der französischen Konzession in Shanghai. (Pierre Verger – Black Star)

»Le Grand Monde« 1967, jetzt hat die
kommerzielle Werbung den Parolen
gegen Teng Hsiao-ping und Liu Shao-chi
Platz gemacht. In großen Buchstaben
»Der Osten ist rot«, »Es lebe der Vorsitzende Mao«.
Links eine zu dieser Zeit in Shanghai
überraschende Aufschrift:
»Der Premierminister Chou En-lai ist ein
wahrhaft linker Revolutionär.«
(Associated Press)

Am 14. Juni 1954 wird der Verfassungsentwurf
von den zentralen Instanzen angenommen.
Von links nach rechts: Lin Po-chu, Soong Ching-ling
(die Witwe Sun Yat-sens), Chu Teh, Mao, Liu Shao-ch'i,
Li Chi-shen und Chang Lan. (Eastfoto)

»Einige unserer Genossen finden, wir gingen zu schnell voran« (Mao)

Die Nachahmung des sowjetischen Modells auf dem Gebiet von Kultur und Propaganda ging in den ersten Jahren nach der Machteroberung so weit, daß Mao sich einmal beschweren mußte, er werde auf den Bildern chinesischer Maler kleiner abgebildet als Stalin.

Ihren Höhepunkt erreichte die Imitation im Management und in der wirtschaftlichen Strategie. Alle Entscheidungen des ersten Fünfjahresplans bezogen sich auf das Beispiel eines Landes, dem es in den Augen der chinesischen Führer gelungen war, in relativ kurzer Zeit den zweiten Platz unter den Industrienationen einzunehmen und in seinem Waffenarsenal mit den USA gleichzuziehen.

Daher erhielt die Entwicklung der Schwerindustrie den Vorrang gegenüber den Konsumgüterindustrien, der Herstellung von landwirtschaftlichen Geräten, Düngemitteln etc.

Es dauerte mehrere Jahre, bis die Chinesen einsahen, daß diese Strategie schwere Gefahren für ihr System und sogar für ihren wirtschaftlichen Fortschritt beinhaltete.

Die Entstehung einer Bürokratie mit rein technischen und administrativen Aufgaben neben der Parteibürokratie stellte das Land, das wesentlich stärker bevölkert und weniger entwickelt war als die Sowjetunion in den 30er Jahren, vor ein entscheidendes Problem. Die tatsächliche Kontrolle Chinas drohte der Partei zu entgleiten.

Die zweite Ursache des Bruchs mit dem sowjetischen Modell war unmittelbar ökonomisch. Das schwache Wachstum der Landwirtschaft angesichts des raschen Wachstums der Schwerindustrie ließ auf dem Lande wie in den immer dichter besiedelten Städten die Gefahr der Lebensmittelknappheit aufkommen. Es galt, ein Gleichgewicht in den Investitionen zu finden und der Landwirtschaft sowie den damit verbundenen Industrien den Vorrang gegenüber der Schwerindustrie zu geben.

Die dritte Ursache, die diese Umwandlung beschleunigte, war dann in den 60er Jahren der Entzug der sowjetischen Wirtschaftshilfe.

»Vorwärts zum Sieg mit der leuchtenden Inspiration der Gedanken Mao Tse-tungs«. (C. R. A.)

为江山添锦绣
与日月争光辉

祖国万岁
ZU GUO WAN SUI

Liao Lu-yen,
Landwirtschaftsminister,
vor der Nationalen
Volksversammlung. (Eastfoto)

Juli 1955.
Li Fu-chun, Vorsitzender
der Planungskommission,
präsentiert den ersten
Fünfjahresplan. (Eastfoto)

»Es lebe das Vaterland«.
(C. R. A.)
Die Landreform
in der Bildersprache
der Propaganda.
(Archiv E. R. L.)

Stalins Tod am 6. März 1953 versetzte die kommunistische Welt in Ratlosigkeit. »Ich habe um Stalin geweint, ich habe aufrichtig geweint«, sagte Nikita Chruschtschow, der Stalin 1956 als einen der grausamsten Tyrannen der Geschichte anklagte.

In China war die Erschütterung so deutlich zu spüren wie überall. Mao selbst hatte einmal gefragt: »Wenn es Stalin nicht gäbe, wer erteilte dann die Befehle?« Die chinesischen Kommunisten sahen die internationale kommunistische Bewegung als eine Pyramide. Und in ihren Augen bestand Chruschtschows schlimmste Dummheit später darin, dieser Pyramide den Kopf zu nehmen und damit das Auge und den gesunden Menschenverstand zu verletzen.

Persönlich hatte Mao allerdings wenig Grund, sich auf Stalins Freundschaft zu berufen. Nie ließ der sowjetische Diktator eine Gelegenheit aus, ihn zu demütigen. »Genosse Vorsitzender«, nannte er ihn – was kein Chinese je gewagt hätte. Oder er bedachte ihm ergebene »geliebte und bewährte Führer« wie Maurice Thorez oder Palmiro Togliatti mit Lobeshymnen, während Maos Rolle in der chinesischen Revolution nicht einmal erwähnt wurde. Das erklärt ohne Zweifel, warum Mao unter allen Führern der prosowjetischen Staaten der einzige war, der im offiziellen Trauerzug bei der Beerdigung des »Vaters der Völker« fehlte. Statt dessen schickte er Chou En-lai. Stalins Tod hatte – vor allem nach Chruschtschows Enthüllungen auf dem 20. Parteitag der KPdSU – weitreichende Folgen für die chinesische Parteispitze. Der »Personenkult« wurde Gegenstand heftiger Auseinandersetzungen, wie zahlreiche Anspielungen Maos zeigen. Er selbst verteidigte den Führerkult entschieden, da er ihn – zumindest in bestimmten Fällen – für eine vollkommen gerechtfertigte Praxis hielt.

Der Empfang, der Charles Chaplin 1954 bereitet wurde, erklärt sich aus dessen Verfolgung in den USA und seiner erzwungenen Rückkehr nach Europa. Trotz des Kriegsendes in Korea spielte der Antiamerikanismus weiterhin eine vorrangige Rolle in China.

Beerdigung Stalins am 9. März 1953:
Chou En-lai mit Woroschilow, Malenkow, Suslow, Bulganin, Molotow, Kaganowitsch, Berija, Chruschtschow, Schwernik, Saburow. (A. P. N.)

Chou En-lai empfängt 1954 Charles Chaplin. (United Press)

Kraft« (Mao)

1. Oktober 1953 in Peking.
Von links nach rechts: Chen Chun-ju,
Teng Hsiao-p'ing, Kuo Mo-jo, Chen Yun
Lin Po-chu, Chou En-lai, Chang Lan,
Soong Ch'ing-ling, Liu Shao-ch'i,
Mao, Chu Teh, Li Chi-shen, Kao Kang,
Shen Shu-tung, Tung Pi-wu,
Huang Yen-pei, P'eng Chen. (Eastfoto)

Der 1. Mai 1953 in Peking.
Von links nach rechts: Chang Lan,
Liu Shao-ch'i, P'eng Chen, Mao. (Eastfoto)

253

Politik der Entspannung und des Lächelns

Die engen Bindungen zwischen der Sowjetunion und China äußerten sich zu Lebzeiten Stalins in einer gemeinsamen Politik der Aggressivität und der ideologischen Wachsamkeit. Nach Stalins Tod entwickelte Mao flexiblere Beziehungen zu den westlichen Ländern. Die Unterzeichnung des koreanischen Waffenstillstandsabkommens (1953) und des Genfer Abkommens zu Vietnam (1954) zeigten, daß China diesem Trend folgte.

Zu dieser Zeit bestanden sichtbar herzliche Beziehungen zwischen China und Indien. Seit 1950 sah Peking in Nehru einen Staatsmann, der auf der internationalen Bühne eine unabhängige Rolle spielen konnte. Das Verhältnis zu Neu Delhi verschlechterte sich erst, als China eine Zielscheibe finden mußte, um den Bemühungen der sowjetischen Diplomatie in Asien entgegenzuwirken.

Die Zusammenarbeit zwischen China und Indien erreichte ihren Höhepunkt auf der afro-asiatischen Konferenz von Bandung (Indonesien) im April 1955.

Chou En-lai, Vorreiter der Politik des Lächelns, konnte in Bandung mit seiner Geschicklichkeit und seinem versöhnlichen Ton sogar Pandit Nehru übertreffen. Er vergaß nicht, daran zu erinnern, daß »die erste Atombombe auf asiatischem Boden« explodiert war. Aber er erklärte sich bereit, mit den USA über eine Entspannung im Fernen Osten, vor allem in der Meerenge von Taiwan (Formosa) zu verhandeln.

Chinas Premierminister war es auch, der besonders enthusiastisch die »fünf Grundsätze« der Koexistenz entwickelte. Peking wurde die Avantgarde der kommunistischen Diplomatie bei der Lockerung der internationalen Spannungen.

Der 8. Parteitag der KPCh im September 1956 stand im Zeichen des Tauwetters. Chruschtschows Geheimbericht hatte die kommunistische Welt gerade vom »Personenkult« befreit. In diesem Sinne interpretierte man auch, daß in den neuen Statuten der chinesischen Partei die Würdigung der »Gedanken Mao Tse-tungs« weggelassen wurde. In Wirklichkeit bezeichnete diese Streichung, die von Marschall P'eng Teh-huai vorgeschlagen worden war, eine tiefgehende Krise innerhalb der Parteihierarchie.

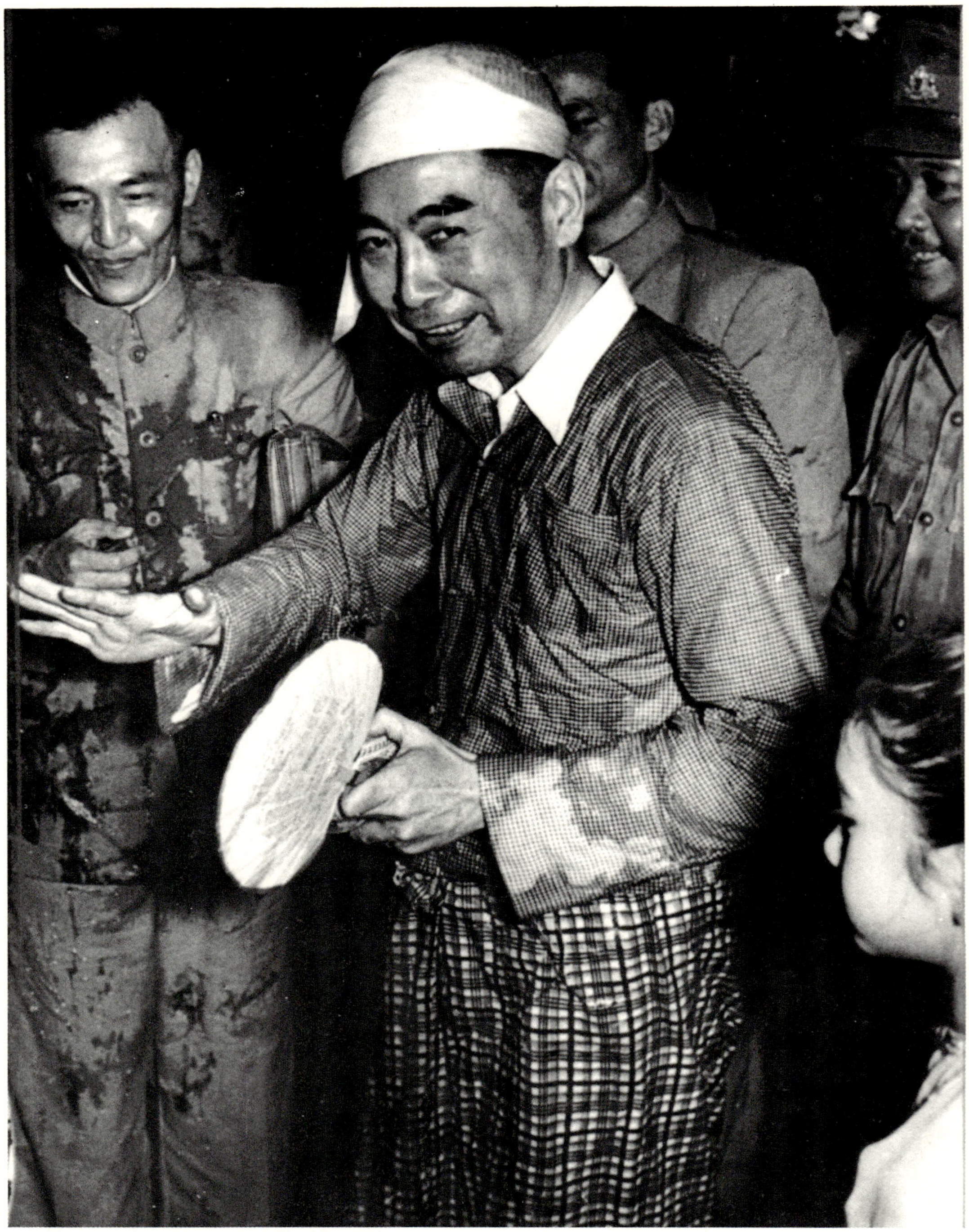

Chou En-lai im April 1955 bei einem Volksfest in Burma.
(Photo Kin Lai-maung)

April 1955. Chou En-lai fliegt zur Konferenz von Bandung. Am Flugzeug wird er von Sastroamidjoro begrüßt. (Kempen)

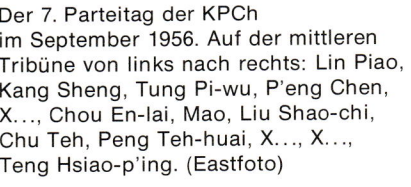

Der 7. Parteitag der KPCh
im September 1956. Auf der mittleren
Tribüne von links nach rechts: Lin Piao,
Kang Sheng, Tung Pi-wu, P'eng Chen,
X..., Chou En-lai, Mao, Liu Shao-chi,
Chu Teh, Peng Teh-huai, X..., X...,
Teng Hsiao-p'ing. (Eastfoto)

Indische Botschaft in Peking,
November 1954.
Mao nimmt an einem Empfang
des indischen Botschafters Raghavan
zu Ehren Nehrus teil. (Eastfoto)

Januar 1956 in Budapest.
Geroe überreicht Chu Teh im Namen
des ungarischen Volkes einen Säbel.
(Eastfoto)

»Die Sowjetunion ist unsere Avantgarde« (Mao)

Trotz aller Faktoren, welche die beiden Länder grundsätzlich trennten, blieb die sino-sowjetische Zusammenarbeit während der 50er Jahre der Eckpfeiler der chinesischen Volkswirtschaft.

Die sowjetischen Ingenieure und Techniker vermittelten den chinesischen Arbeitern eine Wissensgrundlage, die in Maos Land völlig fehlte. Darüber hinaus lieferte die Sowjetunion Maschinen, Fabriken, Waffen. Die Chinesen mußten später erkennen, wie bedeutend diese Hilfe war. Der Abzug der sowjetischen Experten habe – so sagten sie – der Entwicklung ihrer Volkswirtschaft einen harten Schlag versetzt.

Die Nachahmung des sowjetischen Modells enthielt auch ein Moment von Wetteifer. Die Kollektivierung des Bodens, die 1956 weitgehend abgeschlossen war, zeigte, daß China diese Veränderung schneller bewältigt hatte als die Sowjetunion, auch wenn ihre menschlichen Kosten ebenso hoch waren. Seit diesen Jahren lebten an die 15 Millionen Menschen in Arbeitslagern, die »Umerziehungslager« hießen.

Besser als die Stalinisten konnten die Maoisten auch die ärmsten Bauern unter der Flagge der Kollektivierung versammeln. Und die gewaltsame Zerstörung der Klasse der Großgrundbesitzer und lokalen Notabeln nach 1949 hatte das Land auf grundlegende Veränderungen der traditionellen Strukturen und Lebensformen vorbereitet.

1956 war die chinesische Hierarchie noch weit davon entfernt, von einem eigenen Weg der Wirtschaftsentwicklung zu träumen. Der 8. Parteitag beschäftigt sich in großen Zügen mit einem zweiten Fünfjahresplan, der – wie der erste – auf dem Vorrang der Schwerindustrie beruhen sollte.

Aber schon hier tauchten grundsätzliche Gegensätze zwischen Mao und seinen Genossen auf. Diese wollten das Schwergewicht eher auf die Qualität als auf die Quantität legen, auf das Fachwissen eher als auf die ideologische Reinheit der Kader, auf materielle Anreize ebenso wie auf den Enthusiasmus. Mao beharrte, es müsse möglich sein, den Produktionsrhythmus zu beschleunigen, die Normen anzuheben und die Verkaufspreise zu verbessern (also die Löhne nicht zu erhöhen).

Der Elitedreher Kuzmin aus der Fabrik Krasni Proletari in Moskau zeigt seinen Kollegen der Werkzeugfabrik Nr. 2 in Peking die sowjetischen Methoden der schnellen maschinellen Verarbeitung. 1955. (A. P. N.)

Der Wiederaufbau der Eisenbahnen. (U. S. I. S.)

Die chinesischem Bauern beginnen
die Arbeit mit Musik. (A. F. C.)

Ein sowjetischer Spezialist bedient
die Schalttafel in dem Walzwerk
des metallurgischen Kombinats
von Anshan. (A. P. N.)

DER GÄRTNER DER HUNDERT BLUMEN

1963–64. (Caio Garrubba - Real photo)

Mao an seinem Arbeitstisch: eines der am weitest verbreiteten Bilder. (Librairie Phénix)

Er war nun 62 Jahre alt. Durch die mangelnde körperliche Betätigung und die reichlichere Kost in Yenan nach den Jahren des Kampfes und des Umherirrens waren sein Gesicht und seine Gestalt rundlich geworden. Die Welt kannte nun dieses Mondgesicht, diese Buddhaerscheinung. »Buddha« war auch der Ausdruck, den er oft gebrauchte, wenn er von sich selbst sprach. Er wußte, daß man über seinen Bauch spottete. »Wenn Lin Piao täglich ein Pfund Fleisch äße, würde er trotzdem nicht dick werden, nicht einmal in zehn Jahren würde er dick werden«, sagte er einmal im Laufe einer sehr ernsten Versammlung. »Der Oberkommandierende Chu Teh und ich, wir sind nicht an einem Tag dick geworden…« Auf diese Weise erinnerte er daran, daß er nicht als einziger »profitiert« hatte.

Er wollte jedoch beweisen, daß er trotz seines Alters und seiner Leibesfülle noch ein Mann voller Kraft und Willensstärke war. Und er sprach von seinen Leistungen im Schwimmen wie von den Ching-Kang-Bergen oder vom Langen Marsch: »Bis 1954 konnte ich nicht richtig schwimmen. Dann baute man 1954 eine Schwimmhalle an der Tsinghua-Universität in Peking. Ich ging drei Monate lang jeden Abend hin, verkleidet und mit einer Binde vor dem Mund« (eine Anspielung auf die Gewohnheit der Chinesen, im Winter aus Angst vor Bakterien eine weiße Atemmaske zu tragen).

Diese späte Lehrzeit hinderte ihn nicht daran, im Mai und Juni 1956 dreimal in den Jangtsekiang zu springen… Zur Verzweiflung der Parteiführer, die sich vorstellten, wie verblüfft die Welt wäre, wenn sie verkünden müßten, daß der Führer der Chinesischen Revolution unter der Brücke von Wuhan jämmerlich ertrunken sei. Er überstand aber seine wagemutigen Bäder und schrieb sogleich ein Gedicht – »Schwimmen« –, um ihnen eine epische Dimension zu geben: *Ich schwimme über den endlosen Fluß… Der Wind kann mich peitschen und die schneidenden Wellen…*

Die schlichten Sitten Yenans gehörten der Vergangenheit an. Dort, in Shensi, hatte Mao mitten unter den Seinen gelebt, er war ohne Eskorte umhergegangen, hatte an Samstagabenden die Tanzveranstaltungen besucht und tolpatschig mit Chiang Ch'ing oder den hübschen, bezopften Studentinnen getanzt, die ihn baten: »Präsident Mao, der erste Walzer gehört mir…« Nun geleitete ihn der Sicherheitsdienst auf allen Wegen und umgab ihn mit einem Schutzschirm. Sein ganzes Leben war geheim, der Schwimmunterricht nicht ausgenommen. Seine Reisen wurden nie im voraus bekanntgegeben. Oft war er mehrere Wochen lang verschwunden, und dann gingen Gerüchte um: Mao ist krank, Mao liegt im Sterben. Wie ein Kaiser wohnte er in der neuen »Verbotenen Stadt«, dem Verwaltungsviertel von Chungnanhai, dessen hohe zinnoberrote Mauer die des Ming-Palastes verlängert. Er lebte dort als Dynast, umgeben von den Mitgliedern des Politbüros und deren Assistenten. Jeder hatte dort sein Haus im traditionellen Stil und seine Leibwache. Nichts schien sich seit den Ming und den Mandschu geändert zu haben.

Die Gedichte Maos aus dem Jahre 1956 befaßten sich jedoch mit einem einzigen Thema: der Veränderung. Wobei zu verstehen war: *Ich* habe China verändert. Die Erfolge der vorausgegangenen Jahre, vor allem im Hinblick auf die Kollektivierung der Landwirtschaft, versetzten ihn in einen solchen Überschwang, daß er eine seiner Haupttugenden vergaß: die Vorsicht. Für Mao sollte 1956 ein unheilvolles Jahr werden.

Die ersten Anzeichen ernsthafter Meinungsverschiedenheiten innerhalb der Parteiführung waren bereits zu sehen. Einige ihrer Mitglieder stellten sich in der Frage der Kollektivierung gegen Mao. Sie nannten die Maßnahme verfrüht und meinten, sie sei nur dazu angetan, gerade unter den dynamischsten Bauern Unzufriedenheit zu stiften und damit die Lebensmittelversorgung in einem Augenblick zu gefährden, in dem man den Arbeitern große Anstrengungen abverlangte, um die industrielle Entwicklung zu beschleunigen.

Tatsächlich hatte der Widerstand der Bauern schon immer heftigere Formen angenommen. Die Pekinger Zeitungen berichteten von Plünderung, Brandstiftung, Mord und sogar von »Erhebungen« in verschiedenen Regionen. Die Unterdrückungsmaßnahmen, die Ministerpräsident Chou En-lai im November 1953 angekündigt hatte, waren offenbar wirkungslos geblieben.

Die erste Reaktion mehrerer Parteiführer war die Befürwortung der Auflösung der Genossenschaften in Dörfern, in denen man sie nur unwillig aufnahm. Mao verglich daraufhin seine Genossen mit »Chinesinnen mit gebundenen Füßen«. Er bestand auf einer Erweiterung der Bewegung. Der Widerstand der »reichen Bauern« war ihm gleichgültig. Er wollte sich auf eine Bauernmasse stützen, die begriff, daß sie nichts gewinnen konnte durch eine weitere Aufteilung des Landes in Parzellen von einer zwangsläufig kleinen Oberfläche. Und die erkannte, daß die Stadt ungelernten Arbeitskräften nur wenige neue Arbeitsplätze bieten konnte.

Mao setzte sich in der Frage der Erweiterung der Genossenschaften durch, und die große Mehrheit der bäuerlichen Kader stand hinter ihm, da man in der Kollektivierungsbewegung eine gute Gelegenheit sah, sich Posten zu verschaffen. In der Industrie mußte Mao Widerstand anderer Art überwinden.

Trotz der wiederholten Warnungen Pekings vor »Ungestüm« und »Abenteurertum« waren die politischen und technischen Kader der Industrie ohne Rücksicht auf die Selbstkostenpreise und die Qualität der Produkte nur darauf aus, »den Plan zu erfüllen«. Die Furcht vor der Anklage wegen Sabotage oder »Rechtsabweichens« war größer als jede andere Überlegung. Im Jahre 1956 vermehrten sich die Warnzeichen. Die Industrieerzeugnisse entsprachen nicht den Qualitätsnormen. Sie waren manchmal geradezu unbrauchbar. Der Widerstand der Arbeiter trat offen zutage. Er ging vom Bummelstreik bis zum regelrechten Streik.

Da es keine echten Gewerkschaften gab (wie in der Sowjetunion sind die Gewerkschaften der Volksrepublik China nichts anderes als Transmissionsriemen, Übermittler der von oben kommenden Weisungen), hatten die Aktionen der Arbeiter einen »wilden« Charakter. Sie griffen jedoch so weit um sich, daß die kommunistische Presse sie wohl oder übel erwähnen mußte.

So nannte sie als eine der Hauptursachen der Unzufriedenheit den infernalischen Produktionsrhythmus und die manchmal wahnwitzigen Arbeitszeiten, die den Arbeitern von den Kadern auferlegt wurden, wenn es darum ging, das »Leistungssoll« zu erfüllen. Im Innenhafen von Kanton, berichtete beispielsweise die Agentur Neues China, hatte man eine Zeitlang ein System der sogenannten »elastischen Schichten« praktiziert: »Jeder Docker arbeitet acht Stunden, dann ruht er sich acht Stunden aus und arbeitet wieder acht Stunden… Die Lasten sind alle über 100 kg schwer, und nach acht Arbeitsstunden ist man völlig erschöpft.«

Die Arbeitsunfälle wurden immer häufiger, und unter den Arbeitern, die feststellten, daß das Krankengeld nicht allzu sehr hinter den niedrigen Löhnen zurückblieb, nahmen die Krankmeldungen zu. Als die Regierung 1956 den Forderungen nachgab und sich zu einer allgemeinen Lohnerhöhung entschloß, erkannte sie, daß sie damit die Gefahr einer Inflation heraufbeschwor, und eine Inflation war der Alptraum der chinesischen Wirtschaftsexperten, die sich an die Rolle der Geldentwertung beim Sturz der Kuomintang erinnerten.

Anstatt eine allgemeine Erhöhung vorzunehmen, die der tatsächlichen Lage eines Marktes nicht entsprach, auf dem Warenknappheit herrschte, entschloß sich die Regierung zuletzt für die klassische Methode des Stücklohns. So entstand nach und nach eine Arbeiteraristokratie. Die Stoßarbeiter erhielten bis zu 200 und sogar 300 Jüan im Monat, während die Durchschnittslöhne bei 50 Jüan lagen. Damit wurde das Prinzip einer breiten Auffächerung der Löhne übernommen. Es besteht noch heute in Form eines Achtstufen-Systems.

Anfang 1956 beschloß die Partei, Maßnahmen zur Beseitigung der in der Wirtschaft festgestellten Mißverhältnisse zu ergreifen. Das Jahr begann unter dem Zeichen der Entspannung. Die chinesischen Machthaber waren davon unterrichtet worden, daß Moskau sich anschickte, gewisse Mißstände der Stalinschen Epoche anzuprangern. Sie wollten nicht hinter den Ereignissen zurückbleiben. Um so weniger als die geplanten Maßnahmen die passende »liberale« Färbung hatten.

Im Januar wurde die Absicht verkündet, die bäuerlichen Genossenschaften den Grundbesitzern und reichen Bauern zu öffnen, insgesamt etwa 40 Millionen Personen – Arbeitskräfte, auf die man nur schwer verzichten konnte.

Um die Mängel der Industrieproduktion zu beseitigen, beschlossen die für die Planung Verantwortlichen, der Qualität den Vorrang vor der Quantität zu geben und der wissenschaftlichen Forschung einen breiteren Spielraum zu lassen.

Den gleichen Geist verrieten die Entscheidungen, die Ministerpräsident Chou En-lai zugunsten der Intellektuellen und »Gebildeten« verkündete. An die vier Millionen Menschen, von denen nur 40 Prozent als Anhänger des Regimes betrachtet wurden, sollten einen bevorzugten Status genießen: Höhere Gehälter, Spezialrestaurants, besondere medizinische Betreuung, Kürzung der Zeit, die der »politischen Umerziehung« gewidmet war. Das Regime hatte erkannt, daß die passive Feindseligkeit der Intellektuellen angesichts seiner Parolen und seiner Unnachgiebigkeit nachteilige Folgen für das gesamte Leben der Nation haben konnte.

Die Belebung des kulturellen Lebens wurde zu einem der wichtigsten Anliegen. Plötzlich war davon die Rede, die Aufführung einer größeren Anzahl klassischer Stücke »mit geringfügigen Korrekturen« zu gestatten, ausländische Filme einzuführen, sofern sie »fortschrittlich und unschädlich« waren, das Interesse an der traditionellen chinesischen Malerei zu fördern und einer Literatur »von guter Qualität« den Weg zu bereiten. Die blaue Baumwollkleidung, die seit 1949 die militärische Strenge des Regimes versinnbildlichte, durfte niemandem mehr als Uniform aufgezwungen werden. Wer die Mittel dazu hatte, begann Hemdblusen und Kleider aus bedruckten Stoffen und sogar, wenn auch nur selten, den *cheong-sam,* den seitlich geschlitzten Rock, zu tragen, der sich vor der Revolution einer gewissen Beliebtheit erfreut hatte.

Die ersten Traktoren (sowjetischen Modells) für die Versuchsfarmen. (Archiv E. R. L.)

Chruschtschow verliest im Februar 1956
auf dem 20. Parteitag der KPdSU seinen Bericht.
(A. P. N.)

Dieses vorsichtige Tauwetter bereitete allerdings niemanden auf das Debakel vor, das dem 20. Parteitag der KPdSU folgte. Die vom 14. Februar 1956 an in Moskau versammelten Delegierten mußten sich zehn Tage gedulden, um sich dann unter Ausschluß der Öffentlichkeit einen Bericht Nikita Chruschtschows über die Stalinära und den »Personenkult« anzuhören. Von den beiden historischen Debatten – am Abend des 24. und am Morgen des 25. Februar – wurden sogar die Vertreter der Bruderparteien ausgeschlossen. Man informierte sie erst nachträglich und unter Vorsichtsmaßnahmen, die eines Spionageromans würdig gewesen wären. Ein einziges Exemplar des Berichts wurde jedem der Delegationsleiter mit der Aufforderung ausgehändigt, es nach der Lektüre sofort zurückzugeben. Es mußte erst eine Kopie nach Warschau gelangen und dort für 300 Dollar an den amerikanischen Nachrichtendienst verkauft werden, damit die Weltöffentlichkeit erfuhr, was geschehen war.

Der Chruschtschow-Bericht hatte augenblicklich eine spektakuläre Wirkung. Er beschleunigte die Entwicklung latent vorhandener Tendenzen in den osteuropäischen Ländern. Ein Wind der Revolte begann über Polen und Ungarn zu wehen. Im Juni 1956 zeigten blutige Arbeiterkundgebungen in Posen, wie schlecht es um die Unterstützung der Völker für die Regimes bestellt war, die nichts anderes als Kopien Moskaus darstellten. Jede der kommunistischen Parteien war gezwungen, ihre Anschauungen und ihr Verhalten zu revidieren. Auch die chinesische Partei mußte sich dazu bequemen.

Chruschtschow hatte sich nicht mit einer vorsichtigen Kritik an der Stalinschen Amtsführung begnügt. Um seinen Anspruch auf die Stalinnachfolge zu erhärten, hatte er ein abstoßendes Bild von dem verstorbenen Diktator gezeichnet. Er hatte aus ihm einen Psychopathen gemacht, der auf seine alten Tage an Verfolgungswahn litt, geradezu verbrecherisch mißtrauisch war, in seinen eigenen Kult verliebt war und sich an den unpassendsten Orten gigantische Statuen errichten ließ.

Maos Reaktion angesichts dieses Zusammenbruchs des Stalinmythos war typisch. Drei Jahre zuvor hatte er in Stalin noch »das größte Genie unserer Epoche« begrüßt. Änderte er nun sein Urteil, so gab er sich der Lächerlichkeit preis: Wie hatte er mörderischen Wahnsinn mit Genie verwechseln können? Änderte er sein Urteil nicht, lief er Gefahr, in einen Gegensatz zu Chruschtschow zu geraten und sich von der internationalen kommunistischen Bewegung zu isolieren. Er tat weder das eine noch das andere. Um nicht das sowjetische System an sich kritisieren zu müssen, hatte Chruschtschow nur von den letzten fünfzehn Jahren Stalins gesprochen. Auf diese Weise gingen die Morde, die Deportationen, die Niederlagen der Jahre 1941–42 im Krieg gegen Hitler auf das Konto der Senilität. Mao wußte daher eine bessere Lösung. Er lieferte eine Erklärung, das heißt eine Rechtfertigung für die »Irrtümer«, die Stalin beging, »ohne sich dessen bewußt zu sein«.

Zunächst waren die »Irrtümer« unvermeidlich gewesen, sagte er in einem Artikel über »Die historische Erfahrung der Diktatur des Proletariats«. Die Diktatur des Proletariats ist eine völlig neue Erfahrung in der Geschichte der Menschheit. Man muß sich daher vorwärtstasten, bis man die richtige Lösung findet.

Wenn es stimmte, daß Stalin, ein Opfer des *großen Ansehens, das er sich beim Volke sowohl innerhalb als auch außerhalb der Sowjetunion erworben hatte, insofern irrte, als er seine eigene Rolle überschätzte und seine persönliche Autorität gegen die der kollektiven Führung stellte,* so änderte das doch nichts daran, daß er an den großartigen Leistungen der Sowjetunion »einen unauslöschlichen Anteil« hatte. *Nach dem Tode Lenins war es Stalin als oberster Führer der Partei und des Staates, der den Marxismus-Leninismus auf schöpferische Weise anwandte und entwickelte.*

So konnte Mao »entstalinisieren« und zugleich versuchen, sich die Dankbarkeit der verwirrten Stalinisten zu sichern. Er hatte eine Theorie, um die Beibehaltung diktatorischer Maßnahmen über den Zeitpunkt der Machtergreifung hinaus zu rechtfertigen: Die Machtergreifung bringt nicht automatisch das Verschwinden der »Widersprüche« mit sich. Das hatte Stalin selbst schon gesagt. Aber er war nicht imstande gewesen, zwischen zwei Arten von Widersprüchen zu unterscheiden, nämlich denen, die sich zwischen dem revolutionären Volk einerseits und den reaktionären Elementen andererseits ergeben, und denen, die im Volk selbst entstehen. Erstere müssen mit Gewalt gelöst werden, letztere durch »Überredung«. Stalin hatte durch blinde Gewalt alles hinweggefegt. Mao schlug eine subtilere Methode vor, einen Stalinismus mit menschlichem Antlitz.

Sein scharfsinniges Plädoyer für Stalin und die Stalinisten hinderte ihn nicht, in den internen Beratungen der Partei oder der Berufsorganisationen daran zu erinnern, daß er sich in den dreißiger Jahren Stalin ebenso widersetzt hatte wie im Laufe ihrer Unterredungen im Januar 1950. Stalin war zu gefräßig gewesen. Er hatte seine Pranke auf die Mandschurei und Sinkiang legen wollen – aber ich, versicherte Mao, war ihm überlegen. *Einem alten Tiger reißt man immer ein Stück Fleisch aus dem Maul.*

Solche Scherze waren gut für die private Sphäre. In der Öffentlichkeit gab sich Mao als der große Weise des Kommunismus, der Lob und Tadel austeilte. Seine Kritik an den »Irrtümern« Stalins bedeutete doch, daß er selbst sich nicht des Personenkults schuldig gemacht hatte. *Es wäre,* sagte er, *vollkommen irrig, die Rolle des Individuums, die Rolle der Männer der Avantgarde und der Führer zu leugnen.* Andererseits aber dürfen die »Männer der Avantgarde« und »Führer« nicht wie Stalin handeln, ohne die »kollektive Führung« zu befragen. Mit anderen Worten: In Peking konnte dergleichen nicht geschehen.

Nachdem er sich selbst so von jedem Tadel freigesprochen hatte, durfte Mao es wagen, sich zum erstenmal in die Angelegenheiten des europäischen Kommunismus einzumischen, für den bisher allein Moskau zuständig gewesen war. In Polen spielte er den Vermittler zwischen Chruschtschow und Gomulka, dem Kommunistenführer, auf dem die Hoffnungen des Widerstandes ruhten. In Ungarn zollte er dem Einschreiten der Sowjetarmee gegen Imre Nagy, »das Werkzeug einer imperialistischen Verschwörung«, Beifall.

Das genügte ihm noch nicht. Er sah sich bereits als geheiligter Führer des Weltkommunismus. Als er in China selbst wegen des zu raschen Tempos, das er der wirtschaftlichen Entwicklung aufzwingen wollte, kritisiert wurde, schlug er zwei Fliegen mit einer Klappe. Da nun einmal die Stunde der »Liberalisierung« gekommen war, wollte er weiter gehen als alle anderen. Der europäische Kommunismus hatte sich als unfähig erwiesen, seinen Kurs zu ändern, ohne sich augenblicklich den schwersten Gefährdungen auszusetzen. Er, Mao, wollte im Inland wie im Ausland zeigen, daß China weder Polen noch Ungarn war, daß es ihm gelungen war, ein Gebäude zu errichten, das fest und unerschütterlich stand wie kein zweites. *Laßt hundert Blumen blühen, laßt hundert Schulen miteinander wettstreiten!* Die Formel war gefunden. Sie beschwor das Goldene Zeitalter chinesischen Denkens herauf, die Zeit der Kämpfenden Reiche vom 4. bis zum 3. Jahrhundert v. Chr. Im Jahre 1956 bedeutete sie für die chinesischen Intellektuellen anscheinend die Eröffnung eines Gedankenaustausches, ein Regime der Toleranz.

In Wirklichkeit wurde der Slogan von den Hundert Blumen, den Mao im Mai 1956 zum erstenmal gebrauchte und den dann der Propagandadienst der Partei wiederholte, mit Mißtrauen aufgenommen. Die Intellektuellen hatten schon die Erfahrung gemacht, daß es sie teuer zu stehen kommen konnte, die Stimme zu erheben. Sie erinnerten sich der Listen, für die Mao eine solche Vorliebe hatte. In Shanghai erzählte man sich einen Witz, der sehr gut die Volksmeinung über die drei großen kommunistischen Führer jener Zeit – Mao Tse-tung, Liu Shao-ch'i und Chou En-lai – ausdrückte.

Mao fragt seine beiden Freunde, wie sie es anstellen würden, eine Katze dazu zu bringen, Pfeffer zu fressen.

Chou antwortet als erster: »Ich würde den Pfeffer in einen Fleischklops einhüllen. Die Katze würde das Fleisch fressen und nicht merken, daß der Pfeffer darin versteckt ist.« Mao schneidet eine Grimasse und sagt: »Das ist Betrug, und betrügen darf man nicht.«

Nun ist Liu an der Reihe: »Ich würde den Pfeffer mit Eßstäbchen aufnehmen und ihn der Katze in den Schlund stopfen.«
Mao wird wütend und sagt: »Gewalt ist die schlechteste Methode.«

»Was würdest denn du tun?« fragen ihn die beiden Freunde.

»Man darf weder betrügen noch Gewalt anwenden«, antwortet Mao. »Reibt die Katze mit dem Pfeffer ein. Wenn sie dann spürt, wie er ihr auf der Haut brennt, wird sie sich wohl lecken müssen.«

Diese Geschichte sollte schildern, wie Mao die chinesischen Kapitalisten zwang, »sich zu lecken«, nachdem er sie mit dem Sozialismus eingerieben hatte. Die Intellektuellen fürchteten, daß er nun mit ihnen etwas Ähnliches im Sinne hatte. Sobald sie zu miauen begannen, würde ihnen die Partei den Pfeffer der »Berichtigung« zu schlucken geben.

Das erklärt, warum allen Versprechungen und Schmeicheleien zum Trotz das Jahr 1956 verging, ohne daß jemand an Maos Blumen zu riechen wagte. Die Schleusen öffneten sich erst nach einer weiteren Rede Maos im Februar 1957. Entgegen den Ratschlägen seiner Parteigenossen bestand Mao darauf, die Zeitungsspalten der Kritik zu öffnen und eine Meinungsäußerung durch handgeschriebene Anschläge zu gestatten. Dieser Eigensinn kam ihn teuer zu stehen.

Zunächst wagte sich die Kritik nur zaghaft hervor. Nichtkommunistische Intellektuelle äußerten die Meinung, ein parlamentarisches System könne etappenweise eingeführt werden. Dann beklagte man sich über die Diktatur der Partei, und es hieß ganz allgemein: Die Parteimitglieder kennen anderen gegenüber nur autoritäre Beziehungen. Ihr Zeremoniell, ihre Kleidung und Sprache, ihr Benehmen den Untergebenen gegenüber – in allem führen sie sich als würdige Nachfolger der bürokratischen Vergangenheit Chinas auf.

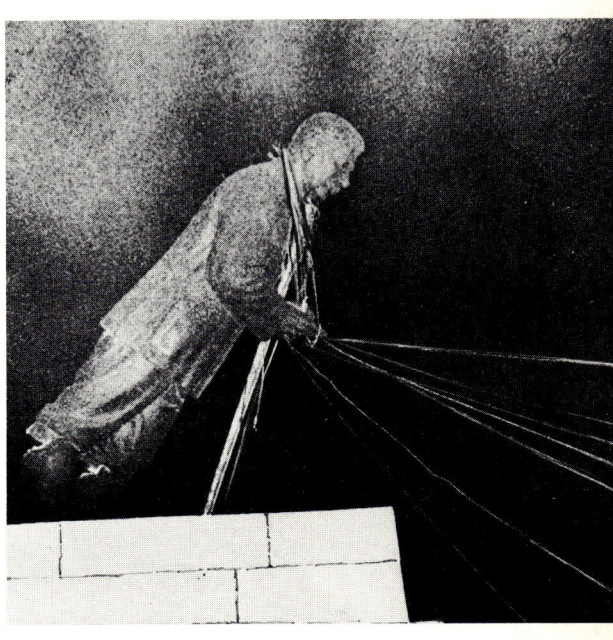

Der Aufstand in Budapest 1956. (U. S. I. S.)

»Die Pagode mit den achtzehn Stockwerken«: dieses Bild gebrauchten die Gegner, um die Partei und ihre imposante Hierarchisierung zu beschreiben, und einer versicherte: »Die Verschlechterung der Beziehungen zwischen der Partei und den Massen stellt ein Phänomen von nationaler Tragweite dar.« Mehrere Vereinigungen entstanden, die das Recht auf freie Meinungsäußerung, die Pressefreiheit und das Recht der Versammlung und Vereinsbildung forderten. »Die Partei kann verschwinden, China wird bleiben!« rief ein Professor der Volksuniversität Peking.

Die Studenten gingen in ihrer jugendlichen Begeisterung noch weiter. Die Universitäten wurden zum Schauplatz eines phantastischen »Pekinger Frühlings«. Das ganze Regime als solches wurde in den Reden, in den Zeitungen und auf den Wandanschlägen aufs Korn genommen. »Man nennt Volkseigentum, was in Wirklichkeit nur Eigentum der Partei ist«, sagte einer, und ein anderer: »Der wahre Sozialismus ist demokratisch, der unsere ist antidemokratisch.«

Der zu Beginn des Jahrhunderts nach amerikanischem Vorbild angelegte Campus der Universität Peking (Peita) war in vollem Aufruhr. Die »Freiheitsallee« mündete in die »Allee der Wahrheit«, und es gab plötzlich eine »Mauer der Demokratie«, auf der sich Hunderte von handgeschriebenen Anschlägen ausbreiteten. Die unzureichende Ernährung, die überfüllten Schlafsäle, der sowjetisierte Lehrbetrieb – alles war Gegenstand des Protests. »In den Vereinigten Staaten«, schrieb ein Student, »können die Amerikaner den ungekürzten Text des Chruschtschow-Berichts lesen. Warum nicht auch wir?« Die Pekinger Presse hatte nämlich das Kunststück zustandegebracht, von der »mutigen Selbstkritik unserer sowjetischen Genossen« zu sprechen, ohne zu berichten, worum es ging. Die jungen Chinesen erfuhren es nur durch ein Resümee, das in der amerikanischen kommunistischen Zeitung »Daily Worker« erschienen war.

Die protestierende Peita hatte ihre Führerin, eine junge Studentin namens Lin Hsi-ling, und sie nahm sich kein Blatt vor den Mund. Die Parteikader, sagte sie, sind »faule Eier«. Im Laufe einer Versammlung rief sie am 23. Mai: »Ich nenne diese Gesellschaft einen Sozialismus, der auf dem Fundament des Feudalismus errichtet wurde.« Ein anderer Wortführer, Tan Tian-jong, der seine griechischen Autoren kannte, begann einen Anschlag mit den Worten Heraklits: »Die Epheser sollten sich aufhängen und ihre Stadt den Kindern überlassen…« An der Universität Tientsin nahm die Erregung noch subversivere Formen an. An den Mauern erschienen Slogans wie »Der Kapitalismus ist demokratischer als der Sozialismus« oder »Wir haben genug von den kommunistischen Banditen«. In Wuhan brach ein regelrechter Aufstand aus: drei Studenten wurden zum Tode verurteilt und hingerichtet.

Die Reaktion der chinesischen Studenten auf den Aufruf der Hundert Blumen zeigte, daß sich im Gegensatz zu den Illusionen Maos in China durchaus die gleiche Situation wie in Polen und Ungarn entwickeln konnte. In seiner berühmten Rede vom 27. Februar 1957 über die »Widersprüche« hatte Mao das Neue China gepriesen: *Noch nie war unser Land so geeint wie heute.* Die Ereignisse in Peking, Tientsin und Wuhan öffneten ihm die Augen. Der Mai 1957 ähnelte zu sehr dem Mai 1919, als daß er noch den geringsten Zweifel hätte hegen können: Man mußte dieser spontanen Revolte einen Riegel vorschieben.

Am 30. Mai empfing Mao den französischen Politiker Edgar Faure, und ihm erklärte er: *Bei einem Volk wie diesem muß man gewisse Grenzen einhalten.* Diese Grenzen hatte er schon am 25. Mai in einer Grußbotschaft an den Kongreß des kommunistischen Weltjugendbundes vorgezeichnet: *Alle Worte und Handlungen, die sich vom Sozialismus entfernen, sind ganz und gar schlecht.* Dieser Satz wurde mit großen schwarzen Schriftzeichen auf die Mauern der Peita geschrieben. Die Studenten begriffen augenblicklich, daß das Fest vorüber war.

Als der deutsche Politologe Klaus Mehnert die Peita im Juli besuchte, wurde er Zeuge, wie die Universität wieder von den parteitreuen Elementen in die Hand genommen wurde. Die Gegner wurden mißhandelt, öffentlich gedemütigt, gezwungen, die Namen derer preiszugeben, die an subversiven Versammlungen teilgenommen hatten. Die Protestierer waren überzeugt, daß Mao sie »hereingelegt« hatte, daß man ihnen die Freiheit nur vorgegaukelt hatte, um sie ans Licht zu locken und ihre »konterrevolutionäre« Gesinnung zu enthüllen.

Diese Anschauung gründete sich nicht auf Gerüchte oder Mißverständnisse. Mao selbst wollte lieber als durchtrieben und hinterhältig gelten als zugeben, daß er sich in bezug auf die Einstellung der Jugend getäuscht hatte. Tatsächlich hatten die Studenten am 1. Juli in der »Volkszeitung« einen Artikel lesen können, der Maos Auslegung der Kampagne der Hundert Blumen enthielt. Mao sagte, er habe *die Kobolde und Dämonen in aller Freiheit umhertollen lassen, damit die Massen die Gefahr begreifen, ihre Kräfte sammeln und zum Gegenangriff antreten.*

Die höheren Kader der Partei hatten in der Mehrheit die Notwendigkeit der Kampagne der Hundert Blumen nicht verstanden. Sie hatten darin nur eine persönliche Marotte des »Vorsitzenden« gesehen. Bei seiner Rede am 27. Februar hatten

Posen, Juni 1956. Marsch von polnischen Arbeitern unter einer Fahne, die mit dem Blut eines jungen Mannes befleckt ist, der in einem vorhergehenden Aufruhr getötet wurde. (U.S.I.S.)

sie den Saal in Scharen verlassen, ohne ihn bis zum Ende anzuhören. Nun, da ihnen die Ereignisse recht gegeben und die »Hundert Blumen«, wie sie vorausgesagt, zu einer allgemeinen Offensive gegen die »Diktatur des Proletariats« geführt hatten, gaben sie Gegendampf. Im ganzen Lande begann eine Hexenjagd. Bekannte Schriftsteller, Studenten, Professoren, Gegner aller Schattierungen wurden verhaftet, in Arbeitslager gesteckt und nach und nach gezwungen, sich nach der üblichen Methode des öffentlichen Geständnisses als »Bourgeois« und »Rechtsabweichler« zu bekennen.

Mao unternahm einen letzten Versuch, das Gesicht zu retten. Er begab sich kurz nach Shanghai, dessen Bürgermeister, Ko Ching-shih, ihn zusammen mit seinen Mitarbeitern stets seiner Zustimmung versichert hatte. Verlorene Mühe. Die »Volkszeitung« brachte nun Kritiken, die sich gegen Mao selbst richteten. Im Tone der Entrüstung über dergleichen Anschauungen veröffentlichte sie am 11. Juli die Meinung eines Nichtkommunisten, der erklärte: »Der Aufbau der bäuerlichen Genossenschaften ist mit Irrtümern besudelt. Die Bauern verfluchen den Vorsitzenden Mao.« Am 15. Juli erlaubte sich die Zeitung eine weitere Attacke, die ebenfalls von einem Nichtkommunisten unterzeichnet war. Diesmal wurde Mao mit Bismarck verglichen. Er wurde beschuldigt, seine Kollegen zu verachten und zuzulassen, daß man Lieder sang, in denen er mit der Sonne verglichen wurde. Am 16. Juli gestand ein anderer »Unabhängiger«, er habe sich dem »Personenkult« – mit anderen Worten: dem Mao-Kult – hingegeben, so daß der Eindruck entstehen konnte, Mao ziehe Leute, die der Partei fernstanden, ihm aber schmeichelten und ihn beweihräucherten, den Mitgliedern seiner eigenen Partei vor, die es wagten, sich seinen Entscheidungen zu widersetzen. All das in einem immer offeneren Klima der Unzufriedenheit.

Wenn man 1956 eine mittelmäßige Ernte erlebt hatte, so brachte das Jahr 1957 keine merkliche Besserung. Die Partei gab Mao und seinen einem großen Teil der Bauernschaft aufgezwungenen Kollektivierungsmaßnahmen die Schuld. Schweinefleisch und Speiseöl wurden knapp. Die kleinen Leute spotteten über die im vorausgegangenen Jahr erschienenen Waren, die das Bedürfnis nach »Eleganz« befriedigen sollten: »Wir haben nicht einmal genug Baumwolle, um uns zu bekleiden.«

Die Vertrauenskrise nahm so beunruhigende Formen an, daß sich die Parteiführer vom Spätsommer an gezwungen sahen, einen Kompromiß zu schließen. Mao mußte sich mit dem Gedanken abfinden, daß die Kampagne der Hundert Blumen mit neuer Unterdrückung endete. Seine Gegner wollten dafür gelten lassen, daß die Formel an sich nicht zu verdammen war; sie begnügten sich damit, sie eben als toten Buchstaben zu betrachten.

Im November reiste Mao zum zweitenmal in die Sowjetunion. Er nahm dort an einer Weltkonferenz der kommunistischen Parteien teil, die nach den Erfahrungen in Polen und Ungarn einen Damm gegen den »Revisionismus« zu errichten suchten, der durch den Chruschtschow-Bericht erweckt worden war. Mao proklamierte die »führende Rolle der Sowjetunion«, und die ganz »Unentwegten« pflichteten ihm bei: der Sowjetrusse Michail Suslow, der Deutsche Walter Ulbricht, der Albanier Enver Hodscha. In seiner Begeisterung erklärte er, die neue Macht der Sowjetunion, die die Vereinigten Staaten nicht nur im Hinblick auf die Nuklearwaffen eingeholt, sondern mit ihren ersten Sputniks sogar überholt hatte, habe das Kräfteverhältnis in der Welt von Grund auf verändert: *Der Ostwind überflügelt den Westwind.*

Die Kommunisten waren allerdings bestürzt, als sie Mao versichern hörten, ein Atomkrieg wäre keineswegs eine Katastrophe für die Menschheit, denn es würde immer noch genug Überlebende geben, um den Sozialismus aufzubauen. »In China vielleicht«, schimpfte ein Delegierter, »aber in meinem Land, in Ungarn?«

Mao war zu weit gegangen. Das Jahr 1957 hatte für ihn unter den günstigsten Vorzeichen begonnen. Die europäischen Kommunisten hatten die Unterstützung gewürdigt, die er scheinbar den »Liberalisierungsmaßnahmen« gewährte, und die Bewegung der Hundert Blumen in diesem Sinne gedeutet. Nun herrschte die Beunruhigung vor. Man fragte sich, was er eigentlich gemeint habe. Erst später erkannte man, daß er mit seinen aufsehenerregenden Erklärungen in Moskau lediglich ein Ansehen zurückzugewinnen versuchte, das er in Peking verloren hatte. Im übrigen bat er Chruschtschow um Beistand. Im Laufe einer Unterredung fragte er den sowjetischen Parteiführer, was er von den Hundert Blumen halte. Chruschtschow, der andere Sorgen hatte, antwortete unbestimmt, er habe eigentlich nicht recht verstanden, worum es gegangen sei.

Damit fuhr Mao wieder nach Hause. Seine Moskaureise hatte nur dazu gedient, den konservativen Bürokraten der osteuropäischen Länder zu helfen, die Öffnung ihrer Gesellschaft hinauszuzögern. Er kam in Peking an voller Groll gegen Chruschtschow und seine chinesischen Parteigenossen, die er – wie Chruschtschow in seinen Erinnerungen schrieb – im Laufe seiner Gespräche im Kreml unaufhörlich verleumdet hatte. Der Gärtner der Hundert Blumen zog bittere Schlüsse aus seinen Enttäuschungen.

Versammlung von Soldaten der Nationalen Befreiungsarmee in dem Arbeiterstadion von Peking während der Kulturrevolution. (Camera Press)

Im Gefolge der Kulturrevolution machten sich Millionen Kinder und Jugendliche auf den Weg und entdeckten so ihr Land. (C. R. A.)

(Debré - Gamma)

(Black Star - Rapho)

267

Von den Hundert Blumen zum Großen Sprung: Die Partei vor der Spaltung

Die Einführung der Marschallswürde 1955 bewies, wie weit China sich von dem revolutionären Modell des Langen Marsches und Yenans entfernt hatte.

Die Volksbefreiungsarmee stellte sich ebenso entschieden wie ganz China an die Seite der Sowjetunion. Ihre Befehlshaber – anscheinend mit Ausnahme Lin Piaos – wollten sich ganz an Struktur und allgemeinem Aufbau der Roten Armee orientieren. Möglicherweise stimmte Mao der Schaffung des Marschalltitels zu, um die bittere Pille der Kürzung der Militärkredite zu versüßen.

Mit Unterstützung Chou En-lais und der führenden Wirtschaftskader wollte Mao einen wesentlichen Teil der Militärkredite für zivile Investitionen verwenden. Mao argumentierte, Chinas Atomstreitmacht genüge zur strategischen Absicherung des Landes, während die Territorialverteidigung einer Armee übertragen werde, die im Guerillakrieg, im Bewegungskrieg und im Gebrauch leichter Waffen ausgebildet sei.

Die Abweichung des Marschalls P'eng Teh-huai 1959 war vielleicht zum Teil eine Folge dieser Militärkontroverse. P'eng hatte sich zum Fürsprecher einer modernen, mit Panzern und Kampfflugzeugen ausgerüsteten Armee gemacht. Die Partei dagegen wurde von einer anderen Krise erschüttert.

1956 gab Mao die Parole von den Hundert Blumen aus. Dabei ging es ihm darum zu beweisen, daß China – im Gegensatz zu den sozialistischen Ländern Europas – es sich leisten könne, der Kritik die Tore zu öffnen, ohne das Risiko einer Revolte wie in Polen oder Ungarn einzugehen. »Laßt hundert Blumen blühen, laßt hundert Schulen miteinander wettstreiten«: Mao stellte die Intellektuellen – vor allem die Jugend – und ihre revolutionäre Begeisterung auf die Probe.

Er wurde bitter enttäuscht. Es kam zwar nicht zu Ereignissen wie in Budapest oder Warschau, aber das Aufbegehren der Universitäten von Peking, Tientsin und Wuhan, die Anprangerung der bürokratischen Sitten durch Wandzeitungen (Ta tzu pao) machten doch deutlich, wie sehr das Regime den Rückhalt in der Bevölkerung verloren hatte. Die Hundert Blumen führten nur eine Randexistenz. Auf diese kurze Bewegung folgte eine große Unterdrückungs- und Berichtigungswelle.

27. September 1955. Mao, der hier
Peng Teh-huai die Hand schüttelt,
verleiht den »historischen Führern«
der Armee den Titel Marschall.
Ganz vorn: Chu-Teh.
Links von Peng Teh-huai:
Ho Lung und Chen Yi. (Eastfoto)

Die Hundert Blumen:
Bei seiner Reise nach Shanghai 1957
betrachtet Mao mit Ko Ghing-shih,
dem Bürgermeister
der Stadt, die Wandzeitungen.
(D. R.)

27. September 1955:
Übergabe der Auszeichnungen an die
Offiziere der Volksbefreiungsarmee.
In der ersten Reihe von links
nach rechts: Chu Teh,
Peng Teh-huai, Ho Lung,
Chen Yi, Ho Hsiang-chien
und Nieh Dschung-tschen.
(Eastfoto)

Der Große Sprung nach vorn:
Mao und Peng Tschen 1958
im Lager Ming bei Peking. (Eastfoto)

Beginn der Mechanisierung
der Landwirtschaft. (U. S. I. S.)

»Der Volksstahl«:
Kleine Hochöfen in
Tschangschih in Shansi.
(D. R.)

Das beruhigende Antlitz
der Kollektivierung.
(C. R. A.)

Liu Shao-ch'i und die Mandarine stürzen den Kaiser

Der Große Sprung nach vorn der Jahre 1958 und 1959 war in gewisser Hinsicht die unmittelbare Folge der Lehren, die Mao aus den Hundert Blumen von 1956–57 gezogen hatte.

Die Hundert Blumen hatten die Opposition der Intellektuellen gegen das Regime deutlich gemacht. Mao, der immer versucht hatte, Intellektuelle und Wissenschaftler zu »neutralisieren«, ließ seinen Vorbehalten freien Lauf.

»Die Intellektuellen sind die Unwissendsten. Die Arbeiter und die Bauern wissen viel mehr als sie.« Mao wollte den »Unwissenden« zeigen, daß man nicht nur die Sozialisierung und Kollektivierung der chinesischen Wirtschaft noch weiter treiben, sondern auch die Auffassung der Experten außer acht lassen konnte.

Das Ergebnis dieses »linksradikalen« Fieberanfalls war die Einführung der Volksstahlwerke (Miniaturhochöfen), der Beginn großer Hochbauarbeiten, die Ausdehnung der Volkskommunen in ganz China. Im Politbüro war Marschall P'eng Teh-huai der einzige, der diese beispiellose Menschenmobilisierung anprangerte, da sie – wie er sagte – zu einer wirtschaftlichen Katastrophe führen müsse.

Marschall P'eng erklärte, er sei 1958 in seine Heimatprovinz Hunan gereist und habe festgestellt, daß die »Produktion nicht nur nicht zugenommen hatte, sondern zurückgegangen war.«

Zurück in Peking erzählte er dann, in seiner Familie seien sogar die Töpfe vernichtet worden. Aus ihnen war Stahl gewonnen worden, »was sehr unbequem war, wenn man kochen wollte«.

P'eng schrieb ein Gedicht: »Alle Jungen und die starken Männer sind gegangen, um Stahl zu schmelzen. Nur noch Frauen und Kinder können sich um die Ernte kümmern. Wovon werden wir nächstes Jahr leben? Im Interesse des Volkes, laßt uns Alarm schlagen!«

Die Stunde schlug nur für P'eng. Er wurde ausgebootet und im Verteidigungsministerium durch Lin Piao ersetzt. Aber die Partei ging gespaltener als je zuvor aus dem Großen Sprung hervor.

Die letzte Begegnung zwischen Mao und Chruschtschow im Jahre 1959. Im Hintergrund: Soong Ch'ing-ling (rechts) und (in der Mitte) Chu Teh. (Brian Brake-Rapho)

Eine Kunstgalerie in Peking 1957. (Marc Riboud - Magnum)

1. Mai 1958.
Von links bis rechts:
Chu Teh, Chou En-lai,
Liu Shao-ch'i, P'eng Chen.
(Eastfoto)

Juni 1958.
Liu Shao-ch'i besucht
»Arbeiter-Erfinder«
in Honan.
(Time-Life Picture Agency)

Sonntag unter den Bäumen:
Szene aus einer
vergangenen Epoche.
(Photo Edgar Snow
aus »The Other Side
of the River«)

273

17. Juni 1959.
Die Theaterkompanien der
Armee werden von der
Pekinger Führung
empfangen.
Zweiter von links: Kuo Mo-jo,
dann Chou En-lai, Mao,
Liu Shao-ch'i, P'eng Chen,
Kang Sheng. Einen Monat
später verliert Mao die
Kontrolle über die Partei.
(Eastfoto)

Mao gegen Liu Shao-ch'i

1959 wurde die Volkswirtschaft unter der Führung Liu Shao-ch'is wieder in Ordnung gebracht.

Nach Maos Rücktritt war Liu 1958 Präsident der Republik und eigentlicher Führer des Staats- und Parteiapparats geworden. Daher galt er lange als »Kronprinz«. Aber obwohl er in Fragen der Wirtschaftsstrategie völlig anderer Meinung war als Mao, wagte er doch nie, den Führerkult anzurühren. Diese Zurückhaltung sollte ihn noch teuer zu stehen kommen.

Offensichtlich glaubte Liu, seine Stellung im Apparat garantiere auch seine politische Vormacht. Bestimmt konnte er sich nicht vorstellen, Mao werde sich an Kräfte außerhalb der Partei wenden, um die Partei zurückzuerobern.

Anfang der 60er Jahren war eine Art »Entmaoisierung« zu beobachten. Der Mao-Kult wurde noch gefeiert, besungen und übertrieben, aber die Partei beendete die Mobilisierung der Volkskommunen, schickte die Bauern zurück auf die Felder, schuf Ordnung und Disziplin in den Fabriken, hörte wieder auf den Rat der Fachleute und Intellektuellen. Maos Gegenangriff begann 1963. Die politische und ideologische Kontroverse mit Moskau sowie die Unterstützung durch Lin Piao erlaubten es ihm, seine Rückkehr auf zwei parallel verlaufenden Ebenen vorzubereiten: Eine Kampagne der »sozialistischen Erziehung« und eine weitere mit dem Thema »Folgt dem Beispiel der Volksbefreiungsarmee«.

Der Aufstieg Chiang Ch'ings nach 1964 war eines der Vorzeichen der Kulturrevolution. Die Frau des Vorsitzenden spielte eine zunehmend wichtige Rolle bei der Ausarbeitung einer Kunst, die ausschließlich auf die politische Erziehung der Massen abzielte.

Allmählich waren auf den Leinwänden und Bühnen des Landes keine Filme und Stücke mehr zu sehen, die dem Individuum und seiner menschlichen Wirklichkeit noch einen Platz einräumten.

Wiederwahl Liu Shao-ch'is als Präsident der Volksrepublik China am 3. Januar 1965. (Eastfoto)

Frau Sukarno, die Frau des indonesischen Staatschefs, empfängt 1962 in Peking Liu Shao-ch'i und dessen Frau, Wang Kuang-mei (Mitte), deren Eleganz bei solchen Anlässen ihr später während der Kulturrevolution den ausdrücklichen Haß Chiang Ch'ings eintrug (auf dem unteren Photo mit ihrem Mann und Frau Sukarno). (Eastfoto)

Peking 1963. (D. R.)

Eine Szene aus dem
»Roten Osten«,
der großen Oper
von der Epopöe
der chinesischer
Kommunisten, d e
seit der Kulturrevolution
verboten ist. (C. R. A.)

8. Oktober 1964. Als Gegenstück zu den
traditionellen und populären Formen der Oper
fördert die Führung eine neue Kunstrichtung,
das »revolutionäre Ballett mit zeitgenössischer
Thematik«. Zwischen den Künstlern von links
nach rechts: Kang Sheng, Chu Teh, Mao,
Liu Shao ch'i, P'eng Chen und die große
Propagandistin dieses Stils, Chiang Ch'ing.
(Eastfoto)

»Wer auf hoher See segeln will, braucht einen Steuermann« (maoistisches Lied)

Die Demütigung der kommunistischen Führer war der wichtigste Aspekt der Demonstration der Roten Garden am 18. August 1966 auf dem Platz Tien An Men.

Im ersten Wagen: Mao und sein neuer »Kronprinz« Lin Piao. Im zweiten: Chou En-lai (gestürzter Stellvertretender Parteivorsitzender, aber unabsetzbarer Regierungschef) und Chiang Ch'ing, die zum erstenmal an so prominenter Stelle auftauchte. Im dritten Wagen schließlich zwei der großen Verlierer: Liu Shao-ch'i und Teng Hsiao-p'ing. Andere wie P'eng Chen, der Bürgermeister von Peking, und Lo Jui-ch'ing, Stabschef der Armee, waren schon verschwunden.

Diese Demonstration bezeichnete den Beginn der drei stürmischen Jahre, die mit dem Namen Große Proletarische Kulturrevolution bedacht wurden. In Wirklichkeit spielte bei dieser Revolution niemand eine geringere Rolle als das chinesische Proletariat. Im Gegensatz zu dem, was Mao gehofft hatte, unternahmen Arbeiter und Bauern alles, um bessere Löhne und materielle Vorteile aller Art zu erhalten. Daher waren die Ereignisse beherrscht von der »Erhebung« der Jugend. Die Hundert Blumen hatten schon gezeigt, daß die studentische Jugend die seit 1949 herrschende Bürokratie verachtete und haßte. Nur Mao hatte den Heiligenschein eines legendären Helden und »Rebellen« behalten.

Unglücklicherweise waren die Roten Garden unfähig, sich eine Führung und ein Programm zu geben, und wurden häufig von Karrieristen manipuliert; so endeten sie im politischen Vagabundentum. Als Beweis ihres revolutionären Geistes fielen ihnen meist nur die dümmsten und unmenschlichsten Brutalitäten ein. Zehntausende von ihnen kamen bei den Unterdrückungsmaßnahmen um, die dem Regime nach 1968 erlaubten, wieder Ordnung zu schaffen. Sie waren die eigentlichen Opfer dieser Revolution, die sie begeistert begrüßt hatten.

DIE ERSTEN GROSSEN VERSAMMLUNGEN
DER KULTURREVOLUTION.

PEKING, 18. AUGUST 1966:

Von links nach rechts in der ersten Reihe: Ho Lung, Mao, Lin Piao; dahinter in der Mitte: Yang Ch'eng-wu.

Von links nach rechts: Nieh Jung-chen, Chou En-lai, Chiang Ch'ing und Tao Chu, der bald von der Bildfläche verschwindet.

Von links nach rechts: Ch'en Yi, Liu Shao-ch'i, Kang sheng, Teng Hsiao-p'ing. Im folgenden Wagen: Chu Teh. (Patrice Fava)

2. August 1968. »Revolutionäre Lehrer, Studenten und Arbeiter« feiern schwimmend Maos Durchschwimmung des Blauen Flusses zwei Jahre vorher. (Keystone)

Die chinesischen Studenten in Moskau werden nach China zurückgeholt. Hier auf dem Moskauer Bahnhof am 2. Februar 1967. (U. P. I.)

Vorführungen zum Ruhme
des Sozialismus und der
Ideen des Großen Steuer-
manns auf dem Platz
Tien An Men, den die
Roten Garden im
Dezember 1966 besetzen.
(Eastfoto)

8. Februar 1967.
Parteiführer mit Schand-
mützen werden auf
Lastwagen durch die
Stadt gebracht.
(U. P. I.)

ECRASER LA TETE DE COCHON DES VOYOUS FRANCAIS !

北京工业学校
红旗造反兵团
67.2.

凡是反华的都没有好下场！

好惹的！

北京工业
造反
总部
67.3.

全世界无产者
联合起来

打倒法帝

Gegenüber: Lo Jui-ch'ing, Generalstabschef
der Armee, wird im Dezember 1966 von den
Roten Garden zum Arbeiterstadion in Peking
gezerrt. Während eines Verhörs hatte Lo versucht,
aus dem Fenster zu springen und sich
umzubringen. Dabei brach er sich die Beine. (D. R.)

»Zerschmettert die Schweineköpfe
der französischen Schurken!«
Inschriften auf den Mauern
der französischen Botschaft
in Peking, Anfang 1967. (C. R. A.)

Die Kinder der Kulturrevolution.
(Presseagentur)

»Die Karte der Clowns«, Karikatur aus einer Zeitung der Roten Garden während der Kulturrevolution. Sie zeigt die wichtigsten angegriffenen Parteiführer: Liu Shao-ch'i und Teng Hsiao-p'ing in Tragesänften, Wang Kuang-mei auf dem Fahrrad, Lo Jui-ch'ing in einem Korb etc. Angeführt wird die Truppe von Wu Han, dem stellvertretenden Bürgermeister von Peking, der eine Tafel aus seinem Theaterstück »Die Absetzung Hai Juis« trägt; noch vor ihm geht Lu Ting-yi, der Leiter der Propagandaabteilung. (C. R. A.)

Seite 282 unten:
Ch'en Yi, der während der Kulturrevolution
heftig kritisiert wird, zieht sich durch seine
arrogante Treue zum Großen Vorsitzenden
aus der Affaire. Februar 1967. (Eastfoto)

Sitzung zum Studium der Gedanken
des Vorsitzenden im Juni 1967 im Schatten des
Gebäudes in Yenan, in dem Mao 25 Jahre vorher
eine seiner ersten stalinistischen Reden
gehalten hatte: »Gespräche über Kunst
und Literatur«. (Eastfoto)

Wandzeitungen an der Universität Peking
gegen Rektor Lu Ping und die
»Tyrannen der Akademie«. (D. R.)

Versammlung gegen die »reaktionäre,
bürgerliche Linie« auf einem Gebäude der
Marine. (Eastfoto)

Peking, Frühjahr 1967.
Vorn: Hsu Jen (Generalkonsul in Djakarta) und
(in der Mitte) Yao Teng-shan, der chinesische
Geschäftsträger in Indonesien, der nach
antichinesischen Ausschreitungen in Indonesien
als Märtyrer des Regimes versucht, Ch'en Yis
Stellung im Außenministerium einzunehmen.
Außer Chiang Ch'ing und Yao Wen-yuan ist auch
Chen Po-ta (rechts mit Brille und Mütze)
zu erkennen, Maos Privatsekretär, der eine Zeitlang
als revolutionärer Denker auftritt, bevor
er dann verschwindet. (Eastfoto)

Yao Teng-shan hakt sich bei Mao und
Chiang Ch'ing unter, eine Geste, die in dieser
Form noch nie jemand gewagt hatte.
Wenig später wird er wegen »Hysterie« eliminiert.
(Eastfoto)

Seit der Kulturrevolution erlebt man ein Wiederaufleben der Sitzungen des »Bitterkeit-Aussprechens«. (D. R.)

1. Mai 1967, Der Fächertanz. »Die revolutionären Massen vor einer Statue des Vorsitzenden zeigen, daß Millionen Herzen dem Vorsitzenden Mao zugewandt sind wie Fächer der Sonne.« (Eastfoto)

April 1967. Gründung des Revolutionskomitees
von Peking. Von links nach rechts:
Chou En-lai, Chiang Ch'ing, Chen Po-ta,
Kang Sheng, Chang Chun-chiao, Wang Li,
Yang Cheng-wu, Yao Wen-yuan, Chi Pen-yu
und Kuan Feng (die beiden letztgenannten und Wang Li
werden einige Monate später wieder »gesäubert«). (Eastfoto)

Vorn, von links nach rechts:
Chang Chun-chiao, Yeh Chien-ying, Wang Hong-wen,
Chiang Ch'ing im April 1974.
(John Burns, Toronto Globe & Mail)

Von links nach rechts: Li Fu-chun, Hsieh Fu-chih,
Sicherheitschef in Peking, und Hsiao Hua im April 1967. (Eastfoto)

Ende April 1967. Zwischen den Interpreten
der Symphonie »Shachia-pang«: Ch'en Po-ta
(rechts im dunklen Anzug und mit Mütze)
neben Chou En-lai, der ihn drei Jahre später
ausschaltet. (Eastfoto)

Mao und sein »nächster Waffengefährte«,
Lin Piao. (Sipa)

Zwei Pioniere sind eingeladen, an der Seite
des Großen Vorsitzenden auf der Tribüne
am Platz Tien An Men die Parade zu erleben.
(Eastfoto)

Eines der letzten von der Agentur Neues China verbreiteten Photos. (A. P.)

DAS ENDE DER HERRSCHAFT

Die in Yenan geschmiedete Einheit begann zu zerfallen. Der Kaiser fühlte sich von Intrigen und Verschwörungen umgeben. Nur eingebildeten? »Im Kampf gegen Japan, im Kampf gegen Chiang Kai-shek, im Kampf für die Landverteilung herrschte beinahe volle Einmütigkeit«, erklärte Mao. Aber diese Einheit zerbrach 1955 an »der Frage der Organisation der Genossenschaften«.

Solange die Partei um die Macht gekämpft, solange es gemeinsame Ziele und gemeinsame Feinde gegeben hatte, waren die persönlichen Differenzen zweitrangig gewesen. Das änderte sich nun. Meinungsverschiedenheiten über die Methoden und das Tempo der Vergesellschaftung traten zu den Clan-Interessen und -feindschaften hinzu und schufen ein Klima des Mißtrauens und der Zwietracht.

Die Kampagne der Hundert Blumen konnte dieses Klima nur noch mehr vergiften. Zahlreiche Parteiführer und Kader verziehen es Mao nicht, daß er sie der Lächerlichkeit der öffentlichen Anklage ausgesetzt hatte. Mao selbst, der seit der forcierten Kollektivierung wußte, daß seine Befehle oft sabotiert und seine Direktiven manchmal annulliert wurden, fürchtete, daß der »Knüppelhieb«, den Chruschtschow Stalin versetzt hatte, zuletzt auch ihn treffen könnte.

Somit entstand ein Konflikt zwischen Mao und einer politischen und militärischen Bürokratie, die zumindest versuchte, seine Macht einzuschränken, wenn sie ihn schon nicht ganz ausschalten konnte. Ein Konflikt zwischen einem Souverän, der sich an den Kult gewöhnt hatte, der ihn umgab, und sich weigerte, von der Legende zur Geschichte überzugehen, und einer neuen Klasse, die ihre Privilegien festigen und sie daher nicht mehr der Gnade eines einzigen Mannes verdanken wollte.

Von der Legende zur Geschichte übergehen: Von 1957 an kam Mao, der wegen seines »Ungestüms«, wegen seines Geschmacks an »der Größe und dem Erfolg« angegriffen wurde, in allen seinen Reden auf die Geschichte der Partei zu sprechen, die er als Legende neu schrieb. Ihr Inhalt läßt sich mit wenigen Worten wiedergeben: Vor mir hatte die Partei nur Verräter oder Unfähige als Führer. Was soviel hieß wie: Ohne mich (Mao sprach nie in der Öffentlichkeit, sondern immer nur vor den Kadern der Partei oder des Staates) würdet ihr nicht die Plätze einnehmen, an die ihr euch jetzt klammert.

Die Geschichte der Partei, die Ho Chiao-mou im Juni 1951 veröffentlichte, wurde nicht mehr aufgelegt, und niemand sollte mehr versuchen, eine neue zu schreiben. Mao und seine Waffengefährten waren sich über nichts mehr einig – nicht einmal über die Rolle, die sie in der Vergangenheit gespielt hatten.

In der Gegenwart gingen die schlimmsten Verdächtigungen um. »Es ist sehr schlecht, geheime Versammlungen hinter dem Rücken der Leute abzuhalten und nie offen vor ihnen zu sprechen«, sagte Mao, und er zitierte einen alten Vers: »Den Menschen, die man trifft, nur drei Zehntel sagen, um unser Herz nicht nackt zu zeigen.« Er verglich die Parteikader mit Marguerite Gautier, der Kameliendame, die sich aus Sorge um ihr Aussehen noch auf ihrem Sterbebett schminkte.

Revolutionären, die die furchtbarsten Blut- und Feuertaufen erlebt hatten, wollte er Mut lehren, ohne ihnen den Spott und jenen grausamen Humor zu ersparen, für den er eine besondere Vorliebe hatte: »Wenn man Angst hat zu reden, so kann nur einer der folgenden sechs Gründe daran schuld sein: 1. Die Angst, als Opportunist gebrandmarkt zu werden. 2. Die Angst, seine Stellung zu verlieren. 3. Die Angst, aus der Partei ausgeschlossen zu werden. 4. Die Angst, daß die Frau die Scheidung verlangen könnte (was nicht eben schön ist). 5. Die Angst, verhaftet zu werden. 6. Die Angst, hingerichtet zu werden.« Eine sehr geschickte Steigerung…

Die Katze spielte mit der Maus. Mao wußte sehr gut, daß die »sechs Gründe, Angst zu haben«, nur allzu berechtigt waren. Die Scheidung nicht ausgenommen, denn manche Frauen nahmen zu ihr Zuflucht, um der Ungnade zu entgehen, die ihre Männer getroffen hatte. Und Mao brauchte seine Zuhörer nicht an Kao Kang, einen der höchsten Parteiführer und Freund Stalins, der 1954 »Selbstmord« verübt hatte, zu erinnern, um ihnen die »sechste Angst«, nämlich die vor der Hinrichtung, vor Augen zu führen.

Da sich seine Zuhörer aber dennoch weigerten, »ihr Herz zu entblößen«, gab ihnen Mao die folgenden erstaunlichen Ratschläge: »Meiner Meinung nach genügt es, sich auf alle diese Möglichkeiten vorzubereiten und die Mühen der Welt zu verachten, um vor nichts mehr Angst zu haben… Sollte die Angst vor dem Opfer genügen, uns die Lippen zu versiegeln?« Macht euch frei von euern Befürchtungen, sagte er. Erinnert euch an den Schwur des Helden: »Und sollte ich in Stücke gehauen werden, ich werde es wagen, den Kaiser aus den Steigbügeln zu heben.«

Wie konnten sie es wagen, ihn »aus den Steigbügeln zu heben«? Die ganze Welt würde über sie lachen, wenn sie nun, nachdem sie ihn in den Himmel gehoben und »die rote Sonne in unseren Herzen« genannt hatten, das Banner der Revolte gegen ihn schwenkten. Und wer würde ihnen folgen? Im Volke ist »der Kult tief verwurzelt«, schrieb später Lin Piao, der einer seiner Hohenpriester war. Mag die Partei einen Irrtum begehen, mag man den Kadern Pflichtverletzung oder Brutalität nachweisen – nicht den Sohn des Himmels wird man zur Verantwortung ziehen, sondern seine schlechten Diener. Mao verstand es übrigens auch, die Schläge geschickt auf andere abzulenken. Die schlechten landwirtschaftlichen Erträge des Jahres 1956 schrieb er den »übertriebenen« Getreiderequisitionen seiner Funktionäre zu. Man mußte sich die Frage stellen: »Lag vielleicht eine Verschwörung vor?«

Alle diese Andeutungen, diese Anspielungen auf Intrigen und Komplotte, diese verbalen Torturen konnten den chinesischen Machthabern die Enthüllungen Chruschtschows über den Stalinschen Terror nur näherbringen und lebhaft veranschaulichen.

Bei der Lektüre des Geheimberichts Chruschtschows hatte Mao begriffen, daß ihn seine Genossen über die Gefahren der Autokratie und Willkür befragen würden. Seine Rede vom 27. Februar 1957 über »die richtige Behandlung von Widersprüchen im Volk« bestand im Grunde nur darin, daß er ihnen eine Art Verfassung, einen Modus vivendi, vorschlug. Mao versicherte, ein diktatorisches Regime müsse nicht notwendigerweise zu den »Exzessen« und »Irrtümern« Stalins führen.

Unglücklicherweise hatte die Unterscheidung, die er zwischen den beiden Arten von »Widersprüchen« traf – nämlich denen, die zwischen dem Regime und den »Konterrevolutionären« sowie denen, die »im Volke selbst« auftraten – keineswegs etwas Beruhigendes an sich. Gewiß, Mao versprach, er werde gegen erstere mit »dem stürmischen Wind und dem Gewitterregen« (das heißt mit Gewalt und Zwang) vorgehen und letztere durch »die sanfte Brise und den feinen Regen« (das heißt durch Erziehung und Überredung) lösen, aber die Parteikader waren nicht in der rechten Laune, sich irgendeiner dieser Unbilden der Witterung auszusetzen. Als Mao eine Bewegung der Massenkritik gegen »die Überreste der bürgerlichen Ideologie und eines gewissen bürokratischen Arbeitsstils in den staatlichen Organen« predigte, interpretierten sie diese Bewegung nicht in einem liberalen Sinne, sondern als einen Versuch, der darauf abzielte, sie in einen Konflikt mit den Intellektuellen und den Volksschichten zu verwickeln. Auf dem sozialen Klavier wollte Mao ganz allein klimpern.

Was er offensichtlich nicht vorausgesehen hatte, war, daß der aus der Hundert-Blumen-Kampagne entstandene Konflikt die Form einer Protestwelle gegen das ganze Regime annehmen und daß er sich gezwungen sehen würde, den »stürmischen Wind und Gewitterregen« aufzubieten, um den Protestierenden zu begegnen – und mit der gesamten Partei gegen den Feind Front zu machen. Die feine Unterscheidung zwischen den beiden Arten von »Widersprüchen« war eben den einfacheren Geistern entgangen.

Für die Parteikader lautete die Frage: Wer ist der Schiedsrichter, der zwischen den »Widersprüchen« unterscheidet, wer spricht das Urteil, wer entscheidet, welche Form »Erziehung und Überredung« annehmen sollen? Einerseits erinnerte sie die alte chinesische Weisheit daran, daß man »immer einen Knochen in einem Ei finden kann«, wenn man nur eifrig genug sucht: einen Irrtum in der Vergangenheit, eine Abweichung in der Gegenwart. Andererseits bewiesen die Erfahrungen der Sowjetunion, daß es gefährlich ist, es einem einzigen Mann – so verdienstvoll er auch sein mag – zu überlassen, seine Gegner zu klassifizieren und zu diskreditieren.

Dennoch blieb der Partei, wie auch Mao, nichts anderes übrig, als sich auf dem einzigen Gebiet zu einigen, auf dem noch eine Übereinstimmung möglich war, nämlich auf dem der Erhaltung der Macht. So waren zuletzt gerade diejenigen, die Mao wegen seines »tollkühnen Vorstoßes« in Richtung der Kollektivierung oder seines Drangs zur raschen Industrialisierung am heftigsten kritisiert hatten, gezwungen, ihm ihre Unterstützung bei einer Reihe von Unternehmungen zu leihen, die China ins Chaos stürzten.

Sie hatten keine andere Wahl. Angesichts der wachsenden Unzufriedenheit, der Verstimmungen und Spaltungen, mußte die Partei wieder den Kontakt mit den Massen aufnehmen und ihre stärksten Waffen einsetzen: die Propaganda und die Organisation. Wenn er auch ein wenig übertrieb, so sah Chruschtschow doch völlig klar, als er in seinen Memoiren bemerkte: »Die Chinesen handeln nur nach Schlagworten, immer nur nach Schlagworten.« Nach den Hundert Blumen war der erste Slogan, den die chinesische Partei in die Tat umsetzte, »der Kampf gegen die Vier Plagen.«

Mao hatte die »Gleichgültigkeit« verurteilt, die sich seiner Ansicht nach wieder der chinesischen Massen bemächtigte. Die Arbeiter und Bauern, sagte er, träumten nur von den »vier Dingen«: der Armbanduhr, dem Fahrrad, der Nähmaschine und dem Radioapparat (die für sie den Gipfel des persönlichen Komforts versinnbildlichen). Er sah darin nichts Gutes. Die Stunde war gekommen, »die nationale Dynamik wiederzubeleben«. Die Kampagne gegen die »Vier Plagen« sollte der Prüfstand für die »wiederbelebte« Partei sein.

Die Vier Plagen waren: die Fliegen, die Stechmücken, die Ratten und die Spatzen. Das Schauspiel war phantastisch. Von den Kadern und Mitgliedern der Partei angetrieben, rotteten mehrere Zehnmillionen Männer, Frauen und Kinder die Fliegen aus, deren Kadaver pietätvoll gesammelt wurden, um den Bürokraten zur Zählung und Buchführung vorgelegt zu werden.

Das Massaker der Fliegen, Stechmücken und Ratten war ungeachtet der Energie- und Zeitvergeudung ein positives Werk. Das Spatzenmassaker erwies sich dagegen als eine Katastrophe. Tag und Nacht schlugen die Chinesen mit Stöcken auf Büsche, Mauern und Dächer. Der Lärm verschreckte die Vögel, die sich nicht mehr niederzulassen wagten. Sie blieben in der Luft, bis sie erschöpft herunterfielen. Man brauchte sie nur noch zu erschlagen.

Mao hatte sich über alle Ratschläge hinweggesetzt. Als man ihn darauf aufmerksam machte, daß sich die Vögel von Insekten ernähren, sagte er: »Mag sein, aber sie fressen auch dem Menschen die Nahrung weg.« Und er dekretierte: »Ich halte es für besser, sie zu vernichten.« Er sollte seine Worte bereuen. Ein Land kann zur Not ohne Kader auskommen, aber nicht ohne Spatzen. Nach wenigen Wochen breiteten sich Scharen weißer, klebriger Raupen auf den Bäumen und in den Wohnungen aus, ja sie erschienen sogar in den Kantinen der Fabriken, wo sie sich in den Reis und die Suppe mischten. Die Spatzenjagd wurde abgeblasen. Auf der Liste der Vier Plagen wurden die Spatzen durch die Wanzen ersetzt.

Diese Episode hatte jedenfalls mit einer Deutlichkeit ohnegleichen die Macht und Wirksamkeit der Parteiorganisation gezeigt. Mao hielt nun den Augenblick für gekommen, sie für weit spektakulärere Aufgaben einzusetzen.

Die Bewegung, die China dem »Großen Sprung nach vorn« entgegenführte, begann mit einer Kritik an der Vergangenheit und einer ersten Andeutung des Bruchs mit der Sowjetunion. Seit 1949 war Mao stets ein Fürsprecher der Zusammenarbeit mit Moskau gewesen. Von 1957 an begann er, ohne die Freundschaftsbande zwischen russischen und chinesischen Kommunisten in Frage zu stellen, den Geist der Nachahmung zu verdammen: »Das sowjetische Vorbild und System einzuführen, wie sie sind, zeugt von einem Mangel an schöpferischem Geist.«

»Als wir an die Macht kamen«, führte er weiter aus, »hatten wir allerdings keine Kompetenz, keine Erfahrung, und wir waren selbst nicht imstande zu verstehen. Damals mußten wir importieren.«

Die Nachahmung des sowjetischen Modells war so weit getrieben worden, daß sie nicht nur auf wirtschaftlichem und technischem Gebiet die Regel war, sondern auch auf kulturellem Gebiet, im Erziehungswesen und sogar »in der Arbeit der Armee«.

»Der gleiche Geist«, erzählte Mao, »beherrschte die Politik und das Gesundheitswesen – mit dem Ergebnis, daß ich beispielsweise drei Jahre lang keine Eier und keine Hühnerbrühe essen durfte, weil in der UdSSR ein Artikel erschienen war, der den Genuß von Eiern und Hühnerbrühe untersagte. Später durfte ich sie wieder essen – weil ein Artikel in der Sowjetunion die entgegengesetzte These aufgestellt hatte.«

Das Überraschende ist jedoch, daß diese Anekdote als Einleitung zu einer Bemerkung diente, die man in diesem Zusammenhang nicht erwarten würde: »Es gibt noch immer Leute, die diesem Druck nachgeben (dem moralischen Druck, den die Sowjetunion ausübt, um den Personenkult abzuschaffen)«. Und dann gab sich Mao ganz zu erkennen: »Die Gegner Lenins«, rief er, »nannten ihn einen Diktator. Worauf er rundheraus antwortete: ›Wenn es schon einen Diktator geben muß, dann ist es besser, ich bin es als ihr!‹«

Der Bruch mit dem sowjetischen Vorbild stellt sich also zunächst als eine Vorbeugungsmaßnahme dar: Die Ansteckung mit dem »Chruschtschowismus« (den man später »Revisionismus« taufte) durfte nicht auch auf China übergreifen. Die Sowjetunion war vielleicht so weit, daß sie auf einen Personenkult verzichten konnte, aber in Peking sah es anders aus.

Das sowjetische Modell barg aber auch noch andere Gefahren. Die von Stalin angewandte Entwicklungsstrategie hatte darin bestanden, die Bauern zu terrorisieren, um zu niedrigen Preisen die Lebensmittelversorgung zu erhalten, die für den Aufbau der Industrie nötig war. Ebenso hatte aber auch die Ausbildung von Hunderttausenden von Technikern, Forschern und Wissenschaftlern mit Hilfe materieller Anreize zu ihrem Programm gehört. Um all das zu bewerkstelligen und die Disziplin zu gewährleisten, hatte man eine riesige Bürokratie und Staatspolizei benötigt.

Die Chinesen hatten nun mittlerweile erkannt, daß sie nicht denselben Weg einschlagen konnten. Zunächst weil sie von einem viel niedrigeren Niveau ausgegangen waren als Rußland im Jahre 1917, und sodann weil sich die Mittel, die Stalin in einem Land mit 200 Millionen Einwohnern angewandt hatte, nur schwerlich für ein Land mit 600 Millionen Einwohnern eigneten. Dazu kam, daß nun die Russen selbst diese Mittel verurteilt hatten und daß die Welt sie mit Schaudern betrachtete.

Die Strategie, die sich für die Chinesen von selbst ergab, stützte sich auf ihren größten Reichtum: eine riesige Bevölkerung. »Unter den charakteristischen Merkmalen Chinas und seiner 600 Millionen Einwohner ist eines der auffälligsten die Armut und Not«, schrieb Mao im April 1958. »Das ist scheinbar etwas Schlechtes, in Wirklichkeit aber etwas Gutes, denn die Armut drängt zur Veränderung, zur Aktion, zur Revolution. Ein weißes Blatt bietet alle Möglichkeiten. Man kann darauf das Neueste und Schönste schreiben oder zeichnen.«

Die Vorstellung, daß China, da es arm und elend war, »das Neueste und Schönste schaffen« konnte, wurde bis zur letzten Konsequenz ernst genommen. Sie befriedigte das Nationalbewußtsein einer großen Anzahl von Parteikadern, die unter der Herablassung und Arroganz der Russen litten. Chruschtschow hatte in seinen Memoiren die Stirn zu erzählen, wie sich die sowjetischen Machthaber vor den Chinesen lustig machten über deren primitive Mittel und die Tatsache, daß sie vieles mit der Hand herstellen mußten, weil es ihnen an perfektionierten Maschinen mangelte. Die Chinesen wollten ihnen nun zeigen, was man mit »menschlichen Baggern« erreichen konnte. Mao hatte ihnen gesagt: »Geben wir unsere Sklavenmentalität auf!« Man ging sogar so weit vorauszusagen, daß China noch vor der Sowjetunion vom Sozialismus (»jedem nach seiner Leistung«) zum Kommunismus (»jedem nach seinem Bedürfnis«) übergehen werde.

Eine Art allgemeiner Mobilmachung wurde angeordnet. Ungeheure Infrastruktur-Arbeiten wurden in Angriff genommen. Man baute Deiche, Staudämme, Kanäle, Straßen, Eisenbahnen, Industriewerke.

Zu Zehnmillionen wurden Männer und Frauen von der Arbeit auf den Feldern weggeholt. Nun ging es nicht mehr darum, Fliegen und Spatzen zu töten, sondern darum, Erde umzugraben und zu transportieren, Steine zusammenzutragen, Zement zu gießen. Das unglückliche Bild von den »blauen Ameisen« entstand.

Die chinesischen Bauern und Arbeiter, Erben einer langen Tradition harter Arbeit, wurden durch den Eifer gewonnen, der die Partei erfüllte. »Die Partei«, proklamierte Mao, »ist entschlossen, große Reformen durchzuführen.« Die Chinesen wollten es gern glauben. Dieser ungeheure Kraftaufwand war vielleicht der letzte und der richtige. Warum sollte man nicht an dieses Wunder glauben, an diese Verwandlung des Landes durch einige Jahre harter Arbeit?

Die Partei war selbst ein Opfer dieser neuen Heilslehre. Sie ging über ihre eigenen Ziele hinaus und ließ sich dazu verleiten, die strenge Ordnung, die diese großen von Menschenhand ausgeführten Arbeiten erforderten, auf die gesamte chinesische Gesellschaft übertragen zu wollen. In der Provinz Honan wurden im April 1958 bäuerliche Genossenschaften zu Volkskommunen umgruppiert. Die erste Kommune zählte mehr als 40000 vollständig militarisierte Bauern. Männer und Frauen versammelten sich im Morgengrauen, sobald die Trillerpfeife ertönte; sie traten in Kompanien und Brigaden an und marschierten hinter einer Fahne her im Gleichschritt auf die Felder. Trommeln und Tamburine gaben den Marschtakt an. »Früher«, frohlockte die chinesische Presse, »begaben sich unsere Bauern saumselig an die Arbeit, in Gruppen zu zweien oder dreien, schwatzend, Zigaretten rauchend. Diese trägen Gewohnheiten sind für immer verschwunden…«

Mao träumte schon davon, diese Methoden in den Städten ebenso anzuwenden wie auf dem Lande. Wenn China keine mächtigen modernen Stahlwerke besaß – warum stellte man dann nicht Stahl in improvisierten Öfen her, die das kleinste Restchen Schrott verarbeiteten? Das Volk machte sich sofort ans Werk. Ein unglaubliches Schauspiel! Jiři Pelikan, der tschechische Kommunist, der einer der Führer des »Prager Frühlings« von 1968 werden sollte, reiste 1958 zum zweitenmal nach China. Er berichtete (in *Ein Frühling, der nie zu Ende geht*): »Aus den Fenstern des Zugs bot sich zwischen Peking und Shanghai das phantastische Schauspiel Tausender von winzigen glühenden Öfen! Die tschechischen Techniker, die in China arbeiteten, sagten uns: ›Das hat alles keinen Sinn. Sie werden bald merken, daß sich aus altem Eisen keine Industrie aufbauen läßt!‹«

Viele Chinesen glaubten es aber. Man brachte die kostbarsten Haushaltsgeräte zu den Öfen, ja sogar die Schlösser der Haustüren. Die Studenten, die Intellektuellen, die »als Opportunisten gebrandmarkt« zu werden fürchteten, beteiligten sich an dem Wettbewerb. An den Universitäten von Shanghai und Peking, berichtete Pelikan, hatten die Studenten aus eigener Initiative beschlossen, die Studienzeit an der philosophischen Fakultät von fünf auf drei Jahre zu reduzieren. »Eine Schülerin des Konservatoriums vertraute mir nicht ohne Stolz an, sie habe sich verpflichtet, in zwei, statt in vier Jahren Klavier spielen zu lernen.« Die Grenzen des Grotesken wurden überschritten. Die Schriftsteller verpflichteten sich, vier- und fünfmal so viele Romane und Gedichte zu schreiben, und die Paläontologen wollten die »Kapitalisten« bei der Suche nach Fossilien an Schnelligkeit überbieten.

Erst nach Monaten einer ebenso wahnwitzigen wie mühseligen Plagerei sah die Partei ihren Irrtum ein und bremste diesen Lauf gegen die Wirklichkeit. Der Große Sprung nach vorn hatte China nur noch ärmer und elender gemacht. In den »Volks-

»Es lebe die richtige Linie!
Es lebe der Große Sprung nach vorn!
Es leben die Volkskommunen!«
(Emil Schulthess, Black Star-Rapho)

öfen« waren Kohle und Eisen vergeudet worden. Die Lebensmittelversorgung der Städte hatte schwer gelitten, teils wegen der ungünstigen Witterung, vor allem aber weil die Bauern mit anderen Arbeiten beschäftigt waren und nicht in ausreichender Zahl die Ernte einbringen konnten. Der Winter 1958–59 war katastrophal, und die Knappheit sollte drei Jahre dauern. In den Städten gab es Menschen, die die Blätter von den Bäumen rissen und Wurzeln ausgruben, um etwas zu essen zu haben.

Mao hatte versucht, die Partei zu einen, sie durch ein großes Werk mit neuem Geist zu erfüllen. Er fand sie nun gespalten und verbittert vor. Im ganzen Lande spottete man offen über ihn. »Warum«, fragte man, »wurde Ts'in Shih Huang-ti, der erste Kaiser, gestürzt? Weil er die Große Mauer gebaut hat.« Und man verglich den ersten Kaiser mit Mao, der während des Großen Sprungs den riesigen T'ien-an-men-Platz in Peking freimachen und den gigantischen Volkspalast bauen ließ.

Das Zentralkomitee der KPCh trat im Juli 1959 in Lushan, inmitten einer idyllischen Landschaft, zu einer erweiterten Sitzung zusammen. Mao sah sich in der Rolle des Angeklagten. Er hatte jedoch vorgebeugt und schon im Dezember 1958 erklärt, er wolle vom Amt des Präsidenten der Republik zurücktreten und sich als Vorsitzender der Partei ganz der ideologischen Arbeit widmen. Im Laufe des Winters 1958–59 hatte er Schriftstücke zirkulieren lassen, in denen er mit aller Unverfrorenheit jene kritisierte, die allzu eifrig seine Anweisungen bezüglich der »Geschwindigkeit des Aufbaus« und der »raschen Ergebnisse« befolgt hatten.

Mit einer Ahnungslosigkeit – oder einem Zynismus – sondergleichen leugnete er jegliche Verantwortung für die Katastrophe. »China als das erste Land, das den Kommunismus erreicht – was ist das für eine Idee, ganz abgesehen von der Frage, ob das überhaupt möglich ist oder nicht?« Er bestritt, den Geist des Wettbewerbs mit der Sowjetunion gefördert zu haben, und schrieb: »Die UdSSR hat eine halbe Million Wissenschaftler, mehrere Millionen Intellektuelle mit hohem Niveau und eine halbe Million Ingenieure. Sie überflügelt die Vereinigten Staaten.«

Und nach dieser kühnen Behauptung: »Selbst wenn wir die ersten sein könnten, die in den Kommunismus eintreten, dürften wir es nicht tun. Die Oktoberrevolution ist das Werk Lenins. Sind wir nicht alle Schüler Lenins? Was ist das für eine Idee, sich so vorzudrängen? Doch nur, um sich bei Marx eine Belohnung zu holen. Wenn das der Fall wäre, könnte es sein, daß das ein Fehler auf internationaler Ebene ist, und auch das ist ein Problem.«

Mao schien vergessen zu haben, daß »die Idee, sich so vorzudrängen«, von ihm selbst stammte, daß er selbst mit den phantastischsten Ziffern um sich geworfen hatte: »In 15 Jahren werden wir 40 Millionen Tonnen Stahl, 500 Millionen Tonnen Kohle, 40 Millionen Kilowatt elektrischen Strom und 400 Millionen Tonnen Getreide produzieren.« Und daß er selbst mit seiner Autorität die Schaffung der Volkskommunen unterstützt und die extremsten Formen der Militarisierung – Unterdrückung des Familienlebens und gemeinsame Freizeitgestaltung – gebilligt hatte, die zuletzt den passiven Widerstand der Bauern provozierten.

Die Konferenz von Lushan wurde unter dramatischen Umständen eröffnet. Bevor noch die Kader im Saal Platz genommen hatten, griff einer der höchsten Würdenträger der Partei und Armee, ein Kampfgefährte aus der Zeit der Ching-Kang-Berge, des Langen Marsches und Yenans, Mao offen an. Es war seit dessen Machtergreifung das erstemal, daß so etwas geschah.

P'eng Teh-huai war damals in Lushan 57 Jahre alt. Er war Mitglied des Politbüros und seit 1954 Verteidigungsminister. Zusammen mit neun anderen Generalen (unter ihnen Chu Teh und Lin Piao) hatte er im September 1955 im Laufe einer imposanten militärischen Zeremonie die Würde eines Marschalls erhalten.

Der Mann war weder ein tiefer politischer Geist noch ein großer Stratege. In der Armee hieß es, er habe im Kampf gegen Japan (bei der berühmten Offensive der »Hundert Regimenter« im Sommer 1940) schwere Fehler begangen, aber seine Beliebtheit litt darunter nicht.

In Hunan geboren wie Mao, ein Bauernsohn wie Mao, hatte er schon früh das Abenteuer gesucht. Als Rinderhirt, Grubenarbeiter, Schuhmacherlehrling und wieder Grubenarbeiter hatte er schon viel erlebt, als er mit 17 Jahren in die Armee eines Militärmachthabers in Hunan eintrat. Ein Jahr später beteiligte er sich an einer Verschwörung gegen diesen. Er erhielt den Auftrag, das Attentat auszuführen. Die Bombe explodierte nicht, P'eng floh, trat in die Armee Sun Yat-sens ein und wurde als Spion im Dienste der Kuomintang wieder nach Hunan – nach Changsha – geschickt. Dort wurde er verhaftet. Einen Monat lang wurde er gefoltert. Er schwieg.

Die Schilderung der Karriere dieses revolutionären Raufbolds, wie sie Edgar Snow in »Roter Stern über China« liefert, liest sich wie ein Roman. Nachdem er Offizier der Kuomintang-Armee geworden war, trat P'eng 1927 der KPCh bei, gerade in dem Augenblick, in dem sich Chiang Kai-shek gegen seine früheren Freunde wandte. Er war einer der ersten, die ein meuterndes Regiment in das Bollwerk der

8. Plenum des VIII. Zentralkomitees in Lushan. (Eastfoto)

Ching-Kang-Berge führten. Sein Ruf nahm rasch zu. Er war furchtlos und besaß eine ungewöhnliche körperliche Widerstandskraft. Seine Soldaten verehrten ihn. Snow, der ihn 1936 kennenlernte, war sofort von diesem kräftigen Mann eingenommen, der imstande war, einen Berg im Laufschritt zu überqueren »wie ein Hase«. P'eng rauchte nicht und trank keinen Alkohol. »Er ging spät schlafen«, schrieb Snow, »und stand früh auf, im Gegensatz zu Mao Tse-tung, der spät schlafen ging, aber auch spät aufstand.« In einem Gedicht nannte Mao ihn liebevoll »unser großer, tapferer General P'eng«.

In Yenan wurde P'engs Eigenliebe jedoch schwer verletzt. Im Gegensatz zu Chu Teh, der nach dem Langen Marsch mit Chang Kuo-t'ao gemeinsame Sache gegen Mao gemacht hatte, war er Mao in die Großen Sümpfe gefolgt und hatte zusammen mit Lin Piao seine kleine Armee fest in der Hand behalten. Als aber dann Chu Teh zu Mao zurückgekehrt war und öffentlich Abbitte geleistet hatte, war er und nicht P'eng von Mao zum Oberbefehlshaber der Armee ernannt worden.

Die weitere Entwicklung P'engs verlief wie die einer großen Anzahl kommunistischer Offiziere. Der Krieg gegen Japan, die Bewegung großer Armeen im Kampf gegen Chiang Kai-shek und schließlich der Koreakrieg lehrten sie die Bedeutung des Materials und der zentralisierten Bewältigung der logistischen Probleme erkennen.

Vor allem der Koreakrieg war in dieser Hinsicht entscheidend. Lin Piao war es gewesen, der die »chinesischen Freiwilligen« Ende 1950 zum Sieg geführt hatte. Die zunächst zurückgeschlagenen Amerikaner fingen sich wieder und konnten dem Gegner mit ihrer überlegenen Feuerkraft schwere Verluste zufügen. Im Januar 1951 übernahm P'eng Teh-huai an Lin Piaos Stelle den Oberbefehl. Die Russen lieferten den Chinesen Kampfflugzeuge und moderne Artillerie. P'eng war von diesem Augenblick an ein ebenbürtiger Gegner MacArthurs und später Matthew Ridgways.

Es ist daher nicht erstaunlich, daß P'eng und Mao einander im Laufe der großen Militärdebatte ein erstes Mal gegenüberstanden, die die chinesische Führung von 1955 an entzweite. Im April 1956 definierte Mao erstmals, welche Militärpolitik China verfolgen müsse: Es sollte eine »ökonomische« Armee mit einer leichten Ausrüstung haben, die im Falle eines Konflikts imstande wäre, einen Zermürbungskrieg gegen den Eindringling zu führen, zugleich aber auch über Atomraketen als »Abschreckungsmittel« verfügte.

»Wollt ihr Atombomben?« fragte Mao. »Wenn ja, müßt ihr die Militärausgaben kürzen und mehr in den Aufbau der Wirtschaft stecken.« P'eng und andere Marschälle (wie Liu Po-ch'eng, der »einäugige Drache«, und Yeh Chien-ying) wollten davon nichts hören. Sie wollten vor allem eine moderne Armee mit einer Ausrüstung sowjetischen Typs haben. In der ersten Phase eines Krieges konnte die Sowjetunion die »atomare Deckung« Chinas gewährleisten. Wenn sich China selbst mit einer nationalen »Schlagkraft« ausrüsten wollte, konnte es das zum gegebenen Zeitpunkt immer noch tun.

Mao konnte mit Unterstützung der chinesischen Wirtschaftsexperten, die in diesem Falle mit ihm einer Meinung waren, seine Ansicht durchsetzen. Die diplomatischen Begleitumstände jener Zeit kamen ihm zu Hilfe. Die internationale Entspannung nahm die Form von Gipfeltreffen zwischen den Sowjets und den Vertretern des Westens an, und sie wurde durch die Konferenz von Bandung bestätigt.

Chruschtschow seinerseits, der zu Peking Beziehungen unterhalten wollte, die bei seinen Verhandlungen mit den Vereinigten Staaten eine Trumpfkarte darstellen konnten, hatte sich bereit erklärt, den Chinesen nach seinen eigenen Worten »so ziemlich alles zu geben, was sie verlangten«. Als Verteidigungsminister konnte P'eng mit Moskau im Oktober 1957 einen Vertrag über atomare Zusammenarbeit abschließen, der für China außerordentlich vorteilhaft war. Sowjetische Experten begannen die chinesischen Physiker und Ingenieure auf dem Gebiet der nuklearen Technologie zu beraten. Einen Augenblick war sogar davon die Rede, daß die Sowjets dem »Bruderland« einen Bomben-Prototyp liefern sollten. Der Große Sprung stellte das alles wieder in Frage.

Im Laufe des Sommers 1958 reiste Chruschtschow nach Peking. Er sagte Mao ohne Umschweife, daß der Große Sprung eine Utopie sei und die Volkskommunen »reine Dummheit«. Er war beunruhigt. Die chinesischen Schlagworte hatten nicht nur in China gewirkt. In Bulgarien, dessen Machthaber über den Aufbau im Schneckentempo bestürzt waren, wurde die Idee, die Bauern zu großen Einheiten zusammenzufassen, günstig aufgenommen, und auch in Sibirien erklärten sich die lokalen Behörden bereit, das Experiment zu wagen. Chruschtschow, der spürte, daß die Chinesen bereit waren, die unerschütterlichsten oder, wie er sagte, »fanatischsten« Elemente der kommunistischen Bewegung gegen ihn zu unterstützen, warnte Mao vor den Folgen seiner Politik.

Chruschtschow versuchte nicht nur, seine Macht über die internationale kommu-

P'eng Teh-huai vor der Lenin-Schule in Yenan.
(Nym Wales - Magnum)

Die letzte Unterredung zwischen Mao und Chruschtschow am 31. Juli 1958. (Neues China)

nistische Bewegung zu retten, sondern auch seine Politik der »Koexistenz« und der Öffnung gegenüber den Vereinigten Staaten. Er fürchtete, daß Washington, das sich darauf versteifte, China als einen einfachen Satelliten der Sowjetunion zu betrachten, den Großen Sprung als einen Versuch der allgemeinen Rückkehr zu den finstersten Jahren des Stalinismus auffaßte. Diese Befürchtung war so groß, daß er beim Empfang des amerikanischen Senators Hubert Humphrey nach seiner Rückkehr aus Peking im Dezember 1958 – in dem Bewußtsein, daß seine Worte wiederholt wurden – den »egalitären Kommunismus« der Chinesen und ihre »gefährlichen Neuerungen« verurteilte.

Chruschtschow war verbittert, als P'eng Teh-huai auf einer »Goodwill-Tournee« durch die Länder Osteuropas im April 1959 in der albanischen Hauptstadt Tirana mit ihm zusammentraf. P'eng selbst war entschlossen, etwas zu unternehmen. Er wußte, daß die chinesischen Bauern demoralisiert waren, daß die Soldaten, selbst Bauernsöhne, in Unruhe geraten waren, daß man Millionen Städter aufs Land hatte schicken müssen, damit sie bei der Ernte halfen und sogar Beeren und wilde Früchte sammelten, und daß in mehreren Regionen Chinas eine Hungersnot drohte. Ebensogut wußte er, daß die meisten chinesischen Parteiführer es nicht wagten, vor Mao offen zu sprechen. Er wollte es wagen, und er sagte es Chruschtschow. Nach aller Wahrscheinlichkeit von diesem beraten, verfaßte er einen Text, in dem er mit vorsichtigen, aber klaren Worten den Großen Sprung und seine Folgen verurteilte. Diesen Text legte er Mao in Form eines Briefes am 14. Juli 1959 vor. Und das war der Prolog zur Konferenz von Lushan.

In Lushan ging P'eng, ehe noch alle Delegierten versammelt waren (zu denen außer den Mitgliedern des ZK noch Vertreter aus allen Provinzen gehörten), zum Angriff über. Der Große Sprung hatte es vielleicht ermöglicht, beachtliche Arbeiten an der Infrastruktur durchzuführen, aber von den Ergebnissen dieser Anstrengungen war noch lange nichts zu sehen. Die Volkskommunen waren vielleicht ein »sehr bedeutsames Experiment«, aber sie beunruhigten die Bauern, die nicht mehr verstanden, wem nun das Land gehörte. Die »Volksöfen« mochten vielleicht den Kadern und der Bevölkerung als technischer und ideologischer Anschauungsunterricht gedient haben, aber die auf 2 Milliarden Jüan geschätzten Verluste waren ein zu hoher Preis für diese neuartige Erziehung in einem »armen, notleidenden« Land.

Die Statistiken sind falsch, sagte P'eng. Man spricht von gigantischen Fortschritten in der landwirtschaftlichen und industriellen Produktion, aber niemand weiß, woran er sich halten soll. Die Absurdität nimmt solche Ausmaße an, daß sich manche, da ständig von phantastischen Ernten gesprochen wird, einbilden, das Ernährungsproblem sei gelöst, so daß man sich an manchen Orten mehr zu essen erlaubt, als nottun würde, um den Hunger zu stillen, während es in anderen Gebieten an allem mangelt. Neue Techniken wie das Tiefpflügen und das Umpflanzen des Reises in engen Abständen wurden ohne ausreichende Versuche eingeführt und hatten nur eine Vergeudung der Mittel zur Folge.

Mao sagte später, er habe den Eindruck gehabt, in ein »Bombardement« geraten zu sein, das »halb Lushan in Schutt und Asche legte«. Tatsächlich schlug sich jedoch keiner der Großen des chinesischen Kommunismus auf die Seite des Verteidigungsministers, wenn man von einigen Offizieren absieht, die mit P'eng und dem ehemaligen Generalsekretär der Partei, Chang Wen-t'ien, befreundet waren.

Mao ließ sich erst am 23. Juli vernehmen. Zweifellos hatte sich noch nie zuvor das Oberhaupt eines großen Staates, ein allmächtiger Herrscher, mit einer solchen Offenheit ausgesprochen und so offenherzig seine persönliche Macht verteidigt. Er schmeichelte den einen und drohte den anderen: »Es gibt Genossen, die noch keine Rechtsabweichler sind, aber sie sind im Begriff, es zu werden. Sie streifen am Rande des Abgrunds entlang. Sie begeben sich in schwere Gefahr. Wenn ihr mir nicht glaubt, braucht ihr nur abzuwarten.« An die Adresse P'engs und anderer militärischer Führer waren die folgenden Worte gerichtet: »Wenn ihr mir nicht folgt, suche ich mir anderswo eine Rote Armee, ich organisiere eine andere Befreiungsarmee. Aber ich glaube, daß die Armee mir folgen wird.«

Ein sprunghaftes Plädoyer, in dem klassische Zitate mit den ausgefallensten historischen Überlegungen abwechselten. Unversehens gestand er, daß ihm alle Schlaftabletten nichts halfen, daß er seit drei Tagen nicht mehr geschlafen hatte. Wie schon bei anderen Gelegenheiten ging er daran, die derzeit vorhandenen gesellschaftlichen Kräfte abzuschätzen. Seinen Worten nach waren die Volkskommunen von 350 Millionen Bauern akzeptiert worden. Was dachten die übrigen 150 Millionen? Er sagte es nicht.

Dann kam er wieder auf die Idee zurück, daß eine Bewegung wie der Große Sprung der »Erziehung« diene. Und ist im übrigen die Erziehung durch »Tatsachen« nicht der Erziehung durch Bücher überlegen? Man hätte glauben können, einen Amerikaner der »schweigenden Mehrheit« gegen die *eggheads* eifern zu hören. Mao zitierte das Beispiel eines Ministerpräsidenten des Altertums, der weder lesen noch schreiben konnte. Wenn er ein Gedicht verfaßte, diktierte er es seinem Schreiber und sagte: »Ihr Gebildeten seid nicht so viel wert wie ich, der ich durch Zuhören lerne.«

Zur Erbauung seiner Zuhörer rezitierte Mao zwei im übrigen eher mittelmäßige klassische Gedichte, dann sagte er: »Keiner dieser beiden Dichter konnte lesen.« Seine Schlußfolgerung lautete, daß die unteren Kader und die Bauern vielleicht durch Unkenntnis der Gesetze der Wirtschaft gesündigt hatten, daß sie diese aber lernen könnten, wenn sich jemand die Mühe machte, sie ihnen zu erklären. »Im übrigen«, bemerkte er, »wäre es durchaus möglich, daß niemand diese Gesetze so ganz begreift.«

Der Große Sprung, behauptete er, sei nur für jene ein Fehlschlag, die das große Ganze (die sozialistische Erziehung der Massen) außer acht ließen und sich an Einzelheiten klammerten. Er verspottete die Leute, die sich beklagten, »weil wir kein Schweinefleisch oder keine Haarnadeln haben«, und P'eng Teh-huai rief er zu: »Kommen Sie in zehn Jahren wieder, dann werden Sie ja sehen, ob wir Schiffbruch erlitten haben.«

Er, der seine Genossen ermahnt hatte, »ihr Herz zu entblößen«, oder, mit einem derberen Ausdruck, »ihre Eingeweide zu erleichtern«, wandte sich nun heftig gegen P'eng, den er einen »Ehrgeizling« nannte, einen »falschen Fünfziger«, einen Pseudomarxisten, der »die Diktatur des Proletariats sabotiert, die Partei spaltet und Cliquen organisiert«.

»Wenn die chinesischen Arbeiter und Bauern nicht so brave Leute wären«, entgegnete P'eng, »hätten wir in China einen Aufstand wie den von 1956 in Ungarn, und wir müßten die sowjetische Armee zu Hilfe rufen wie damals Budapest.«

Der Wortwechsel zwischen den beiden Männern läßt sich nicht vollständig wiedergeben, ohne die Regel der Schicklichkeit zu verletzen. Sie schöpften das ganze Vokabular des Ordinären und Obszönen aus.

Im Grunde hatte P'eng zu früh gesprochen. Die verheerenden Folgen des Großen Sprungs zeigten sich in ihrem ganzen Umfang erst 1960 und 1961. Das Regime mußte 1962 sogar zum erstenmal die Grenze nach Hongkong öffnen, um Zehntausende Einwohner von Kuangtung passieren zu lassen, die, von der Not aus ihrer Heimat vertrieben, in den überfüllten Elendsvierteln der *New Territories* Zuflucht suchten. Im Jahre 1959 hofften die Parteiführer noch, die Krise mit gewissen Korrekturmaßnahmen überwinden zu können.

In dem Augenblick, da Mao in Lushan erklärte, er wolle »eine neue Befreiungsarmee« aufstellen, beeilten sich die anwesenden Generale und Marschälle, ihm Treue und Gehorsam zu schwören. Von den Männern, die seine Befürchtungen teilten, desavouiert, sah sich P'eng mit einigen Freunden allein. Am 16. August wurde er aller seiner administrativen Funktionen enthoben. Um jedoch den Anschein der Einigkeit zu wahren, beschloß das ZK, seinen Namen weiter in den Führungsgremien der Partei erscheinen zu lassen.

Am 9. September erklärte sich P'eng bereit, eine erniedrigende »Selbstkritik« zu unterzeichnen. Er gestand, »unter dem teuflischen Einfluß meiner bürgerlichen Vorstellungen« gehandelt zu haben, und bat, »in eine Volkskommune gehen zu dürfen«, um dort zu »studieren« und sich »an der körperlichen Arbeit zu beteiligen«. Seine Frau sagte später, er sei von der Konferenz in Lushan erleichtert zurückgekehrt: »Keine offiziellen Funktionen mehr, ich bin frei!« Er beschaffte sich einige Fachbücher über die Landwirtschaft, »legte sich in einem Dorf in Szechuan einen Fischteich und ein Stückchen Land an und begann Fische zu züchten und seinen Gemüsegarten zu bestellen«. Seine Frau verlangte allerdings die Scheidung.

Die Auseinandersetzung zwischen P'eng Teh-huai und Mao zog bedeutsame Veränderungen nach sich. Sie ermöglichte den Aufstieg zweier Männer, die bis dahin im Schatten Maos gelebt hatten und deren Einfluß sich in der Folge als immer maßgeblicher erweisen sollte. Diese Männer waren Liu Shao-ch'i, der Erste stellvertretende Vorsitzende der Partei, der das Amt des Präsidenten der Republik übernommen hatte, und Lin Piao, der trotz seines schlechten Gesundheitszustandes Verteidigungsminister geworden war und zu den höchsten Rängen der Partei aufstieg. Liu Shao-ch'i und Lin Piao, ersterer an der Spitze des militärischen Apparats, waren die beiden Pfeiler, auf die sich die neue Ordnung stützte, die auf die Paroxysmen des Großen Sprungs folgte.

Was Mao anbetraf, der nach Lushan fürchten mußte, in einem immer größeren Maße angefeindet und bekämpft zu werden, so boten ihm die Umstände eine unerwartete Gelegenheit, seinen Mut und seine Entschlossenheit erneut unter Beweis zu stellen. Der für einen Augenblick trübe gewordene Mythos sollte neu erstehen und heller strahlen denn je zuvor. Chruschtschow beging den schweren Fehler, China zu demütigen und als Vasallen zu behandeln. Mao hüllte sich in den Mantel der Ideologie, nahm die Herausforderung an – wie Tito 1948 im Falle Stalins – und fand in der Polemik mit Moskau seine wahre nationale und internationale Bestätigung. Der

Farbabbildungen auf den folgenden Seiten:

»Der Vorsitzende Mao unterwegs nach Anyuan. Im Herbst 1921 begab sich unser großer Führer, der Vorsitzende Mao, nach Anyuan, der Wiege der chinesischen Arbeiterbewegung, wo er persönlich das Feuer der Revolution entzündete.« Dieses Gemälde, das ein gutgläubiger Priester für die Darstellung eines chinesischen Missionars gehalten hatte, hing eine Zeitlang an einer Wand im Presseraum des Vatikan. (C. R. A.)

(C.R.A.)

Bruch mit der Sowjetunion machte ihn unverwundbar. P'eng Teh-huai hatte versucht, beim Kreml Unterstützung gegen Mao zu finden. Mao setzte alle ideologischen und diplomatischen Waffen ein, um diese Gefahr abzuwehren.

Die Haltung Chruschtschows im Jahre 1959 hatte eine ganze Reihe von Gründen. Der Erste Sekretär der KPdSU befand sich in einer euphorischen Stimmung. Die Erfolge der russischen Technik im Weltraum glichen in den Augen der Welt weitgehend die relativ geringen Erfolge auf den Gebieten der Landwirtschaft und der Konsumgüterindustrie aus. Das Unbehagen der »Entstalinisierung« war überwunden, die Ordnung in Osteuropa wiederhergestellt worden. Die sowjetische Diplomatie gewann in den Ländern der Dritten Welt an Boden. Die Machtergreifung Fidel Castros in Kuba (Januar–Februar 1959) eröffnete Ausblicke auf einen starken kommunistischen Einfluß in Lateinamerika.

Kurz, Chruschtschow glaubte 1959 imstande zu sein, als ebenbürtiger Partner einen Dialog mit den Vereinigten Staaten zu beginnen. Und dem störrischsten seiner Verbündeten seine Bedingungen zu diktieren: Mao Tse-tung, den er »einen alten, aber unvernünftigen Mann«, nannte, »eine alte Galosche, die eben noch gut benug ist, um in eine Ecke des Zimmers gestellt zu werden, damit man sie bewundert«.

Alles an Mao irritierte den ehemaligen ukrainischen Grubenarbeiter. Zunächst einmal fuhr Chruschtschow schon ungern nach Peking: die Chinesen tranken ihm zuviel Tee. Der Tee ist ungesund, brummte er; man schläft davon so schlecht. Und dann hatte Mao diese unangenehme Gewohnheit, die Sowjetunion übertreffen zu wollen. Chruschtschow sprach von der »Rückkehr zur sozialistischen Legalität«. Schon dachte sich Mao die Kampagne der Hundert Blumen aus. Chruschtschow erachtete es für notwendig, zur »ideologischen Wachsamkeit« aufzurufen. Prompt ließ sich Mao den Großen Sprung einfallen. Doch das war für Chruschtschow noch nicht die schwerste Sünde. Schlimmer war, daß Mao Verhandlungen mit den Westmächten anzuknüpfen versuchte.

Chruschtschow begriff nun, warum die Chinesen seit der Moskauer Konferenz vom November 1957 so großen Wert darauf legten, die führende Rolle der Sowjetunion hervorzuheben. Je mehr Mao fühlte, daß sich Chruschtschow den Verhandlungen mit Washington näherte, desto eifriger stellte er sich als seinen nächsten und treuesten Bundesgenossen dar. Mao war vielleicht »unvernünftig«, aber eines erkannte er sehr klar: Je lauter er seine Bindung an die Sowjetunion proklamierte, je nachdrücklicher er die Notwendigkeit betonte, die Bande zwischen den sozialistischen Ländern zu festigen, desto weniger genoß Chruschtschow jene Bewegungsfreiheit, die er brauchte, um ein der Beendigung des Kalten Krieges günstiges Klima zu schaffen.

Mao war keineswegs gegen ein Tauwetter in den Beziehungen zu den USA. »In einigen Jahren wird es vorteilhaft sein, Beziehungen zu den Vereinigten Staaten aufzunehmen«, hatte er schon im Januar 1957 vor den Kadern der Partei gesagt. Er wollte nur nicht, daß ihn die »Koexistenz« (damals sagte man noch nicht »Entspannung«) zur Rolle des armen, verleugneten Verwandten verdammte. Wenn die Russen verhandelten, mußte China mit dabei sein. Die Genfer Indochina-Konferenz von 1954 hatte gezeigt, daß es bei der Regelung einer heiklen Angelegenheit eine sehr achtbare Rolle spielen konnte.

Doch Mao im Namen der »Solidarität der sozialistischen Länder« konsultieren, mit Mao gemeinsam den Amerikanern gegenübertreten – eben dazu verspürte Chruschtschow nicht die geringste Lust. Mao, der lästige Bundesgenosse, konnte nur zu leicht ein allzu unabhängiger Partner werden. War seine vorsichtige Haltung in der Frage Taiwans (Formosas), dieser Insel, auf der Chiang Kai-shek unter amerikanischem Schutz ein kleines China geschaffen hatte, nicht suspekt? »Wenn ich Mao wäre, würde ich Taiwan ohne Zögern angreifen«, sagte Chruschtschow. Mao hütete sich davor. Warum?

Wer konnte garantieren, daß Mao, sobald er in den Klub der Großen aufgenommen war, nicht direkte Beziehungen zu den Amerikanern aufnahm? Er hatte genug Trümpfe im Ärmel stecken. Und wäre es nur der sich verschärfende Bürgerkrieg in Südvietnam, der das Weiße Haus so sehr beunruhigte.

Chruschtschow wartete voll Ungeduld auf eine Unterredung mit Präsident Eisenhower. Die Amtszeit des amerikanischen Präsidenten sollte Ende 1960 ablaufen. Die Russen hielten ihn für viel konzilianter als seine voraussichtlichen Nachfolger: Richard Nixon oder John F. Kennedy. Chruschtschow beging nun einen Fehler nach dem andern. Er hatte es gar zu eilig, sich der hinderlichen Chinesen zu entledigen.

Im Mai 1958 begann er immer härtere Bedingungen hinsichtlich der Durchführung des mit Peking unterzeichneten Abkommens über atomare Zusammenarbeit zu stellen. Er verlangte ein Aufsichtsrecht über die chinesische nukleare Armee und – wenn man den Chinesen glauben will – sogar die Schaffung einer gemeinsamen Kriegsmarine.

Die Chinesen lehnten diese Forderungen kategorisch ab. Zwischen den beiden

Bruderländern kam es zu immer größeren Mißverständnissen. Nach der Revolte P'eng Teh-huais und dem Scheitern des Großen Sprungs glaubte Chruschtschow, auf die Ausschaltung Maos setzen zu dürfen. Er hielt es für möglich, das Atomabkommen von 1957 einseitig aufzukündigen und mit einer Klappe zwei Fliegen zu schlagen: die Verwirrung in den Reihen der chinesischen Führung zu steigern und Eisenhower zu beruhigen, mit dem er zu diesem Zeitpunkt, im September 1959, in Camp David bei Washington zusammentraf.

Er konnte Eisenhower beruhigen, aber bei den Chinesen erreichte er nichts.

Die tibetische Revolte hatte Mao schon eine Gelegenheit geboten, das internationale Klima zu vergiften. Tibet, das 1950 von chinesischen Truppen besetzt und 1951 dem Regime in Peking unterworfen worden war, revoltierte im März 1959. Die Erhebung wurde in wenigen Tagen niedergeschlagen. Die Beziehungen zwischen dem Indien Nehrus – der sich immer bemüht hatte, eine der heiligen Stätten Asiens zu schützen – und dem China Maos kühlten rasch ab.

Im Mai 1959 griff die Pekinger Presse Nehru an, dem sie vorwarf, den Dalai Lama, das religiöse Oberhaupt Tibets, aufgenommen zu haben. Durch die chinesischen Forderungen wurden die Grenzstreitigkeiten zwischen Japan und China im Himalaja wieder aktuell. Im August 1959 kam es bei sporadischen Gefechten zu einem Schußwechsel zwischen indischen und chinesischen Soldaten.

Die Sowjets, die aufgefordert wurden, in diesem Konflikt Partei zu ergreifen, entzogen sich der Stellungnahme. Für Moskau war Indien einerseits ein Zugang zur Meinung der Dritten Welt und andererseits ein Gegengewicht zum chinesischen Einfluß in Asien.

Mao wollte daher Indien demütigen. Im Oktober–November bemächtigte sich die chinesische Armee einiger Posten im Ladakh und drang in Richtung des Brahmaputra-Tals und der birmanischen Grenze in Assam ein. Die indische Armee wurde zurückgeworfen. Ihre Verluste wurden auf 3000 Mann geschätzt. Die Chinesen schienen im Begriff, einen glänzenden Sieg zu erringen. Doch plötzlich machten sie halt und zogen sich auf ihre Ausgangsstellungen zurück. Die Demütigung, die sie Indien zugefügt hatten, führte später allerdings nur zu einer Annäherung zwischen Moskau und Neu-Delhi. Zunächst aber hatte sie zur Folge, daß die Dritte Welt ebenso wie der Westen China mit größerem Respekt betrachtete.

Diesem diplomatischen Damm, der vor den Russen in Asien errichtet wurde, folgte vom April 1962 an ein ideologischer, bei dem man nach der gleichen Methode vorging.

Nehru war zum Punching-Ball geworden, mit dem die Chinesen für ihr diplomatisches Match gegen die Russen trainierten. Tito erfüllte dieselbe Funktion in den ersten Runden des ideologischen Matchs.

Tito billigte die Bemühungen Chruschtschows um eine bessere internationale Zusammenarbeit und Verständigung. Mao machte ihn zur Zielscheibe einer Reihe von ausfälligen Artikeln, die im April 1960 in Peking erschienen. Da er im eigenen Land wegen seines wirtschaftlichen Abenteurertums angegriffen worden war, reagierte er mit einer Verurteilung aller, die, wie Tito, allzuleicht die Notwendigkeit der Kontakte mit den »imperialistischen« Ländern mit der Unterwerfung unter den sozialen Status quo verwechselten.

Die Eskalation der Polemik erreichte eine neue Stufe in den folgenden Monaten. Am 1. Mai 1960 war ein amerikanisches Aufklärungsflugzeug vom Typ UZ, das den sowjetischen Luftraum verletzt hatte, mit einer Rakete abgeschossen worden. Chruschtschow hätte normalerweise den Zwischenfall verschweigen oder zumindest bagatellisieren müssen, um sich seine Erfolgschancen bei der ersten Gipfelkonferenz (mit den Vereinigten Staaten, Großbritannien und Frankreich) nicht zu verderben, die in Paris stattfinden sollte und für ihn die Krönung jahrelanger Anstrengungen bedeutete. Er brachte ihn jedoch am 5. Mai vor dem Obersten Sowjet zur Sprache und äußerte sich mit harten Worten über Eisenhower. Einige Tage darauf nahm er in Paris dieselbe Haltung ein. Das Schicksal der Konferenz war besiegelt, noch bevor sie eröffnet wurde. (François Fetjo: Chine – U.R.S.S.)

Chruschtschows Kehrtwendung erklärt sich zweifellos durch Schwierigkeiten in der sowjetischen Innenpolitik, vor allem durch die Besorgnis des Militärs und einiger sowjetischer Politiker angesichts der Koexistenzdiplomatie. Sie ist jedoch nicht ganz verständlich, wenn man außer acht läßt, daß Chruschtschow fürchten mußte, bei den Amerikanern auf Unnachgiebigkeit in der Berlin-Frage zu stoßen. Er wollte den Chinesen keine Gelegenheit geben, triumphieren und ihm entgegenhalten zu können, sie hätten es ohnehin gewußt.

Wenn Chruschtschow aber hoffte, auf diese Weise den Streit zwischen Moskau und Peking beilegen zu können, so täuschte er sich schwer. Es paßte zu gut in das Konzept Maos und verschärfte sich in der Folge nur noch. Ende Juni 1960 standen sich Sowjets und Chinesen in Bukarest, auf dem Kongreß der Kommunistischen Partei Rumäniens, so erbittert gegenüber wie nie zuvor.

Der Panschen Lama, Mao und der Dalai Lama. (U. P. I.)

Chruschtschow brachte den chinesisch-indischen Konflikt zur Sprache. Er erregte sich so sehr, daß er die chinesischen Machthaber mit Ausdrücken wie »Wahnsinnige«, »Kriegshetzer« und »reine Nationalisten« bedachte. Der chinesische Delegierte, P'eng Chen, der in Peking wegen des Großen Sprungs ernsthafte Auseinandersetzungen mit Mao gehabt hatte, antwortete ihm in demselben Ton. Er nannte die Haltung Chruschtschows »patriarchalisch, willkürlich und despotisch« und sagte: »Die chinesische Partei wird sich niemals vor irrigen, dem Marxismus-Leninismus widersprechenden Anschauungen beugen.«

Die Solidarität der chinesischen Machthaber wurde unmittelbar darauf durch einen weiteren Mißgriff Chruschtschows unter Beweis gestellt. Am 16. Juli 1960 faßte dieser den Entschluß, die 1390 sowjetischen Spezialisten, welche die Aufstellung der industriellen Einrichtungen für 300 große Projekte überwachten, aus China zurückzurufen und alle Materiallieferungen einzustellen. Die Sowjets reisten ab, ohne ihren chinesischen Kollegen auch nur die Pläne zurückzulassen.

Damit hatte Chruschtschow seinem chinesischen Rivalen ein außerordentliches »Geschenk« gemacht. Die Industrialisierung Chinas hatte zwar einen schweren Schlag erhalten, aber auf politischer Ebene wirkte er sich in einem ganz anderen Sinne aus. Die furchtbaren Prüfungen, die der Große Sprung mit sich gebracht hatte, konnten nun ebenso den Sowjets wie den »Naturkatastrophen« zugeschrieben werden. Und kein Chinese konnte es hinfort wagen, Moskau offen um Unterstützung zu bitten, wie es P'eng Teh-huai getan hatte. Der Bruch zwischen den beiden Hauptstädten des Kommunismus war praktisch vollzogen.

Im Konflikt mit Moskau fand Mao die beiden Ingredienzien, die er brauchte, um die Zügel des Regimes fest in der Hand halten zu können: den Patriotismus und den »Antirevisionismus«. Letzterer stellte das eigentliche Thema des Streits dar. Alle Angriffe Maos gegen das »sowjetische Modell«, die materiellen Anreize, das Vertrauen in die technische Bildung und die Spezialisierung bedeuteten letzten Endes nichts anderes als die Weigerung, die Vorwürfe, die man ihm machte, gelten zu lassen. Zweifellos aus Unachtsamkeit gestand er, daß im Augenblick des Großen Sprungs, als die Partei die »begangenen Irrtümer zu korrigieren versuchte«, die Polemik mit den Sowjets »unsere Aufmerksamkeit ablenkte«. Je mehr die von Liu Shao-ch'i geführte Partei in den Städten und auf dem Lande den Rückwärtsgang einschaltete, desto mehr bemühte sich Mao, der seiner exekutiven Funktionen enthoben war, die Beziehungen zu Moskau zu verderben.

Man konnte daher das paradoxe Schauspiel betrachten, daß ein sozialistisches Land nicht zögerte, gewisse in der Sowjetunion übliche Methoden anzuwenden, um eine zerrüttete Wirtschaft wieder aufzubauen, und gleichzeitig ebendiese Methoden als »revisionistisch« kritisierte.

Die Spaltung zwischen Moskau und Peking verbarg die Spaltung innerhalb des chinesischen Kommunismus. Im Januar 1962 gestand Mao vor 7000 Kadern der Partei und Verwaltung seine »Unwissenheit« und seine »Unzulänglichkeiten« ein. Er gab plötzlich zu, daß China »die fortgeschrittensten kapitalistischen Länder nicht in weniger als hundert Jahren einholen« könnte. Doch dieser taktische Rückzug tarnte kaum seinen festen Willen, die Generallinie, die anzunehmen er die Partei 1958 gezwungen hatte (»alles ins Werk setzen und ein hohes Ziel anstreben, um größere, schnellere, bessere und wirtschaftlichere Ergebnisse beim Aufbau des Sozialismus zu erzielen«), ebenso beizubehalten wie die Volkskommunen und die Parole vom Großen Sprung.

»Im großen ganzen«, erklärte er, »ist unsere Partei gut... Aber wir dürfen uns nicht einbilden, sie lasse nichts mehr zu wünschen übrig... Es gibt Leute unter den alten und neuen Parteimitgliedern, und vor allem unter den neuen, deren Charakter und Arbeitsstil unsauber sind. Diese Leute sind Individualisten, Bürokraten und Subjektivisten. Es gibt da Leute, die sich als Mitglieder der Kommunistischen Partei ausgeben wollen und in keiner Weise die Arbeiterklasse vertreten. Tatsächlich vertreten sie die Bourgeoisie. Es ist nicht alles sauber in der Partei. Wenn wir das nicht einsehen, werden wir noch darunter zu leiden haben.«

Verschleierte Drohungen, die seine Erschütterung über das Verhalten der Partei nach dem Großen Sprung erkennen lassen. Liu Shao-ch'i besuchte 1961 Hunan. Dort herrschte noch bittere Not. Überall sagten die Bauern, sie seien enttäuscht und erschöpft. Die Instandhaltungsarbeiten an den Staudämmen und Bewässerungskanälen wurden nicht mehr durchgeführt. Einer der führenden Nationalökonomen Pekings, Po I-po, drückte seine Empfindungen mit einem einzigen Satz aus: »Die Lage auf dem Lande ist schlimmer als vor dem Krieg« (gegen Japan). Die Partei vollzog eine Wendung um 180 Grad.

Als Liu Shao-ch'i nach seiner Rückkehr aus Hunan von Freunden gefragt wurde, ob er glaube, daß die Naturkatastrophen den Rückgang der landwirtschaftlichen Produktion erklärten, antwortete er: »Sie haben damit nichts zu tun. Die Verantwortung trägt der Mensch, und er allein.«

Diese Worte wurden Mao hinterbracht, der sie auf sich selbst bezog, und später tauchten sie in der Anklageschrift gegen Liu auf. Es ist wahrscheinlich, daß sich Liu, als er sie aussprach, Vorwürfe machte, weil er zu lang den Ideen Maos nachgegeben hatte, und daß er nun etwas unternehmen wollte.

Unter der Führung Lius gab die Partei den Gedanken der »raschen Resultate« in der Industrie auf. Der Entzug der sowjetischen Unterstützung ließ ihn ohnehin noch wirklichkeitsfremder erscheinen. Der Landwirtschaft galt nun die Hauptsorge. Ein großer Teil der Investitionen war für sie bestimmt. Die Pläne, welche die Industrie betrafen, wurden revidiert im Hinblick auf die Lieferungen für die Landwirtschaft: Dünger, Insektizide, Bewässerungspumpen, leichte Traktoren. China begann nicht nur, ungeheure Mengen Dünger aus Japan einzuführen, sondern es widmete auch beträchtliche Kredite (300 bis 400 Millionen Dollar jährlich) dem Ankauf von Getreide aus Australien und Kanada. Diese sechs Millionen Tonnen Getreide entsprachen ungefähr dem Bedarf der Städte an der Küste und in Küstennähe und gestatteten es zweifellos, das zu schwache Eisenbahnnetz Chinas für andere Zwecke als den Getreidetransport zu verwenden.

Alle Neuerungen des Großen Sprungs wurden wieder in Frage gestellt. Die Volkskommunen wurden zwar nicht dem Namen, wohl aber der Sache nach beseitigt. Sie blieben nur in abgewandelter Form als Verwaltungsorgane bestehen, denen der Kauf der Ernten und die Ausführung gewisser die Infrastruktur betreffender Arbeiten oblag. Die eigentliche Entscheidungsgewalt – über den Einsatz der Arbeiter und die Verwendung der Anbauflächen, die Kosten und die Aufteilung der Einkünfte – lag fortan bei den Gruppen für »gegenseitige Hilfe«, die schon seit dem Beginn des Regimes existierten und nun »Produktionsgruppen« getauft wurden. Sie umfaßten 20 bis 30 Familien und entsprachen oft den Abgrenzungen des Dorfes oder des Clans.

Jede Familie erhielt ein kleines Stückchen Land von etwa 100 Quadratmetern – der Boden ist in China knapp – und das Recht, die Erzeugnisse ihres Gartens, ihres Hühnerhofs und des Handwerks auf dem »Privatmarkt« zu verkaufen.

Die chinesischen Führer schienen sich verabredet zu haben, genau das Gegenteil von dem zu sagen, was Mao seit 1958 verkündet hatte. Mao betonte den Vorrang der ideologischen Reinheit vor den beruflichen Kenntnissen. In einer vielbeachteten Rede machte sich der Außenminister, Ch'en Yi, offen über ihn lustig: »Wer würde wohl mit einem Piloten fliegen wollen, der ideologisch rein, aber unfähig wäre, sich seiner Instrumente zu bedienen?« Und er bestand vor seinen Zuhörern, Studenten der Universität Peking, auf der Notwendigkeit, Wissenschaft und Technik gut zu beherrschen, um »eine große sozialistische Macht (aufzubauen), die eine moderne Industrie und Landwirtschaft auf der Grundlage einer modernen Kultur und Wissenschaft besitzt.«

Das »Tauwetter« nahm einen Augenblick lang die Form eines zaghaften Wiederauflebens der Kampagne der Hundert Blumen an. Die Kontrolle der Partei über das Kulturleben lockerte sich. Professoren, die man wegen politischer Unzulänglichkeit entlassen hatte, wurden wieder eingestellt. Die Übersetzungen ausländischer literarischer Werke wurden neu herausgegeben. Man beschäftigte sich wieder mit bestimmten Gebieten der wissenschaftlichen Forschung, vor allem mit der Psychoanalyse. Die Partei genehmigte sogar die Veröffentlichung des Textbuches zu einer Oper im klassischen Stil von dem Historiker Wu Han – *Die Absetzung des Hai Jui* –, das von den Mißgeschicken eines Mandarins aus dem 16. Jahrhundert berichtet, der abgesetzt wurde, weil er sich den Launen des Kaisers widersetzt hatte, in Wirklichkeit aber ein Plädoyer zugunsten des Marschalls P'eng Teh-huai darstellte.

Die Opposition gegen Mao erhielt einen neuen Auftrieb in Peking, wo sich der Bürgermeister P'eng chen, der in der Parteihierarchie eine hohe Stellung innehatte, mit begabten Intellektuellen umgab. Unter ihnen befanden sich Wu Han, der Autor der *Absetzung des Hai Jui* und stellvertretende Bürgermeister der Hauptstadt, und zwei bekannte Journalisten, Teng To und Liao Lo-sha.

Diese drei Schriftsteller veröffentlichten von März 1951 bis September 1962 in Pekinger Zeitungen und Zeitschriften Chroniken unter dem Titel »Abendplaudereien in Yanshan« und »Das Dorf der drei Familien«. In Form von Gleichnissen, die für Ausländer und Uneingeweihte unverständlich waren, nahmen sie Mao aufs Korn und verglichen ihn bald mit einem armen Teufel, der »mit einem Ei ein Vermögen machen« wollte (eine Anspielung auf den Großen Sprung und die Hoffnung, mit einem einzigen Anlauf einen großen historischen Zeitraum überspringen zu können), bald mit einem »Geisteskranken«, der sich »zuletzt als sehr gefährlich erweisen wird, wenn er sich nicht rasch einmal Ruhe gönnt«.

Noch größere Kräfte waren gegen den Vorsitzenden am Werk. Die chinesisch-sowjetische Polemik, die damals den Westen faszinierte, begann 1961–62 in den Augen der chinesischen Hierarchie etwas von ihrer Wirksamkeit einzubüßen. Als Männer wie Liu Shao-ch'i, P'eng Chen und Tenh Hsiao-p'ing (Generalsekretär der

Liu Shao-ch'i gegen Ende der 40er Jahre.
(Laurence Rosinger-Rapho)

November 1964. Von rechts nach links:
Kuo Mo-jo, Mao, Liu Shao-ch'i und andere auf
einer Demonstration gegen den amerikanischen
und den belgischen Imperialismus. (Eastfoto)

Partei seit 1958) die Partei wieder fester zusammenschlossen und die wirtschaftliche und politische Ordnung wiederherstellten, wurde der Mao-Kult immer heftiger angegriffen.

Liu Shao-ch'i ließ 1961 eine Reihe von Vorträgen (»Wie man ein guter Kommunist ist«) wieder herausgeben, die er im Juli 1939 in Yenan gehalten hatte. Das Besondere an ihnen war, daß sie nicht ein einziges Mal auf die »Gedanken Mao Tsetungs« anspielten, daß Mao einfach »Genosse« und nicht »Vorsitzender« genannt wurde, daß sie alle jene streng kritisierten, die von der »Linken« (im Text in Anführungsstrichen) zur Rechten schwankten, ein Vorwurf, der auf Mao zutreffen konnte, und schließlich daß sie sich gegen »gewisse Genossen« wandten, die gern als »große Männer« oder »Helden« der kommunistischen Bewegung gelten wollten... und vor nichts zurückschreckten, um ihre Wünsche zu befriedigen«. Damals, 1939, waren mit diesen Charakterisierungen vielleicht andere als Mao gemeint, aber 1961 konnten sie in der Partei nur als auf ihn abgeschossene Pfeile gedeutet werden.

Liu Shao-ch'is Karriere war bis zu diesem Zeitpunkt eher unscheinbar gewesen. Lange hatte er als einer der Strengsten und Unnachgiebigsten unter den chinesischen Führern gegolten. Zweifellos verdankte er diesen Ruf seinem wenig einnehmenden Pferdegesicht. Später erst erkannte man, daß er seit Yenan an der Seite Maos eine bedeutende Rolle beim Aufbau der Partei und der Aufrechterhaltung ihrer Disziplin gespielt hatte.

Er war um fünf Jahre jünger als Mao und stammte wie dieser aus Hunan und aus einer Familie wohlhabender Bauern. Und ebenfalls wie Mao hatte er das Lehrerseminar in Changsha besucht, aber die beiden Männer lernten einander erst 1921 kennen, als sie beide schon der kommunistischen Bewegung angehörten.

Liu fuhr nach Moskau, um sich mit dem Marxismus vertraut zu machen, blieb aber dort nur wenige Monate. Nach seiner Rückkehr arbeitete er mit Mao und Li Li-san in der Gewerkschaftsbewegung, und während der Ereignisse des Jahres 1927 in Shanghai wurde er ein Mitarbeiter Chou En-lais.

Die Zerschlagung der kommunistischen Bewegung im Jahre 1927 zwang ihn unterzutauchen, und 1932 traf er im Stützpunkt Kiangsi ein. Er nahm am Langen Marsch bis Tsunyi teil, wo er zu den Parteigängern Maos gehörte.

Nach Edgar Snow erhielt er den Auftrag, die Ergebnisse der Konferenz von Tsunyi den Mitgliedern der Kommunistischen Partei mitzuteilen, die ihre Tätigkeit in den großen Städten des Nordens und Ostens fortsetzten, und alle aus der Partei auszustoßen, die den Wert der neuen Führung anzweifelten. Als er 1937 zu Mao nach Yenan kam, half er ihm, sich seiner beiden Hauptgegner – Chang Kuo-t'ao und Wang Ming – zu entledigen. Zum Dank dafür brachte Mao ihn 1943 ins Politbüro, und in der Folge machte er sich seine große organisatorische und verwaltungstechnische Begabung zunutze.

Während der nächsten 20 Jahre weigerte sich Liu, Mao vor den Kadern der Partei anzugreifen, obwohl er oft an der Richtigkeit seiner Ansichten zweifelte. Es scheint jedoch, daß er nicht zögerte, ihm seine Einwände unter vier Augen mitzuteilen. Mao selbst sagte später, Liu habe immer offen mit ihm gesprochen.

Von 1962 an kühlten jedenfalls die Beziehungen zwischen den beiden Männern merklich ab. Auch auf persönlicher Ebene. Maos Frau, Chiang Ch'ing, die dem Parteibeschluß entsprechend seit Yenan im Hintergrund geblieben war, trat plötzlich an die Öffentlichkeit. Sie erschien 1962 bei einem offiziellen Empfang zu Ehren des indonesischen Präsidenten Ahmed Sukarno in Peking an Maos Seite. Gleichzeitig spielte Wang Kuang-mei, die elegante und sehr distinguierte Frau Liu Shao-ch'is, vollendet die Rolle der »First Lady«. Die Rivalität zwischen den beiden Frauen, Chiang Ch'ing, der ehemaligen Schauspielerin aus Shanghai, und Wang Kuang-mei, der Tochter eines reichen Industriellen aus Tientsin, verlieh der Auseinandersetzung zwischen den beiden Parteiführern einen besonders dramatischen Akzent.

Liu rückte von Mao ab und wollte sich seiner beiden Stellungen als Präsident der Republik und Stellvertretender Vorsitzender der Partei bedienen, um einen mittleren Kurs zwischen dem »Maoismus« und dem »sowjetischen Modell« zu steuern.

Ebendas wurde ihm zum Verhängnis. Es war für die mittleren und unteren Kader der Partei immer schwieriger, Weisungen zu verstehen und auszuführen, die in diametral entgegengesetzte Richtungen zielten.

Sie mußten unterscheiden zwischen Mao, der ihnen befahl, das Land auf eine rasche und gleichzeitige Entwicklung der Landwirtschaft und der Industrie hin zu orientieren, und der Parteilinie, die bei der wirtschaftlichen Entwicklung ein Auswahlprinzip anwandte; zwischen einem maoistischen Konzept, das den ständigen Aufruf an die Erziehung und die Begeisterung der Massen beinhaltete, und der Tendenz der Partei, die materielle Anreize und die allmähliche Einführung einer fortgeschrittenen Technologie befürwortete.

Lezten Endes führte dieses Nebeneinander zweier Linien, die einander gelegentlich überschnitten, aber nie ganz zur Deckung kamen, nur zu einer Demoralisierung der Kader. Die Partei gehorchte immer seltener den Befehlen, die von oben kamen. Ihre Aufgabe bestand nur noch darin, eine gute Geschäftsführung sicherzustellen und die laufenden Angelegenheiten zu erledigen. Wie man 1965 bemerkte, brachte es diese Situation mit sich, daß manche kommunistische Kader sich in »Beschützer« jener Elemente verwandelten, die in den Provinzen den strengsten Regeln der Disziplin zu entkommen trachteten.

Mao hielt den Zeitpunkt für gekommen, seine Macht zurückzuerobern. Vier Jahre lang hatte er nun seine ganze Aufmerksamkeit der Polemik mit Moskau und der Außenpolitik zuwenden müssen. Die Unsicherheit Liu Shao-ch'is und seiner Parteigänger bot ihm die Gelegenheit zu handeln.

Der Kampf zwischen Mao und Liu begann 1963, als ersterer von der Partei die Eröffnung einer »Kampagne der sozialistischen Erziehung« gegen die Korruption und den Schlendrian verlangte. Im folgenden Jahr forderte Mao seine Gegner offen heraus. Diesmal beschloß er, sich nicht mehr auf die Partei zu verlassen. Zumindest symbolisch machte er die Drohung wahr, die er in Lushan ausgesprochen hatte, nämlich daß er sich auf »eine andere Armee« stützen wolle, um die Macht wieder an sich zu reißen.

Er brauchte jedoch keine andere Armee aufzustellen. Der treue Lin Piao stellte ihm die Armee für einen Kampf zur Verfügung, der 1964 begann und im darauffolgenden Jahr seinen Höhepunkt erreichte. Lin Piao, seit 1959 Verteidigungsminister, eröffnete 1964 eine große Kampagne unter dem Motto »Ahmt die Befreiungsarmee nach!« Es ging darum, den Unterschied zwischen den Bürokraten, die nur um ihr Wohlergehen und um den äußeren Anschein besorgt waren, und den Soldaten, die China im selbstlosen, gemeinschaftlichen Geist von Yenan beschützten, hervorzuheben. Im Februar 1965 wurde der Gegensatz noch augenscheinlicher, als Lin Piao die Rangabzeichen und Titel (den Marschalltitel nicht ausgenommen) in der Armee abschaffte. China schien von diesem Augenblick an von zwei nebeneinander bestehenden Apparaten gelenkt zu werden.

Der Konflikt zwischen Mao und Lin Piao einerseits und der Partei andererseits erhielt neue Nahrung durch ein Ereignis, das Maos allzu großes Vertrauen auf seine Kenntnis der internationalen Szene bloßstellte:

Entgegen seinen Voraussagen engagierten sich die Vereinigten Staaten rückhaltlos im Vietnamkrieg. Die Bombenangriffe der amerikanischen Luftwaffe auf Nordvietnam im Februar 1965 bildeten den Auftakt zu einer massiven Entsendung von Truppen zur Unterstützung der versagenden Regierung in Saigon. China sah sich eingezwängt zwischen eine militärische Präsenz der Amerikaner an seiner Südgrenze und eine nicht weniger beeindruckende militärische Präsenz der Sowjets an seiner Nord- und Westgrenze.

Die chinesische Propaganda mochte noch so oft wiederholen, daß China bereit sei, »Schulter an Schulter mit den vietnamesischen Brüdern zu kämpfen« – die Wirklichkeit sah anders aus. China ließ durch alle Kanäle – die diplomatischen mit eingerechnet – wissen, daß es sich nicht am Krieg beteiligen werde, solange die amerikanischen Bodentruppen nicht die Grenze zwischen den beiden Vietnam überschritten.

Der am schwersten mißdeutete Text dieser Zeit war zweifellos der lange Artikel mit dem Titel »Es lebe der Volkskrieg«, den Lin Piao im Sommer 1965 schrieb. Die westlichen Journalisten wollten darin unbedingt eine ausdrückliche Drohung gegen den »amerikanischen Imperialismus« sehen, während er in Wirklichkeit genau das Gegenteil bedeuten sollte. Lin Piao wies jeden Gedanken einer Allianz mit der Sowjetunion zur Verteidigung Vietnams zurück. Er unterstrich, daß der »Volkskrieg« nur von den »revolutionären Völkern« selbst ohne fremde Hilfe geführt werden könne, und fügte hinzu: »Es ist reines Abenteurertum, sich auf einen Krieg einzulassen, den man nicht gewinnen kann.«

Die Debatte über den Vietnamkrieg gewann zumindest indirekt eine große Bedeutung in der Krise des chinesischen Kommunismus. Eine Reihe von Persönlichkeiten warf Mao vor, China in eine peinliche Lage gebracht zu haben, indem er seine Polemik mit Moskau auch nach dem Sturz Chruschtschows im Oktober 1964 noch fortsetzte.

General Lo Jui-ch'ing, den die Partei an die Spitze des Generalstabs stellte, wo seine Aufgabe gewissermaßen darin bestand, den »Maoisten« Lin Piao zu überwachen, nannte die These Maos und Lin Piaos absurd. »Es gibt nur eine gute Verteidigung, und das ist die aktive Verteidigung«, sagte er, und er vertrat die Ansicht, daß die Vereinigten Staaten einer »antiimperialistischen Einheitsfront« gegenüberstehen müßten, die weit größer und mächtiger wäre als die »antifaschistische Front« der dreißiger und vierziger Jahre. Er schloß mit den Worten: »Die so oft gerühmte Überlegenheit der Vereinigten Staaten auf dem Wasser und in der Luft nützt ihnen fortan nichts mehr.«

Das war der letzte Sieg Maos innerhalb der Partei vor der großen Spaltung, die ihr

16. Oktober 1964.
Die erste chinesische Atombombe.
(Camera Press-Parimage)

Mao und Ho Tschi-minh. (D. R.)

Lo Jui-ch'ing in der antijapanischen
Militärakademie von Yenan.
(Culver Pictures)

bevorstand. Die Mehrheit der Partei schlug sich in dieser Frage auf seine Seite und
bestätigte Ende 1965 die Absetzung Lo Jui-ch'ings. China sollte nicht direkt in den
Vietnamkrieg eingreifen.

Eine bedeutsame Entscheidung, denn sie ließ Mao die Hände frei, um seine
Differenzen mit der Partei zu regeln. Die Armee konnte er dafür jedoch nicht mehr
heranziehen. Die Spannung an den Grenzen war und blieb groß genug, um ihre
ständige Verteidigungsbereitschaft zu fordern. Lin Piao war dennoch dazu ausersehen, eine hervorragende Rolle in dem nun ausbrechenden politischen Kampf zu
spielen. Ohne den eigentlichen militärischen Apparat aufzubieten, stellte er Mao
die politischen Aktivisten der Armee zur Verfügung, die Männer, die mit der Pro-
pagandaarbeit und mit der sozialistischen Erziehung der Soldaten betraut waren.

Die Verherrlichung der Rolle der Armee in den Jahren 1964–65 zeigt deutlich,
daß sich Mao auf sie stützen wollte, um den Widerstand der Partei zu brechen. Der
Vietnamkrieg zwang ihn, seine Pläne zu ändern. Er mußte sich ein anderes Werkzeug suchen, und er fand es in der Jugend.

Man hat gesagt – und es oft wiederholt –, die Große Proletarische Kulturrevolution, die China drei Jahre lang, von 1966 bis 1969, erschütterte, habe es als ihr we-
sentlichstes Ziel angesehen, »das Leben zu ändern, den Menschen zu ändern«. Sie
sollte wie der Große Sprung eine Übung in »sozialistischer Erziehung« darstellen,
diesmal aber nicht durch eine Mobilmachung der Arbeitskräfte, sondern durch die
Mobilmachung der Geister.

Feststeht, daß sich Mao die Zukunft Chinas als eine gigantische pharaonenhafte
Kraftanstrengung vorstellte, eine Art freiwilliger Sklaverei im Dienste der wirtschaftlichen Entwicklung. Nachdem ihn die »Hundert Blumen« davon überzeugt
hatten, daß das Regime, das heißt er selbst, von der chinesischen Elite nur eine zu-
rückhaltende Zustimmung erhalten konnte, verwandelte sich sein altes Mißtrauen
gegenüber den Intellektuellen in unverhohlene Feindseligkeit.

Die meisten Reden, die er nach dem Großen Sprung hielt, waren der Verteidigung des nicht aus Büchern erworbenen Wissens (obwohl er sich gern seiner eigenen
Belesenheit rühmte) und einer auf das Mindestmaß beschränkten Ausbildung gewidmet, die durch das Bild der »barfüßigen Ärzte« symbolisiert wurde. Was tut es
schon, fragte er, daß unsere Ärzte nicht in der Lage sind, sich mit seltenen Krankheiten zu befassen? Wichtig ist, daß sie die am weitesten verbreiteten Fälle mit voll-
kommener Hingabe an die Sache des Volkes behandeln können.

Dieses Beispiel war zugleich sehr gut gewählt und wenig überzeugend. Wenn es
einerseits zutraf, daß China einen großen und wenig kostspieligen Gesundheits-
dienst brauchte, so fiel es andererseits doch schwer, sich funktionierende Kranken-
häuser, Labors und medizinische Hochschulen ohne qualifizierte und erfahrene
Ärzte vorzustellen. Die letzten Jahre haben übrigens gezeigt, daß sich die chinesischen Ärzte durch immer häufigere Kontakte mit Spezialisten aus dem Westen bemühen, ihre Versäumnisse hinsichtlich der Behandlung von Krankheiten aufzuho-
len, die – wie Krebs, kardiovaskuläre Störungen und Geisteskrankheiten – immer
weniger als »selten« angesprochen werden können.

Da Mao aus vorwiegend politischen Gründen ein Feind der »elitären« Ausbildung war, mußte er zwangsläufig auch die bürokratische, fachmännische Führung
der Wirtschaft anzweifeln. Die Fehlschläge der chinesischen Wirtschaft und der
Entzug der sowjetischen Hilfe bewogen ihn dazu, einen neuen Weg zu suchen. So
kam es zu dem unglückseligen Experiment des Großen Sprungs. Er gab später zwar
zu, daß er von den Problemen der Industrialisierung nicht viel verstand, war aber
dennoch davon überzeugt, die richtige Lösung zu kennen.

Der Große Sprung, behauptete er, war fehlgeschlagen, weil die Massen nicht genug Erziehung genossen und die Kader weder Einsatzbereitschaft noch Urteilsvermögen bewiesen hatten. Man hörte ihn mit großem Ernst eine der zweitrangigen
Schriften Stalins – »Ökonomische Probleme des Sozialismus« – kommentieren, die
ihm als Ausgangspunkt für eine gelehrte Darlegung der beherrschenden Rolle der
Ideologie und der Politik (»die Politik auf dem Kommandostand«) auch auf dem
Gebiet der Wirtschaft diente. In Wirklichkeit hatte er selbst seine Zweifel. Er zweifelte, zum Beispiel, daran, daß eine unaufhörliche ideologische Arbeit genügte, um
die Menschen dazu zu befähigen, Wunder zu vollbringen. In solchen Augenblicken
hatte er Träume, die in den Bereich der *Science-fiction* gehörten. »In der Zukunft«,
schrieb er 1964, »wird es mehr Menschen und nicht genug Getreide geben. Die
Menschen werden daher gezwungen sein, ihre Nahrung in den Mineralen zu suchen.« Aus dem Stein sollte also zuletzt das Wunder erstehen!

Weit davon entfernt zu beweisen, daß Mao seine Theorien über den Aufbau des
Sozialismus durch eine subjektive Anstrengung ernst nahm, zeigte die Kulturrevolution nur wieder die Zwiespältigkeit seines Denkens. Bei Mao gingen der Wille zur
Macht und die politischen Theorien eine so enge dialektische Beziehung ein, daß es
unmöglich ist, sie voneinander zu trennen.

Wenn man schon nicht so weit gehen will zu behaupten, Mao habe seine Theorien je nach den Erfordernissen der Macht entwickelt, so wäre es andererseits ebenso falsch, seine Worte und Schriften als einzige Rechtfertigung seiner Handlungen und seines Verhaltens zu betrachten. Der Beweis – wenn es in diesem Stadium seines Lebens noch eines Beweises bedurfte – ist in der Verspätung zu sehen, mit der Peking seine Reden und Werke aus der Zeit nach den fünfziger Jahren herausbrachte, denn ihre Veröffentlichung hätte eben nur allzu deutlich ein unbeständiges, fluktuierendes Denken gezeigt, das sich jeweils den Umständen anpaßte.

Um seine Entscheidungen von 1966 zu erklären, bediente sich Mao im Laufe seiner Gespräche zweier Bilder. Liu Shao-ch'i und die Parteiführer, sagte er, wollten aus ihm eine »Attrappe« machen, einen kleinen Buddha, den man in einem Regal abstellen konnte. »Sie behandelten mich wie einen Verwandten, der bald sterben wird und dessen Beerdigung man schon vorbereitet.« Um sich gegen diese Demütigung aufzulehnen, mindestens ebensosehr wie um »den Menschen zu ändern«, ließ sich Mao mit 72 Jahren auf das erstaunlichste Abenteuer seiner Karriere ein.

Die verschiedenen Episoden der Kulturrevolution wurden nach und nach enträtselt. Damals, in der Verwirrung des Augenblicks, mußten sie den fremden Beobachter außer Fassung bringen, der diesem einzigartigen Schauspiel beiwohnte: einer »Revolution in der Revolution«, bei der ein Führer mit voller Absicht Unordnung schuf.

Der alte Mao entdeckte seinen Guerilla-Instinkt wieder. Der Parteiapparat gehorchte ihm nicht mehr? Er teilte den Feind und suchte sich ein erstes Ziel. Es war P'eng Chen, der Bürgermeister von Peking, der alle Vorsicht außer acht gelassen und seine Umgebung ermutigt hatte, sich über Mao und die Extravaganzen des »Kultes« lustig zu machen. Er und Wu Han (wegen seines Stückes über Hai Jui) und dazu Teng To (wegen seiner boshaften Chroniken) wurden als erste in einer Reihe von in Shanghai erscheinenden Artikeln angegriffen. P'eng Chen begriff sofort, daß Mao es auf ihn abgesehen hatte. Er versuchte, bei Liu Shao-ch'i Unterstützung zu finden. Der Präsident der Republik war jedoch zweifellos der Ansicht, daß P'eng Chen zu weit gegangen war, daß er nun für seine Kühnheit zahlen mußte und daß man ihn nicht schützen konnte. Er riet ihm, sich direkt mit Mao auszusprechen, und um seine Neutralität zu betonen, unternahm er eine offizielle Reise nach Indonesien. Daß er P'eng Chen im Stich ließ, konnte ihn allerdings nicht retten.

P'eng Chen fand einen unnachgiebigen Mao vor. Seine im Juni 1966 angekündigte Absetzung stellte die erste Überraschung in diesen unruhigen Jahren dar.

Die zweite Phase der maoistischen Offensive bestand darin, frische Truppen in Marsch zu setzen. Mao stand vor einem Dilemma. Er konnte sich an keine der Massenorganisationen wenden. Die Partei, die Gewerkschaften und der kommunistische Jugendbund wurden von seinen Gegnern beherrscht. Ebensowenig konnte er sich direkt an die Arbeiterklasse und an die Bauern wenden. Ministerpräsident Chou En-lai hatte ihm davon abgeraten. Der seit dem Großen Sprung vollzogene Wiederaufbau der Wirtschaft durfte nicht gefährdet werden. Blieben nur die Universitäten.

Sie stellten ein Reservoir der Unzufriedenheit dar, aus dem man leicht schöpfen konnte. Die Kampagne der Hundert Blumen hatte den Studenten schon die Möglichkeit geboten zu zeigen, wie sehr sie die Parteibürokratie verachteten. Nach dem Großen Sprung fand diese Verachtung neue Nahrung durch das wirtschaftliche Chaos, durch die Entscheidung, die Industrie-Investitionen zu kürzen und durch die sich daraus ergebende Reduzierung der Arbeitsplätze. Die Praxis des *hsia fang*, der Umsiedlung Tausender junger Menschen aus den städtischen Zonen auf das Land, war in ihren Augen reine Fopperei, ein wirksames bürokratisches Mittel, um Arbeitskräfte abzuschieben, für die man keine Verwendung mehr hatte. Im Laufe einer Unterhaltung mit André Malraux, dem Sondergesandten General de Gaulles, hatte sich Mao 1965 mit außerordentlich großen Vorbehalten über den Wert der chinesischen Jugend und ihre Aufopferung für den Aufbau des Sozialismus geäußert. Nun beschloß er dennoch, sie unter seinem Banner zu versammeln.

Sein Name, meinte er, müsse genügen, um sie herbeiströmen zu lassen. Wenn er sie aufforderte, »die Generalstäbe zu bombardieren«, müßte sie begeistert reagieren. Er ahnte nicht, daß sich die »sozialistische Erziehung der Massen«, sobald diese Begeisterung einmal entzündet war, in einen rasenden, brutalen Taumel verwandeln würde, den er nicht mehr im Zaum zu halten vermochte. Sein Aufruf sollte elementare Kräfte entfesseln, die nur mit Hilfe der Armee wieder eingedämmt werden konnten.

Die Erhebung der Jugend begann am 25. Mai 1966 an der Universität Peking. Von Chiang Ch'ing im Namen Maos (der sich seit einem halben Jahr in Hangchou, südlich Shanghais, aufhielt) rekrutierte Studenten brachten in der Nähe ihres Speisesaals einen Anschlag mit großen Schriftzeichen (ein *ta tzu pao*) an, der mit heftigen Worten den Rektor Lu Ping verurteilte. Dieser Lu Ping, ein Mann des Appa-

P'eng Chen (Mitte) mit dem französischen Politiker Edgar Faure und Chou En-lai im Juni 1957. (Eastfoto)

Die Schlagzeile der »Volkszeitung«
vom 25. Juli 1966:
»Der Vorsitzende Mao durchschwimmt den Yangtse«.
(C. R. A.)

Mao widmet dem amerikanischen Maoisten
Robert Williams 1967 das »Kleine Rote Buch«
(zu einer Zeit, da er sich bereits über die
Verwendung seiner Schriften durch seinen
»Freund Lin Piao« beklagte). (D. R.)

rats, hatte 1960 den Auftrag erhalten, der Parteilinie im »chinesischen Harvard« Respekt zu verschaffen. Nun warf man ihm vor, er unterstütze die »revisionistischen Konterrevolutionäre vom Typ Chruschtschows«.

Die maoistische Operation wurde angeführt von einer jungen Frau, Nieh Yüantzu. Sie war Professor der Philosophie und sollte während der Kulturrevolution eine bedeutende Rolle im Schatten Chiang Ch'ings spielen. Ihr Plakat zwang die Partei, sich vehement zu verteidigen. Lu Ping gelang es, sie ergreifen und vor eine Versammlung von Studenten bringen zu lassen. Diese wußten noch nicht, woher der Wind wehte. Sie erfuhren es am 1. Juni. Auf Befehl Maos verbreiteten Rundfunk und Presse den Text des Plakats der jungen Nieh, der damit einen offiziellen Stempel erhielt. Einen Tag später brachte die »Volkszeitung« die Bestätigung des Vorsitzenden selbst. Sie nannte das Plakat »das erste marxistisch-leninistische *ta tzu pao* in China«.

Sogleich erklangen auf dem Gelände der Universität die bei chinesischen Kundgebungen üblichen Schallbecken, Gongs und Trommeln. Die – gespielte oder echte – Begeisterung verdoppelte sich, als gemeldet wurde, daß P'eng Chen neben Lu Ping im ersten Säuberungskarren saß.

Von den Pekinger Universitäten ausgehend, breitete sich der Tumult in der Provinz aus. Nichtsdestoweniger fragte man sich im ganzen Lande, was eigentlich vorging. Hatte Mao tatsächlich den Revolutionären recht gegeben? War seine lange Abwesenheit von der Hauptstadt nicht durch seinen schlechten Gesundheitszustand zu erklären?

Um die allgemeine Skepsis zu zerstreuen, dachte sich Mao eine »spektakuläre« Rückkehr aus. Am 16. Juli sprang er in Wuhan in den Jangtsekiang, und die Presse verkündete triumphierend, daß der heroische Siebzigjährige in 65 Minuten an die 15 km zurückgelegt hatte – mit der Strömung allerdings.

Zwei Tage später hielt er, vom Bad erfrischt, seinen Einzug in Peking. Er versammelte sofort die Führungsgremien der Partei um sich und warf seinen Gegnern vor, sie stellten dem revolutionären Elan der Jugend Hindernisse in den Weg. »Die revolutionäre Flamme muß brennen, selbst wenn sie euch verbrennen sollte«, sagte er. Seine Zuhörer fürchteten das Feuer ebenso sehr wie »die sanfte Brise und den feinen Regen« von ehedem. Sie weigerten sich, die neue Revolution gutzuheißen. Mao hatte diesen Widerstand vorausgesehen. Am 1. August versammelten sich die Parteiführer zu einer Plenarsitzung des ZK. Diesmal hatte Mao eine Menge »revolutionärer« Studenten herbeigeholt, die ihm applaudieren sollten. Lin Piao feierte sein Genie, aber Mao erhielt trotzdem nur eine knappe Mehrheit für einen Beschluß, durch den zum erstenmal das Schlagwort von der Großen Proletarischen Kulturrevolution ausgegeben wurde. Liu Shao-ch'i, Chou En-lai, Chu Teh und der Wirtschaftsfachmann Chen Yün verloren ihre Posten als Stellvertretende Vorsitzende der Partei. Lin Piao rückte dagegen zu dieser Würde auf. Für den Verteidigungsminister war nun der Augenblick gekommen, das Drama auf die Straße hinauszutragen und die von seinen Politkommissaren rekrutierten und organisierten Kohorten zum Sturmangriff anzusetzen.

Am 18. August überflutete noch vor Tagesanbruch eine Million in Khaki-Uniformen gekleideter junger Menschen den T'ien-an-men-Platz in Peking. Alle trugen die Armbinde mit den drei Schriftzeichen, die monatelang Schrecken verbreiten sollten: *Hung Wei Ping* – »Rote Garde«. Alle hielten ein kleines Buch mit einem roten Plastikeinband in der Hand, die »Worte des Vorsitzenden Mao Tse-tung«, die Lin Piao 1964 für seine Soldaten gesammelt hatte.

Mao erschien in olivgrüner Militäruniform auf der oberen Terrasse des T'ien-an-men, des Tors des Himmlischen Friedens – genau bei Sonnenaufgang. Nichts war dem Zufall überlassen, nichts war improvisiert worden. Einige Tage darauf veröffentlichte Mao sein eigenes *ta tzu pao*: »Gewisse Genossen, von den zentralen Organen bis zur untersten Ebene der Partei, haben eine bürgerliche Diktatur errichtet«, hatte er in seiner abgehackten, nervösen Kalligraphie gepinselt. Am 18. August wurde die Identität der Schuldigen bekanntgegeben. Die meisten Männer, die das chinesische Volk von 1949 an als seine Führer zu betrachten gewohnt war, kamen nun an zweiter Stelle hinter Mao, Lin Piao und Chou En-lai, dessen »Exekution« aufgeschoben worden zu sein schien. Die dritte Phase der Kulturrevolution konnte beginnen, die Raserei frei ihren Lauf nehmen.

Während der Kundgebung auf dem T'ien-an-men-Platz mischte sich Mao unter die Menge, und bald war er von eigens für diese Gelegenheit ausgesuchten jungen Männern und Mädchen umringt. Eine Studentin aus Peking – die Szene wurde von den offiziellen Filmleuten aufgenommen – trat auf ihn zu und reichte ihm die Armbinde der Roten Garden. Er fragte sie nach ihrem Namen. »Ping-Ping« (Zarte Anmut), antwortete sie. »Nenn dich lieber Yao-wu« (Entschlossene Kämpferin), schlug ihr Mao vor.

Der Film wurde in ganz China gezeigt, und aus ganz China strömten Millionen

»entschlossener Kämpfer« nach Peking, oft ohne zu wissen, wozu man sie brauchte. Alle latenten Tendenzen der chinesischen Gesellschaft seit dem Beginn des Jahrhunderts brachen hervor. Die Revolte gegen die Familie, die Überlieferungen, die Riten, die so viele junge Chinesen zum Nationalismus und Kommunismus getrieben hatten, schien sich nun vollends der Jugend bemächtigt zu haben.

Der Schriftsteller Lu Hsün hatte in seiner Beschreibung des Alten China von einer »Menschenfressergesellschaft« gesprochen, in der die Jungen von den Alten »gefressen« wurden, die Schwachen von den Starken, die Armen von den Reichen. Trotz der tiefgehenden Veränderungen, die Mao und die Volksrepublik gebracht hatten, besaß das Bild Lu Hsüns noch seine volle Gültigkeit. Die Jugend sah vor sich die gleiche träge, monotone, von den Alten und den neuen Mandarinen geregelte Zukunft. Aus dem gut inszenierten Psychodrama vom 18. August zog sie den Schluß, daß Mao nicht auf der Seite der »Kannibalen« stand, daß man sie endlich zu Wort kommen ließ.

Und sie ergriff das Wort, spaltete sich in eine Unzahl von Gruppen, die einander an revolutionärem Geist und – wie sie glaubten – Treue zu den Gedanken Maos zu überbieten trachteten. Die einen wurden Spielzeuge in den Händen der Ehrgeizigen, der erfahrenen und durchtriebenen Bürokraten. Andere versuchten mutig, sich zwar nicht den Bürokraten, wohl aber der bürokratischen Macht zu widersetzen. Die Laster der neuen Gesellschaft wurden in improvisierten Zeitungen enthüllt, die bestätigten, daß sich seit den »Hundert Blumen« nichts geändert hatte. Mit einem ungewöhnlichen Detailreichtum stellten sie die Korruption der neuen Herren und das Elend breiter Kreise des Arbeiter- und Bauernstandes dar.

Von ihrer Begeisterung hingerissen, unfähig, sich ein anderes Programm als die stereotypen Formeln des »Roten Buches« vorzustellen, ja vor dem Gedanken, einen neuen Weg gehen zu müssen, zurückschreckend, ähnelten die Roten Garden bald einem Schwarm von Riesenheuschrecken. Elf Millionen zogen durch Peking. Sie drängten sich in den Zügen und brachten den ganzen Transportverkehr durcheinander. In diesen Menschenmengen, die sich nicht mehr überwachen ließen, nahm die Kriminalität wieder überhand. Um zu beweisen, daß sie würdige »Nachfolger« Maos seien, begingen die Roten Garden die sinnlosesten Brutalitäten. Auf bloße Denunziationen hin drangen ganze Gruppen in die Wohnungen tausender Familien ein, die entsetzt mitansehen mußten, wie alle ihre Habe zerstört oder konfisziert wurde, die an das »Alte« erinnerte: Bücher, Dokumente, Kunstgegenstände. Kommunistische Funktionäre fielen ebenso wie Intellektuelle, die sie jahrelang verfolgt und gedemütigt hatten, derselben Säuberungswelle zum Opfer. Schauprozesse, Selbstmorde, Deportationen in die Internierungslager folgten rasch aufeinander. Eine Zeitlang konnte sich Mao über die Verwirrung seiner Gegner freuen. Bald aber kam der Augenblick, in dem die Unordnung unerträglich wurde und Einigkeit wieder an die Stelle der Uneinigkeit treten mußte. Ohne sich dessen bewußt zu werden, hatten die Roten Garden im Namen des Kampfes gegen das »Alte« lediglich einen Streit unter »Menschenfressern« ausgetragen.

»Die Revolution ist kein Galadiner«, hatte Mao 1926 geschrieben. *Diese* Revolution verwandelte sich in einen unfaßbaren Alptraum. Die Roten Garden begannen, sich gegenseitig zu bekämpfen. In mehreren Städten und Provinzen traten sie in blutigen Schlachten gegen Tausende von Arbeitern an, welche die Parteikader mobilisiert hatten, und manchmal sogar, wie in Sinkiang, gegen Armee-Einheiten, die von maofeindlichen Offizieren befehligt wurden. Am 24. Oktober gab Mao vor einer Versammlung der Parteiführer zu, daß »niemand, nicht einmal ich, diese Verwirrung vorausgesehen hat«.

Die Verwirrung wurde im Dezember und im darauffolgenden Monat nur noch immer größer. Die Arbeiter, die Maos Gedanken auf ihre Weise auslegten, schlossen sich zu Streikbewegungen großen Umfangs zusammen. Die Dockarbeiter von Shanghai und nach ihnen die Eisenbahner legten ganze Sektoren des Handels und der Industrie lahm. Die Roten Garden mit ihren Gratisreisen verleiteten die Arbeiter dazu, sie nachzuahmen. Unter denen, die den Zug nach Peking nahmen, befanden sich Bergleute aus Honan und 10000 Arbeiter der Werke von Taching, dem größten Erdölzentrum des Landes. Die Parteikader spielten diese Karte gegen die »Revolution« aus. Sie erkauften sich die Gunst der Arbeiter, indem sie Prämien verteilten, höhere Löhne gewährten und Fahrräder oder Radioapparate verschenkten. Tausende junger Menschen, die man zur »Umerziehung« durch körperliche Arbeit in die Provinzen Kansu und Sinkiang geschickt hatte, nutzten die Situation aus, um ohne Genehmigung nach Peking oder Shanghai zurückzukehren. »Wir waren Opfer Liu Shao-ch'is und der Revisionisten«, sagten sie.

Ende Januar 1967 stand China am Rande des Bürgerkriegs. Mao hielt den Augenblick für gekommen, die Dinge wieder in die Hand zu nehmen. Die Partei stand vor einem Chaos, die politische Polizei reichte nicht aus; die Armee war die einzige Kraft, an die er sich wenden konnte. Trotz des Vietnamkrieges, trotz der sowjeti-

Versammlung der Roten Garden auf der Anankin-Allee in Shanghai. (Eastfoto)

Anti-Liu-Shao-ch'i-Karikatur auf einer Pekinger Wand.
Die Ratte stellt Wang Kuang-mei dar, der Tiger T'eng Hsiao-ping. (C. R. A.)

schen Drohung befahl Mao ihr am 27. Januar, die Führung der Kulturrevolution zu übernehmen.

Aber auch diese Entscheidung hatte nicht die erwartete Wirkung. Die Armee versuchte, die öffentliche Verwaltung wiederherzustellen. Bei seltenen Gelegenheiten gelang es ihr auch, neue Verwaltungsorgane einzusetzen, die aus Offizieren, Berufsbeamten und Roten Garden bestanden. In den meisten Fällen vereinigte sie sich aber mit den Veteranen der Partei, um gegen die Roten Garden Front zu machen. Entgegen den Erwartungen Maos standen die militärischen Führer keineswegs geschlossen hinter Lin Piao, sondern sie fielen zurück in die Gewohnheiten der »Kriegsherren« und nutzten die Gelegenheit, um ihre regionale Macht zu festigen. Ihr Eingreifen gab nur den Gegnern Maos neue Hoffnung. Anfang März fragte sich die theoretische Zeitschrift der Partei, die »Rote Fahne«, bereits, ob die Kulturrevolution »zu Ende geführt oder auf halbem Wege aufgegeben werden sollte«. Die Anhänger Maos, die ihre jungen Parteigänger im Januar gebeten hatten, nicht mehr »den Sturm zu entfesseln und in das Feuer zu blasen«, begannen wieder, die Roten Garden zu verherrlichen: »Wir werden nicht zulassen, daß man sie mit Kot besudelt!« Ein neues Element erregte nun jedoch die Besorgnis Maos und seiner Umgebung.

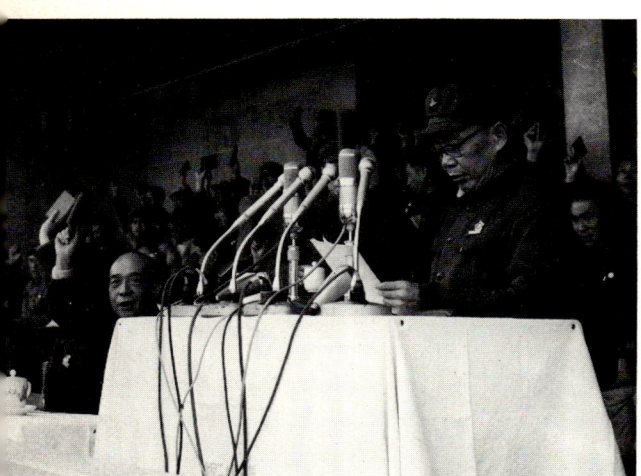

April 1967. Hsieh Fu-chih
(Chef der öffentlichen Sicherheit in Peking)
auf der Versammlung im Anschluß an die Gründung
des Pekinger Revolutionskomitees. (Eastfoto)

Weit davon entfernt, Liu Shao-ch'i »mit Kot zu besudeln«, hatte die Kulturrevolution die paradoxe Wirkung gezeitigt, ihm unter den Arbeitern und Bauern eine Anhängerschaft zu verschaffen. Mao und die Roten Garden hatten ihn in ihren Reden und auf ihren »Plakaten mit großen Schriftzeichen« zum Vorkämpfer des »chinesischen Revisionismus«, der »materiellen Anreize«, besserer Löhne und Gehälter, des privaten Landbesitzes und des freien Marktes auf dem Lande gemacht. Alle diese Vorwürfe waren für Millionen Chinesen lauter gute Gründe, sich mit einem Manne solidarisch zu fühlen, der in ihren Augen seit 1949 auch nur ein »dicker Fisch« gewesen war.

Das mußte ein Ende haben. Diesmal war Mao entschlossen, eine direkte Verurteilung Liu Shao-ch'is zu erwirken. Er berief Ende März eine außerordentliche Versammlung des permanenten Ausschusses des Politbüros ein. Bei insgesamt elf Stimmen erhielt er eine Mehrheit von einer Stimme, und das genügte.

Die Kampagne, die daraufhin gegen Liu Shao-ch'i und seine Frau, Wang Kuang-wei, begann, läßt sich, was die Anklagen und Beschimpfungen anbetrifft, nur mit den schlimmsten Augenblicken der Kampagne vergleichen, die Stalin in den dreißiger Jahren in der UdSSR gegen Trotzki führte. Am 10. April wurde Wang Kuang-wei vor ein »Studentengericht« gestellt. Man zwang sie, sich in aller Öffentlichkeit auszuziehen und ein Seidenkleid anzuziehen, das sie auf ihrer letzten offiziellen Reise nach Indonesien getragen hatte. Dann fotografierte man sie mit einer Kette aus Tischtennisbällen um den Hals.

Wang Kuang-mei, die Frau Liu Shao-ch'is,
wird von den Roten Garden gezwungen, die von
ihr auf dem Staatsbesuch in Indonesien
getragenen Kleider wieder anzuziehen.
(China pictorial)

Liu und seine Frau waren nicht die einzigen, die solche Demütigungen über sich ergehen lassen mußten. Die von Maos Reden aufgepeitschten Roten Garden suchten neue Opfer. Die Parteiführer, die Regierungsmitglieder wurden nacheinander »kritisiert« und belästigt. Man drang in ihre Büros ein und plünderte sie. Sogar Chou En-lai, der sich in den entscheidenden Augenblicken hinter Mao stellte, obwohl er seinen Posten als Stellvertretender Vorsitzender der Partei verloren hatte, wurde auf den »Plakaten mit großen Schriftzeichen« angeprangert.

Am 13. Mai demonstrierten mehrere Hundert Rote Garden gegen den Außenminister, Marschall Ch'en Yi. Sie drangen mit Gewalt in seine Büroräume ein und ließen vor den Augen der erschrockenen Beamten und Soldaten ganze Stapel geheimer Dokumente mitgehen.

Die Streitigkeiten der Roten Garden unter sich flammten wieder auf, und jede Gruppe behauptete, »roter« zu sein als die anderen. Die Revolutions-Parodie für den Gebrauch der Jugend war im Begriff, sich in eine blutige Auseinandersetzung, einen »Bürgerkrieg« zu verwandeln, sagte Mao später. Studenten und Gymnasiasten versuchten, den Arbeitern die »sozialistische Erziehung« zu bringen, und diese reagierten mit unvorstellbarer Heftigkeit und Gewalttätigkeit.

Von der Provinz Heilungkiang im Nordosten bis Szechuan und Yünnan im Südwesten wurden mehrere Städte zu Schauplätzen wilder Schlägereien zwischen Arbeitern und Roten Garden. In Changsha, wo Mao seine Studentenjahre verbracht hatte, nahm das Handgemenge mörderische Formen an. Die Studenten, die mit Messern, Eisenstangen und Ketten angegriffen wurden, mußten im Haus der chinesisch-albanischen Freundschaft Zuflucht suchen. Die Arbeiter zündeten das Gebäude an und machten alle nieder, die zu fliehen versuchten. In den meisten Fällen ergriffen die zur Wiederherstellung der Ordnung eingesetzten Regimenter gegen die Roten Garden Partei, auf die sie ungeachtet der Weisungen Maos ohne Zögern das Feuer eröffneten.

Zu dem im Hinblick auf die politische Bedeutung seltsamsten Zwischenfall kam es in Wuhan, der großen Industriemetropole am Jangtsekiang. Die Armee unterstützte dort offen Gruppen von Arbeitern und Funktionären, die sich gegen die Maoisten stellten. Zwei bedeutende Persönlichkeiten der Zentralregierung, die nach Wuhan geschickt wurden, um die Konfrontation zugunsten der »Revolutionäre« zu entscheiden, wurden am 17. Juli kurz vor Mitternacht von Soldaten in ihrem Hotelzimmer festgenommen.

Ministerpräsident Chou En-lai, der am 20. Juli nach Wuhan flog, um die Freilassung der beiden und die Kapitulation der rebellierenden Soldaten zu erreichen, entging nicht der Demütigung, um ein Haar selbst verhaftet zu werden. General Chen Tsai-tao, der Kommandant des Militärbezirks Wuhan, der von seiner Ankunft unterrichtet worden war, hatte auf dem Flugplatz mehrere Lkw's mit Soldaten aufgestellt, die den Befehl hatten, sich der Person des Regierungschefs zu bemächtigen. Ein Luftwaffenoffizier konnte jedoch den Piloten der Maschine warnen, die auf einem anderen Gelände landete.

Am 21. Juli begab sich Lin Piao persönlich nach Wuhan, um die Revolte zu ersticken. Ein Regiment Fallschirmjäger, drei Infanteriedivisionen, zehn Kanonenboote und einige Flußboote wurden auf die Stadt angesetzt, die sich daraufhin beinahe augenblicklich ergab.

Während des ganzen Monats August nahm die Anarchie immer schlimmere Formen an. Nachdem sie in das Außenministerium eingedrungen waren, begannen die Roten Garden, sich an britischen, sowjetischen, indischen und französischen Diplomaten zu vergreifen. Es scheint jedoch, daß das Ereignis, das Mao dazu bewog, auf diejenigen zu hören, die ihn drängten, dem Eifer seiner jungen Anhänger einen Riegel vorzuschieben, fern der Hauptstadt stattfand: in Chengtu, in der Provinz Szechuan. Hunderttausende von Bauern strömten in aufeinanderfolgenden Wellen in die Stadt und plünderten die Läden und die Lebensmittellager. »Das ist ein Verbrechen«, klagte Mao, »ein Verbrechen!« Am 5. September ermächtigte er die Armee, notfalls von der Schußwaffe Gebrauch zu machen, um der Roten Garden Herr zu werden und zu zeigen, daß die Stunde der Rückkehr zur »Einigkeit« gekommen war.

Chiang Ch'ing, die Heldin der Roten Garden vom Beginn der Kulturrevolution an, wurde beauftragt, ihnen die Entscheidung bekanntzugeben. Im Laufe einer Versammlung ihrer Anhänger in Peking distanzierte sich die Frau Maos von ihnen; sie warf ihnen »Linksabweichung« vor und legte ihnen nahe, nicht mehr die anderen zu »reformieren«, sondern sich selbst. Sie hätte ihnen ebensogut auch wiederholen können, was Mao im privaten Kreis von ihnen sagte, nämlich daß sie ihn »enttäuscht« hatten, daß sie nichts weiter seien als »kleinbürgerliche Individualisten«, die eben noch gut genug waren, sich wegen irgendwelcher Dummheiten gegenseitig zu zerfleischen, und daß sie unfähig wären, »auch nur einen Gemeinderat zu leiten«. Doch dazu hatte sie nicht den Mut.

Die Frau, die seit 1964 den Auftrag gehabt hatte, den Gedanken Mao Tse-tungs in Kunst und Literatur und auf der Bühne zum Durchbruch zu verhelfen, ließ nun mehrere ihrer Mitarbeiter, die ihrerseits des Extremismus angeklagt waren, im Stich und verschwand unter dem Vorwand einer Krankheit für zwei Monate von der Bühne. Während dieser Zeit nahm der Sicherheitsdienst unter den Führern der Roten Garden einige Verhaftungen vor. Das Stadion von Peking wurde zum Schauplatz neuer Massenprozesse, aber diesmal standen die Opfer auf der Seite der »Revolution«. In mehreren Städten einschließlich der Hauptstadt wurden Erschießungen vorgenommen, »um ein Exempel zu statuieren«.

Am 1. Oktober zeigten die Festlichkeiten anläßlich des Nationalfeiertages auf dem T'ien-an-men-Platz, woher der neue Wind wehte. Alle Führer der Armee, einschließlich derer, die von den Roten Garden am heftigsten angegriffen worden waren, scharten sich um Mao, Lin Piao und Chou En-lai – auf der Terrasse des Tors, von der aus Mao vor einem Jahr seinen Aufruf an die Jugend erlassen hatte.

Die Abrechnung war damit noch nicht beendet. Von den Armeeführern unterstützt, traten die alten Kader wieder auf den Plan. Von Anfang 1968 an wurden auch trotz der Unterdrückung, der sie ausgesetzt waren, die Gruppen der Roten Garden wieder aktiv. Man beschuldigte sie, den Interessen des »amerikanischen Imperialismus und der sowjetischen Revisionisten« zu dienen, aber ihnen erschien nur eines wesentlich: Mao hatte ihnen gesagt, sie müßten die Seele Chinas »umformen«, und ihre Niederlage bedeutete, daß sie nichts »umgeformt« hatten. Sie gaben dem gesamten Führungsapparat und sogar Chiang Ch'ing die Schuld, die einige Studenten »in siedendes Öl werfen« wollten.

Mao ließ sich schließlich dazu herbei, am 28. Juli einige der Rädelsführer der jungen Revolution zu sich zu rufen und sie in Gegenwart von Lin Piao, Chiang Ch'ing und Chou En-lai zu ermahnen. »Ihr habt euch auf den Tiger gesetzt«, sagte er, »und jetzt wißt ihr nicht, wie ihr wieder absteigen sollt.« Sie brauchten sich nur der Umerziehung durch Arbeit in den Fabriken und auf den Dörfern zu unterwerfen, meinte er: »Das sind die wahren Universitäten.«

Rote Garden demütigen den Historiker Ch'ien Po-tsan. (D. R.)

8. Februar 1967. Schon zwei Wochen dauern die Demonstrationen vor der sowjetischen Botschaft in Peking an. (A. P.)

Der Schriftsteller Lao She, der während der Kulturrevolution Selbstmord begeht. (C. R. A.)

Dieses erstaunliche Gespräch beendete die bereits verebbende Kulturrevolution. Die letzten Hitzköpfe wurden im ganzen Land aufgespürt, festgenommen und hingerichtet. Manche konnten sich nur dadurch retten, daß sie heimlich über die Grenze gingen und nach Hongkong flohen. Hunderttausende junger Menschen wurden in die weiten, schwach bevölkerten Gebiete des Nordostens und Westens geschickt. Ihr einziger Trost – wenn es einer war: Liu Shao-ch'i wurde im Oktober 1968 feierlich aller seiner Ämter und Funktionen enthoben und, wie es in der Mitteilung des Zentralkomitees hieß, »dem Kehrichthaufen der Geschichte überantwortet«.

Der 9. Parteikongreß, der am 1. April 1969 eröffnet wurde, war eine seltsame Zeremonie. Die Kulturrevolution wurde plötzlich als ein Ereignis gefeiert, welches das Antlitz Chinas verändert hatte. Es stimmte allerdings, daß mehrere Dutzend Mitglieder der früheren Führungsgremien nicht mehr erschienen waren. Die massive Anwesenheit der Armeeführer und der überwiegende Anteil, den man ihnen im neuen Zentralkomitee überließ, zeigten jedoch, daß es sich tatsächlich um einen Kongreß handelte, der unter dem Zeichen der Rückkehr zur Ordnung stand. Um das Gesicht zu wahren, blieb den Maoisten nichts anderes übrig als die hervorragende Stellung Lin Piaos in den Satzungen der Partei proklamieren zu lassen. So sah sich der Mann, der es Mao ermöglicht hatte, die Kulturrevolution auszulösen und voranzutreiben, in den Rang des »nächsten Waffengefährten des Vorsitzenden Mao und seines Nachfolgers« erhoben.

Dies war jedoch nur ein kurzer Augenblick des Ruhmes in der Karriere des Verteidigungsministers und Stellvertretenden Vorsitzenden der Partei. Denn Mao schien bereits beschlossen zu haben, sich von dem Mann zu trennen, der ihm ein Vierteljahrhundert lang als »Lakai« gedient hatte, wie der deutsche Kommunist Otto Braun sagte.

Mao hatte nun eine Entscheidung zu treffen: Entweder stützte er Lin Piao und nahm das Risiko auf sich, die Spaltungen innerhalb der Armee zu vertiefen, oder er überließ ihn der Bestrafung durch die militärischen Führer, die sich über die Hilfe entrüsteten, die Lin Piao den unverantwortlichen jungen Leuten der Kulturrevolution geleistet hatte. Er entschied sich für die zweite Lösung. Sie bot obendrein den Vorteil, daß man Lin Piao für den wahnwitzigen Kult verantwortlich machen konnte, den man in den letzten drei Jahren mit ihm, Mao, getrieben hatte. »Von allen Titeln, die man mir gegeben hat, behalte ich nur den des Großen Erziehers«, sagte Mao bescheiden.

Es besteht Grund zu der Annahme, daß Lin Piao den Schlag, der ihn treffen sollte, vorausahnte. Nach seinem Sturz warf man ihm vor, er habe, wie P'eng Teh-huai 1959, mit Hilfe Moskaus einen »Staatsstreich« gegen Mao geplant. Amerikanische Experten sind sogar der Ansicht, daß die schweren Grenzzwischenfälle, zu denen es ab 1969 zwischen den Chinesen und den Sowjets kam, von der Seite Pekings aus den Zweck verfolgten, jede Hilfeleistung durch die Sowjets unmöglich zu machen. Tatsache ist jedenfalls, daß sich Lin Piao mehrere Male für längere Zeit in Moskau aufgehalten hatte, das letztemal aus gesundheitlichen Gründen. Er hätte sehr gut nach diesem Rettungsring greifen können, anstatt sich mit einer Zurücksetzung abzufinden, nachdem er schon einmal den Gipfel erreicht hatte. Chou En-lai hatte sich einmal vor Studenten über ihn lustig gemacht: »Lin Piao kennt die Gedanken des Vorsitzenden Mao sehr gut. Er hat alle Werke von Marx und Engels auf russisch gelesen.« Wer seine Klassiker »auf russisch« gelesen hatte, der hatte sich vielleicht auch eine Lösung in dieser Sprache ausgedacht.

Lin Piao trat am 3. Juni 1971 bei einem offiziellen Empfang zum letztenmal öffentlich in Erscheinung. Am 12. September 1971 stürzte eine chinesische »Trident« mit sieben Männern und zwei Frauen an Bord weniger als 200 km von der chinesischen Grenze entfernt auf mongolischem Territorium ab. Kurz darauf ließen die Pekinger Behörden, ohne jemals ein amtliches Kommuniqué zu veröffentlichen, durch eine gezielte Indiskretion durchsickern, daß sich Lin Piao mit seiner Frau und einigen Personen aus seiner näheren Umgebung in dieser Maschine befunden habe. Angeblich hatten sie nach der Aufdeckung der »Verschwörung« in die Sowjetunion zu entkommen versucht. Die Sowjets dementierten augenblicklich: Keine der in den Trümmern der »Trident« gefundenen Leichen entsprach einem Mann im Alter Lin Piaos, der zu diesem Zeitpunkt 63 Jahre alt sein mußte.

War Lin Piao, wie andere Gerüchte besagten, in Peking liquidiert worden? Man weiß es nicht. Die Partei ließ jedenfalls ein Dokument – »Entwurf zum Aktionsplan 571« – zirkulieren, durch das bewiesen werden sollte, daß der ehemalige »Nachfolger« eine Verschwörung angezettelt hatte, um die Macht an sich zu reißen. Ob echt oder falsch: dieses Dokument ist gewiß höchst seltsam. Mao wurde darin unter dem Code-Namen »B-52« ein »großer feudaler Tyrann« genannt, den man stürzen mußte, bevor man »mit gebundenen Händen gefaßt« wurde. Mao, hieß es in dem Text, ist mißtrauisch und grausam bis zur Manie. Wenn er jemanden mißhandelt und vernichtet, so läßt er ihn leiden bis zuletzt. »Sobald er ein Opfer gefunden hat, das er mißhandeln und vernichten kann, läßt er es bis zum Tode bluten.«

Das Dokument hatte nur einen Schönheitsfehler: Es diente nur allzu gut dem Kurs, den Mao und Chou En-lai sich einzuschlagen anschickten und der um jeden Preis vor der internationalen kommunistischen Bewegung gerechtfertigt werden mußte. Am 15. Juli 1971 hatte Präsident Nixon die Weltöffentlichkeit durch die Mitteilung verblüfft, daß er von Ministerpräsident Chou En-lai zu einem Besuch in Peking eingeladen worden sei und die Einladung angenommen habe. Die Verschwörung Lin Piaos, die in dem »Entwurf zum Aktionsplan 571« als prosowjetisch bezeichnet wurde, diente dazu, die Meinungsänderung Maos in bezug auf den »amerikanischen Imperialismus« zu erklären. Man mußte zu dem Schluß gelangen, daß China, um der sowjetischen Drohung zu entgehen, keine andere Wahl hatte, als nun im Kreise der Nationen den Platz einzunehmen, der ihm gebührte.

Das Treffen zwischen Mao und Kissinger im November 1973. (Keystone)

China bot seitdem das Schauspiel eines Landes, das einerseits zwar zu bemerkenswerten Erfolgen auf industriellem und landwirtschaftlichem Gebiet fähig war, andererseits aber noch von rauhen politischen Stürmen heimgesucht wurde. Die Herrschaft Maos endete in einem Klima, das mehr und mehr an das der alten Dynastien erinnerte. Um den alten Führer, über dem schon der Schatten des Todes zu schweben schien, scharten sich in einander feindlich gesinnten Clans die Nachfolger und sicherten sich eine starke Position, um zum gegebenen Zeitpunkt nicht übersehen zu werden.

Bevor er am 8. Januar 1976 starb, hatte Chou En-lai Mao davon zu überzeugen versucht, daß es nicht möglich sei, ein so riesiges, so komplexes Land den Händen eines unerfahrenen Mannes anzuvertrauen. Chou En-lai, zusammen mit Mao und Chiang Kai-shek sicherlich einer der bemerkenswertesten Männer, die China im Laufe dieses Jahrhunderts kannte, wußte, wieviel Geschick, Arbeitskraft und Geschmeidigkeit er hatte aufbringen müssen, um zu verhindern, daß das nationale Gewebe wieder zerfasert wurde. Die Kulturrevolution und die darauffolgende Wiederherstellung der Ordnung hatten ihm die Gelegenheit gegeben, die ganze Vielfältigkeit seiner diplomatischen und administrativen Begabung zu zeigen. Unter den Männern, die sich als seine Nachfolger anboten, wählte er den aus, der ihm am wenigsten zu ähneln schien.

Wenn Chou En-lai still und diskret war, so war Teng Hsiao-p'ing imstande, seine Gefühle sehr laut auszudrücken, ohne danach zu fragen, ob er die Gefühle oder die Eitelkeit seiner Gesprächspartner oder Gegner verletzte. »Ein boshafter kleiner Kerl«: so beschrieb ihn der amerikanische Außenminister Henry Kissinger.

Tengs Karriere begann in den ersten Stunden des chinesischen Kommunismus. Er gehörte zu denen, die sich, wie Chou En-lai, in Paris der revolutionären Bewegung anschlossen, wo er 1921 mit 17 Jahren ankam. Erst 1926 kehrte er nach einem kurzen Aufenthalt in Moskau nach China zurück.

Der kleine, untersetzte, energische und derbe Mann machte seinen Weg innerhalb der Hierarchie der Partei, die er während des letzten Abschnittes des Bürgerkrieges als Politkommissar bei der 2. Feldarmee vertrat, einer Armee, die wie durch Zufall während der letzten Lebensjahre Maos die meisten Oberbefehlshaber der Militärregionen stellte. Im Jahre 1956 wurde ihm schließlich der Posten des Generalsekretärs der Partei, eine im wesentlichen administrative Funktion, anvertraut.

Er zählte zu den mächtigsten Mandarinen des Regimes, als er in das Kreuzfeuer der Kulturrevolution geriet. Hin und her schwankend zwischen Mao, dessen Ansehen und Aufstieg er stets anerkannt hatte, wenngleich er ihn nicht mit seinen sarkastischen Bemerkungen verschonte, und Liu Shao-ch'i, mit dem er sich als Mann der Ordnung und des Apparats verbunden fühlen mußte, verstand er es nicht wie Chou En-lai, rechtzeitig umzuschwenken.

»Teng, der Spitzbube«, »Teng, das Musterstück eines alten Konterrevolutionärs«... Die von Mao und Chiang Ch'ing beratenen Roten Garden brachten seinen Namen von 1967 an ständig mit dem Liu Shao-ch'is in Verbindung. Man hätte meinen können, sein Schicksal sei wie das Lius besiegelt. Seine Wiederauferstehung am 12. April 1973 konnte nur eine Bedeutung haben: Sie war nicht ein Gnadenakt seitens des Vorsitzenden, sondern der Beweis dafür, daß Mao den neuen Männern nur mit Vorbehalten traute, die durch die Kulturrevolution in den Vordergrund geschoben worden waren, seinen Freunden aus Shanghai: Chang Chun-chiao, Yao Wenyuan und Wang Hong-wen.

Der zweite Aufstieg Tengs vollzog sich mit blitzartiger Geschwindigkeit. In weniger als zwei Jahren war er bereits Stellvertretender Vorsitzender der Partei. Dazu war er Chef des Generalstabs der Armee und Erster Stellvertretender Ministerpräsident und zweifellos der Nachfolger Chou En-lais, der dazu berufen war, nach Mao auf dem Drachenthron zu sitzen.

Die Erkrankung Chous und die rasche Verschlechterung seines Zustandes in den letzten Monaten des Jahres 1975 schufen eine völlig neue Situation. Das Politbüro

4. und 5. April 1976.
Einwohner von Peking haben diese
Banderolen und Inschriften zum
Gedenken an Chou En-lai am
Denkmal der revolutionären Märtyrer
auf dem Platz Tien An Men hinterlegt. Als eine Abteilung
der Sicherheitspolizei die Huldigungen entfernen will,
kommt es zu den Unruhen, die dann zur Absetzung
T'eng Hsiao-p'ings führen. (Grabet - Gamma)

der Partei stand zum größten Teil auf der Seite der von Chiang Ch'ing unterstützten »Shanghai-Gruppe«. Die Intrigen um den nunmehr isolierten Mao nahmen immer lebhaftere Formen an. Wie immer im Laufe seines ganzen Lebens half ihm ein Gedicht, die Frage zu formulieren. Der Greis wandte sich an den sterbenden Chou En-lai:

Der Kampf erschöpft uns, unsere Haare sind grau.
Du und ich, alter Gefährte, werden wir Zeugen sein,
wie unsere Anstrengungen zunichte werden?

Seiner selbst zu sicher, allzu rasch in seinen Bewegungen, hatte Teng seine Verachtung für die Kultur »im Stile Chiang Ch'ings« und die Ballette und Opern über revolutionäre Themen, die sie auf die chinesische Bühne gebracht hatte, nie verborgen. »Das nenne ich echte geistige Nahrung«, sagte er nach einem Konzert der Wiener Philharmoniker. »Unsere Revolutionsopern sind nichts anderes als eine Kakophonie von Gongs und Trommeln. Man glaubt, ins Theater zu gehen und sieht sich plötzlich auf einem Schlachtfeld.«

Ein fürchtenswerter Humor in einem Land, in dem nur der oberste Führer das Recht hat, beißende Bemerkungen zu machen. Noch kühner zeigte sich Teng, als er das Patronat über eine Reihe von Projekten übernahm, die eine allgemeine Revision der chinesischen Wirtschafts- und Innenpolitik mit sich brachten. Um das Gelübde zu erfüllen, das Chou En-lai Anfang 1975 abgelegt hatte – nämlich »China noch vor dem Ende des Jahrhunderts in einen mächtigen, modernen, sozialistischen Staat zu verwandeln« –, propagierte er Maßnahmen, die dem offiziellen Maoismus direkt zuwiderliefen: einen zunehmenden Import ausländischer Technologie, eine jährliche Lohn- und Gehaltserhöhung für gewisse Kategorien von Arbeitern und Technikern und die Wiederherstellung eines normalen Lebens an den Universitäten, wo, wie er sagte, durch wertlose körperliche Arbeiten zuviel Zeit verlorenging.

Darüber hinaus schlug er auch noch vor, den führenden Persönlichkeiten, die während der Kulturrevolution »zu unrecht« verurteilt worden waren, ihre Posten zurückzugeben. Solche Aussichten konnten die Maoisten nur dazu bewegen, ihre Anstrengungen gegen ihn zu verdoppeln. Sie hatten die Mehrheit im Politbüro, waren aber in der Minderheit im Zentralkomitee der Partei, in das die Veteranen, wie man auf dem 10. Kongreß im Jahre 1974 feststellen konnte, wieder eingezogen waren. Tengs Projekt löste bei den Neuen eine begreifliche Besorgnis aus. Die Begräbnisfeierlichkeiten für Chou En-lai waren kaum vorüber, als sie auch schon seine Absetzung verlangten. Mao schien zu schwanken, bis Teng einen verzweifelten Coup wagte. Am 4. April überfluteten seine Anhänger den T'ien-an-men-Platz unter dem Vorwand, das Andenken Chou En-lais zu feiern.

In der Nacht wurden die um das Heldendenkmal aufgehäuften Kränze und Chou-Porträts weggeräumt, ohne daß jemand sagen konnte, woher der Befehl dazu gekommen war. Am darauffolgenden Tag verwandelte sich, was als Sympathiekundgebung für Chou En-lai und Teng Hsiao-p'ing begonnen hatte, in heftige Tumulte.

Der neuerliche Sturz Tengs stand bevor. Er wurde am 8. April bekanntgegeben. Ein Unbekannter, Hua Kuo-feng, wurde Ministerpräsident und Erster Stellvertretender Vorsitzender der Partei. Mao war zweifellos der Meinung, daß das Land und die Partei durch diese Ernennung weniger beunruhigt wurden als durch eine Wahl, die einen der ihm Nahestehenden in den ersten Rang erhoben hätte, beispielsweise Chang Chun-chiao. Eines wußte er jedenfalls: diese Geste eines Todgeweihten brachte keine Lösung. Die Clans standen einander nach wie vor Auge in Auge gegenüber – im Politbüro, im Zentralkomitee und in der Armee. China mußte seinen Weg ohne ihn finden.

»Vorsitzender, ich möchte Ihnen eine Frage stellen«, hatte ein Angehöriger der Roten Garden während der Unterredung am 28. Juli 1968 mutig gesagt. »Nehmen wir an, nach einigen Jahrzehnten, nach hundert Jahren, bricht in China ein Bürgerkrieg aus. Nehmen wir an, einer behauptet: ›Das sind die Gedanken Mao Tse-tungs‹, und ein anderer behauptet seinerseits: ›Nein, dies sind die Gedanken Mao Tse-tungs‹, und so kommt es zum Streit. Was ist in diesem Falle zu tun?«

Mao war verblüfft, er verhedderte sich und war nicht imstande, eine klare Antwort zu geben. Er starb am 9. September 1976 in den ersten Minuten des neuen Tages und ließ die Frage offen.

18. September 1976, Platz Tien An Men.
Hua Kuo-feng hält die Trauerrede auf Mao.
Links: Yeh Chien-ying. Von rechts: Chiang Ch'ing, Chang Chun-chiao, Wang Hong-wen. (Neues China)

Lin Piao, »nächster Waffengefährte und Nachfolger«

Lin Piao war die ausgepreßte Zitrone der Kulturrevolution. In Maos Auftrag organisierte und verstärkte er den »Personenkult« bis zu einem Ausmaß von Fanatismus, der weiter ging als unter Stalin in der Sowjetunion. In seinem Interview mit Edgar Snow erklärte Mao 1970 selbst, daß er »1965 einen großen Teil seines Einflusses auf die Propagandaaktionen der Parteikomitees – vor allem in Peking – verloren hatte. Aus diesem Grund wurde er ein erklärter Anhänger der Verstärkung des Personenkults…«

Lin Yu-jung (später nahm er den Namen »piao« an, das bedeutet Wildkatze) wurde 1908 als Sohn eines ruinierten Kleinindustriellen in der Provinz Hupeh geboren. Sehr früh schloß er sich der kommunistischen Bewegung an und wurde dazu bestimmt, sich an der Militärakademie Whampoa ausbilden zu lassen. 1928 ging er mit Chu Teh in die Ching-Kang-Berge und sympathisierte bald mit Mao. Er war Anführer einer Kolonne des Langen Marsches und hatte – laut Otto Braun – die Oberaufsicht über den Ablauf der Konferenz von Tsunyi im Januar 1935.

Der Krieg gegen Japan, der Krieg gegen Chiang Kai-shek und schließlich der Krieg in Korea verliehen dem jungen General beachtliche Statur. Wegen seines schlechten Gesundheitszustandes zeigte er sich wenig in der Öffentlichkeit. Daher war die Überraschung groß, als er während der Kulturrevolution den zweiten Platz neben Mao einnahm.

Wahrscheinlich machte Lin Piao sich in dieser Zeit zahlreiche Feinde in Armee und Partei. Und als Mao dann den Vorschlag Chou En-lais befolgte und die alten Kader an die Spitze zurückholte, wurde Lin Piao ohne Zweifel auf dem Altar der Versöhnung geopfert. Nachdem der 9. Parteitag ihn 1969 zu Maos »Nachfolger« ernannt hatte, versuchte er, das Amt des Staatspräsidenten zu erhalten. Auf der Tagung des Zentralkomitees in Lushan (August/September 1970) stimmte die Mehrheit gegen ihn, und im September 1971 verschwand er. Offizielle Version: Er sei Opfer eines Flugzeugunfalls geworden, als er versuchte, in die Sowjetunion zu fliehen.

Drei Veteranen der Volksbefreiungsarmee auf dem 10. Parteitag (August 1973), der die Episode Lin Piao offiziell beendet: (von links nach rechts) Liu Po-ch'eng, Chu Teh, Ch'en Hsi-lien. (Eastfoto)

Juli 1963. General Hsu Shih-you (Mitte), der dann im September 1971 eine wichtige Rolle bei der Ausschaltung Lin Piaos spielt. (Eastfoto)

General Wu Fa-hsien (Mitte) in Begleitung von Lin Piaos Frau, Yeh Chun; 1971 verschwinden beide zusammen mit Lin Piao. (Eastfoto)

April 1969. Auf dem 9. Parteitag läßt Lin Piao sich als Maos »Kronprinz« bestätigen. (Sipa)

Photo (in Wirklichkeit vom Propagandaapparat der Kulturrevolution zusammengeschnittene Photomontage), das die alte Waffenbrüderschaft zwischen Mao und Lin Piao (hier in Yenan) dokumentieren soll. (U. P. I.)

In Peking während der Kulturrevolution. (U. P. I.)

Die Karriere eines revolutionären Mandarins oder der Triumph der Zweideutigkeit

Unter allen kommunistischen Führern Chinas war Chou En-lai immer der Zwiespältigste, am schwersten Einzuordnende. Der Sproß eines Clans von Intellektuellen und Mandarinen ist dieser Tradition stets treu geblieben. Für ihn war revolutionäre Politik immer unlösbar verbunden mit gründlich geplanter Organisation und Verwaltung.

Diese Überzeugung brachte ihn vielleicht dazu, mit der gleichen scheinbaren Kaltblütigkeit nacheinander Ch'en Tu-hsiu, dann Li Li-san, dann Po Ku/Wang Min, schließlich Mao zu dienen und alle Säuberungen zu überstehen. Es schien, als sei die Partei für ihn eine abstrakte Einheit, losgelöst von seinen eigenen politischen und ideologischen Entscheidungen.

Chou wurde 1898 in der Provinz Chekiang geboren und schloß sich 1920 gleich nach seiner Ankunft als Student in Frankreich den Kommunisten an. Ende 1924 arbeitete er eng mit Chiang Kai-shek in Kanton zusammen, der ihm mehr als ein Jahr lang die politische Leitung der Akademie von Whampoa übertrug.

Anfang 1927 gehörte Chou En-lai dann zu den Führern des Aufstands von Shanghai. Eigentlich hätte er daher als einer der Verantwortlichen für diesen Fehlschlag zur Rechenschaft gezogen werden müssen. Aber seine Flexibilität, seine engen Beziehungen zu den Abgesandten der Komintern, sein Rückhalt im Untergrundapparat der Partei und seine Freundschaft zu mehreren Offizieren aus Whampoa ermöglichten es ihm, seine Machtstellung zu bewahren.

In der Folge verzichtete er anscheinend darauf, eine unabhängige politische Rolle zu spielen, und wurde allmählich der unentbehrliche Parteimann für alle organisatorischen Aufgaben. Niemand konnte jemals schlüssig erklären, auf welcher Seite Chou En-lai in den Auseinandersetzungen innerhalb der Partei nach 1956 stand. Er begnügte sich damit, als mäßigende und einigende Figur neben Mao Tse-tung zu stehen, in dem er den charismatischen Führer erkannte, den das Regime in seinen schwierigen und bewegten Anfängen benötigte.

Chou En-lais Stunde schlug auf dem Höhepunkt der Kulturrevolution, als der Wirtschafts- und Verwaltungsapparat des Landes wieder in Gang gebracht werden mußte. Er starb noch vor Mao und konnte so nicht mehr sein eigenes Genie beweisen.

September 1973. Chou En-lai erwartet den französischen Präsidenten Georges Pompidou auf dem Flughafen von Peking.
(Hugues Vassal - Gamma)

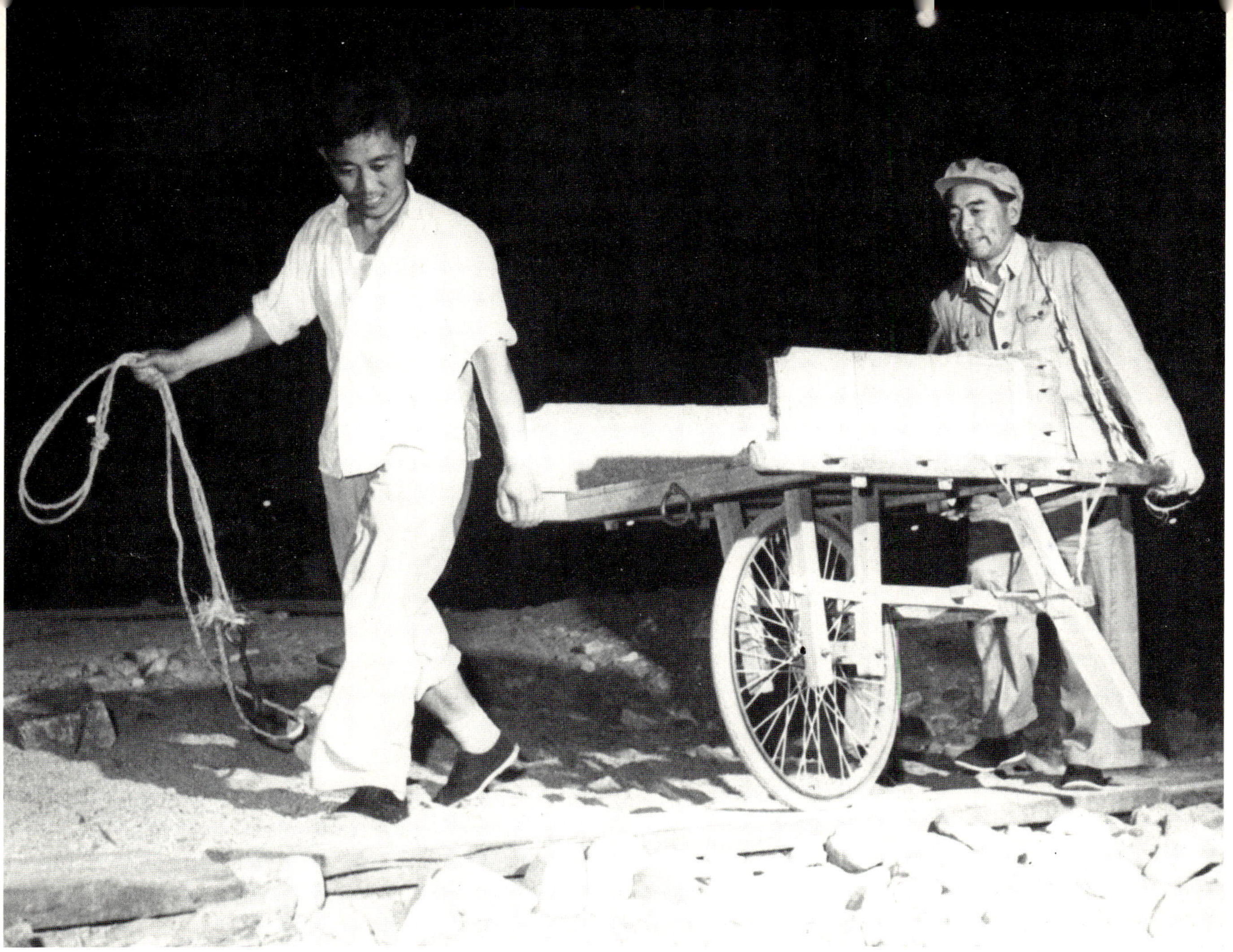

1958 schiebt Chou En-lai
einen Schubkarren
im Lager Ming.
(Eastfoto)

Chou En-lai 1924 in Deutschland (links)
und mit seiner Frau Teng Ying-ch'ao.
(C. R. A.; European)

Chou En-lai
Anfang der 30er Jahre.
(C. R. A.)

Chou En-lai gemeinsam
mit dem tansanischen
Präsidenten Nyerere in
Dar-es-Salam
im Juni 1965. (Rapho)

Rechte Seite unten:
Chou En-lai mit
Pionieren in den
50er Jahren. (Eastfoto)

Januar 1953.
Zusammen mit dem Maler
Chi Pai-shih in Peking.
(C. H.)

Mit Chiang Ch'ing vor
Rotgardisten auf dem
Platz Tien An Men.
(Eastfoto)

321

Der Staatsbesuch des Papiertigers

Als China 1971–72 die große Wende seiner Außenpolitik vollzog, war dieser Schritt von zehn Jahren öffentlicher Kontroverse mit der Sowjetunion vorbereitet worden.

Der »ideologische Konflikt« hatte sich mittlerweile zu einem bewaffneten Konflikt entwickelt. Die Zusammenstöße zwischen sowjetischen und chinesischen Truppen an den Grenzen im Nordosten und im Westen bewiesen 1969, daß der Graben zwischen Moskau und Peking kaum mehr zu überbrücken war. Nach seiner Wahl zum Präsidenten der USA im November 1968 beeilte sich Richard Nixon, durch subtile Veränderungen in der Sprache und im Verhalten der amerikanischen Diplomaten anzuzeigen, daß er bereit war, eine neue Epoche in den Beziehungen seines Landes zu China zu eröffnen.

Peking wartete jedoch, bis die Anarchie der Kulturrevolution überwunden war, bevor es Verhandlungen aufnahm. Auf amerikanischer Seite verzögerte der Krieg in Vietnam diplomatische Aktivitäten. Im April 1971 ergriff dann China die Initiative. Eine amerikanische Tischtennismannschaft, die an einem Turnier im Fernen Osten teilgenommen hatte, wurde nach Peking eingeladen. Die »Pingpong-Diplomatie« führte im Juli zum ersten Besuch des amerikanischen Außenministers Henry Kissinger. Am Ende dieser geheimen Reise konnte Präsident Nixon verkünden, er werde Peking noch vor Mai 1972 besuchen. Am 21. Februar 1972 traf er dann in der Hauptstadt der Volksrepublik China ein und traf sich sogleich zu einer Unterredung mit dem Vorsitzenden Mao.

Nixons Besuch stellte einen beachtlichen Schritt in der Entspannung zwischen China und den USA dar. Maos Reich vollzog eine gewisse Wiedereingliederung in die Gemeinschaft der Nationen, aus der es in der Folge des Korea-Krieges durch den Starrsinn und die Ungeschicklichkeiten der Amerikaner ausgeschlossen worden war. Endlich war China von der Hypothek befreit, die auf ihm lastete, seit Mao 1945 beschlossen hatte, sich »auf eine Seite zu schlagen«, die Seite der Sowjetunion.

Nun stellt sich die Frage, ob China auch in der Lage sein wird, die andere Hypothek aufzuheben, die Hypothek seines ständigen Konflikts mit der Sowjetunion. Aber die Erfordernisse der chinesischen Innenpolitik und die Konflikte innerhalb der Führung erlauben es nicht, einfach aus der diplomatischen Logik eine Prophezeiung abzuleiten.

Peking, März 1967.
»Nieder mit dem amerikanischen
Imperialismus«,
ein von Rotgardisten
aufgeführter Sketch. (Eastfoto)

New York 1973.
Huang Hua, der Vertreter
der Volksrepublik China,
im Sicherheitsrat der UNO.
(David Burnet - Gamma)

Peking, Februar 1972.
Das erste Treffen zwischen
Mao und Nixon. (A. P.)

Das Stahlkombinat Anshan
in der Mandschurei.
(Marc Riboud - Magnum)

»Ein Bauer berichtet über
seine Erfahrungen bei der
überreichen Ernte«.
(Documentation française)

In Kwangsi unternehmen
Studenten und Einheiten
der Volksbefreiungsarmee
gemeinsam Bauarbeiten.
(Marc Riboud - Magnum)

Erdöl:
Ein Bohrloch in Taching.
(Camera Press)

Anshan.
(Marc Riboud - Magnum)

Von links nach rechts: Yao Wen-yuan,
Li Teh-sheng, Wang Tung-hsing
(Maos Leibwächter), Wang Hong-wen,
Keng Piao etc. (Patrice Fava)

Yeh Chien-ying (rechts)
zusammen mit Chu Teh und dem
Kambodschaner Penn Nouth. (Eastfoto)

Eine Gemäldeausstellung
über die Etappen der Geschichte
der Partei. (Patrice Fava)

Ein Nachfolger geht, ein Nachfolger kommt, ein Nachfolger geht…

Der Tod Mao Tse-tungs am 9. September 1976 ereignete sich zu einem Zeitpunkt, als China sich vom Trauma der Kulturrevolution erholt hatte und wieder einen deutlichen Fortschritt seiner industriellen wie landwirtschaftlichen Produktion, eine scheinbare Ruhe erlebte.

Tatsächlich hat jedoch die politische Krise im April 1976 gezeigt, daß die Konflikte innerhalb der Parteispitze noch längst nicht gelöst sind. Konflikte zwischen Cliquen und Generationen überlagern unterschiedliche Strategien in sozialen und wirtschaftlichen Fragen.

1949 hat sich China für eine Wirtschaftsentwicklung nach sowjetischer Art entschieden. Weniger als ein Jahrzehnt später mußte es auf die sowjetische Hilfe verzichten und den Aufbau aus eigenen Kräften fortsetzen. Weder Mao, noch seine Widersacher – vor allem Liu Shao-chi –, haben anscheinend eine Lösung gefunden, die mit der einhelligen Zustimmung des Apparats rechnen könnte.

Erste Sorge des Apparats – also der Masse der Parteikader – ist es immer gewesen, unbeschadet zu überleben. Seit Beginn der kommunistischen Herrschaft hat er immer wieder versucht, die Anordnungen von oben je nach seinen eigenen Interessen zu verändern, abzuschwächen oder zu erhärten. Er neigte immer dazu, sich brutalen Veränderungen zu widersetzen, die Stellungen und Privilegien gefährden könnten. Daher konnte die Partei trotz der heftigen Kontroversen an der Spitze seit 1956 alle Wellenstürme überstehen. Und daher dauerte es immer eine Weile, bis sich die internen Diskussionen und Auseinandersetzungen abgeklärt hatten, die verschiedenen Positionen gereift waren.

Daher war es besonders aufschlußreich, daß die Krise im April 1976 so heftig und so plötzlich ausbrach. Sie zeigte, daß es jetzt an der Spitze des Apparats Ambitionen gab, die nicht mehr warten konnten. Der Sturz T'eng Hsiao-p'ings—dessen Rückkehr an die Macht nur durch den Druck der alten Kader und das Nachgeben Maos wie Chou En-lais zu erklären war – fand unter Umständen statt, die bewiesen, daß die Kulturrevolution in anderer Form weiterging, daß der Kampf um die Vorherrschaft nicht beendet war, sondern durch das Fehlen einer demokratischen Regelung der Nachfolge noch erbitterter geworden ist.

Chang Chun-chiao (vorn), die mächtigste Figur der »Shanghai-Gruppe«, die von Chiang Ch'ing gefördert wird und seit der Kulturrevolution als Stützpunkt der »Linken« gilt. Daneben Yao Wen-yuan. (Patrice Fava)

Teng Hsiao-p'ing
im Mai 1975 in Paris.
(Daniel Simon - Gamma)

Dezember 1974.
Plakate in der Tsinghua-
Universität in Peking.
(Georges Grabet - Gamma)

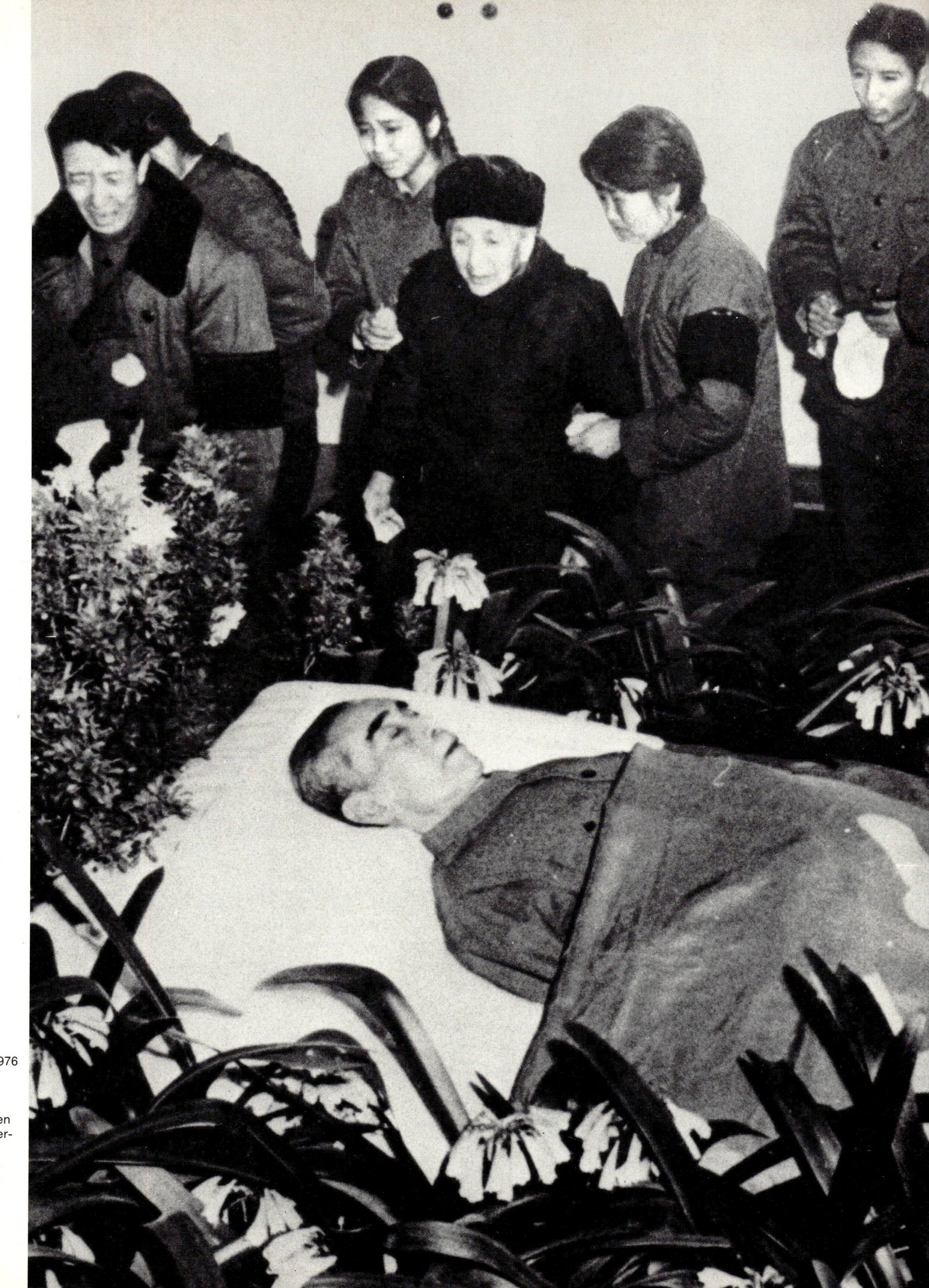

Vor dem
Leichnam des
am 8. Januar 1976
verstorbenen
Chou En-lai
betrauert die
Bevölkerung den
Tod des Premier-
ministers, aber
auch die durch
dieses Ereignis
angekündigten
politischen
Umwälzungen.
(Sygma)

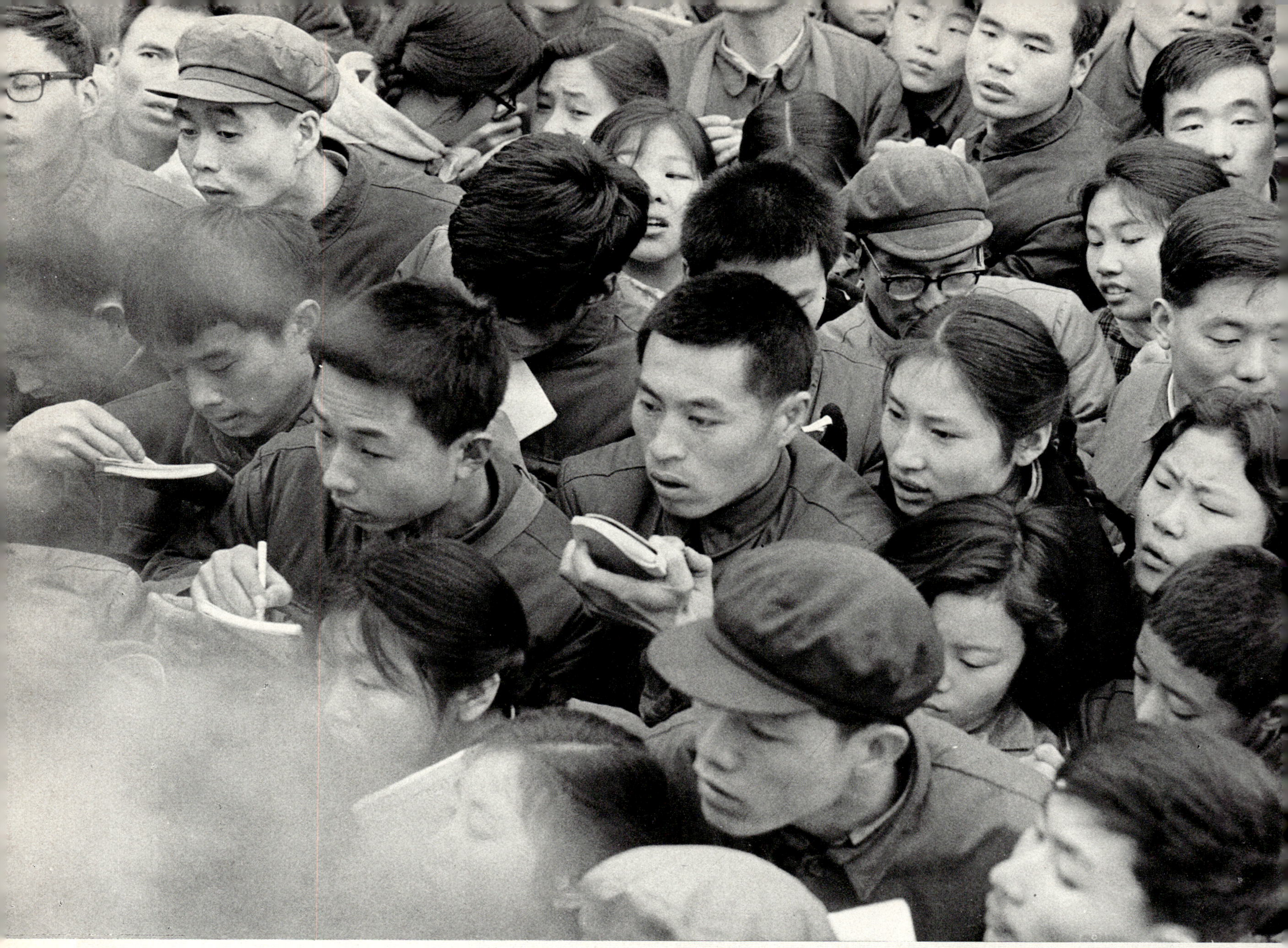

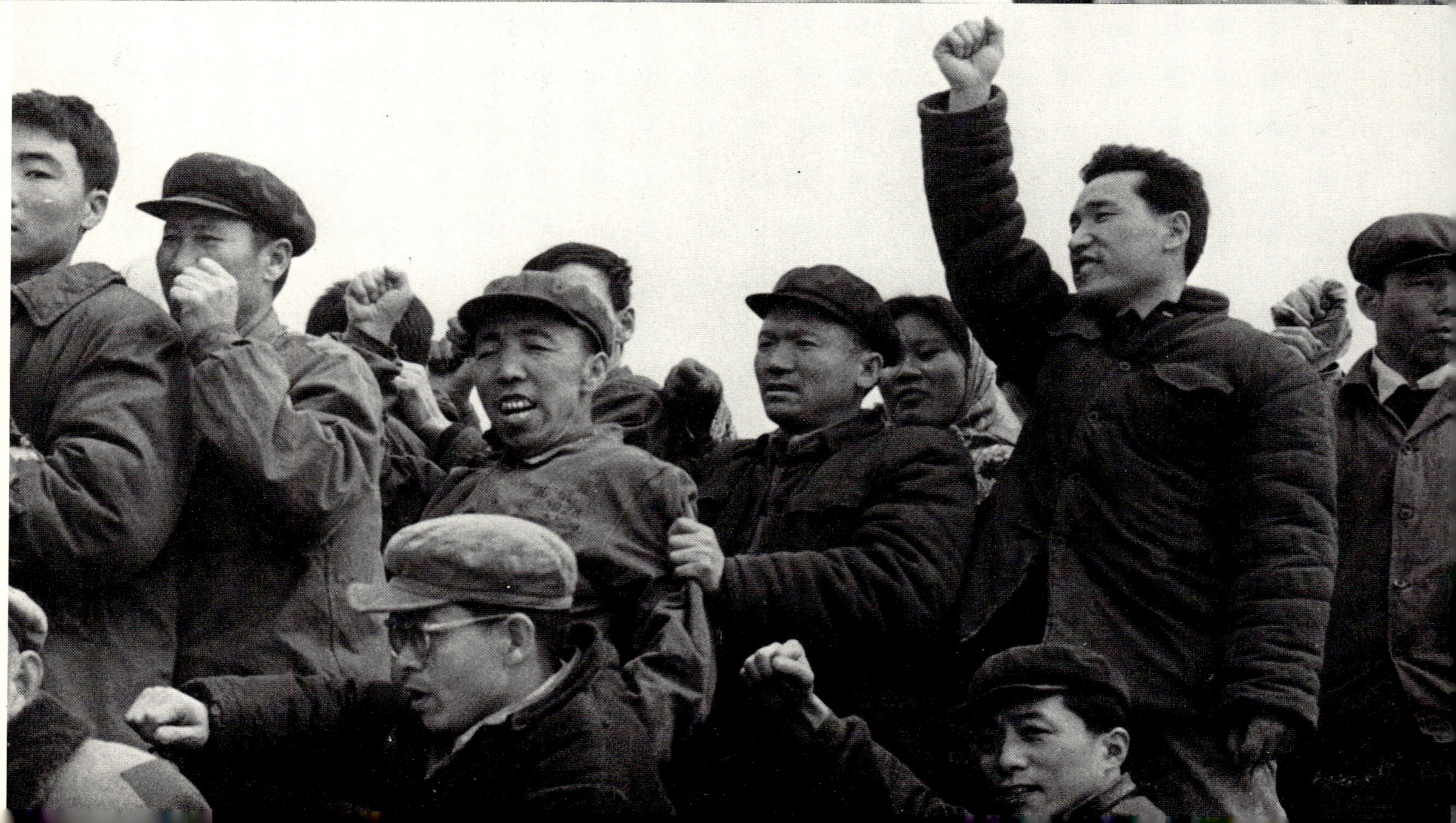

5. April 1976, Platz Tien An Men. Die Demonstration zum Gedenken an Chou En-lai steigert sich zum Aufruhr. Maoisten und Anti-Maoisten beleidigen und prügeln sich. Die Aufständischen befestigen Plakate mit einem Gedicht am Denkmal für die revolutionären Märtyrer (dessen Text wird auf dem Photo oben links von der Menge abgeschrieben):

»Auf meine Klagen antworten Gespensterschreie,
und wenn ich weine, kläffen die Wölfe vor Freude.
Mein Blut vergieße ich auf dem Altar der entschwundenen Helden,
und wenn ich das Haupt wieder erhebe, springt mein Schwert aus der Scheide.
China ist nicht mehr das China von einst,
das Volk hat seine Unwissenheit abgeworfen.
Die Feudalgesellschaft des Chin-Kaisers ist auf ewig begraben.
Wir glauben an den Marxismus-Leninismus,

die Federfuchser, die ihn verwässerten, mögen zur Hölle fahren!
Wir wollen den wahren Marxismus-Leninismus.
Für ihn wollen wir unser Blut vergießen, unser Leben opfern.
Am Tage der Verwirklichung der ›vier Modernisierungen‹
werden wir Dein Grab mit Wein begießen.«

Dieses Gedicht verbreitete die Agentur Neues China am 7. April. Dies war der erste anti-maoistische Text, den die offizielle Propaganda »absegnete«. Alle historischen Anspielungen sind für die Chinesen eindeutig. Der »Chin-Kaiser« (Erste Dynastie) ist Mao. Das Schlagwort von den »vier Modernisierungen« ist eine Zusammenfassung des von Chou En-lai auf dem 10. Parteitag der KPCh (August 1973) vorgelegten Programms: Modernisiert die Landwirtschaft, die Industrie, die Landesverteidigung und die wissenschaftliche Forschung. Drei Tage später organisiert das Regime eine großangelegte »spontane Demonstration« von Arbeitern aus der Provinz, die dem Vorsitzenden Mao Treue geloben. (Grabet - Gamma; Guerville - Sygma)

Eines der letzten Photos (A. P.)

Die Wiederkehr
Teng Hsiao-p'ings,
der die Fahne
der Reaktion schwenkt.
1976 in Yunnan
aufgenommene Karikatur.
(Sygma)

Maos Frau Chiang Ch'ing.
Hinter ihr Yeh Chien-ying.
(Henri Bureau - Sygma)

26. Februar 1976.
Hua Kuo-feng (links), der
neu designierte Kronprinz,
und Chiao Kuan-hua,
begleiten Nixon zum
Flughafen von Peking.
(Grabet - Gamma)

Das Erdbeben von
Tangshan-Tientsin im
Sommer 1976 gibt dem
Regime die Möglichkeit,
das Ausmaß seiner
Kontrolle über die
Bevölkerung zu beweisen.
(Sipa Press)

Und alles endet mit einem Mausoleum…

Die Beerdigung Mao Tse-tungs am 18. September 1976 war die klassische Darbietung einer bürokratischen, durchstrukturierten, hierarchisierten Gesellschaft; sie zeigte, welche Verachtung die neuen Mandarine für den Mythos vom egalitären Kommunismus, den sie überall auf der Welt ausgebeutet haben, empfinden.

Eine Million präzise geordnete und eingereihte Menschen standen auf dem Platz Tien An Men. Die Bevölkerung Pekings und Ausländer waren nicht zugelassen. Bizarres Schauspiel einer vom politischen, polizeilichen und militärischen Apparat beherrschten Trauer.

Mao Tse-tungs Erbe war dort zu sehen. Ein scheinbar neues, wiedervereinigtes China, das aber Angst um seine Zukunft empfand. Der Vorsitzende Mao, schrieben die Zeitungen der Partei und der Armee, habe das chinesische Volk unmittelbar vor seinem Tod »beschworen, nach den festgelegten Grundsätzen zu handeln«. Nach welchen? Nach jenen, die es den einen erlauben, sich im Namen von Phrasen, deren Interpretation von den Bedingungen des Augenblicks abhängt, als »revolutionäre Nachfolger« aufzuspielen? Nach jenen, welche die Notwendigkeit nicht etwa der »ununterbrochenen Revolution«, sondern des Aufbaus, der Disziplin und der Ordnung hervorheben? Nach jenen, die T'eng Hsiao-p'ing 1973 die Rückkehr ermöglichten? Oder nach jenen, die 1976 seinen zweiten Sturz rechtfertigten?

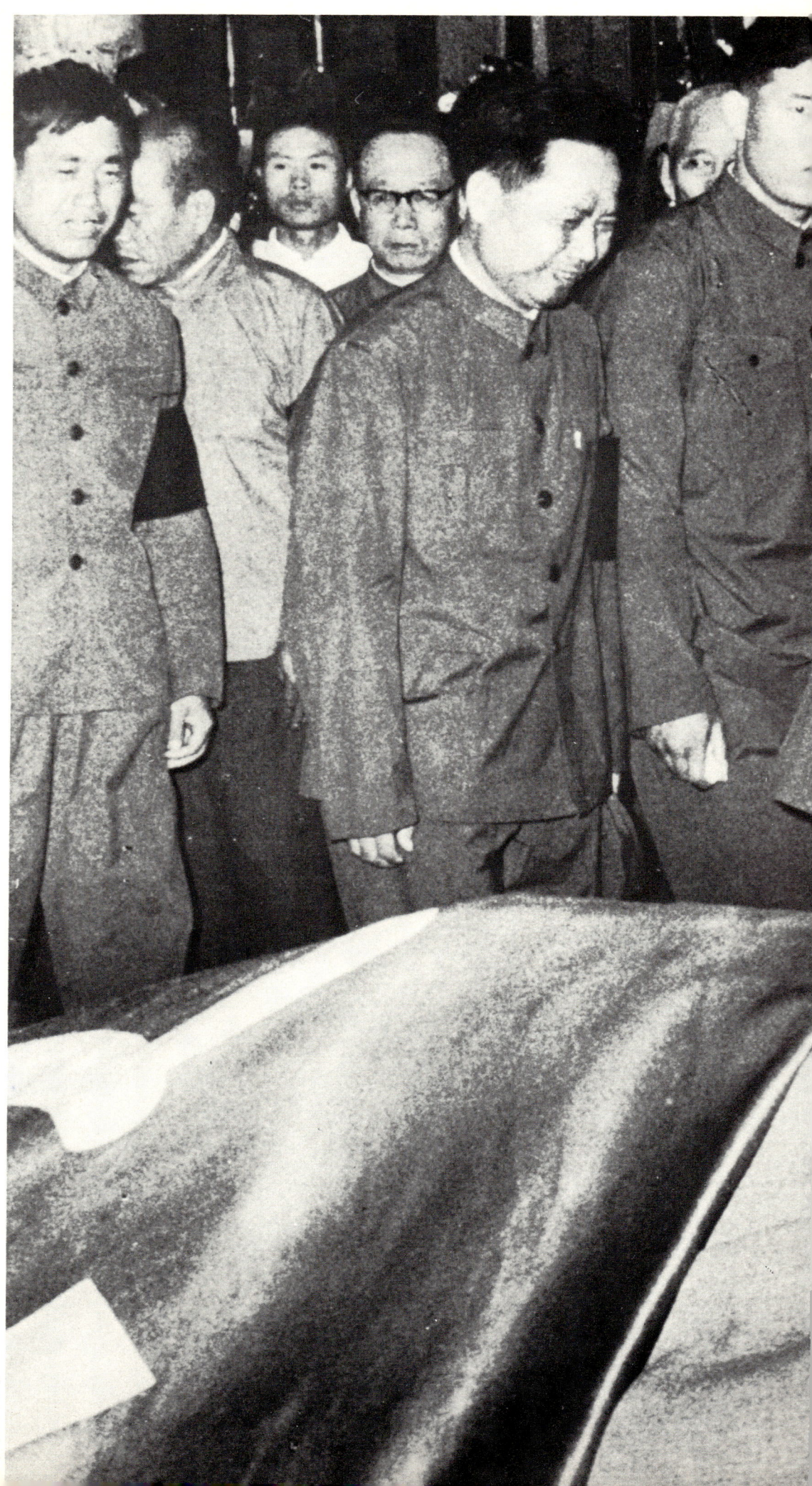

(Sipa Press)

336

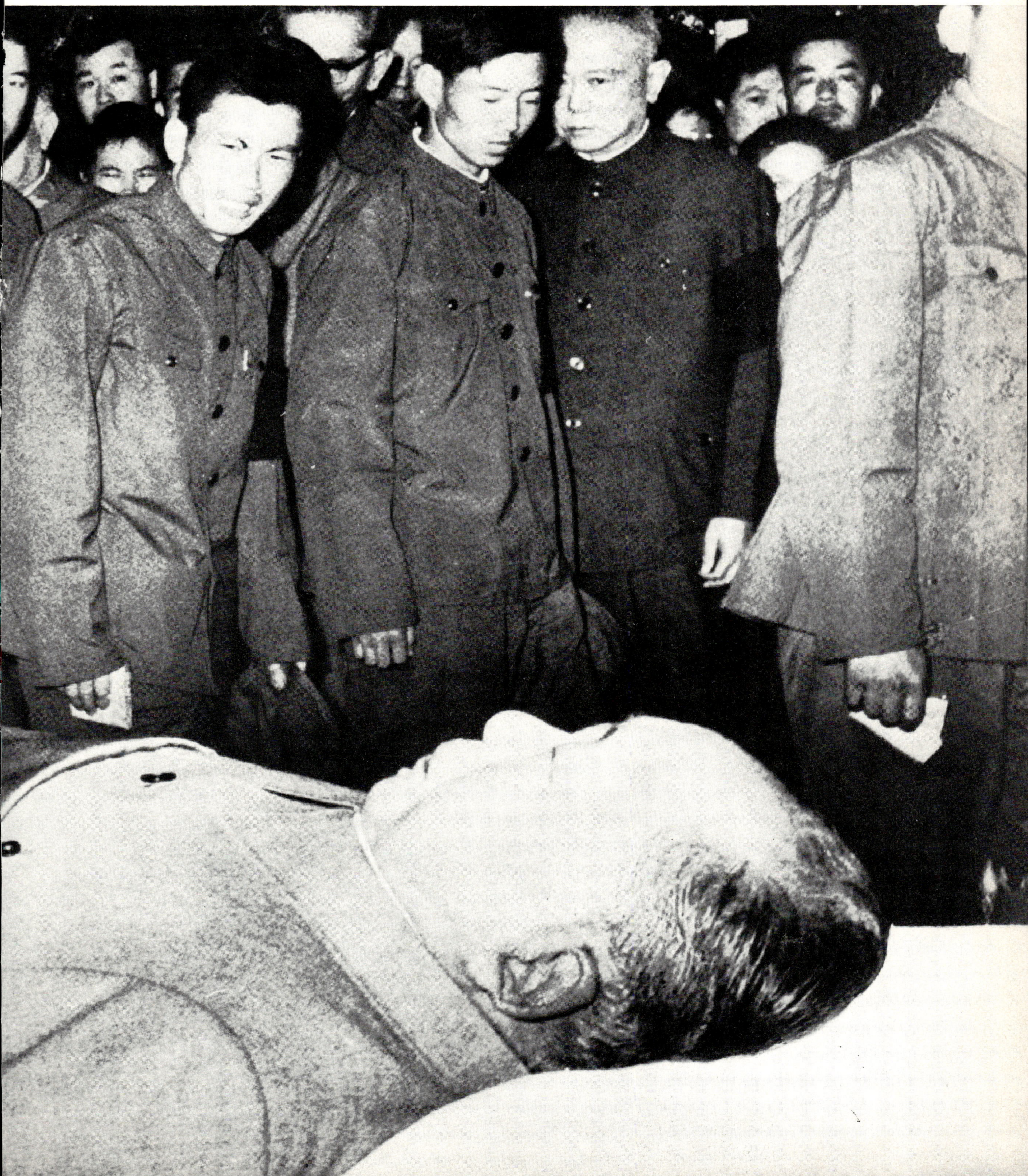

Am 12. und 14. September
auf dem Platz Tien An Men.
(Sipa Press)

Farbphoto gegenüber:
»Der Vorsitzende Mao ist tot«
(Sipa Press)